最新

征地拆迁
法规汇编

法律出版社法规中心　编

法律出版社
LAW PRESS · CHINA
北京

图书在版编目(CIP)数据

最新征地拆迁法规汇编 / 法律出版社法规中心编
. -- 3 版. -- 北京 : 法律出版社, 2024
ISBN 978-7-5197-8876-6

Ⅰ. ①最… Ⅱ. ①法… Ⅲ. ①土地征用－土地法－汇编－中国②房屋拆迁－法规－汇编－中国 Ⅳ. ①D922.399②D922.181.9

中国国家版本馆 CIP 数据核字(2024)第 039746 号

最新征地拆迁法规汇编
ZUIXIN ZHENGDI CHAIQIAN FAGUI HUIBIAN

法律出版社法规中心 编

责任编辑 李 群 赵雪慧
装帧设计 李 瞻

出版发行 法律出版社
编辑统筹 法规出版分社
责任校对 张翼羽
责任印制 耿润瑜
经　　销 新华书店

开本 A5
印张 16.875　**字数** 452 千
版本 2024 年 3 月第 3 版
印次 2024 年 3 月第 1 次印刷
印刷 天津嘉恒印务有限公司

地址:北京市丰台区莲花池西里 7 号(100073)
网址:www.lawpress.com.cn
投稿邮箱:info@lawpress.com.cn
举报盗版邮箱:jbwq@lawpress.com.cn
销售电话:010-83938349
客服电话:010-83938350
咨询电话:010-63939796

书号:ISBN 978-7-5197-8876-6　**定价:**49.00 元

凡购买本社图书,如有印装错误,我社负责退换。电话:010-83938349

目　　录

一、综　　合

二、土地征收与补偿

三、拆迁与补偿

四、权属与登记

五、纠纷处理

一、综　合

中华人民共和国宪法(节录)

1. 1982年12月4日第五届全国人民代表大会第五次会议通过
2. 1982年12月4日全国人民代表大会公告公布施行
3. 根据1988年4月12日第七届全国人民代表大会第一次会议通过的《中华人民共和国宪法修正案》、1993年3月29日第八届全国人民代表大会第一次会议通过的《中华人民共和国宪法修正案》、1999年3月15日第九届全国人民代表大会第二次会议通过的《中华人民共和国宪法修正案》、2004年3月14日第十届全国人民代表大会第二次会议通过的《中华人民共和国宪法修正案》和2018年3月11日第十三届全国人民代表大会第一次会议通过的《中华人民共和国宪法修正案》修正

第九条　【自然资源的归属与利用】[①]矿藏、水流、森林、山岭、草原、荒地、滩涂等自然资源,都属于国家所有,即全民所有;由法律规定属于集体所有的森林和山岭、草原、荒地、滩涂除外。

国家保障自然资源的合理利用,保护珍贵的动物和植物。禁止任何组织或者个人用任何手段侵占或者破坏自然资源。

第十条　【土地制度】城市的土地属于国家所有。

农村和城市郊区的土地,除由法律规定属于国家所有的以外,属于集体所有;宅基地和自留地、自留山,也属于集体所有。

国家为了公共利益的需要,可以依照法律规定对土地实行征收或者征用并给予补偿。

任何组织或者个人不得侵占、买卖或者以其他形式非法转让土地。土地的使用权可以依照法律的规定转让。

---

① 条文主旨为编者所加,下同。

一切使用土地的组织和个人必须合理地利用土地。

第十二条 【保护公共财产】社会主义的公共财产神圣不可侵犯。

国家保护社会主义的公共财产。禁止任何组织或者个人用任何手段侵占或者破坏国家的和集体的财产。

第十三条 【保护私有财产】公民的合法的私有财产不受侵犯。

国家依照法律规定保护公民的私有财产权和继承权。

国家为了公共利益的需要,可以依照法律规定对公民的私有财产实行征收或者征用并给予补偿。

中华人民共和国民法典(节录)

1. 2020年5月28日第十三届全国人民代表大会第三次会议通过

2. 2020年5月28日中华人民共和国主席令第45号公布

3. 自2021年1月1日起施行

第二编 物 权

第一分编 通 则

第一章 一般规定

第二百零五条 【物权编的调整范围】本编调整因物的归属和利用产生的民事关系。

第二百零六条 【社会主义基本经济制度与社会主义市场经济】国家坚持和完善公有制为主体、多种所有制经济共同发展,按劳分配为主体、多种分配方式并存,社会主义市场经济体制等社会主义基本经济制度。

国家巩固和发展公有制经济,鼓励、支持和引导非公有制经济的发展。

国家实行社会主义市场经济,保障一切市场主体的平等法律地位和发展权利。

第二百零七条 【物权平等保护原则】国家、集体、私人的物权和其他权利人的物权受法律平等保护，任何组织或者个人不得侵犯。

第二百零八条　【物权公示原则】不动产物权的设立、变更、转让和消灭，应当依照法律规定登记。动产物权的设立和转让，应当依照法律规定交付。

第二章　物权的设立、变更、转让和消灭

第一节　不动产登记

第二百零九条　【不动产物权登记的效力】不动产物权的设立、变更、转让和消灭，经依法登记，发生效力；未经登记，不发生效力，但是法律另有规定的除外。

依法属于国家所有的自然资源，所有权可以不登记。

第二百一十条　【不动产登记机构和不动产统一登记】不动产登记，由不动产所在地的登记机构办理。

国家对不动产实行统一登记制度。统一登记的范围、登记机构和登记办法，由法律、行政法规规定。

第二百一十一条　【不动产登记申请资料】当事人申请登记，应当根据不同登记事项提供权属证明和不动产界址、面积等必要材料。

第二百一十二条　【登记机构的职责】登记机构应当履行下列职责：

（一）查验申请人提供的权属证明和其他必要材料；

（二）就有关登记事项询问申请人；

（三）如实、及时登记有关事项；

（四）法律、行政法规规定的其他职责。

申请登记的不动产的有关情况需要进一步证明的，登记机构可以要求申请人补充材料，必要时可以实地查看。

第二百一十三条　【登记机构不得从事的行为】登记机构不得有下列行为：

（一）要求对不动产进行评估；

（二）以年检等名义进行重复登记；

（三）超出登记职责范围的其他行为。

第二百一十四条　【不动产物权变动的生效时间】不动产物权的设立、变更、转让和消灭，依照法律规定应当登记的，自记载于不动产

登记簿时发生效力。

第二百一十五条 【合同效力与物权变动区分】当事人之间订立有关设立、变更、转让和消灭不动产物权的合同，除法律另有规定或者当事人另有约定外，自合同成立时生效；未办理物权登记的，不影响合同效力。

第二百一十六条 【不动产登记簿的效力和管理】不动产登记簿是物权归属和内容的根据。

不动产登记簿由登记机构管理。

第二百一十七条 【不动产登记簿与不动产权属证书的关系】不动产权属证书是权利人享有该不动产物权的证明。不动产权属证书记载的事项，应当与不动产登记簿一致；记载不一致的，除有证据证明不动产登记簿确有错误外，以不动产登记簿为准。

第二百一十八条 【不动产登记资料的查询、复制】权利人、利害关系人可以申请查询、复制不动产登记资料，登记机构应当提供。

第二百一十九条 【保护权利人个人信息】利害关系人不得公开、非法使用权利人的不动产登记资料。

第二百二十条 【更正登记与异议登记】权利人、利害关系人认为不动产登记簿记载的事项错误的，可以申请更正登记。不动产登记簿记载的权利人书面同意更正或者有证据证明登记确有错误的，登记机构应当予以更正。

不动产登记簿记载的权利人不同意更正的，利害关系人可以申请异议登记。登记机构予以异议登记，申请人自异议登记之日起十五日内不提起诉讼的，异议登记失效。异议登记不当，造成权利人损害的，权利人可以向申请人请求损害赔偿。

第二百二十一条 【预告登记】当事人签订买卖房屋的协议或者签订其他不动产物权的协议，为保障将来实现物权，按照约定可以向登记机构申请预告登记。预告登记后，未经预告登记的权利人同意，处分该不动产的，不发生物权效力。

预告登记后，债权消灭或者自能够进行不动产登记之日起九十日内未申请登记的，预告登记失效。

第二百二十二条　【不动产登记错误的赔偿】当事人提供虚假材料申请登记，造成他人损害的，应当承担赔偿责任。

因登记错误，造成他人损害的，登记机构应当承担赔偿责任。登记机构赔偿后，可以向造成登记错误的人追偿。

第二百二十三条　【不动产登记的费用】不动产登记费按件收取，不得按照不动产的面积、体积或者价款的比例收取。

第二节　动产交付

第二百二十四条　【动产交付的效力】动产物权的设立和转让，自交付时发生效力，但是法律另有规定的除外。

第二百二十五条　【特殊动产登记的效力】船舶、航空器和机动车等的物权的设立、变更、转让和消灭，未经登记，不得对抗善意第三人。

第二百二十六条　【动产物权受让人先行占有】动产物权设立和转让前，权利人已经占有该动产的，物权自民事法律行为生效时发生效力。

第二百二十七条　【指示交付】动产物权设立和转让前，第三人占有该动产的，负有交付义务的人可以通过转让请求第三人返还原物的权利代替交付。

第二百二十八条　【占有改定】动产物权转让时，当事人又约定由出让人继续占有该动产的，物权自该约定生效时发生效力。

第三节　其他规定

第二百二十九条　【法律文书或征收决定导致的物权变动】因人民法院、仲裁机构的法律文书或者人民政府的征收决定等，导致物权设立、变更、转让或者消灭的，自法律文书或者征收决定等生效时发生效力。

第二百三十条　【因继承取得物权】因继承取得物权的，自继承开始时发生效力。

第二百三十一条　【因事实行为发生物权变动】因合法建造、拆除房屋等事实行为设立或者消灭物权的，自事实行为成就时发生效力。

第二百三十二条　【处分非因民事法律行为享有的不动产物权】处分依照本节规定享有的不动产物权，依照法律规定需要办理登记的，未经登记，不发生物权效力。

第三章　物权的保护

第二百三十三条　【物权纠纷解决方式】物权受到侵害的，权利人可以通过和解、调解、仲裁、诉讼等途径解决。

第二百三十四条　【物权确认请求权】因物权的归属、内容发生争议的，利害关系人可以请求确认权利。

第二百三十五条　【返还原物请求权】无权占有不动产或者动产的，权利人可以请求返还原物。

第二百三十六条　【排除妨害、消除危险请求权】妨害物权或者可能妨害物权的，权利人可以请求排除妨害或者消除危险。

第二百三十七条　【物权复原请求权】造成不动产或者动产毁损的，权利人可以依法请求修理、重作、更换或者恢复原状。

第二百三十八条　【物权损害赔偿请求权】侵害物权，造成权利人损害的，权利人可以依法请求损害赔偿，也可以依法请求承担其他民事责任。

第二百三十九条　【物权保护方式的单用与并用】本章规定的物权保护方式，可以单独适用，也可以根据权利被侵害的情形合并适用。

第二分编　所　有　权

第四章　一 般 规 定

第二百四十条　【所有权的定义】所有权人对自己的不动产或者动产，依法享有占有、使用、收益和处分的权利。

第二百四十一条　【所有权人设立他物权】所有权人有权在自己的不动产或者动产上设立用益物权和担保物权。用益物权人、担保物权人行使权利，不得损害所有权人的权益。

第二百四十二条　【国家专属所有权】法律规定专属于国家所有的不动产和动产，任何组织或者个人不能取得所有权。

第二百四十三条　【征收】为了公共利益的需要，依照法律规定的权限和程序可以征收集体所有的土地和组织、个人的房屋以及其他不动产。

征收集体所有的土地，应当依法及时足额支付土地补偿费、安置补助费以及农村村民住宅、其他地上附着物和青苗等的补偿费用，并安排被征地农民的社会保障费用，保障被征地农民的生活，维护被征地农民的合法权益。

征收组织、个人的房屋以及其他不动产，应当依法给予征收补偿，维护被征收人的合法权益；征收个人住宅的，还应当保障被征收人的居住条件。

任何组织或者个人不得贪污、挪用、私分、截留、拖欠征收补偿费等费用。

第二百四十四条　【耕地保护】国家对耕地实行特殊保护，严格限制农用地转为建设用地，控制建设用地总量。不得违反法律规定的权限和程序征收集体所有的土地。

第二百四十五条　【征用】因抢险救灾、疫情防控等紧急需要，依照法律规定的权限和程序可以征用组织、个人的不动产或者动产。被征用的不动产或者动产使用后，应当返还被征用人。组织、个人的不动产或者动产被征用或者征用后毁损、灭失的，应当给予补偿。

第五章　国家所有权和集体所有权、私人所有权

第二百四十六条　【国有财产的范围、国家所有的性质和国家所有权的行使】法律规定属于国家所有的财产，属于国家所有即全民所有。

国有财产由国务院代表国家行使所有权。法律另有规定的，依照其规定。

第二百四十七条　【矿藏、水流、海域的国家所有权】矿藏、水流、海域属于国家所有。

第二百四十八条　【无居民海岛的国家所有权】无居民海岛属于国家所有，国务院代表国家行使无居民海岛所有权。

第二百四十九条　【国家所有土地的范围】城市的土地，属于国家所有。法律规定属于国家所有的农村和城市郊区的土地，属于国家所有。

第二百五十条　【自然资源的国家所有权】森林、山岭、草原、荒地、滩涂等自然资源，属于国家所有，但是法律规定属于集体所有的除外。

第二百五十一条　【野生动植物资源的国家所有权】法律规定属于国

家所有的野生动植物资源，属于国家所有。

第二百五十二条　【无线电频谱资源的国家所有权】无线电频谱资源属于国家所有。

第二百五十三条　【文物的国家所有权】法律规定属于国家所有的文物，属于国家所有。

第二百五十四条　【国防资产和基础设施的国家所有权】国防资产属于国家所有。

铁路、公路、电力设施、电信设施和油气管道等基础设施，依照法律规定为国家所有的，属于国家所有。

第二百五十五条　【国家机关的物权】国家机关对其直接支配的不动产和动产，享有占有、使用以及依照法律和国务院的有关规定处分的权利。

第二百五十六条　【国家举办的事业单位的物权】国家举办的事业单位对其直接支配的不动产和动产，享有占有、使用以及依照法律和国务院的有关规定收益、处分的权利。

第二百五十七条　【国家出资的企业出资人制度】国家出资的企业，由国务院、地方人民政府依照法律、行政法规规定分别代表国家履行出资人职责，享有出资人权益。

第二百五十八条　【国有财产的保护】国家所有的财产受法律保护，禁止任何组织或者个人侵占、哄抢、私分、截留、破坏。

第二百五十九条　【国有财产管理的法律责任】履行国有财产管理、监督职责的机构及其工作人员，应当依法加强对国有财产的管理、监督，促进国有财产保值增值，防止国有财产损失；滥用职权，玩忽职守，造成国有财产损失的，应当依法承担法律责任。

违反国有财产管理规定，在企业改制、合并分立、关联交易等过程中，低价转让、合谋私分、擅自担保或者以其他方式造成国有财产损失的，应当依法承担法律责任。

第二百六十条　【集体财产的范围】集体所有的不动产和动产包括：

（一）法律规定属于集体所有的土地和森林、山岭、草原、荒地、滩涂；

（二）集体所有的建筑物、生产设施、农田水利设施；

（三）集体所有的教育、科学、文化、卫生、体育等设施；

（四）集体所有的其他不动产和动产。

第二百六十一条　【农民集体所有财产归属及重大事项集体决定】农民集体所有的不动产和动产，属于本集体成员集体所有。

下列事项应当依照法定程序经本集体成员决定：

（一）土地承包方案以及将土地发包给本集体以外的组织或者个人承包；

（二）个别土地承包经营权人之间承包地的调整；

（三）土地补偿费等费用的使用、分配办法；

（四）集体出资的企业的所有权变动等事项；

（五）法律规定的其他事项。

第二百六十二条　【集体所有的不动产所有权行使】对于集体所有的土地和森林、山岭、草原、荒地、滩涂等，依照下列规定行使所有权：

（一）属于村农民集体所有的，由村集体经济组织或者村民委员会依法代表集体行使所有权；

（二）分别属于村内两个以上农民集体所有的，由村内各该集体经济组织或者村民小组依法代表集体行使所有权；

（三）属于乡镇农民集体所有的，由乡镇集体经济组织代表集体行使所有权。

第二百六十三条　【城镇集体所有的财产权利行使】城镇集体所有的不动产和动产，依照法律、行政法规的规定由本集体享有占有、使用、收益和处分的权利。

第二百六十四条　【集体成员对集体财产的知情权】农村集体经济组织或者村民委员会、村民小组应当依照法律、行政法规以及章程、村规民约向本集体成员公布集体财产的状况。集体成员有权查阅、复制相关资料。

第二百六十五条　【财产权保护】集体所有的财产受法律保护，禁止任何组织或者个人侵占、哄抢、私分、破坏。

农村集体经济组织、村民委员会或者其负责人作出的决定侵害集体成员合法权益的,受侵害的集体成员可以请求人民法院予以撤销。

第二百六十六条 **【私有财产的范围】**私人对其合法的收入、房屋、生活用品、生产工具、原材料等不动产和动产享有所有权。

第二百六十七条 **【私人合法财产的保护】**私人的合法财产受法律保护,禁止任何组织或者个人侵占、哄抢、破坏。

第二百六十八条 **【企业出资人权利】**国家、集体和私人依法可以出资设立有限责任公司、股份有限公司或者其他企业。国家、集体和私人所有的不动产或者动产投到企业的,由出资人按照约定或者出资比例享有资产收益、重大决策以及选择经营管理者等权利并履行义务。

第二百六十九条 **【法人财产权】**营利法人对其不动产和动产依照法律、行政法规以及章程享有占有、使用、收益和处分的权利。

营利法人以外的法人,对其不动产和动产的权利,适用有关法律、行政法规以及章程的规定。

第二百七十条 **【社会团体法人、捐助法人合法财产的保护】**社会团体法人、捐助法人依法所有的不动产和动产,受法律保护。

第六章 业主的建筑物区分所有权

第二百七十一条 **【建筑物区分所有权】**业主对建筑物内的住宅、经营性用房等专有部分享有所有权,对专有部分以外的共有部分享有共有和共同管理的权利。

第二百七十二条 **【业主对专有部分的权利和义务】**业主对其建筑物专有部分享有占有、使用、收益和处分的权利。业主行使权利不得危及建筑物的安全,不得损害其他业主的合法权益。

第二百七十三条 **【业主对共有部分的权利和义务】**业主对建筑物专有部分以外的共有部分,享有权利,承担义务;不得以放弃权利为由不履行义务。

业主转让建筑物内的住宅、经营性用房,其对共有部分享有的共有和共同管理的权利一并转让。

第二百七十四条 **【建筑区划内道路、绿地等的权利归属】**建筑区划内的道路,属于业主共有,但是属于城镇公共道路的除外。建筑区划内的绿地,属于业主共有,但是属于城镇公共绿地或者明示属于个人的除外。建筑区划内的其他公共场所、公用设施和物业服务用房,属于业主共有。

第二百七十五条　【车位、车库的归属】建筑区划内,规划用于停放汽车的车位、车库的归属,由当事人通过出售、附赠或者出租等方式约定。

占用业主共有的道路或者其他场地用于停放汽车的车位,属于业主共有。

第二百七十六条　【车位、车库的首要用途】建筑区划内,规划用于停放汽车的车位、车库应当首先满足业主的需要。

第二百七十七条　【业主自治管理组织的设立及指导和协助】业主可以设立业主大会,选举业主委员会。业主大会、业主委员会成立的具体条件和程序,依照法律、法规的规定。

地方人民政府有关部门、居民委员会应当对设立业主大会和选举业主委员会给予指导和协助。

第二百七十八条　【业主共同决定事项及表决】下列事项由业主共同决定:

(一)制定和修改业主大会议事规则;

(二)制定和修改管理规约;

(三)选举业主委员会或者更换业主委员会成员;

(四)选聘和解聘物业服务企业或者其他管理人;

(五)使用建筑物及其附属设施的维修资金;

(六)筹集建筑物及其附属设施的维修资金;

(七)改建、重建建筑物及其附属设施;

(八)改变共有部分的用途或者利用共有部分从事经营活动;

(九)有关共有和共同管理权利的其他重大事项。

业主共同决定事项,应当由专有部分面积占比三分之二以上的业主且人数占比三分之二以上的业主参与表决。决定前款第六项至第八项规定的事项,应当经参与表决专有部分面积四分之三以上的业主且参与表决人数四分之三以上的业主同意。决定前款其他事项，应当经参与表决专有部分面积过半数的业主且参与表决人数过半数的业主同意。

第二百七十九条 【业主改变住宅用途的限制条件】业主不得违反法律、法规以及管理规约，将住宅改变为经营性用房。业主将住宅改变为经营性用房的，除遵守法律、法规以及管理规约外，应当经有利害关系的业主一致同意。

第二百八十条 【业主大会、业主委员会决定的效力】业主大会或者业主委员会的决定，对业主具有法律约束力。

业主大会或者业主委员会作出的决定侵害业主合法权益的，受侵害的业主可以请求人民法院予以撤销。

第二百八十一条 【建筑物及其附属设施维修资金的归属和处分】建筑物及其附属设施的维修资金，属于业主共有。经业主共同决定，可以用于电梯、屋顶、外墙、无障碍设施等共有部分的维修、更新和改造。建筑物及其附属设施的维修资金的筹集、使用情况应当定期公布。

紧急情况下需要维修建筑物及其附属设施的，业主大会或者业主委员会可以依法申请使用建筑物及其附属设施的维修资金。

第二百八十二条 【共有部分的收入分配】建设单位、物业服务企业或者其他管理人等利用业主的共有部分产生的收入，在扣除合理成本之后，属于业主共有。

第二百八十三条 【建筑物及其附属设施的费用分摊和收益分配】建筑物及其附属设施的费用分摊、收益分配等事项，有约定的，按照约定；没有约定或者约定不明确的，按照业主专有部分面积所占比例确定。

第二百八十四条 【建筑物及其附属设施的管理主体】业主可以自行管理建筑物及其附属设施，也可以委托物业服务企业或者其他管理人管理。

对建设单位聘请的物业服务企业或者其他管理人，业主有权依法更换。

第二百八十五条　【业主和物业服务企业或其他管理人的关系】物业服务企业或者其他管理人根据业主的委托，依照本法第三编有关物业服务合同的规定管理建筑区划内的建筑物及其附属设施，接受业主的监督，并及时答复业主对物业服务情况提出的询问。

物业服务企业或者其他管理人应当执行政府依法实施的应急处置措施和其他管理措施，积极配合开展相关工作。

第二百八十六条　【业主的相关义务及责任】业主应当遵守法律、法规以及管理规约，相关行为应当符合节约资源、保护生态环境的要求。对于物业服务企业或者其他管理人执行政府依法实施的应急处置措施和其他管理措施，业主应当依法予以配合。

业主大会或者业主委员会，对任意弃置垃圾、排放污染物或者噪声、违反规定饲养动物、违章搭建、侵占通道、拒付物业费等损害他人合法权益的行为，有权依照法律、法规以及管理规约，请求行为人停止侵害、排除妨碍、消除危险、恢复原状、赔偿损失。

业主或者其他行为人拒不履行相关义务的，有关当事人可以向有关行政主管部门报告或者投诉，有关行政主管部门应当依法处理。

第二百八十七条　【业主合法权益的保护】业主对建设单位、物业服务企业或者其他管理人以及其他业主侵害自己合法权益的行为，有权请求其承担民事责任。

第七章　相邻关系

第二百八十八条　【处理相邻关系的原则】不动产的相邻权利人应当按照有利生产、方便生活、团结互助、公平合理的原则，正确处理相邻关系。

第二百八十九条　【处理相邻关系的法律依据】法律、法规对处理相邻关系有规定的，依照其规定；法律、法规没有规定的，可以按照当地习惯。

第二百九十条　【用水、排水相邻关系】不动产权利人应当为相邻权利人用水、排水提供必要的便利。

对自然流水的利用，应当在不动产的相邻权利人之间合理分配。对自然流水的排放，应当尊重自然流向。

第二百九十一条 **【通行相邻关系】**不动产权利人对相邻权利人因通行等必须利用其土地的，应当提供必要的便利。

第二百九十二条 **【相邻土地的利用】**不动产权利人因建造、修缮建筑物以及铺设电线、电缆、水管、暖气和燃气管线等必须利用相邻土地、建筑物的，该土地、建筑物的权利人应当提供必要的便利。

第二百九十三条 **【相邻通风、采光和日照】**建造建筑物，不得违反国家有关工程建设标准，不得妨碍相邻建筑物的通风、采光和日照。

第二百九十四条 **【相邻不动产之间不可量物侵害】**不动产权利人不得违反国家规定弃置固体废物，排放大气污染物、水污染物、土壤污染物、噪声、光辐射、电磁辐射等有害物质。

第二百九十五条 **【维护相邻不动产安全】**不动产权利人挖掘土地、建造建筑物、铺设管线以及安装设备等，不得危及相邻不动产的安全。

第二百九十六条 **【使用相邻不动产避免造成损害】**不动产权利人因用水、排水、通行、铺设管线等利用相邻不动产的，应当尽量避免对相邻的不动产权利人造成损害。

第八章 共　　有

第二百九十七条 **【共有及其类型】**不动产或者动产可以由两个以上组织、个人共有。共有包括按份共有和共同共有。

第二百九十八条 **【按份共有】**按份共有人对共有的不动产或者动产按照其份额享有所有权。

第二百九十九条 **【共同共有】**共同共有人对共有的不动产或者动产共同享有所有权。

第三百条 **【共有人对共有物的管理权】**共有人按照约定管理共有的不动产或者动产；没有约定或者约定不明确的，各共有人都有管理的权利和义务。

第三百零一条 **【共有物的处分、重大修缮和性质、用途变更】**处分共有的不动产或者动产以及对共有的不动产或者动产作重大修缮、变更性质或者用途的，应当经占份额三分之二以上的按份共有人或者全体共同共有人同意，但是共有人之间另有约定的除外。

第三百零二条　【共有物管理费用的负担】共有人对共有物的管理费用以及其他负担，有约定的，按照其约定；没有约定或者约定不明确的，按份共有人按照其份额负担，共同共有人共同负担。

第三百零三条　【共有财产的分割原则】共有人约定不得分割共有的不动产或者动产，以维持共有关系的，应当按照约定，但是共有人有重大理由需要分割的，可以请求分割；没有约定或者约定不明确的，按份共有人可以随时请求分割，共同共有人在共有的基础丧失或者有重大理由需要分割时可以请求分割。因分割造成其他共有人损害的，应当给予赔偿。

第三百零四条　【共有物的分割方式】共有人可以协商确定分割方式。达不成协议，共有的不动产或者动产可以分割且不会因分割减损价值的，应当对实物予以分割；难以分割或者因分割会减损价值的，应当对折价或者拍卖、变卖取得的价款予以分割。

共有人分割所得的不动产或者动产有瑕疵的，其他共有人应当分担损失。

第三百零五条　【按份共有人的份额处分权和其他共有人的优先购买权】按份共有人可以转让其享有的共有的不动产或者动产份额。其他共有人在同等条件下享有优先购买的权利。

第三百零六条　【优先购买权的实现方式】按份共有人转让其享有的共有的不动产或者动产份额的，应当将转让条件及时通知其他共有人。其他共有人应当在合理期限内行使优先购买权。

两个以上其他共有人主张行使优先购买权的，协商确定各自的购买比例；协商不成的，按照转让时各自的共有份额比例行使优先购买权。

第三百零七条　【因共有财产产生的债权债务关系的对外、对内效力】因共有的不动产或者动产产生的债权债务，在对外关系上，共有人享有连带债权、承担连带债务，但是法律另有规定或者第三人知道共有人不具有连带债权债务关系的除外；在共有人内部关系上，除共有人另有约定外，按份共有人按照份额享有债权、承担债务,共同共有人共同享有债权、承担债务。偿还债务超过自己应当承担份额的按份共有人,有权向其他共有人追偿。

第三百零八条 【按份共有的推定】共有人对共有的不动产或者动产没有约定为按份共有或者共同共有,或者约定不明确的,除共有人具有家庭关系等外,视为按份共有。

第三百零九条 【按份共有人份额的确定】按份共有人对共有的不动产或者动产享有的份额,没有约定或者约定不明确的,按照出资额确定;不能确定出资额的,视为等额享有。

第三百一十条 【用益物权、担保物权的准共有】两个以上组织、个人共同享有用益物权、担保物权的,参照适用本章的有关规定。

第九章 所有权取得的特别规定

第三百一十一条 【善意取得】无处分权人将不动产或者动产转让给受让人的,所有权人有权追回;除法律另有规定外,符合下列情形的,受让人取得该不动产或者动产的所有权:

(一)受让人受让该不动产或者动产时是善意;

(二)以合理的价格转让;

(三)转让的不动产或者动产依照法律规定应当登记的已经登记,不需要登记的已经交付给受让人。

受让人依据前款规定取得不动产或者动产的所有权的,原所有权人有权向无处分权人请求损害赔偿。

当事人善意取得其他物权的,参照适用前两款规定。

第三百一十二条 【遗失物的善意取得】所有权人或者其他权利人有权追回遗失物。该遗失物通过转让被他人占有的,权利人有权向无处分权人请求损害赔偿,或者自知道或者应当知道受让人之日起二年内向受让人请求返还原物;但是,受让人通过拍卖或者向具有经营资格的经营者购得该遗失物的,权利人请求返还原物时应当支付受让人所付的费用。权利人向受让人支付所付费用后,有权向无处分权人追偿。

第三百一十三条 【善意取得的动产上原有权利的消灭】善意受让人取得动产后,该动产上的原有权利消灭。但是,善意受让人在受让时知道或者应当知道该权利的除外。

第三百一十四条　【拾得遗失物的返还】拾得遗失物，应当返还权利人。拾得人应当及时通知权利人领取，或者送交公安等有关部门。

第三百一十五条　【有关部门收到遗失物的处理】有关部门收到遗失物，知道权利人的，应当及时通知其领取；不知道的，应当及时发布招领公告。

第三百一十六条　【拾得人及有关部门妥善保管遗失物义务】拾得人在遗失物送交有关部门前，有关部门在遗失物被领取前，应当妥善保管遗失物。因故意或者重大过失致使遗失物毁损、灭失的，应当承担民事责任。

第三百一十七条　【权利人在领取遗失物时应尽义务】权利人领取遗失物时，应当向拾得人或者有关部门支付保管遗失物等支出的必要费用。

权利人悬赏寻找遗失物的，领取遗失物时应当按照承诺履行义务。

拾得人侵占遗失物的，无权请求保管遗失物等支出的费用，也无权请求权利人按照承诺履行义务。

第三百一十八条　【公告期满无人认领的遗失物归属】遗失物自发布招领公告之日起一年内无人认领的，归国家所有。

第三百一十九条　【拾得漂流物、发现埋藏物或隐藏物】拾得漂流物、发现埋藏物或者隐藏物的，参照适用拾得遗失物的有关规定。法律另有规定的，依照其规定。

第三百二十条　【从物所有权的转移】主物转让的，从物随主物转让，但是当事人另有约定的除外。

第三百二十一条　【天然孳息和法定孳息的归属】天然孳息，由所有权人取得；既有所有权人又有用益物权人的，由用益物权人取得。当事人另有约定的，按照其约定。

法定孳息，当事人有约定的，按照约定取得；没有约定或者约定不明确的，按照交易习惯取得。

第三百二十二条　【添附取得物的归属】因加工、附合、混合而产生的物的归属，有约定的，按照约定；没有约定或者约定不明确的，依照法律规定；法律没有规定的，按照充分发挥物的效用以及保护无过错当事人的原则确定。因一方当事人的过错或者确定物的归属造成另一方当事人损害的，应当给予赔偿或者补偿。

第三分编　用益物权

第十章　一般规定

第三百二十三条　【用益物权的定义】用益物权人对他人所有的不动产或者动产，依法享有占有、使用和收益的权利。

第三百二十四条　【国有和集体所有自然资源的用益物权】国家所有或者国家所有由集体使用以及法律规定属于集体所有的自然资源，组织、个人依法可以占有、使用和收益。

第三百二十五条　【自然资源使用制度】国家实行自然资源有偿使用制度，但是法律另有规定的除外。

第三百二十六条　【用益物权人权利的行使】用益物权人行使权利，应当遵守法律有关保护和合理开发利用资源、保护生态环境的规定。所有权人不得干涉用益物权人行使权利。

第三百二十七条　【用益物权人因征收、征用有权获得补偿】因不动产或者动产被征收、征用致使用益物权消灭或者影响用益物权行使的，用益物权人有权依据本法第二百四十三条、第二百四十五条的规定获得相应补偿。

第三百二十八条　【海域使用权的法律保护】依法取得的海域使用权受法律保护。

第三百二十九条　【合法探矿权等权利的法律保护】依法取得的探矿权、采矿权、取水权和使用水域、滩涂从事养殖、捕捞的权利受法律保护。

第十一章　土地承包经营权

第三百三十条　【双层经营体制与土地承包经营制度】农村集体经济组织实行家庭承包经营为基础、统分结合的双层经营体制。

农民集体所有和国家所有由农民集体使用的耕地、林地、草地以及其他用于农业的土地,依法实行土地承包经营制度。

第三百三十一条　【土地承包经营权的定义】土地承包经营权人依法对其承包经营的耕地、林地、草地等享有占有、使用和收益的权利,有权从事种植业、林业、畜牧业等农业生产。

第三百三十二条　【土地承包期】耕地的承包期为三十年。草地的承包期为三十年至五十年。林地的承包期为三十年至七十年。

前款规定的承包期限届满,由土地承包经营权人依照农村土地承包的法律规定继续承包。

第三百三十三条　【土地承包经营权的设立和登记】土地承包经营权自土地承包经营权合同生效时设立。

登记机构应当向土地承包经营权人发放土地承包经营权证、林权证等证书,并登记造册,确认土地承包经营权。

第三百三十四条　【土地承包经营权的互换、转让】土地承包经营权人依照法律规定,有权将土地承包经营权互换、转让。未经依法批准,不得将承包地用于非农建设。

第三百三十五条　【土地承包经营权互换、转让的登记】土地承包经营权互换、转让的,当事人可以向登记机构申请登记;未经登记,不得对抗善意第三人。

第三百三十六条　【承包地的调整】承包期内发包人不得调整承包地。

因自然灾害严重毁损承包地等特殊情形,需要适当调整承包的耕地和草地的,应当依照农村土地承包的法律规定办理。

第三百三十七条　【承包地的收回】承包期内发包人不得收回承包地。法律另有规定的,依照其规定。

第三百三十八条　【承包地的征收补偿】承包地被征收的,土地承包经营权人有权依据本法第二百四十三条的规定获得相应补偿。

第三百三十九条　【土地经营权的流转】土地承包经营权人可以自主决定依法采取出租、入股或者其他方式向他人流转土地经营权。

第三百四十条　【土地经营权的定义】土地经营权人有权在合同约定的期限内占有农村土地,自主开展农业生产经营并取得收益。

第三百四十一条　【土地经营权的设立及登记】流转期限为五年以上

的土地经营权,自流转合同生效时设立。当事人可以向登记机构申请土地经营权登记;未经登记,不得对抗善意第三人。

第三百四十二条 【其他方式承包的土地经营权流转】通过招标、拍卖、公开协商等方式承包农村土地,经依法登记取得权属证书的,可以依法采取出租、入股、抵押或者其他方式流转土地经营权。

第三百四十三条 【国有农用地实行承包经营的参照适用】国家所有的农用地实行承包经营的,参照适用本编的有关规定。

第十二章 建设用地使用权

第三百四十四条 【建设用地使用权的定义】建设用地使用权人依法对国家所有的土地享有占有、使用和收益的权利,有权利用该土地建造建筑物、构筑物及其附属设施。

第三百四十五条 【建设用地使用权的分层设立】建设用地使用权可以在土地的地表、地上或者地下分别设立。

第三百四十六条 【建设用地使用权的设立原则】设立建设用地使用权,应当符合节约资源、保护生态环境的要求,遵守法律、行政法规关于土地用途的规定,不得损害已经设立的用益物权。

第三百四十七条 【建设用地使用权的出让方式】设立建设用地使用权,可以采取出让或者划拨等方式。

工业、商业、旅游、娱乐和商品住宅等经营性用地以及同一土地有两个以上意向用地者的,应当采取招标、拍卖等公开竞价的方式出让。

严格限制以划拨方式设立建设用地使用权。

第三百四十八条 【建设用地使用权出让合同】通过招标、拍卖、协议等出让方式设立建设用地使用权的,当事人应当采用书面形式订立建设用地使用权出让合同。

建设用地使用权出让合同一般包括下列条款:

(一)当事人的名称和住所;

(二)土地界址、面积等;

(三)建筑物、构筑物及其附属设施占用的空间;

(四)土地用途、规划条件;

（五）建设用地使用权期限；

（六）出让金等费用及其支付方式；

（七）解决争议的方法。

第三百四十九条　【建设用地使用权的登记】设立建设用地使用权的，应当向登记机构申请建设用地使用权登记。建设用地使用权自登记时设立。登记机构应当向建设用地使用权人发放权属证书。

第三百五十条　【土地用途管制制度】建设用地使用权人应当合理利用土地，不得改变土地用途；需要改变土地用途的，应当依法经有关行政主管部门批准。

第三百五十一条　【建设用地使用权人支付出让金等费用的义务】建设用地使用权人应当依照法律规定以及合同约定支付出让金等费用。

第三百五十二条　【建设用地使用权人建造的建筑物等设施的权属】建设用地使用权人建造的建筑物、构筑物及其附属设施的所有权属于建设用地使用权人，但是有相反证据证明的除外。

第三百五十三条　【建设用地使用权的流转方式】建设用地使用权人有权将建设用地使用权转让、互换、出资、赠与或者抵押，但是法律另有规定的除外。

第三百五十四条　【处分建设用地使用权的合同形式和期限】建设用地使用权转让、互换、出资、赠与或者抵押的，当事人应当采用书面形式订立相应的合同。使用期限由当事人约定，但是不得超过建设用地使用权的剩余期限。

第三百五十五条　【建设用地使用权流转后变更登记】建设用地使用权转让、互换、出资或者赠与的，应当向登记机构申请变更登记。

第三百五十六条　【建筑物等设施随建设用地使用权的流转而一并处分】建设用地使用权转让、互换、出资或者赠与的，附着于该土地上的建筑物、构筑物及其附属设施一并处分。

第三百五十七条　【建设用地使用权随建筑物等设施的流转而一并处分】建筑物、构筑物及其附属设施转让、互换、出资或者赠与的，该建筑物、构筑物及其附属设施占用范围内的建设用地使用权一并处分。

第三百五十八条　【建设用地使用权提前收回及其补偿】建设用地使用权期限届满前，因公共利益需要提前收回该土地的，应当依据本法第二百四十三条的规定对该土地上的房屋以及其他不动产给予补偿，并退还相应的出让金。

第三百五十九条　【建设用地使用权的续期】住宅建设用地使用权期限届满的，自动续期。续期费用的缴纳或者减免，依照法律、行政法规的规定办理。

非住宅建设用地使用权期限届满后的续期，依照法律规定办理。该土地上的房屋以及其他不动产的归属，有约定的，按照约定；没有约定或者约定不明确的，依照法律、行政法规的规定办理。

第三百六十条　【建设用地使用权注销登记】建设用地使用权消灭的，出让人应当及时办理注销登记。登记机构应当收回权属证书。

第三百六十一条　【集体所有土地作为建设用地的法律适用】集体所有的土地作为建设用地的，应当依照土地管理的法律规定办理。

第十三章　宅基地使用权

第三百六十二条　【宅基地使用权的定义】宅基地使用权人依法对集体所有的土地享有占有和使用的权利，有权依法利用该土地建造住宅及其附属设施。

第三百六十三条　【宅基地使用权取得、行使和转让的法律适用】宅基地使用权的取得、行使和转让，适用土地管理的法律和国家有关规定。

第三百六十四条　【宅基地的灭失和重新分配】宅基地因自然灾害等原因灭失的，宅基地使用权消灭。对失去宅基地的村民，应当依法重新分配宅基地。

第三百六十五条　【宅基地使用权变更和注销登记】已经登记的宅基地使用权转让或者消灭的，应当及时办理变更登记或者注销登记。

第十四章　居　住　权

第三百六十六条　【居住权的定义】居住权人有权按照合同约定，对他人的住宅享有占有、使用的用益物权，以满足生活居住的需要。

第三百六十七条　【居住权合同】设立居住权，当事人应当采用书面形式订立居住权合同。

居住权合同一般包括下列条款：

（一）当事人的姓名或者名称和住所；

（二）住宅的位置；

（三）居住的条件和要求；

（四）居住权期限；

（五）解决争议的方法。

第三百六十八条　【居住权的设立】居住权无偿设立，但是当事人另有约定的除外。设立居住权的，应当向登记机构申请居住权登记。居住权自登记时设立。

第三百六十九条　【居住权的限制】居住权不得转让、继承。设立居住权的住宅不得出租，但是当事人另有约定的除外。

第三百七十条　【居住权的消灭】居住权期限届满或者居住权人死亡的，居住权消灭。居住权消灭的，应当及时办理注销登记。

第三百七十一条　【以遗嘱方式设立居住权的参照适用】以遗嘱方式设立居住权的，参照适用本章的有关规定。

第十五章　地　役　权

第三百七十二条　【地役权的定义】地役权人有权按照合同约定，利用他人的不动产，以提高自己的不动产的效益。

前款所称他人的不动产为供役地，自己的不动产为需役地。

第三百七十三条　【地役权合同】设立地役权，当事人应当采用书面形式订立地役权合同。

地役权合同一般包括下列条款：

（一）当事人的姓名或者名称和住所；

（二）供役地和需役地的位置；

（三）利用目的和方法；

（四）地役权期限；

（五）费用及其支付方式；

（六）解决争议的方法。

第三百七十四条　【地役权的设立与登记】地役权自地役权合同生效时设立。当事人要求登记的，可以向登记机构申请地役权登记；未经登记，不得对抗善意第三人。

第三百七十五条　【供役地权利人的义务】供役地权利人应当按照合同约定，允许地役权人利用其不动产，不得妨害地役权人行使权利。

第三百七十六条　【地役权人的权利义务】地役权人应当按照合同约定的利用目的和方法利用供役地，尽量减少对供役地权利人物权的限制。

第三百七十七条　【地役权期限】地役权期限由当事人约定；但是，不得超过土地承包经营权、建设用地使用权等用益物权的剩余期限。

第三百七十八条　【地役权的承继】土地所有权人享有地役权或者负担地役权的，设立土地承包经营权、宅基地使用权等用益物权时，该用益物权人继续享有或者负担已经设立的地役权。

第三百七十九条　【在先用益物权对地役权的限制】土地上已经设立土地承包经营权、建设用地使用权、宅基地使用权等用益物权的，未经用益物权人同意，土地所有权人不得设立地役权。

第三百八十条　【地役权的转让】地役权不得单独转让。土地承包经营权、建设用地使用权等转让的，地役权一并转让，但是合同另有约定的除外。

第三百八十一条　【地役权的抵押】地役权不得单独抵押。土地经营权、建设用地使用权等抵押的，在实现抵押权时，地役权一并转让。

第三百八十二条　【地役权对需役地及其上权利的不可分性】需役地以及需役地上的土地承包经营权、建设用地使用权等部分转让时，转让部分涉及地役权的，受让人同时享有地役权。

第三百八十三条　【地役权对供役地及其上权利的不可分性】供役地以及供役地上的土地承包经营权、建设用地使用权等部分转让时，转让部分涉及地役权的，地役权对受让人具有法律约束力。

第三百八十四条　【地役权消灭】地役权人有下列情形之一的，供役地权利人有权解除地役权合同，地役权消灭：

（一）违反法律规定或者合同约定，滥用地役权；

（二）有偿利用供役地，约定的付款期限届满后在合理期限内经两次催告未支付费用。

第三百八十五条　【已登记地役权的变更、转让或消灭手续】已经登记的地役权变更、转让或者消灭的，应当及时办理变更登记或者注销登记。

第四分编　担保物权

第十六章　一般规定

第三百八十六条　【担保物权的定义】担保物权人在债务人不履行到期债务或者发生当事人约定的实现担保物权的情形，依法享有就担保财产优先受偿的权利，但是法律另有规定的除外。

第三百八十七条　【担保物权的适用范围和反担保】债权人在借贷、买卖等民事活动中，为保障实现其债权，需要担保的，可以依照本法和其他法律的规定设立担保物权。

第三人为债务人向债权人提供担保的，可以要求债务人提供反担保。反担保适用本法和其他法律的规定。

第三百八十八条　【担保合同】设立担保物权，应当依照本法和其他法律的规定订立担保合同。担保合同包括抵押合同、质押合同和其他具有担保功能的合同。担保合同是主债权债务合同的从合同。主债权债务合同无效的，担保合同无效，但是法律另有规定的除外。

担保合同被确认无效后，债务人、担保人、债权人有过错的，应当根据其过错各自承担相应的民事责任。

第三百八十九条　【担保物权的担保范围】担保物权的担保范围包括主债权及其利息、违约金、损害赔偿金、保管担保财产和实现担保物权的费用。当事人另有约定的，按照其约定。

第三百九十条　【担保物权的物上代位性及代位物的提存】担保期间，担保财产毁损、灭失或者被征收等，担保物权人可以就获得的保险金、赔偿金或者补偿金等优先受偿。被担保债权的履行期限未届满的，也可以提存该保险金、赔偿金或者补偿金等。

第三百九十一条　【未经担保人同意转移债务的法律后果】第三人提

供担保,未经其书面同意,债权人允许债务人转移全部或者部分债务的,担保人不再承担相应的担保责任。

第三百九十二条 【人保和物保并存时担保权的实行规则】被担保的债权既有物的担保又有人的担保的,债务人不履行到期债务或者发生当事人约定的实现担保物权的情形,债权人应当按照约定实现债权;没有约定或者约定不明确,债务人自己提供物的担保的,债权人应当先就该物的担保实现债权;第三人提供物的担保的,债权人可以就物的担保实现债权,也可以请求保证人承担保证责任。提供担保的第三人承担担保责任后,有权向债务人追偿。

第三百九十三条 【担保物权消灭事由】有下列情形之一的,担保物权消灭:

(一)主债权消灭;

(二)担保物权实现;

(三)债权人放弃担保物权;

(四)法律规定担保物权消灭的其他情形。

第十七章 抵 押 权

第一节 一般抵押权

第三百九十四条 【抵押权的定义】为担保债务的履行,债务人或者第三人不转移财产的占有,将该财产抵押给债权人的,债务人不履行到期债务或者发生当事人约定的实现抵押权的情形,债权人有权就该财产优先受偿。

前款规定的债务人或者第三人为抵押人,债权人为抵押权人,提供担保的财产为抵押财产。

第三百九十五条 【抵押财产的范围】债务人或者第三人有权处分的下列财产可以抵押:

(一)建筑物和其他土地附着物;

(二)建设用地使用权;

(三)海域使用权;

(四)生产设备、原材料、半成品、产品;

(五)正在建造的建筑物、船舶、航空器;

（六）交通运输工具；

（七）法律、行政法规未禁止抵押的其他财产。

抵押人可以将前款所列财产一并抵押。

第三百九十六条　【浮动抵押】企业、个体工商户、农业生产经营者可以将现有的以及将有的生产设备、原材料、半成品、产品抵押，债务人不履行到期债务或者发生当事人约定的实现抵押权的情形，债权人有权就抵押财产确定时的动产优先受偿。

第三百九十七条　【建筑物与建设用地使用权同时抵押规则】以建筑物抵押的，该建筑物占用范围内的建设用地使用权一并抵押。以建设用地使用权抵押的，该土地上的建筑物一并抵押。

抵押人未依据前款规定一并抵押的，未抵押的财产视为一并抵押。

第三百九十八条　【乡镇、村企业的建设用地使用权抵押限制】乡镇、村企业的建设用地使用权不得单独抵押。以乡镇、村企业的厂房等建筑物抵押的，其占用范围内的建设用地使用权一并抵押。

第三百九十九条　【禁止抵押的财产范围】下列财产不得抵押：

（一）土地所有权；

（二）宅基地、自留地、自留山等集体所有土地的使用权，但是法律规定可以抵押的除外；

（三）学校、幼儿园、医疗机构等为公益目的成立的非营利法人的教育设施、医疗卫生设施和其他公益设施；

（四）所有权、使用权不明或者有争议的财产；

（五）依法被查封、扣押、监管的财产；

（六）法律、行政法规规定不得抵押的其他财产。

第四百条　【抵押合同】设立抵押权，当事人应当采用书面形式订立抵押合同。

抵押合同一般包括下列条款：

（一）被担保债权的种类和数额；

（二）债务人履行债务的期限；

（三）抵押财产的名称、数量等情况；

(四)担保的范围。

第四百零一条 【流押】抵押权人在债务履行期限届满前,与抵押人约定债务人不履行到期债务时抵押财产归债权人所有的,只能依法就抵押财产优先受偿。

第四百零二条 【不动产抵押登记】以本法第三百九十五条第一款第一项至第三项规定的财产或者第五项规定的正在建造的建筑物抵押的,应当办理抵押登记。抵押权自登记时设立。

第四百零三条 【动产抵押的效力】以动产抵押的,抵押权自抵押合同生效时设立;未经登记,不得对抗善意第三人。

第四百零四条 【动产抵押权无追及效力】以动产抵押的,不得对抗正常经营活动中已经支付合理价款并取得抵押财产的买受人。

第四百零五条 【抵押权与租赁权的关系】抵押权设立前,抵押财产已经出租并转移占有的,原租赁关系不受该抵押权的影响。

第四百零六条 【抵押财产的处分】抵押期间,抵押人可以转让抵押财产。当事人另有约定的,按照其约定。抵押财产转让的,抵押权不受影响。

抵押人转让抵押财产的,应当及时通知抵押权人。抵押权人能够证明抵押财产转让可能损害抵押权的,可以请求抵押人将转让所得的价款向抵押权人提前清偿债务或者提存。转让的价款超过债权数额的部分归抵押人所有,不足部分由债务人清偿。

第四百零七条 【抵押权处分的从属性】抵押权不得与债权分离而单独转让或者作为其他债权的担保。债权转让的,担保该债权的抵押权一并转让,但是法律另有规定或者当事人另有约定的除外。

第四百零八条 【抵押权的保护】抵押人的行为足以使抵押财产价值减少的,抵押权人有权请求抵押人停止其行为;抵押财产价值减少的,抵押权人有权请求恢复抵押财产的价值,或者提供与减少的价值相应的担保。抵押人不恢复抵押财产的价值,也不提供担保的,抵押权人有权请求债务人提前清偿债务。

第四百零九条 【抵押权及其顺位的处分】抵押权人可以放弃抵押权或者抵押权的顺位。抵押权人与抵押人可以协议变更抵押权顺位以及被担保的债权数额等内容。但是,抵押权的变更未经其他抵押权人书面同意的,不得对其他抵押权人产生不利影响。

债务人以自己的财产设定抵押,抵押权人放弃该抵押权、抵押权顺位或者变更抵押权的,其他担保人在抵押权人丧失优先受偿权益的范围内免除担保责任,但是其他担保人承诺仍然提供担保的除外。

第四百一十条　【抵押权的实现】债务人不履行到期债务或者发生当事人约定的实现抵押权的情形,抵押权人可以与抵押人协议以抵押财产折价或者以拍卖、变卖该抵押财产所得的价款优先受偿。协议损害其他债权人利益的,其他债权人可以请求人民法院撤销该协议。

抵押权人与抵押人未就抵押权实现方式达成协议的,抵押权人可以请求人民法院拍卖、变卖抵押财产。

抵押财产折价或者变卖的,应当参照市场价格。

第四百一十一条　【浮动抵押财产的确定】依据本法第三百九十六条规定设定抵押的,抵押财产自下列情形之一发生时确定:

(一)债务履行期限届满,债权未实现;

(二)抵押人被宣告破产或者解散;

(三)当事人约定的实现抵押权的情形;

(四)严重影响债权实现的其他情形。

第四百一十二条　【抵押权对抵押财产孳息的效力】债务人不履行到期债务或者发生当事人约定的实现抵押权的情形,致使抵押财产被人民法院依法扣押的,自扣押之日起,抵押权人有权收取该抵押财产的天然孳息或者法定孳息,但是抵押权人未通知应当清偿法定孳息义务人的除外。

前款规定的孳息应当先充抵收取孳息的费用。

第四百一十三条　【抵押财产变价后的处理】抵押财产折价或者拍卖、变卖后,其价款超过债权数额的部分归抵押人所有,不足部分由债务人清偿。

第四百一十四条　【数个抵押权的清偿顺序】同一财产向两个以上债

权人抵押的，拍卖、变卖抵押财产所得的价款依照下列规定清偿：

（一）抵押权已经登记的，按照登记的时间先后确定清偿顺序；

（二）抵押权已经登记的先于未登记的受偿；

（三）抵押权未登记的，按照债权比例清偿。

其他可以登记的担保物权，清偿顺序参照适用前款规定。

第四百一十五条　【抵押权与质权的清偿顺序】同一财产既设立抵押权又设立质权的，拍卖、变卖该财产所得的价款按照登记、交付的时间先后确定清偿顺序。

第四百一十六条　【动产购买价款抵押担保的优先权】动产抵押担保的主债权是抵押物的价款，标的物交付后十日内办理抵押登记的，该抵押权人优先于抵押物买受人的其他担保物权人受偿，但是留置权人除外。

第四百一十七条　【抵押权对新增建筑物的效力】建设用地使用权抵押后，该土地上新增的建筑物不属于抵押财产。该建设用地使用权实现抵押权时，应当将该土地上新增的建筑物与建设用地使用权一并处分。但是，新增建筑物所得的价款，抵押权人无权优先受偿。

第四百一十八条　【集体所有土地使用权抵押权的实行效果】以集体所有土地的使用权依法抵押的，实现抵押权后，未经法定程序，不得改变土地所有权的性质和土地用途。

第四百一十九条　【抵押权存续期间】抵押权人应当在主债权诉讼时效期间行使抵押权；未行使的，人民法院不予保护。

第二节　最高额抵押权

第四百二十条　【最高额抵押权的定义】为担保债务的履行，债务人或者第三人对一定期间内将要连续发生的债权提供担保财产的，债务人不履行到期债务或者发生当事人约定的实现抵押权的情形，抵押权人有权在最高债权额限度内就该担保财产优先受偿。

最高额抵押权设立前已经存在的债权，经当事人同意，可以转入最高额抵押担保的债权范围。

第四百二十一条　【最高额抵押权担保的债权转让】最高额抵押担保的债权确定前，部分债权转让的，最高额抵押权不得转让，但是当事人另有约定的除外。

第四百二十二条　【最高额抵押合同条款变更】最高额抵押担保的债权确定前,抵押权人与抵押人可以通过协议变更债权确定的期间、债权范围以及最高债权额。但是,变更的内容不得对其他抵押权人产生不利影响。

第四百二十三条　【最高额抵押权所担保的债权确定】有下列情形之一的,抵押权人的债权确定:

（一）约定的债权确定期间届满;

（二）没有约定债权确定期间或者约定不明确,抵押权人或者抵押人自最高额抵押权设立之日起满二年后请求确定债权;

（三）新的债权不可能发生;

（四）抵押权人知道或者应当知道抵押财产被查封、扣押;

（五）债务人、抵押人被宣告破产或者解散;

（六）法律规定债权确定的其他情形。

第四百二十四条　【最高额抵押权的法律适用】最高额抵押权除适用本节规定外,适用本章第一节的有关规定。

第十八章　质　　权

第一节　动产质权

第四百二十五条　【动产质权的定义】为担保债务的履行,债务人或者第三人将其动产出质给债权人占有的,债务人不履行到期债务或者发生当事人约定的实现质权的情形,债权人有权就该动产优先受偿。

前款规定的债务人或者第三人为出质人,债权人为质权人,交付的动产为质押财产。

第四百二十六条　【禁止质押的动产范围】法律、行政法规禁止转让的动产不得出质。

第四百二十七条　【质押合同】设立质权,当事人应当采用书面形式订立质押合同。

质押合同一般包括下列条款:

（一）被担保债权的种类和数额;

(二)债务人履行债务的期限;

(三)质押财产的名称、数量等情况;

(四)担保的范围;

(五)质押财产交付的时间、方式。

第四百二十八条 【流质】质权人在债务履行期限届满前,与出质人约定债务人不履行到期债务时质押财产归债权人所有的,只能依法就质押财产优先受偿。

第四百二十九条 【质权设立】质权自出质人交付质押财产时设立。

第四百三十条 【质权人孳息收取权及孳息首要清偿用途】质权人有权收取质押财产的孳息,但是合同另有约定的除外。

前款规定的孳息应当先充抵收取孳息的费用。

第四百三十一条 【质权人擅自使用、处分质押财产的责任】质权人在质权存续期间,未经出质人同意,擅自使用、处分质押财产,造成出质人损害的,应当承担赔偿责任。

第四百三十二条 【质权人的保管义务和赔偿责任】质权人负有妥善保管质押财产的义务;因保管不善致使质押财产毁损、灭失的,应当承担赔偿责任。

质权人的行为可能使质押财产毁损、灭失的,出质人可以请求质权人将质押财产提存,或者请求提前清偿债务并返还质押财产。

第四百三十三条 【质权的保护】因不可归责于质权人的事由可能使质押财产毁损或者价值明显减少,足以危害质权人权利的,质权人有权请求出质人提供相应的担保;出质人不提供的,质权人可以拍卖、变卖质押财产,并与出质人协议将拍卖、变卖所得的价款提前清偿债务或者提存。

第四百三十四条 【责任转质】质权人在质权存续期间,未经出质人同意转质,造成质押财产毁损、灭失的,应当承担赔偿责任。

第四百三十五条 【质权的放弃】质权人可以放弃质权。债务人以自己的财产出质,质权人放弃该质权的,其他担保人在质权人丧失优先受偿权益的范围内免除担保责任,但是其他担保人承诺仍然提供担保的除外。

第四百三十六条　【质物返还及质权实现】债务人履行债务或者出质人提前清偿所担保的债权的,质权人应当返还质押财产。

债务人不履行到期债务或者发生当事人约定的实现质权的情形,质权人可以与出质人协议以质押财产折价,也可以就拍卖、变卖质押财产所得的价款优先受偿。

质押财产折价或者变卖的,应当参照市场价格。

第四百三十七条　【质权的及时行使】出质人可以请求质权人在债务履行期限届满后及时行使质权;质权人不行使的,出质人可以请求人民法院拍卖、变卖质押财产。

出质人请求质权人及时行使质权,因质权人怠于行使权利造成出质人损害的,由质权人承担赔偿责任。

第四百三十八条　【质押财产变价后的处理】质押财产折价或者拍卖、变卖后,其价款超过债权数额的部分归出质人所有,不足部分由债务人清偿。

第四百三十九条　【最高额质权】出质人与质权人可以协议设立最高额质权。

最高额质权除适用本节有关规定外,参照适用本编第十七章第二节的有关规定。

第二节　权利质权

第四百四十条　【权利质权的范围】债务人或者第三人有权处分的下列权利可以出质:

(一)汇票、本票、支票;

(二)债券、存款单;

(三)仓单、提单;

(四)可以转让的基金份额、股权;

(五)可以转让的注册商标专用权、专利权、著作权等知识产权中的财产权;

(六)现有的以及将有的应收账款;

(七)法律、行政法规规定可以出质的其他财产权利。

第四百四十一条　【有价证券出质的质权的设立】以汇票、本票、支票、债券、存款单、仓单、提单出质的，质权自权利凭证交付质权人时设立；没有权利凭证的，质权自办理出质登记时设立。法律另有规定的，依照其规定。

第四百四十二条　【有价证券出质的质权的特别实现方式】汇票、本票、支票、债券、存款单、仓单、提单的兑现日期或者提货日期先于主债权到期的，质权人可以兑现或者提货，并与出质人协议将兑现的价款或者提取的货物提前清偿债务或者提存。

第四百四十三条　【以基金份额、股权出质的质权设立及转让限制】以基金份额、股权出质的，质权自办理出质登记时设立。

基金份额、股权出质后，不得转让，但是出质人与质权人协商同意的除外。出质人转让基金份额、股权所得的价款，应当向质权人提前清偿债务或者提存。

第四百四十四条　【以知识产权中的财产权出质的质权的设立及转让限制】以注册商标专用权、专利权、著作权等知识产权中的财产权出质的，质权自办理出质登记时设立。

知识产权中的财产权出质后，出质人不得转让或者许可他人使用，但是出质人与质权人协商同意的除外。出质人转让或者许可他人使用出质的知识产权中的财产权所得的价款，应当向质权人提前清偿债务或者提存。

第四百四十五条　【以应收账款出质的质权的设立及转让限制】以应收账款出质的，质权自办理出质登记时设立。

应收账款出质后，不得转让，但是出质人与质权人协商同意的除外。出质人转让应收账款所得的价款，应当向质权人提前清偿债务或者提存。

第四百四十六条　【权利质权的法律适用】权利质权除适用本节规定外，适用本章第一节的有关规定。

第十九章　留　置　权

第四百四十七条　【留置权的定义】债务人不履行到期债务，债权人可以留置已经合法占有的债务人的动产，并有权就该动产优先受偿。

前款规定的债权人为留置权人，占有的动产为留置财产。

第四百四十八条　【留置财产与债权的关系】债权人留置的动产，应当与债权属于同一法律关系，但是企业之间留置的除外。

第四百四十九条　【留置权适用范围限制】法律规定或者当事人约定不得留置的动产，不得留置。

第四百五十条　【留置财产为可分物的特殊规定】留置财产为可分物的，留置财产的价值应当相当于债务的金额。

第四百五十一条　【留置权人的保管义务】留置权人负有妥善保管留置财产的义务；因保管不善致使留置财产毁损、灭失的，应当承担赔偿责任。

第四百五十二条　【留置权人收取孳息的权利】留置权人有权收取留置财产的孳息。

前款规定的孳息应当先充抵收取孳息的费用。

第四百五十三条　【留置权实现的一般规定】留置权人与债务人应当约定留置财产后的债务履行期限；没有约定或者约定不明确的，留置权人应当给债务人六十日以上履行债务的期限，但是鲜活易腐等不易保管的动产除外。债务人逾期未履行的，留置权人可以与债务人协议以留置财产折价，也可以就拍卖、变卖留置财产所得的价款优先受偿。

留置财产折价或者变卖的，应当参照市场价格。

第四百五十四条　【留置权债务人的请求权】债务人可以请求留置权人在债务履行期限届满后行使留置权；留置权人不行使的，债务人可以请求人民法院拍卖、变卖留置财产。

第四百五十五条　【留置权的实现】留置财产折价或者拍卖、变卖后，其价款超过债权数额的部分归债务人所有，不足部分由债务人清偿。

第四百五十六条　【留置权与抵押权或者质权竞合时的顺位原则】同一动产上已经设立抵押权或者质权，该动产又被留置的，留置权人优先受偿。

第四百五十七条　【留置权消灭原因】留置权人对留置财产丧失占有或者留置权人接受债务人另行提供担保的，留置权消灭。

第五分编 占 有

第二十章 占 有

第四百五十八条 【有权占有的法律适用】基于合同关系等产生的占有，有关不动产或者动产的使用、收益、违约责任等，按照合同约定；合同没有约定或者约定不明确的，依照有关法律规定。

第四百五十九条 【无权占有造成占有物损害的赔偿责任】占有人因使用占有的不动产或者动产，致使该不动产或者动产受到损害的，恶意占有人应当承担赔偿责任。

第四百六十条 【权利人的返还请求权和占有人的费用求偿权】不动产或者动产被占有人占有的，权利人可以请求返还原物及其孳息；但是，应当支付善意占有人因维护该不动产或者动产支出的必要费用。

第四百六十一条 【占有的不动产或动产毁损、灭失时占有人的责任】占有的不动产或者动产毁损、灭失，该不动产或者动产的权利人请求赔偿的，占有人应当将因毁损、灭失取得的保险金、赔偿金或者补偿金等返还给权利人；权利人的损害未得到足够弥补的，恶意占有人还应当赔偿损失。

第四百六十二条 【占有保护请求权】占有的不动产或者动产被侵占的，占有人有权请求返还原物；对妨害占有的行为，占有人有权请求排除妨害或者消除危险；因侵占或者妨害造成损害的，占有人有权依法请求损害赔偿。

占有人返还原物的请求权，自侵占发生之日起一年内未行使的，该请求权消灭。

第七编 侵权责任

第一章 一般规定

第一千一百六十四条 【侵权责任编的调整范围】本编调整因侵害民事权益产生的民事关系。

第一千一百六十五条 【过错责任原则】行为人因过错侵害他人民事权益造成损害的，应当承担侵权责任。

依照法律规定推定行为人有过错，其不能证明自己没有过错的，应当承担侵权责任。

第一千一百六十六条　【无过错责任原则】行为人造成他人民事权益损害，不论行为人有无过错，法律规定应当承担侵权责任的，依照其规定。

第一千一百六十七条　【危及他人人身、财产安全的责任承担方式】侵权行为危及他人人身、财产安全的，被侵权人有权请求侵权人承担停止侵害、排除妨碍、消除危险等侵权责任。

第一千一百六十八条　【共同侵权】二人以上共同实施侵权行为，造成他人损害的，应当承担连带责任。

第一千一百六十九条　【教唆侵权、帮助侵权】教唆、帮助他人实施侵权行为的，应当与行为人承担连带责任。

教唆、帮助无民事行为能力人、限制民事行为能力人实施侵权行为的，应当承担侵权责任；该无民事行为能力人、限制民事行为能力人的监护人未尽到监护职责的，应当承担相应的责任。

第一千一百七十条　【共同危险行为】二人以上实施危及他人人身、财产安全的行为，其中一人或者数人的行为造成他人损害，能够确定具体侵权人的，由侵权人承担责任；不能确定具体侵权人的，行为人承担连带责任。

第一千一百七十一条　【分别侵权承担连带责任】二人以上分别实施侵权行为造成同一损害，每个人的侵权行为都足以造成全部损害的，行为人承担连带责任。

第一千一百七十二条　【分别侵权承担按份责任】二人以上分别实施侵权行为造成同一损害，能够确定责任大小的，各自承担相应的责任；难以确定责任大小的，平均承担责任。

第一千一百七十三条　【与有过错】被侵权人对同一损害的发生或者扩大有过错的，可以减轻侵权人的责任。

第一千一百七十四条　【受害人故意】损害是因受害人故意造成的，行为人不承担责任。

第一千一百七十五条　【第三人过错】损害是因第三人造成的，第三人应当承担侵权责任。

第一千一百七十六条　【自甘风险】自愿参加具有一定风险的文体活

动,因其他参加者的行为受到损害的,受害人不得请求其他参加者承担侵权责任;但是,其他参加者对损害的发生有故意或者重大过失的除外。

活动组织者的责任适用本法第一千一百九十八条至第一千二百零一条的规定。

第一千一百七十七条　【自助行为】合法权益受到侵害,情况紧迫且不能及时获得国家机关保护,不立即采取措施将使其合法权益受到难以弥补的损害的,受害人可以在保护自己合法权益的必要范围内采取扣留侵权人的财物等合理措施;但是,应当立即请求有关国家机关处理。

受害人采取的措施不当造成他人损害的,应当承担侵权责任。

第一千一百七十八条　【优先适用特别规定】本法和其他法律对不承担责任或者减轻责任的情形另有规定的,依照其规定。

第二章　损害赔偿

第一千一百七十九条　【人身损害赔偿范围】侵害他人造成人身损害的,应当赔偿医疗费、护理费、交通费、营养费、住院伙食补助费等为治疗和康复支出的合理费用,以及因误工减少的收入。造成残疾的,还应当赔偿辅助器具费和残疾赔偿金;造成死亡的,还应当赔偿丧葬费和死亡赔偿金。

第一千一百八十条　【以相同数额确定死亡赔偿金】因同一侵权行为造成多人死亡的,可以以相同数额确定死亡赔偿金。

第一千一百八十一条　【被侵权人死亡后请求权主体的确定】被侵权人死亡的,其近亲属有权请求侵权人承担侵权责任。被侵权人为组织,该组织分立、合并的,承继权利的组织有权请求侵权人承担侵权责任。

被侵权人死亡的,支付被侵权人医疗费、丧葬费等合理费用的人有权请求侵权人赔偿费用,但是侵权人已经支付该费用的除外。

第一千一百八十二条　【侵害他人人身权益造成财产损失的赔偿数额的确定】侵害他人人身权益造成财产损失的,按照被侵权人因此受到的损失或者侵权人因此获得的利益赔偿;被侵权人因此受到的损失以及侵权人因此获得的利益难以确定，被侵权人和侵权人就赔偿数额协商不一致，向人民法院提起诉讼的，由人民法院根据实际情况确定赔偿数额。

第一千一百八十三条　【精神损害赔偿】侵害自然人人身权益造成严重精神损害的，被侵权人有权请求精神损害赔偿。

因故意或者重大过失侵害自然人具有人身意义的特定物造成严重精神损害的，被侵权人有权请求精神损害赔偿。

第一千一百八十四条　【财产损失计算方式】侵害他人财产的，财产损失按照损失发生时的市场价格或者其他合理方式计算。

第一千一百八十五条　【侵害知识产权的惩罚性赔偿】故意侵害他人知识产权，情节严重的，被侵权人有权请求相应的惩罚性赔偿。

第一千一百八十六条　【公平责任原则】受害人和行为人对损害的发生都没有过错的，依照法律的规定由双方分担损失。

第一千一百八十七条　【赔偿费用支付方式】损害发生后，当事人可以协商赔偿费用的支付方式。协商不一致的，赔偿费用应当一次性支付；一次性支付确有困难的，可以分期支付，但是被侵权人有权请求提供相应的担保。

中华人民共和国城乡规划法

1. 2007年10月28日第十届全国人民代表大会常务委员会第三十次会议通过

2. 根据2015年4月24日第十二届全国人民代表大会常务委员会第十四次会议《关于修改〈中华人民共和国港口法〉等七部法律的决定》第一次修正

3. 根据2019年4月23日第十三届全国人民代表大会常务委员会第十次会议《关于修改〈中华人民共和国建筑法〉等八部法律的决定》第二次修正

目　录

第一章　总　　则

第一条　【立法目的】为了加强城乡规划管理，协调城乡空间布局，改善人居环境，促进城乡经济社会全面协调可持续发展，制定本法。

第二条　【适用范围】制定和实施城乡规划，在规划区内进行建设活动，必须遵守本法。

本法所称城乡规划，包括城镇体系规划、城市规划、镇规划、乡规划和村庄规划。城市规划、镇规划分为总体规划和详细规划。详细规划分为控制性详细规划和修建性详细规划。

本法所称规划区，是指城市、镇和村庄的建成区以及因城乡建设和发展需要，必须实行规划控制的区域。规划区的具体范围由有关人民政府在组织编制的城市总体规划、镇总体规划、乡规划和村庄规划中，根据城乡经济社会发展水平和统筹城乡发展的需要划定。

第三条　【应当编制规划的区域】城市和镇应当依照本法制定城市规划和镇规划。城市、镇规划区内的建设活动应当符合规划要求。

县级以上地方人民政府根据本地农村经济社会发展水平，按照因地制宜、切实可行的原则，确定应当制定乡规划、村庄规划的区域。在确定区域内的乡、村庄，应当依照本法制定规划，规划区内的乡、村庄建设应当符合规划要求。

县级以上地方人民政府鼓励、指导前款规定以外的区域的乡、村庄制定和实施乡规划、村庄规划。

第四条　【制定、实施规划的总体要求】制定和实施城乡规划，应当遵循城乡统筹、合理布局、节约土地、集约发展和先规划后建设的原则，改善生态环境，促进资源、能源节约和综合利用，保护耕地等自然资源和历史文化遗产，保持地方特色、民族特色和传统风貌，防止污染和其他公害，并符合区域人口发展、国防建设、防灾减灾和公共卫生、公共安全的需要。

在规划区内进行建设活动，应当遵守土地管理、自然资源和环境保护等法律、法规的规定。

县级以上地方人民政府应当根据当地经济社会发展的实际，在城市总体规划、镇总体规划中合理确定城市、镇的发展规模、步骤和建设标准。

第五条　【城市规划与其他规划的关系】城市总体规划、镇总体规划以及乡规划和村庄规划的编制，应当依据国民经济和社会发展规划，并与土地利用总体规划相衔接。

第六条　【城乡规划制定经费】各级人民政府应当将城乡规划的编制和管理经费纳入本级财政预算。

第七条　【城乡规则的效力】经依法批准的城乡规划，是城乡建设和规划管理的依据，未经法定程序不得修改。

第八条　【城乡规划的公开】城乡规划组织编制机关应当及时公布经依法批准的城乡规划。但是，法律、行政法规规定不得公开的内容除外。

第九条　【行政管理相对人的权利义务】任何单位和个人都应当遵守经依法批准并公布的城乡规划，服从规划管理，并有权就涉及其利害关系的建设活动是否符合规划的要求向城乡规划主管部门查询。

任何单位和个人都有权向城乡规划主管部门或者其他有关部门举报或者控告违反城乡规划的行为。城乡规划主管部门或者其他有关部门对举报或者控告，应当及时受理并组织核查、处理。

第十条　【鼓励科学规划】国家鼓励采用先进的科学技术，增强城乡规划的科学性，提高城乡规划实施及监督管理的效能。

第十一条　【城乡规划主管部门】国务院城乡规划主管部门负责全国的城乡规划管理工作。

县级以上地方人民政府城乡规划主管部门负责本行政区域内的城乡规划管理工作。

第二章 城乡规划的制定

第十二条 【全国城镇体系规划】国务院城乡规划主管部门会同国务院有关部门组织编制全国城镇体系规划,用于指导省域城镇体系规划、城市总体规划的编制。

全国城镇体系规划由国务院城乡规划主管部门报国务院审批。

第十三条 【省域城镇体系规划】省、自治区人民政府组织编制省域城镇体系规划,报国务院审批。

省域城镇体系规划的内容应当包括:城镇空间布局和规模控制,重大基础设施的布局,为保护生态环境、资源等需要严格控制的区域。

第十四条 【城市总体规划】城市人民政府组织编制城市总体规划。

直辖市的城市总体规划由直辖市人民政府报国务院审批。省、自治区人民政府所在地的城市以及国务院确定的城市的总体规划,由省、自治区人民政府审查同意后,报国务院审批。其他城市的总体规划,由城市人民政府报省、自治区人民政府审批。

第十五条 【镇总体规划】县人民政府组织编制县人民政府所在地镇的总体规划,报上一级人民政府审批。其他镇的总体规划由镇人民政府组织编制,报上一级人民政府审批。

第十六条 【人民代表大会在城乡规划制定中的作用】省、自治区人民政府组织编制的省域城镇体系规划,城市、县人民政府组织编制的总体规划,在报上一级人民政府审批前,应当先经本级人民代表大会常务委员会审议,常务委员会组成人员的审议意见交由本级人民政府研究处理。

镇人民政府组织编制的镇总体规划,在报上一级人民政府审批前,应当先经镇人民代表大会审议,代表的审议意见交由本级人民政府研究处理。

规划的组织编制机关报送审批省域城镇体系规划、城市总体规划或者镇总体规划,应当将本级人民代表大会常务委员会组成人员或者镇人民代表大会代表的审议意见和根据审议意见修改规划的情况一并报送。

第十七条　【城市、镇总体规划的内容】城市总体规划、镇总体规划的内容应当包括：城市、镇的发展布局，功能分区，用地布局，综合交通体系，禁止、限制和适宜建设的地域范围，各类专项规划等。

规划区范围、规划区内建设用地规模、基础设施和公共服务设施用地、水源地和水系、基本农田和绿化用地、环境保护、自然与历史文化遗产保护以及防灾减灾等内容，应当作为城市总体规划、镇总体规划的强制性内容。

城市总体规划、镇总体规划的规划期限一般为二十年。城市总体规划还应当对城市更长远的发展作出预测性安排。

第十八条　【乡、村庄规划的制定原则和内容】乡规划、村庄规划应当从农村实际出发，尊重村民意愿，体现地方和农村特色。

乡规划、村庄规划的内容应当包括：规划区范围，住宅、道路、供水、排水、供电、垃圾收集、畜禽养殖场所等农村生产、生活服务设施、公益事业等各项建设的用地布局、建设要求，以及对耕地等自然资源和历史文化遗产保护、防灾减灾等的具体安排。乡规划还应当包括本行政区域内的村庄发展布局。

第十九条　【控制性详细规划】城市人民政府城乡规划主管部门根据城市总体规划的要求，组织编制城市的控制性详细规划，经本级人民政府批准后，报本级人民代表大会常务委员会和上一级人民政府备案。

第二十条　【镇的详细规则】镇人民政府根据镇总体规划的要求，组织编制镇的控制性详细规划，报上一级人民政府审批。县人民政府所在地镇的控制性详细规划，由县人民政府城乡规划主管部门根据镇总体规划的要求组织编制，经县人民政府批准后，报本级人民代表大会常务委员会和上一级人民政府备案。

第二十一条　【修建性详细规则】城市、县人民政府城乡规划主管部门和镇人民政府可以组织编制重要地块的修建性详细规划。修建性详细规划应当符合控制性详细规划。

第二十二条　【乡、村庄规划的制定主体】乡、镇人民政府组织编制乡规划、村庄规划，报上一级人民政府审批。村庄规划在报送审批前，应当经村民会议或者村民代表会议讨论同意。

第二十三条　【首都的规则】首都的总体规划、详细规划应当统筹考虑中央国家机关用地布局和空间安排的需要。

第二十四条　【承担具体编制城乡规划任务的单位】城乡规划组织编制机关应当委托具有相应资质等级的单位承担城乡规划的具体编制工作。

从事城乡规划编制工作应当具备下列条件，并经国务院城乡规划主管部门或者省、自治区、直辖市人民政府城乡规划主管部门依法审查合格，取得相应等级的资质证书后，方可在资质等级许可的范围内从事城乡规划编制工作：

（一）有法人资格；

（二）有规定数量的经相关行业协会注册的规划师；

（三）有规定数量的相关专业技术人员；

（四）有相应的技术装备；

（五）有健全的技术、质量、财务管理制度。

编制城乡规划必须遵守国家有关标准。

第二十五条　【编制规划所需的基础资料】编制城乡规划，应当具备国家规定的勘察、测绘、气象、地震、水文、环境等基础资料。

县级以上地方人民政府有关主管部门应当根据编制城乡规划的需要，及时提供有关基础资料。

第二十六条　【规划编制的民主性】城乡规划报送审批前，组织编制机关应当依法将城乡规划草案予以公告，并采取论证会、听证会或者其他方式征求专家和公众的意见。公告的时间不得少于三十日。

组织编制机关应当充分考虑专家和公众的意见，并在报送审批的材料中附具意见采纳情况及理由。

第二十七条　【规划批准前的审查】省域城镇体系规划、城市总体规划、镇总体规划批准前，审批机关应当组织专家和有关部门进行审查。

第三章　城乡规划的实施

第二十八条　【实施城乡规划的总体要求】地方各级人民政府应当根

据当地经济社会发展水平，量力而行，尊重群众意愿，有计划、分步骤地组织实施城乡规划。

第二十九条　【城、镇、乡、村庄建设和发展的原则】城市的建设和发展，应当优先安排基础设施以及公共服务设施的建设，妥善处理新区开发与旧区改建的关系，统筹兼顾进城务工人员生活和周边农村经济社会发展、村民生产与生活的需要。

镇的建设和发展，应当结合农村经济社会发展和产业结构调整，优先安排供水、排水、供电、供气、道路、通信、广播电视等基础设施和学校、卫生院、文化站、幼儿园、福利院等公共服务设施的建设，为周边农村提供服务。

乡、村庄的建设和发展，应当因地制宜、节约用地，发挥村民自治组织的作用，引导村民合理进行建设，改善农村生产、生活条件。

第三十条　【城市新区开发和建设的原则】城市新区的开发和建设，应当合理确定建设规模和时序，充分利用现有市政基础设施和公共服务设施，严格保护自然资源和生态环境，体现地方特色。

在城市总体规划、镇总体规划确定的建设用地范围以外，不得设立各类开发区和城市新区。

第三十一条　【旧城区改建的原则】旧城区的改建，应当保护历史文化遗产和传统风貌，合理确定拆迁和建设规模，有计划地对危房集中、基础设施落后等地段进行改建。

历史文化名城、名镇、名村的保护以及受保护建筑物的维护和使用，应当遵守有关法律、行政法规和国务院的规定。

第三十二条　【城市建设和发展与风景名胜区保护的关系】城乡建设和发展，应当依法保护和合理利用风景名胜资源，统筹安排风景名胜区及周边乡、镇、村庄的建设。

风景名胜区的规划、建设和管理，应当遵守有关法律、行政法规和国务院的规定。

第三十三条　【城市地下空间的开发和利用的原则】城市地下空间的开发和利用，应当与经济和技术发展水平相适应，遵循统筹安排、综合开发、合理利用的原则，充分考虑防灾减灾、人民防空和通信等需要，并符合城市规划，履行规划审批手续。

第三十四条　【近期建设规划】城市、县、镇人民政府应当根据城市总体规划、镇总体规划、土地利用总体规划和年度计划以及国民经济和社会发展规划，制定近期建设规划，报总体规划审批机关备案。

近期建设规划应当以重要基础设施、公共服务设施和中低收入居民住房建设以及生态环境保护为重点内容，明确近期建设的时序、发展方向和空间布局。近期建设规划的规划期限为五年。

第三十五条　【禁止擅自改变用途的用地】城乡规划确定的铁路、公路、港口、机场、道路、绿地、输配电设施及输电线路走廊、通信设施、广播电视设施、管道设施、河道、水库、水源地、自然保护区、防汛通道、消防通道、核电站、垃圾填埋场及焚烧厂、污水处理厂和公共服务设施的用地以及其他需要依法保护的用地，禁止擅自改变用途。

第三十六条　【需领取选址意见书的建设工程】按照国家规定需要有关部门批准或者核准的建设项目，以划拨方式提供国有土地使用权的，建设单位在报送有关部门批准或者核准前，应当向城乡规划主管部门申请核发选址意见书。

前款规定以外的建设项目不需要申请选址意见书。

第三十七条　【对划拨土地的规划管理】在城市、镇规划区内以划拨方式提供国有土地使用权的建设项目，经有关部门批准、核准、备案后，建设单位应当向城市、县人民政府城乡规划主管部门提出建设用地规划许可申请，由城市、县人民政府城乡规划主管部门依据控制性详细规划核定建设用地的位置、面积、允许建设的范围，核发建设用地规划许可证。

建设单位在取得建设用地规划许可证后，方可向县级以上地方人民政府土地主管部门申请用地，经县级以上人民政府审批后，由土地主管部门划拨土地。

第三十八条　【对出让土地的规划管理】在城市、镇规划区内以出让方式提供国有土地使用权的，在国有土地使用权出让前，城市、县人民政府城乡规划主管部门应当依据控制性详细规划，提出出让地块的位置、使用性质、开发强度等规划条件，作为国有土地使用权出让合同的组成部分。未确定规划条件的地块,不得出让国有土地使用权。

以出让方式取得国有土地使用权的建设项目,建设单位在取得建设项目的批准、核准、备案文件和签订国有土地使用权出让合同后,向城市、县人民政府城乡规划主管部门领取建设用地规划许可证。

城市、县人民政府城乡规划主管部门不得在建设用地规划许可证中,擅自改变作为国有土地使用权出让合同组成部分的规划条件。

第三十九条　【规划对国有土地使用权出让合同效力的影响】规划条件未纳入国有土地使用权出让合同的,该国有土地使用权出让合同无效;对未取得建设用地规划许可证的建设单位批准用地的,由县级以上人民政府撤销有关批准文件;占用土地的,应当及时退回;给当事人造成损失的,应当依法给予赔偿。

第四十条　【建设工程规划许可证的申请程序】在城市、镇规划区内进行建筑物、构筑物、道路、管线和其他工程建设的,建设单位或者个人应当向城市、县人民政府城乡规划主管部门或者省、自治区、直辖市人民政府确定的镇人民政府申请办理建设工程规划许可证。

申请办理建设工程规划许可证,应当提交使用土地的有关证明文件、建设工程设计方案等材料。需要建设单位编制修建性详细规划的建设项目,还应当提交修建性详细规划。对符合控制性详细规划和规划条件的,由城市、县人民政府城乡规划主管部门或者省、自治区、直辖市人民政府确定的镇人民政府核发建设工程规划许可证。

城市、县人民政府城乡规划主管部门或者省、自治区、直辖市人民政府确定的镇人民政府应当依法将经审定的修建性详细规划、建设工程设计方案的总平面图予以公布。

第四十一条　【在乡、村规划区内进行建设的行政许可】在乡、村庄规划区内进行乡镇企业、乡村公共设施和公益事业建设的,建设单位或者个人应当向乡、镇人民政府提出申请,由乡、镇人民政府报城市、县人民政府城乡规划主管部门核发乡村建设规划许可证。

在乡、村庄规划区内使用原有宅基地进行农村村民住宅建设的规划管理办法，由省、自治区、直辖市制定。

在乡、村庄规划区内进行乡镇企业、乡村公共设施和公益事业建设以及农村村民住宅建设，不得占用农用地；确需占用农用地的，应当依照《中华人民共和国土地管理法》有关规定办理农用地转用审批手续后，由城市、县人民政府城乡规划主管部门核发乡村建设规划许可证。

建设单位或者个人在取得乡村建设规划许可证后，方可办理用地审批手续。

第四十二条 【城乡规划行政许可地域范围的限制】城乡规划主管部门不得在城乡规划确定的建设用地范围以外作出规划许可。

第四十三条 【规划条件的变更】建设单位应当按照规划条件进行建设；确需变更的，必须向城市、县人民政府城乡规划主管部门提出申请。变更内容不符合控制性详细规划的，城乡规划主管部门不得批准。城市、县人民政府城乡规划主管部门应当及时将依法变更后的规划条件通报同级土地主管部门并公示。

建设单位应当及时将依法变更后的规划条件报有关人民政府土地主管部门备案。

第四十四条 【临时建设的规划管理】在城市、镇规划区内进行临时建设的，应当经城市、县人民政府城乡规划主管部门批准。临时建设影响近期建设规划或者控制性详细规划的实施以及交通、市容、安全等的，不得批准。

临时建设应当在批准的使用期限内自行拆除。

临时建设和临时用地规划管理的具体办法，由省、自治区、直辖市人民政府制定。

第四十五条 【对建设工程是否符合规划条件的核实】县级以上地方人民政府城乡规划主管部门按照国务院规定对建设工程是否符合规划条件予以核实。未经核实或者经核实不符合规划条件的，建设单位不得组织竣工验收。

建设单位应当在竣工验收后六个月内向城乡规划主管部门报送有关竣工验收资料。

第四章　城乡规划的修改

第四十六条　【定期评估和征求意见】省域城镇体系规划、城市总体规划、镇总体规划的组织编制机关，应当组织有关部门和专家定期对规划实施情况进行评估，并采取论证会、听证会或者其他方式征求公众意见。组织编制机关应当向本级人民代表大会常务委员会、镇人民代表大会和原审批机关提出评估报告并附具征求意见的情况。

第四十七条　【城乡规划修改的条件和程序】有下列情形之一的，组织编制机关方可按照规定的权限和程序修改省域城镇体系规划、城市总体规划、镇总体规划：

（一）上级人民政府制定的城乡规划发生变更，提出修改规划要求的；

（二）行政区划调整确需修改规划的；

（三）因国务院批准重大建设工程确需修改规划的；

（四）经评估确需修改规划的；

（五）城乡规划的审批机关认为应当修改规划的其他情形。

修改省域城镇体系规划、城市总体规划、镇总体规划前，组织编制机关应当对原规划的实施情况进行总结，并向原审批机关报告；修改涉及城市总体规划、镇总体规划强制性内容的，应当先向原审批机关提出专题报告，经同意后，方可编制修改方案。

修改后的省域城镇体系规划、城市总体规划、镇总体规划，应当依照本法第十三条、第十四条、第十五条和第十六条规定的审批程序报批。

第四十八条　【控制性详细规则的修改】修改控制性详细规划的，组织编制机关应当对修改的必要性进行论证，征求规划地段内利害关系人的意见，并向原审批机关提出专题报告，经原审批机关同意后，方可编制修改方案。修改后的控制性详细规划，应当依照本法第十九条、第二十条规定的审批程序报批。控制性详细规划修改涉及城市总体规划、镇总体规划的强制性内容的,应当先修改总体规划。

修改乡规划、村庄规划的,应当依照本法第二十二条规定的审批程序报批。

第四十九条 【近期建设规划的修改】城市、县、镇人民政府修改近期建设规划的,应当将修改后的近期建设规划报总体规划审批机关备案。

第五十条 【修改规划给当事人造成损失的补偿】在选址意见书、建设用地规划许可证、建设工程规划许可证或者乡村建设规划许可证发放后,因依法修改城乡规划给被许可人合法权益造成损失的,应当依法给予补偿。

经依法审定的修建性详细规划、建设工程设计方案的总平面图不得随意修改;确需修改的,城乡规划主管部门应当采取听证会等形式,听取利害关系人的意见;因修改给利害关系人合法权益造成损失的,应当依法给予补偿。

第五章 监督检查

第五十一条 【城乡规划主管部门的监督】县级以上人民政府及其城乡规划主管部门应当加强对城乡规划编制、审批、实施、修改的监督检查。

第五十二条 【各级人大对规划实施的监督】地方各级人民政府应当向本级人民代表大会常务委员会或者乡、镇人民代表大会报告城乡规划的实施情况,并接受监督。

第五十三条 【城乡规划主管部门进行监督的权利和义务】县级以上人民政府城乡规划主管部门对城乡规划的实施情况进行监督检查,有权采取以下措施:

(一)要求有关单位和人员提供与监督事项有关的文件、资料,并进行复制;

(二)要求有关单位和人员就监督事项涉及的问题作出解释和说明,并根据需要进入现场进行勘测;

(三)责令有关单位和人员停止违反有关城乡规划的法律、法规的行为。

城乡规划主管部门的工作人员履行前款规定的监督检查职责，应当出示执法证件。被监督检查的单位和人员应当予以配合，不得妨碍和阻挠依法进行的监督检查活动。

第五十四条　【监督结果的公开】监督检查情况和处理结果应当依法公开，供公众查阅和监督。

第五十五条　【国家机关工作人员违法行为的处理】城乡规划主管部门在查处违反本法规定的行为时，发现国家机关工作人员依法应当给予行政处分的，应当向其任免机关或者监察机关提出处分建议。

第五十六条　【对行政不作为的处理】依照本法规定应当给予行政处罚，而有关城乡规划主管部门不给予行政处罚的，上级人民政府城乡规划主管部门有权责令其作出行政处罚决定或者建议有关人民政府责令其给予行政处罚。

第五十七条　【对违法行政许可的处理】城乡规划主管部门违反本法规定作出行政许可的，上级人民政府城乡规划主管部门有权责令其撤销或者直接撤销该行政许可。因撤销行政许可给当事人合法权益造成损失的，应当依法给予赔偿。

第六章　法律责任

第五十八条　【未按规定制定规划的人民政府的法律责任】对依法应当编制城乡规划而未组织编制，或者未按法定程序编制、审批、修改城乡规划的，由上级人民政府责令改正，通报批评；对有关人民政府负责人和其他直接责任人员依法给予处分。

第五十九条　【委托不具资质的单位承担规划编制任务的法律责任】城乡规划组织编制机关委托不具有相应资质等级的单位编制城乡规划的，由上级人民政府责令改正，通报批评；对有关人民政府负责人和其他直接责任人员依法给予处分。

第六十条　【镇人民政府和县级以上城乡规划主管部门需承担法律责任的违法行为】镇人民政府或者县级以上人民政府城乡规划主管部门有下列行为之一的，由本级人民政府、上级人民政府城乡规划主管部门或者监察机关依据职权责令改正，通报批评；对直接负责的主管人员和其他直接责任人员依法给予处分：

（一）未依法组织编制城市的控制性详细规划、县人民政府所在地镇的控制性详细规划的；

（二）超越职权或者对不符合法定条件的申请人核发选址意见书、建设用地规划许可证、建设工程规划许可证、乡村建设规划许可证的；

（三）对符合法定条件的申请人未在法定期限内核发选址意见书、建设用地规划许可证、建设工程规划许可证、乡村建设规划许可证的；

（四）未依法对经审定的修建性详细规划、建设工程设计方案的总平面图予以公布的；

（五）同意修改修建性详细规划、建设工程设计方案的总平面图前未采取听证会等形式听取利害关系人的意见的；

（六）发现未依法取得规划许可或者违反规划许可的规定在规划区内进行建设的行为，而不予查处或者接到举报后不依法处理的。

第六十一条　【县级以上人民政府其他部门的法律责任】县级以上人民政府有关部门有下列行为之一的，由本级人民政府或者上级人民政府有关部门责令改正，通报批评；对直接负责的主管人员和其他直接责任人员依法给予处分：

（一）对未依法取得选址意见书的建设项目核发建设项目批准文件的；

（二）未依法在国有土地使用权出让合同中确定规划条件或者改变国有土地使用权出让合同中依法确定的规划条件的；

（三）对未依法取得建设用地规划许可证的建设单位划拨国有土地使用权的。

第六十二条　【城乡规划编制单位的法律责任】城乡规划编制单位有下列行为之一的，由所在地城市、县人民政府城乡规划主管部门责令限期改正，处合同约定的规划编制费一倍以上二倍以下的罚款；情节严重的，责令停业整顿，由原发证机关降低资质等级或者吊销资质证书；造成损失的，依法承担赔偿责任：

（一）超越资质等级许可的范围承揽城乡规划编制工作的；

（二）违反国家有关标准编制城乡规划的。

未依法取得资质证书承揽城乡规划编制工作的，由县级以上地方人民政府城乡规划主管部门责令停止违法行为，依照前款规定处以罚款；造成损失的，依法承担赔偿责任。

以欺骗手段取得资质证书承揽城乡规划编制工作的，由原发证机关吊销资质证书，依照本条第一款规定处以罚款；造成损失的，依法承担赔偿责任。

第六十三条　【规划编制单位取得资质证书后不再符合条件的法律责任】城乡规划编制单位取得资质证书后，不再符合相应的资质条件的，由原发证机关责令限期改正；逾期不改正的，降低资质等级或者吊销资质证书。

第六十四条　【建设单位违法行为的法律责任】未取得建设工程规划许可证或者未按照建设工程规划许可证的规定进行建设的，由县级以上地方人民政府城乡规划主管部门责令停止建设；尚可采取改正措施消除对规划实施的影响的，限期改正，处建设工程造价百分之五以上百分之十以下的罚款；无法采取改正措施消除影响的，限期拆除，不能拆除的，没收实物或者违法收入，可以并处建设工程造价百分之十以下的罚款。

第六十五条　【乡、村建设中违反规划行为的法律责任】在乡、村庄规划区内未依法取得乡村建设规划许可证或者未按照乡村建设规划许可证的规定进行建设的，由乡、镇人民政府责令停止建设、限期改正；逾期不改正的，可以拆除。

第六十六条　【临时建设违法行为的法律责任】建设单位或者个人有下列行为之一的，由所在地城市、县人民政府城乡规划主管部门责令限期拆除，可以并处临时建设工程造价一倍以下的罚款：

（一）未经批准进行临时建设的；

（二）未按照批准内容进行临时建设的；

（三）临时建筑物、构筑物超过批准期限不拆除的。

第六十七条　【建设工程竣工后不报收竣工验收资料的法律责任】建

设单位未在建设工程竣工验收后六个月内向城乡规划主管部门报送有关竣工验收资料的，由所在地城市、县人民政府城乡规划主管部门责令限期补报；逾期不补报的，处一万元以上五万元以下的罚款。

第六十八条　【违章建筑的强制拆除】城乡规划主管部门作出责令停止建设或者限期拆除的决定后，当事人不停止建设或者逾期不拆除的，建设工程所在地县级以上地方人民政府可以责成有关部门采取查封施工现场、强制拆除等措施。

第六十九条　【刑事责任】违反本法规定，构成犯罪的，依法追究刑事责任。

第七章　附　　则

第七十条　【施行日期】本法自 2008 年 1 月 1 日起施行。《中华人民共和国城市规划法》同时废止。

中华人民共和国城市房地产管理法(节录)

1. 1994 年 7 月 5 日第八届全国人民代表大会常务委员会第八次会议通过

2. 根据 2007 年 8 月 30 日第十届全国人民代表大会常务委员会第二十九次会议《关于修改〈中华人民共和国城市房地产管理法〉的决定》第一次修正

3. 根据 2009 年 8 月 27 日第十一届全国人民代表大会常务委员会第十次会议《关于修改部分法律的决定》第二次修正

4. 根据 2019 年 8 月 26 日第十三届全国人民代表大会常务委员会第十二次会议《关于修改〈中华人民共和国土地管理法〉、〈中华人民共和国城市房地产管理法〉的决定》第三次修正

第一章　总　　则

第一条　【立法目的】为了加强对城市房地产的管理，维护房地产市场秩序，保障房地产权利人的合法权益，促进房地产业的健康发展，制定本法。

第二条　【适用范围及概念解释】在中华人民共和国城市规划区国有土地（以下简称国有土地）范围内取得房地产开发用地的土地使用权，从事房地产开发、房地产交易，实施房地产管理，应当遵守本法。

本法所称房屋，是指土地上的房屋等建筑物及构筑物。

本法所称房地产开发，是指在依据本法取得国有土地使用权的土地上进行基础设施、房屋建设的行为。

本法所称房地产交易，包括房地产转让、房地产抵押和房屋租赁。

第三条　【土地使用制度及例外】国家依法实行国有土地有偿、有限期使用制度。但是，国家在本法规定的范围内划拨国有土地使用权的除外。

第四条　【发展目标】国家根据社会、经济发展水平，扶持发展居民住宅建设，逐步改善居民的居住条件。

第五条　【权利人的权利和义务】房地产权利人应当遵守法律和行政法规，依法纳税。房地产权利人的合法权益受法律保护，任何单位和个人不得侵犯。

第六条　【征收补偿】为了公共利益的需要，国家可以征收国有土地上单位和个人的房屋，并依法给予拆迁补偿，维护被征收人的合法权益；征收个人住宅的，还应当保障被征收人的居住条件。具体办法由国务院规定。

第七条　【房地产管理机构】国务院建设行政主管部门、土地管理部门依照国务院规定的职权划分，各司其职，密切配合，管理全国房地产工作。

县级以上地方人民政府房产管理、土地管理部门的机构设置及其职权由省、自治区、直辖市人民政府确定。

第二章　房地产开发用地

第一节　土地使用权出让

第八条　【土地使用权出让】土地使用权出让，是指国家将国有土地使用权（以下简称土地使用权）在一定年限内出让给土地使用者，由土地使用者向国家支付土地使用权出让金的行为。

第九条 【有偿出让】城市规划区内的集体所有的土地,经依法征收转为国有土地后,该幅国有土地的使用权方可有偿出让,但法律另有规定的除外。

第十条 【出让条件】土地使用权出让,必须符合土地利用总体规划、城市规划和年度建设用地计划。

第十一条 【出让报批】县级以上地方人民政府出让土地使用权用于房地产开发的,须根据省级以上人民政府下达的控制指标拟订年度出让土地使用权总面积方案,按照国务院规定,报国务院或者省级人民政府批准。

第十二条 【出让步骤】土地使用权出让,由市、县人民政府有计划、有步骤地进行。出让的每幅地块、用途、年限和其他条件,由市、县人民政府土地管理部门会同城市规划、建设、房产管理部门共同拟定方案,按照国务院规定,报经有批准权的人民政府批准后,由市、县人民政府土地管理部门实施。

直辖市的县人民政府及其有关部门行使前款规定的权限,由直辖市人民政府规定。

第十三条 【出让方式】土地使用权出让,可以采取拍卖、招标或者双方协议的方式。

商业、旅游、娱乐和豪华住宅用地,有条件的,必须采取拍卖、招标方式;没有条件,不能采取拍卖、招标方式的,可以采取双方协议的方式。

采取双方协议方式出让土地使用权的出让金不得低于按国家规定所确定的最低价。

第十四条 【年限规定】土地使用权出让最高年限由国务院规定。

第十五条 【出让合同签订】土地使用权出让,应当签订书面出让合同。

土地使用权出让合同由市、县人民政府土地管理部门与土地使用者签订。

第十六条 【出让金支付】土地使用者必须按照出让合同约定,支付土地使用权出让金;未按照出让合同约定支付土地使用权出让金的，土地管理部门有权解除合同，并可以请求违约赔偿。

第十七条　【出让土地的提供】土地使用者按照出让合同约定支付土地使用权出让金的，市、县人民政府土地管理部门必须按照出让合同约定，提供出让的土地；未按照出让合同约定提供出让的土地的，土地使用者有权解除合同，由土地管理部门返还土地使用权出让金，土地使用者并可以请求违约赔偿。

第十八条　【用途改变】土地使用者需要改变土地使用权出让合同约定的土地用途的，必须取得出让方和市、县人民政府城市规划行政主管部门的同意，签订土地使用权出让合同变更协议或者重新签订土地使用权出让合同，相应调整土地使用权出让金。

第十九条　【出让金使用】土地使用权出让金应当全部上缴财政，列入预算，用于城市基础设施建设和土地开发。土地使用权出让金上缴和使用的具体办法由国务院规定。

第二十条　【土地使用权的收回】国家对土地使用者依法取得的土地使用权，在出让合同约定的使用年限届满前不收回；在特殊情况下，根据社会公共利益的需要，可以依照法律程序提前收回，并根据土地使用者使用土地的实际年限和开发土地的实际情况给予相应的补偿。

第二十一条　【使用权终止】土地使用权因土地灭失而终止。

第二十二条　【使用权续延】土地使用权出让合同约定的使用年限届满，土地使用者需要继续使用土地的，应当至迟于届满前一年申请续期，除根据社会公共利益需要收回该幅土地的，应当予以批准。经批准准予续期的，应当重新签订土地使用权出让合同，依照规定支付土地使用权出让金。

土地使用权出让合同约定的使用年限届满，土地使用者未申请续期或者虽申请续期但依照前款规定未获批准的，土地使用权由国家无偿收回。

第二节　土地使用权划拨

第二十三条　【使用权划拨】土地使用权划拨，是指县级以上人民政府依法批准，在土地使用者缴纳补偿、安置等费用后将该幅土地交付其使用,或者将土地使用权无偿交付给土地使用者使用的行为。

依照本法规定以划拨方式取得土地使用权的,除法律、行政法规另有规定外,没有使用期限的限制。

第二十四条 【划拨土地类别】下列建设用地的土地使用权,确属必需的,可以由县级以上人民政府依法批准划拨:

(一)国家机关用地和军事用地;

(二)城市基础设施用地和公益事业用地;

(三)国家重点扶持的能源、交通、水利等项目用地;

(四)法律、行政法规规定的其他用地。

第三章 房地产开发

第二十五条 【开发原则和总体规划】房地产开发必须严格执行城市规划,按照经济效益、社会效益、环境效益相统一的原则,实行全面规划、合理布局、综合开发、配套建设。

第二十六条 【出让开发条件】以出让方式取得土地使用权进行房地产开发的,必须按照土地使用权出让合同约定的土地用途、动工开发期限开发土地。超过出让合同约定的动工开发日期满一年未动工开发的,可以征收相当于土地使用权出让金百分之二十以下的土地闲置费;满二年未动工开发的,可以无偿收回土地使用权;但是,因不可抗力或者政府、政府有关部门的行为或者动工开发必需的前期工作造成动工开发迟延的除外。

第二十七条 【项目总体要求】房地产开发项目的设计、施工,必须符合国家的有关标准和规范。

房地产开发项目竣工,经验收合格后,方可交付使用。

第二十八条 【土地使用权处置】依法取得的土地使用权,可以依照本法和有关法律、行政法规的规定,作价入股,合资、合作开发经营房地产。

第二十九条 【国家扶持】国家采取税收等方面的优惠措施鼓励和扶持房地产开发企业开发建设居民住宅。

第三十条 【企业设立】房地产开发企业是以营利为目的,从事房地产开发和经营的企业。设立房地产开发企业,应当具备下列条件:

(一)有自己的名称和组织机构;

(二)有固定的经营场所;

(三)有符合国务院规定的注册资本;

(四)有足够的专业技术人员;

(五)法律、行政法规规定的其他条件。

设立房地产开发企业,应当向工商行政管理部门申请设立登记。工商行政管理部门对符合本法规定条件的,应当予以登记,发给营业执照;对不符合本法规定条件的,不予登记。

设立有限责任公司、股份有限公司,从事房地产开发经营的,还应当执行公司法的有关规定。

房地产开发企业在领取营业执照后的一个月内,应当到登记机关所在地的县级以上地方人民政府规定的部门备案。

第三十一条　【注册资本和投资额】房地产开发企业的注册资本与投资总额的比例应当符合国家有关规定。

房地产开发企业分期开发房地产的,分期投资额应当与项目规模相适应,并按照土地使用权出让合同的约定,按期投入资金,用于项目建设。

中华人民共和国建筑法(节录)

1. 1997年11月1日第八届全国人民代表大会常务委员会第二十八次会议通过

2. 根据2011年4月22日第十一届全国人民代表大会常务委员会第二十次会议《关于修改〈中华人民共和国建筑法〉的决定》第一次修正

3. 根据2019年4月23日第十三届全国人民代表大会常务委员会第十次会议《关于修改〈中华人民共和国建筑法〉等八部法律的决定》第二次修正

第一章　总　　则

第一条　【立法目的】为了加强对建筑活动的监督管理,维护建筑市场秩序,保证建筑工程的质量和安全,促进建筑业健康发展,制定本法。

第二条 【适用范围】在中华人民共和国境内从事建筑活动，实施对建筑活动的监督管理，应当遵守本法。

本法所称建筑活动，是指各类房屋建筑及其附属设施的建造和与其配套的线路、管道、设备的安装活动。

第三条 【建筑活动要求】建筑活动应当确保建筑工程质量和安全，符合国家的建筑工程安全标准。

第四条 【国家扶持】国家扶持建筑业的发展，支持建筑科学技术研究，提高房屋建筑设计水平，鼓励节约能源和保护环境，提倡采用先进技术、先进设备、先进工艺、新型建筑材料和现代管理方式。

第五条 【从业要求】从事建筑活动应当遵守法律、法规，不得损害社会公共利益和他人的合法权益。

任何单位和个人都不得妨碍和阻挠依法进行的建筑活动。

第六条 【管理部门】国务院建设行政主管部门对全国的建筑活动实施统一监督管理。

第二章 建筑许可

第一节 建筑工程施工许可

第七条 【许可证的领取】建筑工程开工前，建设单位应当按照国家有关规定向工程所在地县级以上人民政府建设行政主管部门申请领取施工许可证；但是，国务院建设行政主管部门确定的限额以下的小型工程除外。

按照国务院规定的权限和程序批准开工报告的建筑工程，不再领取施工许可证。

第八条 【许可证申领条件】申请领取施工许可证，应当具备下列条件：

（一）已经办理该建筑工程用地批准手续；

（二）依法应当办理建设工程规划许可证的，已经取得建设工程规划许可证；

（三）需要拆迁的，其拆迁进度符合施工要求；

（四）已经确定建筑施工企业；

（五）有满足施工需要的资金安排、施工图纸及技术资料；

（六）有保证工程质量和安全的具体措施。

建设行政主管部门应当自收到申请之日起七日内，对符合条件的申请颁发施工许可证。

第九条　【开工期限】建设单位应当自领取施工许可证之日起三个月内开工。因故不能按期开工的，应当向发证机关申请延期；延期以两次为限，每次不超过三个月。既不开工又不申请延期或者超过延期时限的，施工许可证自行废止。

第十条　【施工中止与恢复】在建的建筑工程因故中止施工的，建设单位应当自中止施工之日起一个月内，向发证机关报告，并按照规定做好建筑工程的维护管理工作。

建筑工程恢复施工时，应当向发证机关报告；中止施工满一年的工程恢复施工前，建设单位应当报发证机关核验施工许可证。

第十一条　【不能按期施工处理】按照国务院有关规定批准开工报告的建筑工程，因故不能按期开工或者中止施工的，应当及时向批准机关报告情况。因故不能按期开工超过六个月的，应当重新办理开工报告的批准手续。

第二节　从业资格

第十二条　【从业条件】从事建筑活动的建筑施工企业、勘察单位、设计单位和工程监理单位，应当具备下列条件：

（一）有符合国家规定的注册资本；

（二）有与其从事的建筑活动相适应的具有法定执业资格的专业技术人员；

（三）有从事相关建筑活动所应有的技术装备；

（四）法律、行政法规规定的其他条件。

第十三条　【资质等级】从事建筑活动的建筑施工企业、勘察单位、设计单位和工程监理单位，按照其拥有的注册资本、专业技术人员、技术装备和已完成的建筑工程业绩等资质条件，划分为不同的资质等级，经资质审查合格，取得相应等级的资质证书后，方可在其资质等级许可的范围内从事建筑活动。

第十四条 【执业资格的取得】从事建筑活动的专业技术人员,应当依法取得相应的执业资格证书,并在执业资格证书许可的范围内从事建筑活动。

中华人民共和国行政强制法

1. 2011年6月30日第十一届全国人民代表大会常务委员会第二十一次会议通过
2. 2011年6月30日中华人民共和国主席令第49号公布
3. 自2012年1月1日起施行

目　　录

第一章　总　　则

第一条 【立法目的】为了规范行政强制的设定和实施,保障和监督行政机关依法履行职责,维护公共利益和社会秩序,保护公民、法人和其他组织的合法权益，根据宪法，制定本法。

第二条　【行政强制】本法所称行政强制，包括行政强制措施和行政强制执行。

行政强制措施，是指行政机关在行政管理过程中，为制止违法行为、防止证据损毁、避免危害发生、控制危险扩大等情形，依法对公民的人身自由实施暂时性限制，或者对公民、法人或者其他组织的财物实施暂时性控制的行为。

行政强制执行，是指行政机关或者行政机关申请人民法院，对不履行行政决定的公民、法人或者其他组织，依法强制履行义务的行为。

第三条　【适用范围】行政强制的设定和实施，适用本法。

发生或者即将发生自然灾害、事故灾难、公共卫生事件或者社会安全事件等突发事件，行政机关采取应急措施或者临时措施，依照有关法律、行政法规的规定执行。

行政机关采取金融业审慎监管措施、进出境货物强制性技术监控措施，依照有关法律、行政法规的规定执行。

第四条　【合法性原则】行政强制的设定和实施，应当依照法定的权限、范围、条件和程序。

第五条　【适当性原则】行政强制的设定和实施，应当适当。采用非强制手段可以达到行政管理目的的，不得设定和实施行政强制。

第六条　【教育与强制相结合原则】实施行政强制，应当坚持教育与强制相结合。

第七条　【不得利用行政强制权谋取利益】行政机关及其工作人员不得利用行政强制权为单位或者个人谋取利益。

第八条　【正当程序和权利救济】公民、法人或者其他组织对行政机关实施行政强制，享有陈述权、申辩权；有权依法申请行政复议或者提起行政诉讼；因行政机关违法实施行政强制受到损害的，有权依法要求赔偿。

公民、法人或者其他组织因人民法院在强制执行中有违法行为或者扩大强制执行范围受到损害的，有权依法要求赔偿。

第二章 行政强制的种类和设定

第九条 【行政强制措施的种类】行政强制措施的种类：

（一）限制公民人身自由；

（二）查封场所、设施或者财物；

（三）扣押财物；

（四）冻结存款、汇款；

（五）其他行政强制措施。

第十条 【行政强制措施的设定权】行政强制措施由法律设定。

尚未制定法律，且属于国务院行政管理职权事项的，行政法规可以设定除本法第九条第一项、第四项和应当由法律规定的行政强制措施以外的其他行政强制措施。

尚未制定法律、行政法规，且属于地方性事务的，地方性法规可以设定本法第九条第二项、第三项的行政强制措施。

法律、法规以外的其他规范性文件不得设定行政强制措施。

第十一条 【行政法规、地方性法规的规定权】法律对行政强制措施的对象、条件、种类作了规定的，行政法规、地方性法规不得作出扩大规定。

法律中未设定行政强制措施的，行政法规、地方性法规不得设定行政强制措施。但是，法律规定特定事项由行政法规规定具体管理措施的，行政法规可以设定除本法第九条第一项、第四项和应当由法律规定的行政强制措施以外的其他行政强制措施。

第十二条 【行政强制执行的方式】行政强制执行的方式：

（一）加处罚款或者滞纳金；

（二）划拨存款、汇款；

（三）拍卖或者依法处理查封、扣押的场所、设施或者财物；

（四）排除妨碍、恢复原状；

（五）代履行；

（六）其他强制执行方式。

第十三条 【行政强制执行的设定权】行政强制执行由法律设定。

法律没有规定行政机关强制执行的，作出行政决定的行政机关应当申请人民法院强制执行。

第十四条　【设定行政强制应听取意见和说明必要性】起草法律草案、法规草案，拟设定行政强制的，起草单位应当采取听证会、论证会等形式听取意见，并向制定机关说明设定该行政强制的必要性、可能产生的影响以及听取和采纳意见的情况。

第十五条　【已设定行政强制的评价】行政强制的设定机关应当定期对其设定的行政强制进行评价，并对不适当的行政强制及时予以修改或者废止。

行政强制的实施机关可以对已设定的行政强制的实施情况及存在的必要性适时进行评价，并将意见报告该行政强制的设定机关。

公民、法人或者其他组织可以向行政强制的设定机关和实施机关就行政强制的设定和实施提出意见和建议。有关机关应当认真研究论证，并以适当方式予以反馈。

第三章　行政强制措施实施程序

第一节　一般规定

第十六条　【实施行政强制措施的条件】行政机关履行行政管理职责，依照法律、法规的规定，实施行政强制措施。

违法行为情节显著轻微或者没有明显社会危害的，可以不采取行政强制措施。

第十七条　【实施主体】行政强制措施由法律、法规规定的行政机关在法定职权范围内实施。行政强制措施权不得委托。

依据《中华人民共和国行政处罚法》的规定行使相对集中行政处罚权的行政机关，可以实施法律、法规规定的与行政处罚权有关的行政强制措施。

行政强制措施应当由行政机关具备资格的行政执法人员实施，其他人员不得实施。

第十八条　【一般实施程序】行政机关实施行政强制措施应当遵守下列规定：

（一）实施前须向行政机关负责人报告并经批准；

（二）由两名以上行政执法人员实施；

（三）出示执法身份证件；

（四）通知当事人到场；

（五）当场告知当事人采取行政强制措施的理由、依据以及当事人依法享有的权利、救济途径；

（六）听取当事人的陈述和申辩；

（七）制作现场笔录；

（八）现场笔录由当事人和行政执法人员签名或者盖章，当事人拒绝的，在笔录中予以注明；

（九）当事人不到场的，邀请见证人到场，由见证人和行政执法人员在现场笔录上签名或者盖章；

（十）法律、法规规定的其他程序。

第十九条　【即时强制】情况紧急，需要当场实施行政强制措施的，行政执法人员应当在二十四小时内向行政机关负责人报告，并补办批准手续。行政机关负责人认为不应当采取行政强制措施的，应当立即解除。

第二十条　【限制人身自由的程序】依照法律规定实施限制公民人身自由的行政强制措施，除应当履行本法第十八条规定的程序外，还应当遵守下列规定：

（一）当场告知或者实施行政强制措施后立即通知当事人家属实施行政强制措施的行政机关、地点和期限；

（二）在紧急情况下当场实施行政强制措施的，在返回行政机关后，立即向行政机关负责人报告并补办批准手续；

（三）法律规定的其他程序。

实施限制人身自由的行政强制措施不得超过法定期限。实施行政强制措施的目的已经达到或者条件已经消失，应当立即解除。

第二十一条　【涉嫌犯罪应当移送司法机关】违法行为涉嫌犯罪应当移送司法机关的，行政机关应当将查封、扣押、冻结的财物一并移送，并书面告知当事人。

第二节　查封、扣押

第二十二条　【查封、扣押的实施主体】查封、扣押应当由法律、法规规定的行政机关实施，其他任何行政机关或者组织不得实施。

第二十三条　【查封、扣押的对象】查封、扣押限于涉案的场所、设施或者财物，不得查封、扣押与违法行为无关的场所、设施或者财物；不得查封、扣押公民个人及其所扶养家属的生活必需品。

当事人的场所、设施或者财物已被其他国家机关依法查封的，不得重复查封。

第二十四条　【查封、扣押实施程序】行政机关决定实施查封、扣押的，应当履行本法第十八条规定的程序，制作并当场交付查封、扣押决定书和清单。

查封、扣押决定书应当载明下列事项：

（一）当事人的姓名或者名称、地址；

（二）查封、扣押的理由、依据和期限；

（三）查封、扣押场所、设施或者财物的名称、数量等；

（四）申请行政复议或者提起行政诉讼的途径和期限；

（五）行政机关的名称、印章和日期。

查封、扣押清单一式二份，由当事人和行政机关分别保存。

第二十五条　【查封、扣押的期限和检测费用的承担】查封、扣押的期限不得超过三十日；情况复杂的，经行政机关负责人批准，可以延长，但是延长期限不得超过三十日。法律、行政法规另有规定的除外。

延长查封、扣押的决定应当及时书面告知当事人，并说明理由。

对物品需要进行检测、检验、检疫或者技术鉴定的，查封、扣押的期间不包括检测、检验、检疫或者技术鉴定的期间。检测、检验、检疫或者技术鉴定的期间应当明确，并书面告知当事人。检测、检验、检疫或者技术鉴定的费用由行政机关承担。

第二十六条　【查封、扣押财物的保管】对查封、扣押的场所、设施或者财物，行政机关应当妥善保管，不得使用或者损毁；造成损失的，应当承担赔偿责任。

对查封的场所、设施或者财物，行政机关可以委托第三人保管，第三人不得损毁或者擅自转移、处置。因第三人的原因造成的损失,行政机关先行赔付后,有权向第三人追偿。

因查封、扣押发生的保管费用由行政机关承担。

第二十七条 【查封、扣押财物的处理】行政机关采取查封、扣押措施后,应当及时查清事实,在本法第二十五条规定的期限内作出处理决定。对违法事实清楚,依法应当没收的非法财物予以没收;法律、行政法规规定应当销毁的,依法销毁;应当解除查封、扣押的,作出解除查封、扣押的决定。

第二十八条 【查封、扣押的解除】有下列情形之一的,行政机关应当及时作出解除查封、扣押决定:

(一)当事人没有违法行为;

(二)查封、扣押的场所、设施或者财物与违法行为无关;

(三)行政机关对违法行为已经作出处理决定,不再需要查封、扣押;

(四)查封、扣押期限已经届满;

(五)其他不再需要采取查封、扣押措施的情形。

解除查封、扣押应当立即退还财物;已将鲜活物品或者其他不易保管的财物拍卖或者变卖的,退还拍卖或者变卖所得款项。变卖价格明显低于市场价格,给当事人造成损失的,应当给予补偿。

第三节 冻 结

第二十九条 【冻结的实施主体与数额】冻结存款、汇款应当由法律规定的行政机关实施,不得委托给其他行政机关或者组织;其他任何行政机关或者组织不得冻结存款、汇款。

冻结存款、汇款的数额应当与违法行为涉及的金额相当;已被其他国家机关依法冻结的,不得重复冻结。

第三十条 【冻结的程序】行政机关依照法律规定决定实施冻结存款、汇款的,应当履行本法第十八条第一项、第二项、第三项、第七项规定的程序,并向金融机构交付冻结通知书。

金融机构接到行政机关依法作出的冻结通知书后,应当立即予以冻结,不得拖延,不得在冻结前向当事人泄露信息。

法律规定以外的行政机关或者组织要求冻结当事人存款、汇款的,金融机构应当拒绝。

第三十一条　【冻结决定书的内容和交付期限】依照法律规定冻结存款、汇款的,作出决定的行政机关应当在三日内向当事人交付冻结决定书。冻结决定书应当载明下列事项:

(一)当事人的姓名或者名称、地址;

(二)冻结的理由、依据和期限;

(三)冻结的账号和数额;

(四)申请行政复议或者提起行政诉讼的途径和期限;

(五)行政机关的名称、印章和日期。

第三十二条　【冻结的期限与延长】自冻结存款、汇款之日起三十日内,行政机关应当作出处理决定或者作出解除冻结决定;情况复杂的,经行政机关负责人批准,可以延长,但是延长期限不得超过三十日。法律另有规定的除外。

延长冻结的决定应当及时书面告知当事人,并说明理由。

第三十三条　【冻结的解除】有下列情形之一的,行政机关应当及时作出解除冻结决定:

(一)当事人没有违法行为;

(二)冻结的存款、汇款与违法行为无关;

(三)行政机关对违法行为已经作出处理决定,不再需要冻结;

(四)冻结期限已经届满;

(五)其他不再需要采取冻结措施的情形。

行政机关作出解除冻结决定的,应当及时通知金融机构和当事人。金融机构接到通知后,应当立即解除冻结。

行政机关逾期未作出处理决定或者解除冻结决定的,金融机构应当自冻结期满之日起解除冻结。

第四章　行政机关强制执行程序

第一节　一般规定

第三十四条　【行政机关强制执行】行政机关依法作出行政决定后,当事人在行政机关决定的期限内不履行义务的,具有行政强制执行权的行政机关依照本章规定强制执行。

第三十五条　【催告程序】行政机关作出强制执行决定前，应当事先催告当事人履行义务。催告应当以书面形式作出，并载明下列事项：

（一）履行义务的期限；

（二）履行义务的方式；

（三）涉及金钱给付的，应当有明确的金额和给付方式；

（四）当事人依法享有的陈述权和申辩权。

第三十六条　【当事人的陈述权、申辩权】当事人收到催告书后有权进行陈述和申辩。行政机关应当充分听取当事人的意见，对当事人提出的事实、理由和证据，应当进行记录、复核。当事人提出的事实、理由或者证据成立的，行政机关应当采纳。

第三十七条　【强制执行决定书】经催告，当事人逾期仍不履行行政决定，且无正当理由的，行政机关可以作出强制执行决定。

强制执行决定应当以书面形式作出，并载明下列事项：

（一）当事人的姓名或者名称、地址；

（二）强制执行的理由和依据；

（三）强制执行的方式和时间；

（四）申请行政复议或者提起行政诉讼的途径和期限；

（五）行政机关的名称、印章和日期。

在催告期间，对有证据证明有转移或者隐匿财物迹象的，行政机关可以作出立即强制执行决定。

第三十八条　【催告书、强制执行决定书的送达】催告书、行政强制执行决定书应当直接送达当事人。当事人拒绝接收或者无法直接送达当事人的，应当依照《中华人民共和国民事诉讼法》的有关规定送达。

第三十九条　【中止执行】有下列情形之一的，中止执行：

（一）当事人履行行政决定确有困难或者暂无履行能力的；

（二）第三人对执行标的主张权利，确有理由的；

（三）执行可能造成难以弥补的损失，且中止执行不损害公共利益的；

（四）行政机关认为需要中止执行的其他情形。

中止执行的情形消失后，行政机关应当恢复执行。对没有明显社会危害，当事人确无能力履行，中止执行满三年未恢复执行的，行政机关不再执行。

第四十条　【终结执行】有下列情形之一的，终结执行：

（一）公民死亡，无遗产可供执行，又无义务承受人的；

（二）法人或者其他组织终止，无财产可供执行，又无义务承受人的；

（三）执行标的灭失的；

（四）据以执行的行政决定被撤销的；

（五）行政机关认为需要终结执行的其他情形。

第四十一条　【执行回转】在执行中或者执行完毕后，据以执行的行政决定被撤销、变更，或者执行错误的，应当恢复原状或者退还财物；不能恢复原状或者退还财物的，依法给予赔偿。

第四十二条　【执行和解】实施行政强制执行，行政机关可以在不损害公共利益和他人合法权益的情况下，与当事人达成执行协议。执行协议可以约定分阶段履行；当事人采取补救措施的，可以减免加处的罚款或者滞纳金。

执行协议应当履行。当事人不履行执行协议的，行政机关应当恢复强制执行。

第四十三条　【文明执法】行政机关不得在夜间或者法定节假日实施行政强制执行。但是，情况紧急的除外。

行政机关不得对居民生活采取停止供水、供电、供热、供燃气等方式迫使当事人履行相关行政决定。

第四十四条　【违法建筑物、构筑物、设施强制的拆除】对违法的建筑物、构筑物、设施等需要强制拆除的，应当由行政机关予以公告，限期当事人自行拆除。当事人在法定期限内不申请行政复议或者提起行政诉讼，又不拆除的，行政机关可以依法强制拆除。

第二节　金钱给付义务的执行

第四十五条　【加处罚款或者滞纳金】行政机关依法作出金钱给付义

务的行政决定,当事人逾期不履行的,行政机关可以依法加处罚款或者滞纳金。加处罚款或者滞纳金的标准应当告知当事人。

加处罚款或者滞纳金的数额不得超出金钱给付义务的数额。

第四十六条 【**金钱给付义务的直接强制执行**】行政机关依照本法第四十五条规定实施加处罚款或者滞纳金超过三十日,经催告当事人仍不履行的,具有行政强制执行权的行政机关可以强制执行。

行政机关实施强制执行前,需要采取查封、扣押、冻结措施的,依照本法第三章规定办理。

没有行政强制执行权的行政机关应当申请人民法院强制执行。但是,当事人在法定期限内不申请行政复议或者提起行政诉讼,经催告仍不履行的,在实施行政管理过程中已经采取查封、扣押措施的行政机关,可以将查封、扣押的财物依法拍卖抵缴罚款。

第四十七条 【**划拨存款、汇款**】划拨存款、汇款应当由法律规定的行政机关决定,并书面通知金融机构。金融机构接到行政机关依法作出划拨存款、汇款的决定后,应当立即划拨。

法律规定以外的行政机关或者组织要求划拨当事人存款、汇款的,金融机构应当拒绝。

第四十八条 【**委托拍卖**】依法拍卖财物,由行政机关委托拍卖机构依照《中华人民共和国拍卖法》的规定办理。

第四十九条 【**划拨存款、汇款的上缴**】划拨的存款、汇款以及拍卖和依法处理所得的款项应当上缴国库或者划入财政专户。任何行政机关或者个人不得以任何形式截留、私分或者变相私分。

第三节 代 履 行

第五十条 【**代履行**】行政机关依法作出要求当事人履行排除妨碍、恢复原状等义务的行政决定,当事人逾期不履行,经催告仍不履行,其后果已经或者将危害交通安全、造成环境污染或者破坏自然资源的,行政机关可以代履行,或者委托没有利害关系的第三人代履行。

第五十一条 【**代履行的实施程序、费用**】代履行应当遵守下列规定:

(一)代履行前送达决定书,代履行决定书应当载明当事人的姓名或者名称、地址,代履行的理由和依据、方式和时间、标的、费用预算以及代履行人；

（二）代履行三日前，催告当事人履行，当事人履行的，停止代履行；

（三）代履行时，作出决定的行政机关应当派员到场监督；

（四）代履行完毕，行政机关到场监督的工作人员、代履行人和当事人或者见证人应当在执行文书上签名或者盖章。

代履行的费用按照成本合理确定，由当事人承担。但是，法律另有规定的除外。

代履行不得采用暴力、胁迫以及其他非法方式。

第五十二条　【立即代履行】需要立即清除道路、河道、航道或者公共场所的遗洒物、障碍物或者污染物，当事人不能清除的，行政机关可以决定立即实施代履行；当事人不在场的，行政机关应当在事后立即通知当事人，并依法作出处理。

第五章　申请人民法院强制执行

第五十三条　【申请法院强制执行】当事人在法定期限内不申请行政复议或者提起行政诉讼，又不履行行政决定的，没有行政强制执行权的行政机关可以自期限届满之日起三个月内，依照本章规定申请人民法院强制执行。

第五十四条　【催告与执行管辖】行政机关申请人民法院强制执行前，应当催告当事人履行义务。催告书送达十日后当事人仍未履行义务的，行政机关可以向所在地有管辖权的人民法院申请强制执行；执行对象是不动产的，向不动产所在地有管辖权的人民法院申请强制执行。

第五十五条　【申请强制执行提供的材料】行政机关向人民法院申请强制执行，应当提供下列材料：

（一）强制执行申请书；

（二）行政决定书及作出决定的事实、理由和依据；

（三）当事人的意见及行政机关催告情况；

（四）申请强制执行标的情况；

（五）法律、行政法规规定的其他材料。

强制执行申请书应当由行政机关负责人签名,加盖行政机关的印章,并注明日期。

第五十六条 【申请的受理】人民法院接到行政机关强制执行的申请,应当在五日内受理。

行政机关对人民法院不予受理的裁定有异议的,可以在十五日内向上一级人民法院申请复议,上一级人民法院应当自收到复议申请之日起十五日内作出是否受理的裁定。

第五十七条 【申请的书面审查】人民法院对行政机关强制执行的申请进行书面审查,对符合本法第五十五条规定,且行政决定具备法定执行效力的,除本法第五十八条规定的情形外,人民法院应当自受理之日起七日内作出执行裁定。

第五十八条 【申请的违法审查】人民法院发现有下列情形之一的,在作出裁定前可以听取被执行人和行政机关的意见:

(一)明显缺乏事实根据的;

(二)明显缺乏法律、法规依据的;

(三)其他明显违法并损害被执行人合法权益的。

人民法院应当自受理之日起三十日内作出是否执行的裁定。裁定不予执行的,应当说明理由,并在五日内将不予执行的裁定送达行政机关。

行政机关对人民法院不予执行的裁定有异议的,可以自收到裁定之日起十五日内向上一级人民法院申请复议,上一级人民法院应当自收到复议申请之日起三十日内作出是否执行的裁定。

第五十九条 【申请法院立即执行】因情况紧急,为保障公共安全,行政机关可以申请人民法院立即执行。经人民法院院长批准,人民法院应当自作出执行裁定之日起五日内执行。

第六十条 【执行费用】行政机关申请人民法院强制执行,不缴纳申请费。强制执行的费用由被执行人承担。

人民法院以划拨、拍卖方式强制执行的,可以在划拨、拍卖后将强制执行的费用扣除。

依法拍卖财物,由人民法院委托拍卖机构依照《中华人民共和国拍卖法》的规定办理。

划拨的存款、汇款以及拍卖和依法处理所得的款项应当上缴国库或者划入财政专户，不得以任何形式截留、私分或者变相私分。

第六章　法律责任

第六十一条　【违法实施行政强制的法律责任】行政机关实施行政强制，有下列情形之一的，由上级行政机关或者有关部门责令改正，对直接负责的主管人员和其他直接责任人员依法给予处分：

（一）没有法律、法规依据的；

（二）改变行政强制对象、条件、方式的；

（三）违反法定程序实施行政强制的；

（四）违反本法规定，在夜间或者法定节假日实施行政强制执行的；

（五）对居民生活采取停止供水、供电、供热、供燃气等方式迫使当事人履行相关行政决定的；

（六）有其他违法实施行政强制情形的。

第六十二条　【违法实施查封、扣押、冻结的法律责任】违反本法规定，行政机关有下列情形之一的，由上级行政机关或者有关部门责令改正，对直接负责的主管人员和其他直接责任人员依法给予处分：

（一）扩大查封、扣押、冻结范围的；

（二）使用或者损毁查封、扣押场所、设施或者财物的；

（三）在查封、扣押法定期间不作出处理决定或者未依法及时解除查封、扣押的；

（四）在冻结存款、汇款法定期间不作出处理决定或者未依法及时解除冻结的。

第六十三条　【截留、私分或变相私分和据为己有的法律责任】行政机关将查封、扣押的财物或者划拨的存款、汇款以及拍卖和依法处理所得的款项，截留、私分或者变相私分的，由财政部门或者有关部门予以追缴；对直接负责的主管人员和其他直接责任人员依法给予记大过、降级、撤职或者开除的处分。

行政机关工作人员利用职务上的便利，将查封、扣押的场所、设施或者财物据为己有的，由上级行政机关或者有关部门责令改正，依法给予记大过、降级、撤职或者开除的处分。

第六十四条　【利用行政强制权为单位或者个人谋取利益的法律责任】行政机关及其工作人员利用行政强制权为单位或者个人谋取利益的，由上级行政机关或者有关部门责令改正，对直接负责的主管人员和其他直接责任人员依法给予处分。

第六十五条　【金融机构违法冻结、划拨的法律责任】违反本法规定，金融机构有下列行为之一的，由金融业监督管理机构责令改正，对直接负责的主管人员和其他直接责任人员依法给予处分：

（一）在冻结前向当事人泄露信息的；

（二）对应当立即冻结、划拨的存款、汇款不冻结或者不划拨，致使存款、汇款转移的；

（三）将不应当冻结、划拨的存款、汇款予以冻结或者划拨的；

（四）未及时解除冻结存款、汇款的。

第六十六条　【款项未划入规定账户的法律责任】违反本法规定，金融机构将款项划入国库或者财政专户以外的其他账户的，由金融业监督管理机构责令改正，并处以违法划拨款项二倍的罚款；对直接负责的主管人员和其他直接责任人员依法给予处分。

违反本法规定，行政机关、人民法院指令金融机构将款项划入国库或者财政专户以外的其他账户的，对直接负责的主管人员和其他直接责任人员依法给予处分。

第六十七条　【人民法院违法执行的法律责任】人民法院及其工作人员在强制执行中有违法行为或者扩大强制执行范围的，对直接负责的主管人员和其他直接责任人员依法给予处分。

第六十八条　【赔偿责任和刑事责任】违反本法规定，给公民、法人或者其他组织造成损失的，依法给予赔偿。

违反本法规定，构成犯罪的，依法追究刑事责任。

第七章　附　　则

第六十九条　【期限的计算】本法中十日以内期限的规定是指工作

日，不含法定节假日。

第七十条　【法律、行政法规授权的具有管理公共事务职能的组织的主体资格】法律、行政法规授权的具有管理公共事务职能的组织在法定授权范围内，以自己的名义实施行政强制，适用本法有关行政机关的规定。

第七十一条　【生效日期】本法自2012年1月1日起施行。

中华人民共和国土地管理法

1. 1986年6月25日第六届全国人民代表大会常务委员会第十六次会议通过

2. 根据1988年12月29日第七届全国人民代表大会常务委员会第五次会议《关于修改〈中华人民共和国土地管理法〉的决定》第一次修正

3. 1998年8月29日第九届全国人民代表大会常务委员会第四次会议修订

4. 根据2004年8月28日第十届全国人民代表大会常务委员会第十一次会议《关于修改〈中华人民共和国土地管理法〉的决定》第二次修正

5. 根据2019年8月26日第十三届全国人民代表大会常务委员会第十二次会议《关于修改〈中华人民共和国土地管理法〉、〈中华人民共和国城市房地产管理法〉的决定》第三次修正

目　　录

第一章 总 则

第一条 【立法目的】为了加强土地管理，维护土地的社会主义公有制，保护、开发土地资源，合理利用土地，切实保护耕地，促进社会经济的可持续发展，根据宪法，制定本法。

第二条 【所有制形式】中华人民共和国实行土地的社会主义公有制，即全民所有制和劳动群众集体所有制。

全民所有，即国家所有土地的所有权由国务院代表国家行使。

任何单位和个人不得侵占、买卖或者以其他形式非法转让土地。土地使用权可以依法转让。

国家为了公共利益的需要，可以依法对土地实行征收或者征用并给予补偿。

国家依法实行国有土地有偿使用制度。但是，国家在法律规定的范围内划拨国有土地使用权的除外。

第三条 【基本国策】十分珍惜、合理利用土地和切实保护耕地是我国的基本国策。各级人民政府应当采取措施，全面规划，严格管理，保护、开发土地资源，制止非法占用土地的行为。

第四条 【土地用途管制制度】国家实行土地用途管制制度。

国家编制土地利用总体规划，规定土地用途，将土地分为农用地、建设用地和未利用地。严格限制农用地转为建设用地，控制建设用地总量，对耕地实行特殊保护。

前款所称农用地是指直接用于农业生产的土地，包括耕地、林地、草地、农田水利用地、养殖水面等；建设用地是指建造建筑物、构筑物的土地，包括城乡住宅和公共设施用地、工矿用地、交通水利设施用地、旅游用地、军事设施用地等；未利用地是指农用地和建设用地以外的土地。

使用土地的单位和个人必须严格按照土地利用总体规划确定的用途使用土地。

第五条 【主管部门】国务院自然资源主管部门统一负责全国土地的管理和监督工作。

县级以上地方人民政府自然资源主管部门的设置及其职责，由省、自治区、直辖市人民政府根据国务院有关规定确定。

第六条　【督察机构】国务院授权的机构对省、自治区、直辖市人民政府以及国务院确定的城市人民政府土地利用和土地管理情况进行督察。

第七条　【单位、个人的权利和义务】任何单位和个人都有遵守土地管理法律、法规的义务，并有权对违反土地管理法律、法规的行为提出检举和控告。

第八条　【奖励】在保护和开发土地资源、合理利用土地以及进行有关的科学研究等方面成绩显著的单位和个人，由人民政府给予奖励。

第二章　土地的所有权和使用权

第九条　【所有权归属】城市市区的土地属于国家所有。

农村和城市郊区的土地，除由法律规定属于国家所有的以外，属于农民集体所有；宅基地和自留地、自留山，属于农民集体所有。

第十条　【单位、个人的土地使用权和相应义务】国有土地和农民集体所有的土地，可以依法确定给单位或者个人使用。使用土地的单位和个人，有保护、管理和合理利用土地的义务。

第十一条　【集体所有土地的经营、管理】农民集体所有的土地依法属于村农民集体所有的，由村集体经济组织或者村民委员会经营、管理；已经分别属于村内两个以上农村集体经济组织的农民集体所有的，由村内各该农村集体经济组织或者村民小组经营、管理；已经属于乡(镇)农民集体所有的，由乡(镇)农村集体经济组织经营、管理。

第十二条　【土地登记】土地的所有权和使用权的登记，依照有关不动产登记的法律、行政法规执行。

依法登记的土地的所有权和使用权受法律保护，任何单位和个人不得侵犯。

第十三条　【承包期限】农民集体所有和国家所有依法由农民集体使用的耕地、林地、草地，以及其他依法用于农业的土地，采取农村集体经济组织内部的家庭承包方式承包，不宜采取家庭承包方式的荒山、荒沟、荒丘、荒滩等,可以采取招标、拍卖、公开协商等方式承包,从事种植业、林业、畜牧业、渔业生产。家庭承包的耕地的承包期为三十年,草地的承包期为三十年至五十年,林地的承包期为三十年至七十年;耕地承包期届满后再延长三十年,草地、林地承包期届满后依法相应延长。

国家所有依法用于农业的土地可以由单位或者个人承包经营,从事种植业、林业、畜牧业、渔业生产。

发包方和承包方应当依法订立承包合同,约定双方的权利和义务。承包经营土地的单位和个人,有保护和按照承包合同约定的用途合理利用土地的义务。

第十四条　【争议解决】土地所有权和使用权争议,由当事人协商解决;协商不成的,由人民政府处理。

单位之间的争议,由县级以上人民政府处理;个人之间、个人与单位之间的争议,由乡级人民政府或者县级以上人民政府处理。

当事人对有关人民政府的处理决定不服的,可以自接到处理决定通知之日起三十日内,向人民法院起诉。

在土地所有权和使用权争议解决前,任何一方不得改变土地利用现状。

第三章　土地利用总体规划

第十五条　【规划要求、期限】各级人民政府应当依据国民经济和社会发展规划、国土整治和资源环境保护的要求、土地供给能力以及各项建设对土地的需求,组织编制土地利用总体规划。

土地利用总体规划的规划期限由国务院规定。

第十六条　【规划权限】下级土地利用总体规划应当依据上一级土地利用总体规划编制。

地方各级人民政府编制的土地利用总体规划中的建设用地总量不得超过上一级土地利用总体规划确定的控制指标,耕地保有量不得低于上一级土地利用总体规划确定的控制指标。

省、自治区、直辖市人民政府编制的土地利用总体规划,应当确保本行政区域内耕地总量不减少。

第十七条　【编制原则】土地利用总体规划按照下列原则编制：

（一）落实国土空间开发保护要求，严格土地用途管制；

（二）严格保护永久基本农田，严格控制非农业建设占用农用地；

（三）提高土地节约集约利用水平；

（四）统筹安排城乡生产、生活、生态用地，满足乡村产业和基础设施用地合理需求，促进城乡融合发展；

（五）保护和改善生态环境，保障土地的可持续利用；

（六）占用耕地与开发复垦耕地数量平衡、质量相当。

第十八条　【规划体系】国家建立国土空间规划体系。编制国土空间规划应当坚持生态优先，绿色、可持续发展，科学有序统筹安排生态、农业、城镇等功能空间，优化国土空间结构和布局，提升国土空间开发、保护的质量和效率。

经依法批准的国土空间规划是各类开发、保护、建设活动的基本依据。已经编制国土空间规划的，不再编制土地利用总体规划和城乡规划。

第十九条　【土地用途】县级土地利用总体规划应当划分土地利用区，明确土地用途。

乡（镇）土地利用总体规划应当划分土地利用区，根据土地使用条件，确定每一块土地的用途，并予以公告。

第二十条　【分级审批】土地利用总体规划实行分级审批。

省、自治区、直辖市的土地利用总体规划，报国务院批准。

省、自治区人民政府所在地的市、人口在一百万以上的城市以及国务院指定的城市的土地利用总体规划，经省、自治区人民政府审查同意后，报国务院批准。

本条第二款、第三款规定以外的土地利用总体规划，逐级上报省、自治区、直辖市人民政府批准；其中，乡（镇）土地利用总体规划可以由省级人民政府授权的设区的市、自治州人民政府批准。

土地利用总体规划一经批准，必须严格执行。

第二十一条　【建设用地规模】城市建设用地规模应当符合国家规定

的标准，充分利用现有建设用地，不占或者尽量少占农用地。

城市总体规划、村庄和集镇规划，应当与土地利用总体规划相衔接，城市总体规划、村庄和集镇规划中建设用地规模不得超过土地利用总体规划确定的城市和村庄、集镇建设用地规模。

在城市规划区内、村庄和集镇规划区内，城市和村庄、集镇建设用地应当符合城市规划、村庄和集镇规划。

第二十二条 【规划的衔接】江河、湖泊综合治理和开发利用规划，应当与土地利用总体规划相衔接。在江河、湖泊、水库的管理和保护范围以及蓄洪滞洪区内，土地利用应当符合江河、湖泊综合治理和开发利用规划，符合河道、湖泊行洪、蓄洪和输水的要求。

第二十三条 【计划管理】各级人民政府应当加强土地利用计划管理，实行建设用地总量控制。

土地利用年度计划，根据国民经济和社会发展计划、国家产业政策、土地利用总体规划以及建设用地和土地利用的实际状况编制。土地利用年度计划应当对本法第六十三条规定的集体经营性建设用地作出合理安排。土地利用年度计划的编制审批程序与土地利用总体规划的编制审批程序相同，一经审批下达，必须严格执行。

第二十四条 【计划执行情况报告】省、自治区、直辖市人民政府应当将土地利用年度计划的执行情况列为国民经济和社会发展计划执行情况的内容，向同级人民代表大会报告。

第二十五条 【规划的修改】经批准的土地利用总体规划的修改，须经原批准机关批准；未经批准，不得改变土地利用总体规划确定的土地用途。

经国务院批准的大型能源、交通、水利等基础设施建设用地，需要改变土地利用总体规划的，根据国务院的批准文件修改土地利用总体规划。

经省、自治区、直辖市人民政府批准的能源、交通、水利等基础设施建设用地，需要改变土地利用总体规划的，属于省级人民政府土地利用总体规划批准权限内的，根据省级人民政府的批准文件修改土地利用总体规划。

第二十六条　【土地调查】国家建立土地调查制度。

县级以上人民政府自然资源主管部门会同同级有关部门进行土地调查。土地所有者或者使用者应当配合调查，并提供有关资料。

第二十七条　【土地等级评定】县级以上人民政府自然资源主管部门会同同级有关部门根据土地调查成果、规划土地用途和国家制定的统一标准，评定土地等级。

第二十八条　【土地统计】国家建立土地统计制度。

县级以上人民政府统计机构和自然资源主管部门依法进行土地统计调查，定期发布土地统计资料。土地所有者或者使用者应当提供有关资料，不得拒报、迟报，不得提供不真实、不完整的资料。

统计机构和自然资源主管部门共同发布的土地面积统计资料是各级人民政府编制土地利用总体规划的依据。

第二十九条　【动态监测】国家建立全国土地管理信息系统，对土地利用状况进行动态监测。

第四章　耕地保护

第三十条　【耕地补偿制度】国家保护耕地，严格控制耕地转为非耕地。

国家实行占用耕地补偿制度。非农业建设经批准占用耕地的，按照“占多少，垦多少”的原则，由占用耕地的单位负责开垦与所占用耕地的数量和质量相当的耕地；没有条件开垦或者开垦的耕地不符合要求的，应当按照省、自治区、直辖市的规定缴纳耕地开垦费，专款用于开垦新的耕地。

省、自治区、直辖市人民政府应当制定开垦耕地计划，监督占用耕地的单位按照计划开垦耕地或者按照计划组织开垦耕地，并进行验收。

第三十一条　【耕地耕作层土壤】县级以上地方人民政府可以要求占用耕地的单位将所占用耕地耕作层的土壤用于新开垦耕地、劣质地或者其他耕地的土壤改良。

第三十二条 【**耕地总量和质量**】省、自治区、直辖市人民政府应当严格执行土地利用总体规划和土地利用年度计划,采取措施,确保本行政区域内耕地总量不减少、质量不降低。耕地总量减少的,由国务院责令在规定期限内组织开垦与所减少耕地的数量与质量相当的耕地;耕地质量降低的,由国务院责令在规定期限内组织整治。新开垦和整治的耕地由国务院自然资源主管部门会同农业农村主管部门验收。

个别省、直辖市确因土地后备资源匮乏,新增建设用地后,新开垦耕地的数量不足以补偿所占用耕地的数量的,必须报经国务院批准减免本行政区域内开垦耕地的数量,易地开垦数量和质量相当的耕地。

第三十三条 【**基本农田保护制度**】国家实行永久基本农田保护制度。下列耕地应当根据土地利用总体规划划为永久基本农田,实行严格保护:

(一)经国务院农业农村主管部门或者县级以上地方人民政府批准确定的粮、棉、油、糖等重要农产品生产基地内的耕地;

(二)有良好的水利与水土保持设施的耕地,正在实施改造计划以及可以改造的中、低产田和已建成的高标准农田;

(三)蔬菜生产基地;

(四)农业科研、教学试验田;

(五)国务院规定应当划为永久基本农田的其他耕地。

各省、自治区、直辖市划定的永久基本农田一般应当占本行政区域内耕地的百分之八十以上,具体比例由国务院根据各省、自治区、直辖市耕地实际情况规定。

第三十四条 【**永久基本农田的划定、管理**】永久基本农田划定以乡(镇)为单位进行,由县级人民政府自然资源主管部门会同同级农业农村主管部门组织实施。永久基本农田应当落实到地块,纳入国家永久基本农田数据库严格管理。

乡(镇)人民政府应当将永久基本农田的位置、范围向社会公告,并设立保护标志。

第三十五条　【永久基本农田的转用、征收】永久基本农田经依法划定后，任何单位和个人不得擅自占用或者改变其用途。国家能源、交通、水利、军事设施等重点建设项目选址确实难以避让永久基本农田，涉及农用地转用或者土地征收的，必须经国务院批准。

禁止通过擅自调整县级土地利用总体规划、乡(镇)土地利用总体规划等方式规避永久基本农田农用地转用或者土地征收的审批。

第三十六条　【改良土壤】各级人民政府应当采取措施，引导因地制宜轮作休耕，改良土壤，提高地力，维护排灌工程设施，防止土地荒漠化、盐渍化、水土流失和土壤污染。

第三十七条　【非农业建设使用土地】非农业建设必须节约使用土地，可以利用荒地的，不得占用耕地；可以利用劣地的，不得占用好地。

禁止占用耕地建窑、建坟或者擅自在耕地上建房、挖砂、采石、采矿、取土等。

禁止占用永久基本农田发展林果业和挖塘养鱼。

第三十八条　【闲置、荒芜耕地】禁止任何单位和个人闲置、荒芜耕地。已经办理审批手续的非农业建设占用耕地，一年内不用而又可以耕种并收获的，应当由原耕种该幅耕地的集体或者个人恢复耕种，也可以由用地单位组织耕种；一年以上未动工建设的，应当按照省、自治区、直辖市的规定缴纳闲置费；连续二年未使用的，经原批准机关批准，由县级以上人民政府无偿收回用地单位的土地使用权；该幅土地原为农民集体所有的，应当交由原农村集体经济组织恢复耕种。

在城市规划区范围内，以出让方式取得土地使用权进行房地产开发的闲置土地，依照《中华人民共和国城市房地产管理法》的有关规定办理。

第三十九条　【土地开发】国家鼓励单位和个人按照土地利用总体规划，在保护和改善生态环境、防止水土流失和土地荒漠化的前提下，开发未利用的土地；适宜开发为农用地的，应当优先开发成农用地。

国家依法保护开发者的合法权益。

第四十条 **【开垦条件】**开垦未利用的土地,必须经过科学论证和评估,在土地利用总体规划划定的可开垦的区域内,经依法批准后进行。禁止毁坏森林、草原开垦耕地,禁止围湖造田和侵占江河滩地。

根据土地利用总体规划,对破坏生态环境开垦、围垦的土地,有计划有步骤地退耕还林、还牧、还湖。

第四十一条 **【开垦组织使用权】**开发未确定使用权的国有荒山、荒地、荒滩从事种植业、林业、畜牧业、渔业生产的,经县级以上人民政府依法批准,可以确定给开发单位或者个人长期使用。

第四十二条 **【土地整理】**国家鼓励土地整理。县、乡(镇)人民政府应当组织农村集体经济组织,按照土地利用总体规划,对田、水、路、林、村综合整治,提高耕地质量,增加有效耕地面积,改善农业生产条件和生态环境。

地方各级人民政府应当采取措施,改造中、低产田,整治闲散地和废弃地。

第四十三条 **【土地复垦】**因挖损、塌陷、压占等造成土地破坏,用地单位和个人应当按照国家有关规定负责复垦;没有条件复垦或者复垦不符合要求的,应当缴纳土地复垦费,专项用于土地复垦。复垦的土地应当优先用于农业。

第五章 建设用地

第四十四条 **【农用地转用审批】**建设占用土地,涉及农用地转为建设用地的,应当办理农用地转用审批手续。

永久基本农田转为建设用地的,由国务院批准。

在土地利用总体规划确定的城市和村庄、集镇建设用地规模范围内,为实施该规划而将永久基本农田以外的农用地转为建设用地的,按土地利用年度计划分批次按照国务院规定由原批准土地利用总体规划的机关或者其授权的机关批准。在已批准的农用地转用范围内,具体建设项目用地可以由市、县人民政府批准。

在土地利用总体规划确定的城市和村庄、集镇建设用地规模范围外,将永久基本农田以外的农用地转为建设用地的,由国务院或者国务院授权的省、自治区、直辖市人民政府批准。

第四十五条　【农村集体所有土地的征收】为了公共利益的需要，有下列情形之一，确需征收农民集体所有的土地的，可以依法实施征收：

（一）军事和外交需要用地的；

（二）由政府组织实施的能源、交通、水利、通信、邮政等基础设施建设需要用地的；

（三）由政府组织实施的科技、教育、文化、卫生、体育、生态环境和资源保护、防灾减灾、文物保护、社区综合服务、社会福利、市政公用、优抚安置、英烈保护等公共事业需要用地的；

（四）由政府组织实施的扶贫搬迁、保障性安居工程建设需要用地的；

（五）在土地利用总体规划确定的城镇建设用地范围内，经省级以上人民政府批准由县级以上地方人民政府组织实施的成片开发建设需要用地的；

（六）法律规定为公共利益需要可以征收农民集体所有的土地的其他情形。前款规定的建设活动，应当符合国民经济和社会发展规划、土地利用总体规划、城乡规划和专项规划；第（四）项、第（五）项规定的建设活动，还应当纳入国民经济和社会发展年度计划；第（五）项规定的成片开发并应当符合国务院自然资源主管部门规定的标准。

第四十六条　【土地征收的审批】征收下列土地的，由国务院批准：

（一）永久基本农田；

（二）永久基本农田以外的耕地超过三十五公顷的；

（三）其他土地超过七十公顷的。

征收前款规定以外的土地的，由省、自治区、直辖市人民政府批准。

征收农用地的，应当依照本法第四十四条的规定先行办理农用地转用审批。其中，经国务院批准农用地转用的，同时办理征地审批手续，不再另行办理征地审批；经省、自治区、直辖市人民政府在征地批准权限内批准农用地转用的，同时办理征地审批手续，不再另行办理征地审批，超过征地批准权限的，应当依照本条第一款的规定另行办理征地审批。

第四十七条 【土地征收的公告】国家征收土地的，依照法定程序批准后，由县级以上地方人民政府予以公告并组织实施。

县级以上地方人民政府拟申请征收土地的，应当开展拟征收土地现状调查和社会稳定风险评估，并将征收范围、土地现状、征收目的、补偿标准、安置方式和社会保障等在拟征收土地所在的乡（镇）和村、村民小组范围内公告至少三十日，听取被征地的农村集体经济组织及其成员、村民委员会和其他利害关系人的意见。

多数被征地的农村集体经济组织成员认为征地补偿安置方案不符合法律、法规规定的，县级以上地方人民政府应当组织召开听证会，并根据法律、法规的规定和听证会情况修改方案。

拟征收土地的所有权人、使用权人应当在公告规定期限内，持不动产权属证明材料办理补偿登记。县级以上地方人民政府应当组织有关部门测算并落实有关费用，保证足额到位，与拟征收土地的所有权人、使用权人就补偿、安置等签订协议；个别确实难以达成协议的，应当在申请征收土地时如实说明。

相关前期工作完成后，县级以上地方人民政府方可申请征收土地。

第四十八条 【征收土地补偿】征收土地应当给予公平、合理的补偿，保障被征地农民原有生活水平不降低、长远生计有保障。

征收土地应当依法及时足额支付土地补偿费、安置补助费以及农村村民住宅、其他地上附着物和青苗等的补偿费用，并安排被征地农民的社会保障费用。

征收农用地的土地补偿费、安置补助费标准由省、自治区、直辖市通过制定公布区片综合地价确定。制定区片综合地价应当综合考虑土地原用途、土地资源条件、土地产值、土地区位、土地供求关系、人口以及经济社会发展水平等因素，并至少每三年调整或者重新公布一次。

征收农用地以外的其他土地、地上附着物和青苗等的补偿标准，由省、自治区、直辖市制定。对其中的农村村民住宅，应当按照先补偿后搬迁、居住条件有改善的原则，尊重农村村民意愿，采取重新安排宅基地建房、提供安置房或者货币补偿等方式给予公平、合理的补偿，并对因征收造成的搬迁、临时安置等费用予以补偿，保障农村村民居住的权利和合法的住房财产权益。

县级以上地方人民政府应当将被征地农民纳入相应的养老等社会保障体系。被征地农民的社会保障费用主要用于符合条件的被征地农民的养老保险等社会保险缴费补贴。被征地农民社会保障费用的筹集、管理和使用办法，由省、自治区、直辖市制定。

第四十九条　【补偿费用收支情况公布】被征地的农村集体经济组织应当将征收土地的补偿费用的收支状况向本集体经济组织的成员公布，接受监督。

禁止侵占、挪用被征收土地单位的征地补偿费用和其他有关费用。

第五十条　【政府支持】地方各级人民政府应当支持被征地的农村集体经济组织和农民从事开发经营，兴办企业。

第五十一条　【大型工程征地】大中型水利、水电工程建设征收土地的补偿费标准和移民安置办法，由国务院另行规定。

第五十二条　【建设项目可行性审查】建设项目可行性研究论证时，自然资源主管部门可以根据土地利用总体规划、土地利用年度计划和建设用地标准，对建设用地有关事项进行审查，并提出意见。

第五十三条　【国有建设用地的审批】经批准的建设项目需要使用国有建设用地的，建设单位应当持法律、行政法规规定的有关文件，向有批准权的县级以上人民政府自然资源主管部门提出建设用地申请，经自然资源主管部门审查，报本级人民政府批准。

第五十四条　【使用权取得方式】建设单位使用国有土地，应当以出让等有偿使用方式取得；但是，下列建设用地，经县级以上人民政府依法批准，可以以划拨方式取得：

（一）国家机关用地和军事用地；

（二）城市基础设施用地和公益事业用地；

（三）国家重点扶持的能源、交通、水利等基础设施用地；

（四）法律、行政法规规定的其他用地。

第五十五条 【土地有偿使用费】以出让等有偿使用方式取得国有土地使用权的建设单位，按照国务院规定的标准和办法，缴纳土地使用权出让金等土地有偿使用费和其他费用后，方可使用土地。

自本法施行之日起，新增建设用地的土地有偿使用费，百分之三十上缴中央财政，百分之七十留给有关地方人民政府。具体使用管理办法由国务院财政部门会同有关部门制定，并报国务院批准。

第五十六条 【建设用途】建设单位使用国有土地的，应当按照土地使用权出让等有偿使用合同的约定或者土地使用权划拨批准文件的规定使用土地；确需改变该幅土地建设用途的，应当经有关人民政府自然资源主管部门同意，报原批准用地的人民政府批准。其中，在城市规划区内改变土地用途的，在报批前，应当先经有关城市规划行政主管部门同意。

第五十七条 【临时用地】建设项目施工和地质勘查需要临时使用国有土地或者农民集体所有的土地的，由县级以上人民政府自然资源主管部门批准。其中，在城市规划区内的临时用地，在报批前，应当先经有关城市规划行政主管部门同意。土地使用者应当根据土地权属，与有关自然资源主管部门或者农村集体经济组织、村民委员会签订临时使用土地合同，并按照合同的约定支付临时使用土地补偿费。

临时使用土地的使用者应当按照临时使用土地合同约定的用途使用土地，并不得修建永久性建筑物。

临时使用土地期限一般不超过二年。

第五十八条 【收回国有土地使用权】有下列情形之一的，由有关人民政府自然资源主管部门报经原批准用地的人民政府或者有批准权的人民政府批准，可以收回国有土地使用权：

（一）为实施城市规划进行旧城区改建以及其他公共利益需要，确需使用土地的；

（二）土地出让等有偿使用合同约定的使用期限届满，土地使用者未申请续期或者申请续期未获批准的；

（三）因单位撤销、迁移等原因，停止使用原划拨的国有土地的；

（四）公路、铁路、机场、矿场等经核准报废的。

依照前款第（一）项的规定收回国有土地使用权的，对土地使用权人应当给予适当补偿。

第五十九条　【乡镇建设用地规划及审批】乡镇企业、乡（镇）村公共设施、公益事业、农村村民住宅等乡（镇）村建设，应当按照村庄和集镇规划，合理布局，综合开发，配套建设；建设用地，应当符合乡（镇）土地利用总体规划和土地利用年度计划，并依照本法第四十四条、第六十条、第六十一条、第六十二条的规定办理审批手续。

第六十条　【乡镇企业用地审批】农村集体经济组织使用乡（镇）土地利用总体规划确定的建设用地兴办企业或者与其他单位、个人以土地使用权入股、联营等形式共同举办企业的，应当持有关批准文件，向县级以上地方人民政府自然资源主管部门提出申请，按照省、自治区、直辖市规定的批准权限，由县级以上地方人民政府批准；其中，涉及占用农用地的，依照本法第四十四条的规定办理审批手续。

按照前款规定兴办企业的建设用地，必须严格控制。省、自治区、直辖市可以按照乡镇企业的不同行业和经营规模，分别规定用地标准。

第六十一条　【公共设施公益事业建设用地审批】乡（镇）村公共设施、公益事业建设，需要使用土地的，经乡（镇）人民政府审核，向县级以上地方人民政府自然资源主管部门提出申请，按照省、自治区、直辖市规定的批准权限，由县级以上地方人民政府批准；其中，涉及占用农用地的，依照本法第四十四条的规定办理审批手续。

第六十二条　【宅基地】农村村民一户只能拥有一处宅基地，其宅基地的面积不得超过省、自治区、直辖市规定的标准。

人均土地少、不能保障一户拥有一处宅基地的地区，县级人民政府在充分尊重农村村民意愿的基础上，可以采取措施，按照省、自治区、直辖市规定的标准保障农村村民实现户有所居。

农村村民建住宅，应当符合乡（镇）土地利用总体规划、村庄规划，不得占用永久基本农田，并尽量使用原有的宅基地和村内空闲地。编制乡（镇）土地利用总体规划、村庄规划应当统筹并合理安排宅基地用地，改善农村村民居住环境和条件。

农村村民住宅用地，由乡（镇）人民政府审核批准；其中，涉及占用农用地的，依照本法第四十四条的规定办理审批手续。

农村村民出卖、出租、赠与住宅后，再申请宅基地的，不予批准。

国家允许进城落户的农村村民依法自愿有偿退出宅基地，鼓励农村集体经济组织及其成员盘活利用闲置宅基地和闲置住宅。

国务院农业农村主管部门负责全国农村宅基地改革和管理有关工作。

第六十三条　【使用权转移】土地利用总体规划、城乡规划确定为工业、商业等经营性用途，并经依法登记的集体经营性建设用地，土地所有权人可以通过出让、出租等方式交由单位或者个人使用，并应当签订书面合同，载明土地界址、面积、动工期限、使用期限、土地用途、规划条件和双方其他权利义务。

前款规定的集体经营性建设用地出让、出租等，应当经本集体经济组织成员的村民会议三分之二以上成员或者三分之二以上村民代表的同意。

通过出让等方式取得的集体经营性建设用地使用权可以转让、互换、出资、赠与或者抵押，但法律、行政法规另有规定或者土地所有权人、土地使用权人签订的书面合同另有约定的除外。

集体经营性建设用地的出租，集体建设用地使用权的出让及其最高年限、转让、互换、出资、赠与、抵押等，参照同类用途的国有建设用地执行。具体办法由国务院制定。

第六十四条　【土地使用规范】集体建设用地的使用者应当严格按照土地利用总体规划、城乡规划确定的用途使用土地。

第六十五条　【禁止重建、扩建的情形】在土地利用总体规划制定前已建的不符合土地利用总体规划确定的用途的建筑物、构筑物，不得重建、扩建。

第六十六条　【收回集体土地使用权】有下列情形之一的，农村集体经济组织报经原批准用地的人民政府批准，可以收回土地使用权：

（一）为乡（镇）村公共设施和公益事业建设，需要使用土地的；

（二）不按照批准的用途使用土地的；

（三）因撤销、迁移等原因而停止使用土地的。

依照前款第（一）项规定收回农民集体所有的土地的，对土地使用权人应当给予适当补偿。

收回集体经营性建设用地使用权，依照双方签订的书面合同办理，法律、行政法规另有规定的除外。

第六章　监督检查

第六十七条　【检查机关】县级以上人民政府自然资源主管部门对违反土地管理法律、法规的行为进行监督检查。

县级以上人民政府农业农村主管部门对违反农村宅基地管理法律、法规的行为进行监督检查的，适用本法关于自然资源主管部门监督检查的规定。

土地管理监督检查人员应当熟悉土地管理法律、法规，忠于职守、秉公执法。

第六十八条　【监督措施】县级以上人民政府自然资源主管部门履行监督检查职责时，有权采取下列措施：

（一）要求被检查的单位或者个人提供有关土地权利的文件和资料，进行查阅或者予以复制；

（二）要求被检查的单位或者个人就有关土地权利的问题作出说明；

（三）进入被检查单位或者个人非法占用的土地现场进行勘测；

（四）责令非法占用土地的单位或者个人停止违反土地管理法律、法规的行为。

第六十九条　【出示检查证件】土地管理监督检查人员履行职责，需要进入现场进行勘测、要求有关单位或者个人提供文件、资料和作出说明的，应当出示土地管理监督检查证件。

第七十条　【合作义务】有关单位和个人对县级以上人民政府自然资源主管部门就土地违法行为进行的监督检查应当支持与配合，并提供工作方便，不得拒绝与阻碍土地管理监督检查人员依法执行职务。

第七十一条　【对国家工作人员的监督】县级以上人民政府自然资源主管部门在监督检查工作中发现国家工作人员的违法行为，依法应当给予处分的，应当依法予以处理；自己无权处理的，应当依法移送监察机关或者有关机关处理。

第七十二条　【违法行为的处理】县级以上人民政府自然资源主管部门在监督检查工作中发现土地违法行为构成犯罪的，应当将案件移送有关机关，依法追究刑事责任；尚不构成犯罪的，应当依法给予行政处罚。

第七十三条　【上级监督下级】依照本法规定应当给予行政处罚，而有关自然资源主管部门不给予行政处罚的，上级人民政府自然资源主管部门有权责令有关自然资源主管部门作出行政处罚决定或者直接给予行政处罚，并给予有关自然资源主管部门的负责人处分。

第七章　法律责任

第七十四条　【非法转让土地、将农用地改为建设用地责任】买卖或者以其他形式非法转让土地的，由县级以上人民政府自然资源主管部门没收违法所得；对违反土地利用总体规划擅自将农用地改为建设用地的，限期拆除在非法转让的土地上新建的建筑物和其他设施，恢复土地原状，对符合土地利用总体规划的，没收在非法转让的土地上新建的建筑物和其他设施；可以并处罚款；对直接负责的主管人员和其他直接责任人员，依法给予处分；构成犯罪的，依法追究刑事责任。

第七十五条　【非法占用耕地责任】违反本法规定，占用耕地建窑、建坟或者擅自在耕地上建房、挖砂、采石、采矿、取土等，破坏种植条件的，或者因开发土地造成土地荒漠化、盐渍化的，由县级以上人民政府自然资源主管部门、农业农村主管部门等按照职责责令限期改正或者治理，可以并处罚款；构成犯罪的，依法追究刑事责任。

第七十六条　【拒绝复垦土地责任】违反本法规定，拒不履行土地复垦义务的，由县级以上人民政府自然资源主管部门责令限期改正；逾期不改正的，责令缴纳复垦费，专项用于土地复垦，可以处以罚款。

第七十七条　【非法占用土地责任】未经批准或者采取欺骗手段骗取批准，非法占用土地的，由县级以上人民政府自然资源主管部门责令退还非法占用的土地，对违反土地利用总体规划擅自将农用地改为建设用地的，限期拆除在非法占用的土地上新建的建筑物和其他设施，恢复土地原状，对符合土地利用总体规划的，没收在非法占用的土地上新建的建筑物和其他设施，可以并处罚款；对非法占用土地单位的直接负责的主管人员和其他直接责任人员，依法给予处分；构成犯罪的，依法追究刑事责任。

超过批准的数量占用土地，多占的土地以非法占用土地论处。

第七十八条　【非法建住宅责任】农村村民未经批准或者采取欺骗手段骗取批准，非法占用土地建住宅的，由县级以上人民政府农业农村主管部门责令退还非法占用的土地，限期拆除在非法占用的土地上新建的房屋。

超过省、自治区、直辖市规定的标准，多占的土地以非法占用土地论处。

第七十九条　【非法批准责任】无权批准征收、使用土地的单位或者个人非法批准占用土地的，超越批准权限非法批准占用土地的，不按照土地利用总体规划确定的用途批准用地的，或者违反法律规定的程序批准占用、征收土地的，其批准文件无效，对非法批准征收、使用土地的直接负责的主管人员和其他直接责任人员，依法给予处分；构成犯罪的，依法追究刑事责任。非法批准、使用的土地应当收回，有关当事人拒不归还的，以非法占用土地论处。

非法批准征收、使用土地，对当事人造成损失的，依法应当承担赔偿责任。

第八十条　【非法侵占征地补偿费责任】侵占、挪用被征收土地单位的征地补偿费用和其他有关费用,构成犯罪的,依法追究刑事责任;尚不构成犯罪的,依法给予处分。

第八十一条 【拒还土地责任】依法收回国有土地使用权当事人拒不交出土地的,临时使用土地期满拒不归还的,或者不按照批准的用途使用国有土地的,由县级以上人民政府自然资源主管部门责令交还土地,处以罚款。

第八十二条 【擅自转移土地使用权责任】擅自将农民集体所有的土地通过出让、转让使用权或者出租等方式用于非农业建设,或者违反本法规定,将集体经营性建设用地通过出让、出租等方式交由单位或者个人使用的,由县级以上人民政府自然资源主管部门责令限期改正,没收违法所得,并处罚款。

第八十三条 【不拆除责任】依照本法规定,责令限期拆除在非法占用的土地上新建的建筑物和其他设施的,建设单位或者个人必须立即停止施工,自行拆除;对继续施工的,作出处罚决定的机关有权制止。建设单位或者个人对责令限期拆除的行政处罚决定不服的,可以在接到责令限期拆除决定之日起十五日内,向人民法院起诉;期满不起诉又不自行拆除的,由作出处罚决定的机关依法申请人民法院强制执行,费用由违法者承担。

第八十四条 【渎职】自然资源主管部门、农业农村主管部门的工作人员玩忽职守、滥用职权、徇私舞弊,构成犯罪的,依法追究刑事责任;尚不构成犯罪的,依法给予处分。

第八章 附　　则

第八十五条 【法律适用】外商投资企业使用土地的,适用本法;法律另有规定的,从其规定。

第八十六条 【执行】在根据本法第十八条的规定编制国土空间规划前,经依法批准的土地利用总体规划和城乡规划继续执行。

第八十七条 【施行日期】本法自 1999 年 1 月 1 日起施行。

中华人民共和国土地管理法实施条例

1. 1998年12月27日中华人民共和国国务院令第256号发布
2. 根据2011年1月8日《国务院关于废止和修改部分行政法规的决定》第一次修订
3. 根据2014年7月29日《国务院关于修改部分行政法规的决定》第二次修订
4. 2021年7月2日中华人民共和国国务院令第743号第三次修订

第一章　总　　则

第一条　根据《中华人民共和国土地管理法》(以下简称《土地管理法》),制定本条例。

第二章　国土空间规划

第二条　国家建立国土空间规划体系。

土地开发、保护、建设活动应当坚持规划先行。经依法批准的国土空间规划是各类开发、保护、建设活动的基本依据。

已经编制国土空间规划的,不再编制土地利用总体规划和城乡规划。在编制国土空间规划前,经依法批准的土地利用总体规划和城乡规划继续执行。

第三条　国土空间规划应当细化落实国家发展规划提出的国土空间开发保护要求,统筹布局农业、生态、城镇等功能空间,划定落实永久基本农田、生态保护红线和城镇开发边界。

国土空间规划应当包括国土空间开发保护格局和规划用地布局、结构、用途管制要求等内容,明确耕地保有量、建设用地规模、禁止开垦的范围等要求,统筹基础设施和公共设施用地布局,综合利用地上地下空间,合理确定并严格控制新增建设用地规模,提高土地节约集约利用水平,保障土地的可持续利用。

第四条　土地调查应当包括下列内容:

(一)土地权属以及变化情况;

(二)土地利用现状以及变化情况；

(三)土地条件。

全国土地调查成果，报国务院批准后向社会公布。地方土地调查成果，经本级人民政府审核，报上一级人民政府批准后向社会公布。全国土地调查成果公布后，县级以上地方人民政府方可自上而下逐级依次公布本行政区域的土地调查成果。

土地调查成果是编制国土空间规划以及自然资源管理、保护和利用的重要依据。

土地调查技术规程由国务院自然资源主管部门会同有关部门制定。

第五条 国务院自然资源主管部门会同有关部门制定土地等级评定标准。

县级以上人民政府自然资源主管部门应当会同有关部门根据土地等级评定标准，对土地等级进行评定。地方土地等级评定结果经本级人民政府审核，报上一级人民政府自然资源主管部门批准后向社会公布。

根据国民经济和社会发展状况，土地等级每五年重新评定一次。

第六条 县级以上人民政府自然资源主管部门应当加强信息化建设，建立统一的国土空间基础信息平台，实行土地管理全流程信息化管理，对土地利用状况进行动态监测，与发展改革、住房和城乡建设等有关部门建立土地管理信息共享机制，依法公开土地管理信息。

第七条 县级以上人民政府自然资源主管部门应当加强地籍管理，建立健全地籍数据库。

第三章 耕地保护

第八条 国家实行占用耕地补偿制度。在国土空间规划确定的城市和村庄、集镇建设用地范围内经依法批准占用耕地，以及在国土空间规划确定的城市和村庄、集镇建设用地范围外的能源、交通、水利、矿山、军事设施等建设项目经依法批准占用耕地的，分别由县级人民政府、农村集体经济组织和建设单位负责开垦与所占用耕地的数量和质量相当的耕地;没有条件开垦或者开垦的耕地不符合要求的,应当按照省、自治区、直辖市的规定缴纳耕地开垦费,专款用于开垦新的耕地。

省、自治区、直辖市人民政府应当组织自然资源主管部门、农业农村主管部门对开垦的耕地进行验收,确保开垦的耕地落实到地块。划入永久基本农田的还应当纳入国家永久基本农田数据库严格管理。占用耕地补充情况应当按照国家有关规定向社会公布。

个别省、直辖市需要易地开垦耕地的,依照《土地管理法》第三十二条的规定执行。

第九条　禁止任何单位和个人在国土空间规划确定的禁止开垦的范围内从事土地开发活动。

按照国土空间规划,开发未确定土地使用权的国有荒山、荒地、荒滩从事种植业、林业、畜牧业、渔业生产的,应当向土地所在地的县级以上地方人民政府自然资源主管部门提出申请,按照省、自治区、直辖市规定的权限,由县级以上地方人民政府批准。

第十条　县级人民政府应当按照国土空间规划关于统筹布局农业、生态、城镇等功能空间的要求,制定土地整理方案,促进耕地保护和土地节约集约利用。

县、乡(镇)人民政府应当组织农村集体经济组织,实施土地整理方案,对闲散地和废弃地有计划地整治、改造。土地整理新增耕地,可以用作建设所占用耕地的补充。

鼓励社会主体依法参与土地整理。

第十一条　县级以上地方人民政府应当采取措施,预防和治理耕地土壤流失、污染,有计划地改造中低产田,建设高标准农田,提高耕地质量,保护黑土地等优质耕地,并依法对建设所占用耕地耕作层的土壤利用作出合理安排。

非农业建设依法占用永久基本农田的,建设单位应当按照省、自治区、直辖市的规定,将所占用耕地耕作层的土壤用于新开垦耕地、劣质地或者其他耕地的土壤改良。

县级以上地方人民政府应当加强对农业结构调整的引导和管

理,防止破坏耕地耕作层;设施农业用地不再使用的,应当及时组织恢复种植条件。

第十二条　国家对耕地实行特殊保护,严守耕地保护红线,严格控制耕地转为林地、草地、园地等其他农用地,并建立耕地保护补偿制度,具体办法和耕地保护补偿实施步骤由国务院自然资源主管部门会同有关部门规定。

非农业建设必须节约使用土地,可以利用荒地的,不得占用耕地;可以利用劣地的,不得占用好地。禁止占用耕地建窑、建坟或者擅自在耕地上建房、挖砂、采石、采矿、取土等。禁止占用永久基本农田发展林果业和挖塘养鱼。

耕地应当优先用于粮食和棉、油、糖、蔬菜等农产品生产。按照国家有关规定需要将耕地转为林地、草地、园地等其他农用地的,应当优先使用难以长期稳定利用的耕地。

第十三条　省、自治区、直辖市人民政府对本行政区域耕地保护负总责,其主要负责人是本行政区域耕地保护的第一责任人。

省、自治区、直辖市人民政府应当将国务院确定的耕地保有量和永久基本农田保护任务分解下达,落实到具体地块。

国务院对省、自治区、直辖市人民政府耕地保护责任目标落实情况进行考核。

第四章　建 设 用 地

第一节　一 般 规 定

第十四条　建设项目需要使用土地的,应当符合国土空间规划、土地利用年度计划和用途管制以及节约资源、保护生态环境的要求,并严格执行建设用地标准,优先使用存量建设用地,提高建设用地使用效率。

从事土地开发利用活动,应当采取有效措施,防止、减少土壤污染,并确保建设用地符合土壤环境质量要求。

第十五条　各级人民政府应当依据国民经济和社会发展规划及年度计划、国土空间规划、国家产业政策以及城乡建设、土地利用的实际状况等,加强土地利用计划管理,实行建设用地总量控制,推动城乡存量建设用地开发利用，引导城镇低效用地再开发，落实建设用地标准控制制度，开展节约集约用地评价，推广应用节地技术和节地模式。

第十六条　县级以上地方人民政府自然资源主管部门应当将本级人民政府确定的年度建设用地供应总量、结构、时序、地块、用途等在政府网站上向社会公布，供社会公众查阅。

第十七条　建设单位使用国有土地，应当以有偿使用方式取得；但是，法律、行政法规规定可以以划拨方式取得的除外。

国有土地有偿使用的方式包括：

（一）国有土地使用权出让；

（二）国有土地租赁；

（三）国有土地使用权作价出资或者入股。

第十八条　国有土地使用权出让、国有土地租赁等应当依照国家有关规定通过公开的交易平台进行交易，并纳入统一的公共资源交易平台体系。除依法可以采取协议方式外，应当采取招标、拍卖、挂牌等竞争性方式确定土地使用者。

第十九条　《土地管理法》第五十五条规定的新增建设用地的土地有偿使用费，是指国家在新增建设用地中应取得的平均土地纯收益。

第二十条　建设项目施工、地质勘查需要临时使用土地的，应当尽量不占或者少占耕地。

临时用地由县级以上人民政府自然资源主管部门批准，期限一般不超过二年；建设周期较长的能源、交通、水利等基础设施建设使用的临时用地，期限不超过四年；法律、行政法规另有规定的除外。

土地使用者应当自临时用地期满之日起一年内完成土地复垦，使其达到可供利用状态，其中占用耕地的应当恢复种植条件。

第二十一条　抢险救灾、疫情防控等急需使用土地的，可以先行使用土地。其中，属于临时用地的，用后应当恢复原状并交还原土地使用者使用，不再办理用地审批手续；属于永久性建设用地的，建设单位应当在不晚于应急处置工作结束六个月内申请补办建设用地审批手续。

第二十二条 具有重要生态功能的未利用地应当依法划入生态保护红线,实施严格保护。

建设项目占用国土空间规划确定的未利用地的,按照省、自治区、直辖市的规定办理。

第二节 农用地转用

第二十三条 在国土空间规划确定的城市和村庄、集镇建设用地范围内,为实施该规划而将农用地转为建设用地的,由市、县人民政府组织自然资源等部门拟订农用地转用方案,分批次报有批准权的人民政府批准。

农用地转用方案应当重点对建设项目安排、是否符合国土空间规划和土地利用年度计划以及补充耕地情况作出说明。

农用地转用方案经批准后,由市、县人民政府组织实施。

第二十四条 建设项目确需占用国土空间规划确定的城市和村庄、集镇建设用地范围外的农用地,涉及占用永久基本农田的,由国务院批准;不涉及占用永久基本农田的,由国务院或者国务院授权的省、自治区、直辖市人民政府批准。具体按照下列规定办理:

(一)建设项目批准、核准前或者备案前后,由自然资源主管部门对建设项目用地事项进行审查,提出建设项目用地预审意见。建设项目需要申请核发选址意见书的,应当合并办理建设项目用地预审与选址意见书,核发建设项目用地预审与选址意见书。

(二)建设单位持建设项目的批准、核准或者备案文件,向市、县人民政府提出建设用地申请。市、县人民政府组织自然资源等部门拟订农用地转用方案,报有批准权的人民政府批准;依法应当由国务院批准的,由省、自治区、直辖市人民政府审核后上报。农用地转用方案应当重点对是否符合国土空间规划和土地利用年度计划以及补充耕地情况作出说明,涉及占用永久基本农田的,还应当对占用永久基本农田的必要性、合理性和补划可行性作出说明。

(三)农用地转用方案经批准后,由市、县人民政府组织实施。

第二十五条 建设项目需要使用土地的,建设单位原则上应当一次申请,办理建设用地审批手续,确需分期建设的项目,可以根据可行性研究报告确定的方案，分期申请建设用地，分期办理建设用地审批手续。建设过程中用地范围确需调整的，应当依法办理建设用地审批手续。

农用地转用涉及征收土地的，还应当依法办理征收土地手续。

第三节　土地征收

第二十六条　需要征收土地，县级以上地方人民政府认为符合《土地管理法》第四十五条规定的，应当发布征收土地预公告，并开展拟征收土地现状调查和社会稳定风险评估。

征收土地预公告应当包括征收范围、征收目的、开展土地现状调查的安排等内容。征收土地预公告应当采用有利于社会公众知晓的方式，在拟征收土地所在的乡（镇）和村、村民小组范围内发布，预公告时间不少于十个工作日。自征收土地预公告发布之日起，任何单位和个人不得在拟征收范围内抢栽抢建；违反规定抢栽抢建的，对抢栽抢建部分不予补偿。

土地现状调查应当查明土地的位置、权属、地类、面积，以及农村村民住宅、其他地上附着物和青苗等的权属、种类、数量等情况。

社会稳定风险评估应当对征收土地的社会稳定风险状况进行综合研判，确定风险点，提出风险防范措施和处置预案。社会稳定风险评估应当有被征地的农村集体经济组织及其成员、村民委员会和其他利害关系人参加，评估结果是申请征收土地的重要依据。

第二十七条　县级以上地方人民政府应当依据社会稳定风险评估结果，结合土地现状调查情况，组织自然资源、财政、农业农村、人力资源和社会保障等有关部门拟定征地补偿安置方案。

征地补偿安置方案应当包括征收范围、土地现状、征收目的、补偿方式和标准、安置对象、安置方式、社会保障等内容。

第二十八条　征地补偿安置方案拟定后，县级以上地方人民政府应当在拟征收土地所在的乡（镇）和村、村民小组范围内公告，公告时间不少于三十日。

征地补偿安置公告应当同时载明办理补偿登记的方式和期限、异议反馈渠道等内容。

多数被征地的农村集体经济组织成员认为拟定的征地补偿安置方案不符合法律、法规规定的，县级以上地方人民政府应当组织听证。

第二十九条 县级以上地方人民政府根据法律、法规规定和听证会等情况确定征地补偿安置方案后，应当组织有关部门与拟征收土地的所有权人、使用权人签订征地补偿安置协议。征地补偿安置协议示范文本由省、自治区、直辖市人民政府制定。

对个别确实难以达成征地补偿安置协议的，县级以上地方人民政府应当在申请征收土地时如实说明。

第三十条 县级以上地方人民政府完成本条例规定的征地前期工作后，方可提出征收土地申请，依照《土地管理法》第四十六条的规定报有批准权的人民政府批准。

有批准权的人民政府应当对征收土地的必要性、合理性、是否符合《土地管理法》第四十五条规定的为了公共利益确需征收土地的情形以及是否符合法定程序进行审查。

第三十一条 征收土地申请经依法批准后，县级以上地方人民政府应当自收到批准文件之日起十五个工作日内在拟征收土地所在的乡(镇)和村、村民小组范围内发布征收土地公告，公布征收范围、征收时间等具体工作安排，对个别未达成征地补偿安置协议的应当作出征地补偿安置决定，并依法组织实施。

第三十二条 省、自治区、直辖市应当制定公布区片综合地价，确定征收农用地的土地补偿费、安置补助费标准，并制定土地补偿费、安置补助费分配办法。

地上附着物和青苗等的补偿费用，归其所有权人所有。

社会保障费用主要用于符合条件的被征地农民的养老保险等社会保险缴费补贴，按照省、自治区、直辖市的规定单独列支。

申请征收土地的县级以上地方人民政府应当及时落实土地补偿费、安置补助费、农村村民住宅以及其他地上附着物和青苗等的补偿费用、社会保障费用等，并保证足额到位，专款专用。有关费用未足额到位的，不得批准征收土地。

第四节　宅基地管理

第三十三条　农村居民点布局和建设用地规模应当遵循节约集约、因地制宜的原则合理规划。县级以上地方人民政府应当按照国家规定安排建设用地指标,合理保障本行政区域农村村民宅基地需求。

乡(镇)、县、市国土空间规划和村庄规划应当统筹考虑农村村民生产、生活需求,突出节约集约用地导向,科学划定宅基地范围。

第三十四条　农村村民申请宅基地的,应当以户为单位向农村集体经济组织提出申请;没有设立农村集体经济组织的,应当向所在的村民小组或者村民委员会提出申请。宅基地申请依法经农村村民集体讨论通过并在本集体范围内公示后,报乡(镇)人民政府审核批准。

涉及占用农用地的,应当依法办理农用地转用审批手续。

第三十五条　国家允许进城落户的农村村民依法自愿有偿退出宅基地。乡(镇)人民政府和农村集体经济组织、村民委员会等应当将退出的宅基地优先用于保障该农村集体经济组织成员的宅基地需求。

第三十六条　依法取得的宅基地和宅基地上的农村村民住宅及其附属设施受法律保护。

禁止违背农村村民意愿强制流转宅基地,禁止违法收回农村村民依法取得的宅基地,禁止以退出宅基地作为农村村民进城落户的条件,禁止强迫农村村民搬迁退出宅基地。

第五节　集体经营性建设用地管理

第三十七条　国土空间规划应当统筹并合理安排集体经营性建设用地布局和用途,依法控制集体经营性建设用地规模,促进集体经营性建设用地的节约集约利用。

鼓励乡村重点产业和项目使用集体经营性建设用地。

第三十八条　国土空间规划确定为工业、商业等经营性用途,且已依法办理土地所有权登记的集体经营性建设用地,土地所有权人可以通过出让、出租等方式交由单位或者个人在一定年限内有偿使用。

第三十九条　土地所有权人拟出让、出租集体经营性建设用地的,市、县人民政府自然资源主管部门应当依据国土空间规划提出拟出让、出租的集体经营性建设用地的规划条件,明确土地界址、面积、用途和开发建设强度等。

市、县人民政府自然资源主管部门应当会同有关部门提出产业准入和生态环境保护要求。

第四十条 土地所有权人应当依据规划条件、产业准入和生态环境保护要求等,编制集体经营性建设用地出让、出租等方案,并依照《土地管理法》第六十三条的规定,由本集体经济组织形成书面意见,在出让、出租前不少于十个工作日报市、县人民政府。市、县人民政府认为该方案不符合规划条件或者产业准入和生态环境保护要求等的,应当在收到方案后五个工作日内提出修改意见。土地所有权人应当按照市、县人民政府的意见进行修改。

集体经营性建设用地出让、出租等方案应当载明宗地的土地界址、面积、用途、规划条件、产业准入和生态环境保护要求、使用期限、交易方式、入市价格、集体收益分配安排等内容。

第四十一条 土地所有权人应当依据集体经营性建设用地出让、出租等方案,以招标、拍卖、挂牌或者协议等方式确定土地使用者,双方应当签订书面合同,载明土地界址、面积、用途、规划条件、使用期限、交易价款支付、交地时间和开工竣工期限、产业准入和生态环境保护要求,约定提前收回的条件、补偿方式、土地使用权届满续期和地上建筑物、构筑物等附着物处理方式,以及违约责任和解决争议的方法等,并报市、县人民政府自然资源主管部门备案。未依法将规划条件、产业准入和生态环境保护要求纳入合同的,合同无效;造成损失的,依法承担民事责任。合同示范文本由国务院自然资源主管部门制定。

第四十二条 集体经营性建设用地使用者应当按照约定及时支付集体经营性建设用地价款,并依法缴纳相关税费,对集体经营性建设用地使用权以及依法利用集体经营性建设用地建造的建筑物、构筑物及其附属设施的所有权,依法申请办理不动产登记。

第四十三条 通过出让等方式取得的集体经营性建设用地使用权依

法转让、互换、出资、赠与或者抵押的，双方应当签订书面合同，并书面通知土地所有权人。

集体经营性建设用地的出租，集体建设用地使用权的出让及其最高年限、转让、互换、出资、赠与、抵押等，参照同类用途的国有建设用地执行，法律、行政法规另有规定的除外。

第五章　监督检查

第四十四条　国家自然资源督察机构根据授权对省、自治区、直辖市人民政府以及国务院确定的城市人民政府下列土地利用和土地管理情况进行督察：

（一）耕地保护情况；

（二）土地节约集约利用情况；

（三）国土空间规划编制和实施情况；

（四）国家有关土地管理重大决策落实情况；

（五）土地管理法律、行政法规执行情况；

（六）其他土地利用和土地管理情况。

第四十五条　国家自然资源督察机构进行督察时，有权向有关单位和个人了解督察事项有关情况，有关单位和个人应当支持、协助督察机构工作，如实反映情况，并提供有关材料。

第四十六条　被督察的地方人民政府违反土地管理法律、行政法规，或者落实国家有关土地管理重大决策不力的，国家自然资源督察机构可以向被督察的地方人民政府下达督察意见书，地方人民政府应当认真组织整改，并及时报告整改情况；国家自然资源督察机构可以约谈被督察的地方人民政府有关负责人，并可以依法向监察机关、任免机关等有关机关提出追究相关责任人责任的建议。

第四十七条　土地管理监督检查人员应当经过培训，经考核合格，取得行政执法证件后，方可从事土地管理监督检查工作。

第四十八条　自然资源主管部门、农业农村主管部门按照职责分工进行监督检查时，可以采取下列措施：

（一）询问违法案件涉及的单位或者个人；

（二）进入被检查单位或者个人涉嫌土地违法的现场进行拍

照、摄像；

（三）责令当事人停止正在进行的土地违法行为；

（四）对涉嫌土地违法的单位或者个人，在调查期间暂停办理与该违法案件相关的土地审批、登记等手续；

（五）对可能被转移、销毁、隐匿或者篡改的文件、资料予以封存，责令涉嫌土地违法的单位或者个人在调查期间不得变卖、转移与案件有关的财物；

（六）《土地管理法》第六十八条规定的其他监督检查措施。

第四十九条 依照《土地管理法》第七十三条的规定给予处分的，应当按照管理权限由责令作出行政处罚决定或者直接给予行政处罚的上级人民政府自然资源主管部门或者其他任免机关、单位作出。

第五十条 县级以上人民政府自然资源主管部门应当会同有关部门建立信用监管、动态巡查等机制，加强对建设用地供应交易和供后开发利用的监管，对建设用地市场重大失信行为依法实施惩戒，并依法公开相关信息。

第六章 法律责任

第五十一条 违反《土地管理法》第三十七条的规定，非法占用永久基本农田发展林果业或者挖塘养鱼的，由县级以上人民政府自然资源主管部门责令限期改正；逾期不改正的，按占用面积处耕地开垦费2倍以上5倍以下的罚款；破坏种植条件的，依照《土地管理法》第七十五条的规定处罚。

第五十二条 违反《土地管理法》第五十七条的规定，在临时使用的土地上修建永久性建筑物的，由县级以上人民政府自然资源主管部门责令限期拆除，按占用面积处土地复垦费5倍以上10倍以下的罚款；逾期不拆除的，由作出行政决定的机关依法申请人民法院强制执行。

第五十三条 违反《土地管理法》第六十五条的规定，对建筑物、构筑物进行重建、扩建的，由县级以上人民政府自然资源主管部门责令限期拆除；逾期不拆除的，由作出行政决定的机关依法申请人民法院强制执行。

第五十四条　依照《土地管理法》第七十四条的规定处以罚款的，罚款额为违法所得的10%以上50%以下。

第五十五条　依照《土地管理法》第七十五条的规定处以罚款的，罚款额为耕地开垦费的5倍以上10倍以下；破坏黑土地等优质耕地的，从重处罚。

第五十六条　依照《土地管理法》第七十六条的规定处以罚款的，罚款额为土地复垦费的2倍以上5倍以下。

违反本条例规定，临时用地期满之日起一年内未完成复垦或者未恢复种植条件的，由县级以上人民政府自然资源主管部门责令限期改正，依照《土地管理法》第七十六条的规定处罚，并由县级以上人民政府自然资源主管部门会同农业农村主管部门代为完成复垦或者恢复种植条件。

第五十七条　依照《土地管理法》第七十七条的规定处以罚款的，罚款额为非法占用土地每平方米100元以上1000元以下。

违反本条例规定，在国土空间规划确定的禁止开垦的范围内从事土地开发活动的，由县级以上人民政府自然资源主管部门责令限期改正，并依照《土地管理法》第七十七条的规定处罚。

第五十八条　依照《土地管理法》第七十四条、第七十七条的规定，县级以上人民政府自然资源主管部门没收在非法转让或者非法占用的土地上新建的建筑物和其他设施的，应当于九十日内交由本级人民政府或者其指定的部门依法管理和处置。

第五十九条　依照《土地管理法》第八十一条的规定处以罚款的，罚款额为非法占用土地每平方米100元以上500元以下。

第六十条　依照《土地管理法》第八十二条的规定处以罚款的，罚款额为违法所得的10%以上30%以下。

第六十一条　阻碍自然资源主管部门、农业农村主管部门的工作人员依法执行职务，构成违反治安管理行为的，依法给予治安管理处罚。

第六十二条　违反土地管理法律、法规规定，阻挠国家建设征收土地的，由县级以上地方人民政府责令交出土地；拒不交出土地的，依法申请人民法院强制执行。

第六十三条　违反本条例规定，侵犯农村村民依法取得的宅基地权益的，责令限期改正，对有关责任单位通报批评、给予警告；造成损失的，依法承担赔偿责任；对直接负责的主管人员和其他直接责任人员，依法给予处分。

第六十四条　贪污、侵占、挪用、私分、截留、拖欠征地补偿安置费用和其他有关费用的，责令改正，追回有关款项，限期退还违法所得，对有关责任单位通报批评、给予警告；造成损失的，依法承担赔偿责任；对直接负责的主管人员和其他直接责任人员，依法给予处分。

第六十五条　各级人民政府及自然资源主管部门、农业农村主管部门工作人员玩忽职守、滥用职权、徇私舞弊的，依法给予处分。

第六十六条　违反本条例规定，构成犯罪的，依法追究刑事责任。

第七章　附　　则

第六十七条　本条例自2021年9月1日起施行。

基本农田保护条例

1. 1998年12月27日国务院令第257号公布

2. 根据2011年1月8日国务院令第588号《关于废止和修改部分行政法规的决定》修订

第一章　总　　则

第一条　为了对基本农田实行特殊保护，促进农业生产和社会经济的可持续发展，根据《中华人民共和国农业法》和《中华人民共和国土地管理法》，制定本条例。

第二条　国家实行基本农田保护制度。

本条例所称基本农田，是指按照一定时期人口和社会经济发展对农产品的需求，依据土地利用总体规划确定的不得占用的耕地。

本条例所称基本农田保护区，是指为对基本农田实行特殊保护而依据土地利用总体规划和依照法定程序确定的特定保护区域。

第三条　基本农田保护实行全面规划、合理利用、用养结合、严格保护的方针。

第四条　县级以上地方各级人民政府应当将基本农田保护工作纳入国民经济和社会发展计划,作为政府领导任期目标责任制的一项内容,并由上一级人民政府监督实施。

第五条　任何单位和个人都有保护基本农田的义务,并有权检举、控告侵占、破坏基本农田和其他违反本条例的行为。

第六条　国务院土地行政主管部门和农业行政主管部门按照国务院规定的职责分工,依照本条例负责全国的基本农田保护管理工作。

县级以上地方各级人民政府土地行政主管部门和农业行政主管部门按照本级人民政府规定的职责分工,依照本条例负责本行政区域内的基本农田保护管理工作。

乡(镇)人民政府负责本行政区域内的基本农田保护管理工作。

第七条　国家对在基本农田保护工作中取得显著成绩的单位和个人,给予奖励。

第二章　划　　定

第八条　各级人民政府在编制土地利用总体规划时,应当将基本农田保护作为规划的一项内容,明确基本农田保护的布局安排、数量指标和质量要求。

县级和乡(镇)土地利用总体规划应当确定基本农田保护区。

第九条　省、自治区、直辖市划定的基本农田应当占本行政区域内耕地总面积的百分之八十以上,具体数量指标根据全国土地利用总体规划逐级分解下达。

第十条　下列耕地应当划入基本农田保护区,严格管理:

(一)经国务院有关主管部门或者县级以上地方人民政府批准确定的粮、棉、油生产基地内的耕地;

(二)有良好的水利与水土保持设施的耕地,正在实施改造计划以及可以改造的中、低产田;

(三)蔬菜生产基地;

（四）农业科研、教学试验田。

根据土地利用总体规划，铁路、公路等交通沿线，城市和村庄、集镇建设用地区周边的耕地，应当优先划入基本农田保护区；需要退耕还林、还牧、还湖的耕地，不应当划入基本农田保护区。

第十一条　基本农田保护区以乡（镇）为单位划区定界，由县级人民政府土地行政主管部门会同同级农业行政主管部门组织实施。

划定的基本农田保护区，由县级人民政府设立保护标志，予以公告，由县级人民政府土地行政主管部门建立档案，并抄送同级农业行政主管部门。任何单位和个人不得破坏或者擅自改变基本农田保护区的保护标志。

基本农田划区定界后，由省、自治区、直辖市人民政府组织土地行政主管部门和农业行政主管部门验收确认，或者由省、自治区人民政府授权设区的市、自治州人民政府组织土地行政主管部门和农业行政主管部门验收确认。

第十二条　划定基本农田保护区时，不得改变土地承包者的承包经营权。

第十三条　划定基本农田保护区的技术规程，由国务院土地行政主管部门会同国务院农业行政主管部门制定。

第三章　保　　护

第十四条　地方各级人民政府应当采取措施，确保土地利用总体规划确定的本行政区域内基本农旧的数量不减少。

第十五条　基本农田保护区经依法划定后，任何单位和个人不得改变或者占用。国家能源、交通、水利、军事设施等重点建设项目选址确实无法避开基本农田保护区，需要占用基本农田，涉及农用地转用或者征收土地的，必须经国务院批准。

第十六条　经国务院批准占用基本农田的，当地人民政府应当按照国务院的批准文件修改土地利用总体规划，并补充划入数量和质量相当的基本农田。占用单位应当按照占多少、垦多少的原则，负责开垦与所占基本农田的数量与质量相当的耕地；没有条件开垦或者开垦的耕地不符合要求的，应当按照省、自治区、直辖市的规定缴纳耕地开垦费,专款用于开垦新的耕地。

占用基本农田的单位应当按照县级以上地方人民政府的要求,将所占用基本农田耕作层的土壤用于新开垦耕地、劣质地或者其他耕地的土壤改良。

第十七条　禁止任何单位和个人在基本农田保护区内建窑、建房、建坟、挖砂、采石、采矿、取土、堆放固体废弃物或者进行其他破坏基本农田的活动。

禁止任何单位和个人占用基本农田发展林果业和挖塘养鱼。

第十八条　禁止任何单位和个人闲置、荒芜基本农田。经国务院批准的重点建设项目占用基本农田的,满1年不使用而又可以耕种并收获的,应当由原耕种该幅基本农田的集体或者个人恢复耕种,也可以由用地单位组织耕种;1年以上未动工建设的,应当按照省、自治区、直辖市的规定缴纳闲置费;连续2年未使用的,经国务院批准,由县级以上人民政府无偿收回用地单位的土地使用权;该幅土地原为农民集体所有的,应当交由原农村集体经济组织恢复耕种,重新划入基本农田保护区。

承包经营基本农田的单位或者个人连续2年弃耕抛荒的,原发包单位应当终止承包合同,收回发包的基本农田。

第十九条　国家提倡和鼓励农业生产者对其经营的基本农田施用有机肥料,合理施用化肥和农药。利用基本农田从事农业生产的单位和个人应当保持和培肥地力。

第二十条　县级人民政府应当根据当地实际情况制定基本农田地力分等定级办法,由农业行政主管部门会同土地行政主管部门组织实施,对基本农田地力分等定级,并建立档案。

第二十一条　农村集体经济组织或者村民委员会应当定期评定基本农田地力等级。

第二十二条　县级以上地方各级人民政府农业行政主管部门应当逐步建立基本农田地力与施肥效益长期定位监测网点,定期向本级人民政府提出基本农田地力变化状况报告以及相应的地力保护措施,并为农业生产者提供施肥指导服务。

第二十三条 县级以上人民政府农业行政主管部门应当会同同级环境保护行政主管部门对基本农田环境污染进行监测和评价,并定期向本级人民政府提出环境质量与发展趋势的报告。

第二十四条 经国务院批准占用基本农田兴建国家重点建设项目的,必须遵守国家有关建设项目环境保护管理的规定。在建设项目环境影响报告书中,应当有基本农田环境保护方案。

第二十五条 向基本农田保护区提供肥料和作为肥料的城市垃圾、污泥的,应当符合国家有关标准。

第二十六条 因发生事故或者其他突然性事件,造成或者可能造成基本农田环境污染事故的,当事人必须立即采取措施处理,并向当地环境保护行政主管部门和农业行政主管部门报告,接受调查处理。

第四章 监督管理

第二十七条 在建立基本农田保护区的地方,县级以上地方人民政府应当与下一级人民政府签订基本农田保护责任书;乡(镇)人民政府应当根据与县级人民政府签订的基本农田保护责任书的要求,与农村集体经济组织或者村民委员会签订基本农田保护责任书。

基本农田保护责任书应当包括下列内容:

(一)基本农田的范围、面积、地块;

(二)基本农田的地力等级;

(三)保护措施;

(四)当事人的权利与义务;

(五)奖励与处罚。

第二十八条 县级以上地方人民政府应当建立基本农田保护监督检查制度,定期组织土地行政主管部门、农业行政主管部门以及其他有关部门对基本农田保护情况进行检查,将检查情况书面报告上一级人民政府。被检查的单位和个人应当如实提供有关情况和资料,不得拒绝。

第二十九条 县级以上地方人民政府土地行政主管部门、农业行政主管部门对本行政区域内发生的破坏基本农田的行为,有权责令纠正。

第五章　法律责任

第三十条　违反本条例规定，有下列行为之一的，依照《中华人民共和国土地管理法》和《中华人民共和国土地管理法实施条例》的有关规定，从重给予处罚：

（一）未经批准或者采取欺骗手段骗取批准，非法占用基本农田的；

（二）超过批准数量，非法占用基本农田的；

（三）非法批准占用基本农田的；

（四）买卖或者以其他形式非法转让基本农田的。

第三十一条　违反本条例规定，应当将耕地划入基本农田保护区而不划入的，由上一级人民政府责令限期改正；拒不改正的，对直接负责的主管人员和其他直接责任人员依法给予行政处分或者纪律处分。

第三十二条　违反本条例规定，破坏或者擅自改变基本农田保护区标志的，由县级以上地方人民政府土地行政主管部门或者农业行政主管部门责令恢复原状，可以处1000元以下罚款。

第三十三条　违反本条例规定，占用基本农田建窑、建房、建坟、挖砂、采石、采矿、取土、堆放固体废弃物或者从事其他活动破坏基本农田，毁坏种植条件的，由县级以上人民政府土地行政主管部门责令改正或者治理，恢复原种植条件，处占用基本农田的耕地开垦费1倍以上2倍以下的罚款；构成犯罪的，依法追究刑事责任。

第三十四条　侵占、挪用基本农田的耕地开垦费，构成犯罪的，依法追究刑事责任；尚不构成犯罪的，依法给予行政处分或者纪律处分。

第六章　附　　则

第三十五条　省、自治区、直辖市人民政府可以根据当地实际情况，将其他农业生产用地划为保护区。保护区内的其他农业生产用地的保护和管理，可以参照本条例执行。

第三十六条　本条例自1999年1月1日起施行。1994年8月18日国务院发布的《基本农田保护条例》同时废止。

土地复垦条例

2011年3月5日国务院令第592号公布施行

第一章 总 则

第一条 为了落实十分珍惜、合理利用土地和切实保护耕地的基本国策,规范土地复垦活动,加强土地复垦管理,提高土地利用的社会效益、经济效益和生态效益,根据《中华人民共和国土地管理法》,制定本条例。

第二条 本条例所称土地复垦,是指对生产建设活动和自然灾害损毁的土地,采取整治措施,使其达到可供利用状态的活动。

第三条 生产建设活动损毁的土地,按照“谁损毁,谁复垦”的原则,由生产建设单位或者个人(以下称土地复垦义务人)负责复垦。但是,由于历史原因无法确定土地复垦义务人的生产建设活动损毁的土地(以下称历史遗留损毁土地),由县级以上人民政府负责组织复垦。

自然灾害损毁的土地,由县级以上人民政府负责组织复垦。

第四条 生产建设活动应当节约集约利用土地,不占或者少占耕地;对依法占用的土地应当采取有效措施,减少土地损毁面积,降低土地损毁程度。

土地复垦应当坚持科学规划、因地制宜、综合治理、经济可行、合理利用的原则。复垦的土地应当优先用于农业。

第五条 国务院国土资源主管部门负责全国土地复垦的监督管理工作。县级以上地方人民政府国土资源主管部门负责本行政区域土地复垦的监督管理工作。

县级以上人民政府其他有关部门依照本条例的规定和各自的职责做好土地复垦有关工作。

第六条 编制土地复垦方案、实施土地复垦工程、进行土地复垦验收等活动，应当遵守土地复垦国家标准；没有国家标准的，应当遵守土地复垦行业标准。

制定土地复垦国家标准和行业标准，应当根据土地损毁的类型、程度、自然地理条件和复垦的可行性等因素，分类确定不同类型损毁土地的复垦方式、目标和要求等。

第七条　县级以上地方人民政府国土资源主管部门应当建立土地复垦监测制度，及时掌握本行政区域土地资源损毁和土地复垦效果等情况。

国务院国土资源主管部门和省、自治区、直辖市人民政府国土资源主管部门应当建立健全土地复垦信息管理系统，收集、汇总和发布土地复垦数据信息。

第八条　县级以上人民政府国土资源主管部门应当依据职责加强对土地复垦情况的监督检查。被检查的单位或者个人应当如实反映情况，提供必要的资料。

任何单位和个人不得扰乱、阻挠土地复垦工作，破坏土地复垦工程、设施和设备。

第九条　国家鼓励和支持土地复垦科学研究和技术创新，推广先进的土地复垦技术。

对在土地复垦工作中作出突出贡献的单位和个人，由县级以上人民政府给予表彰。

第二章　生产建设活动损毁土地的复垦

第十条　下列损毁土地由土地复垦义务人负责复垦：

（一）露天采矿、烧制砖瓦、挖沙取土等地表挖掘所损毁的土地；

（二）地下采矿等造成地表塌陷的土地；

（三）堆放采矿剥离物、废石、矿渣、粉煤灰等固体废弃物压占的土地；

（四）能源、交通、水利等基础设施建设和其他生产建设活动临时占用所损毁的土地。

第十一条　土地复垦义务人应当按照土地复垦标准和国务院国土资

源主管部门的规定编制土地复垦方案。

第十二条 土地复垦方案应当包括下列内容：

(一)项目概况和项目区土地利用状况；

(二)损毁土地的分析预测和土地复垦的可行性评价；

(三)土地复垦的目标任务；

(四)土地复垦应当达到的质量要求和采取的措施；

(五)土地复垦工程和投资估(概)算；

(六)土地复垦费用的安排；

(七)土地复垦工作计划与进度安排；

(八)国务院国土资源主管部门规定的其他内容。

第十三条 土地复垦义务人应当在办理建设用地申请或者采矿权申请手续时,随有关报批材料报送土地复垦方案。

土地复垦义务人未编制土地复垦方案或者土地复垦方案不符合要求的,有批准权的人民政府不得批准建设用地,有批准权的国土资源主管部门不得颁发采矿许可证。

本条例施行前已经办理建设用地手续或者领取采矿许可证,本条例施行后继续从事生产建设活动造成土地损毁的,土地复垦义务人应当按照国务院国土资源主管部门的规定补充编制土地复垦方案。

第十四条 土地复垦义务人应当按照土地复垦方案开展土地复垦工作。矿山企业还应当对土地损毁情况进行动态监测和评价。

生产建设周期长、需要分阶段实施复垦的,土地复垦义务人应当对土地复垦工作与生产建设活动统一规划、统筹实施,根据生产建设进度确定各阶段土地复垦的目标任务、工程规划设计、费用安排、工程实施进度和完成期限等。

第十五条 土地复垦义务人应当将土地复垦费用列入生产成本或者建设项目总投资。

第十六条 土地复垦义务人应当建立土地复垦质量控制制度,遵守土地复垦标准和环境保护标准,保护土壤质量与生态环境,避免污染土壤和地下水。

土地复垦义务人应当首先对拟损毁的耕地、林地、牧草地进行表土剥离,剥离的表土用于被损毁土地的复垦。

禁止将重金属污染物或者其他有毒有害物质用作回填或者充填材料。受重金属污染物或者其他有毒有害物质污染的土地复垦后,达不到国家有关标准的,不得用于种植食用农作物。

第十七条　土地复垦义务人应当于每年12月31日前向县级以上地方人民政府国土资源主管部门报告当年的土地损毁情况、土地复垦费用使用情况以及土地复垦工程实施情况。

县级以上地方人民政府国土资源主管部门应当加强对土地复垦义务人使用土地复垦费用和实施土地复垦工程的监督。

第十八条　土地复垦义务人不复垦,或者复垦验收中经整改仍不合格的,应当缴纳土地复垦费,由有关国土资源主管部门代为组织复垦。

确定土地复垦费的数额,应当综合考虑损毁前的土地类型、实际损毁面积、损毁程度、复垦标准、复垦用途和完成复垦任务所需的工程量等因素。土地复垦费的具体征收使用管理办法,由国务院财政、价格主管部门商国务院有关部门制定。

土地复垦义务人缴纳的土地复垦费专项用于土地复垦。任何单位和个人不得截留、挤占、挪用。

第十九条　土地复垦义务人对在生产建设活动中损毁的由其他单位或者个人使用的国有土地或者农民集体所有的土地,除负责复垦外,还应当向遭受损失的单位或者个人支付损失补偿费。

损失补偿费由土地复垦义务人与遭受损失的单位或者个人按照造成的实际损失协商确定;协商不成的,可以向土地所在地人民政府国土资源主管部门申请调解或者依法向人民法院提起民事诉讼。

第二十条　土地复垦义务人不依法履行土地复垦义务的,在申请新的建设用地时,有批准权的人民政府不得批准;在申请新的采矿许可证或者申请采矿许可证延续、变更、注销时,有批准权的国土资源主管部门不得批准。

第三章　历史遗留损毁土地和自然灾害损毁土地的复垦

第二十一条　县级以上人民政府国土资源主管部门应当对历史遗留

损毁土地和自然灾害损毁土地进行调查评价。

第二十二条　县级以上人民政府国土资源主管部门应当在调查评价的基础上，根据土地利用总体规划编制土地复垦专项规划，确定复垦的重点区域以及复垦的目标任务和要求，报本级人民政府批准后组织实施。

第二十三条　对历史遗留损毁土地和自然灾害损毁土地，县级以上人民政府应当投入资金进行复垦，或者按照“谁投资，谁受益”的原则，吸引社会投资进行复垦。土地权利人明确的，可以采取扶持、优惠措施，鼓励土地权利人自行复垦。

第二十四条　国家对历史遗留损毁土地和自然灾害损毁土地的复垦按项目实施管理。

县级以上人民政府国土资源主管部门应当根据土地复垦专项规划和年度土地复垦资金安排情况确定年度复垦项目。

第二十五条　政府投资进行复垦的，负责组织实施土地复垦项目的国土资源主管部门应当组织编制土地复垦项目设计书，明确复垦项目的位置、面积、目标任务、工程规划设计、实施进度及完成期限等。

土地权利人自行复垦或者社会投资进行复垦的，土地权利人或者投资单位、个人应当组织编制土地复垦项目设计书，并报负责组织实施土地复垦项目的国土资源主管部门审查同意后实施。

第二十六条　政府投资进行复垦的，有关国土资源主管部门应当依照招标投标法律法规的规定，通过公开招标的方式确定土地复垦项目的施工单位。

土地权利人自行复垦或者社会投资进行复垦的，土地复垦项目的施工单位由土地权利人或者投资单位、个人依法自行确定。

第二十七条　土地复垦项目的施工单位应当按照土地复垦项目设计书进行复垦。

负责组织实施土地复垦项目的国土资源主管部门应当健全项目管理制度，加强项目实施中的指导、管理和监督。

第四章　土地复垦验收

第二十八条　土地复垦义务人按照土地复垦方案的要求完成土地复

垦任务后，应当按照国务院国土资源主管部门的规定向所在地县级以上地方人民政府国土资源主管部门申请验收，接到申请的国土资源主管部门应当会同同级农业、林业、环境保护等有关部门进行验收。

进行土地复垦验收，应当邀请有关专家进行现场踏勘，查验复垦后的土地是否符合土地复垦标准以及土地复垦方案的要求，核实复垦后的土地类型、面积和质量等情况，并将初步验收结果公告，听取相关权利人的意见。相关权利人对土地复垦完成情况提出异议的，国土资源主管部门应当会同有关部门进一步核查，并将核查情况向相关权利人反馈；情况属实的，应当向土地复垦义务人提出整改意见。

第二十九条　负责组织验收的国土资源主管部门应当会同有关部门在接到土地复垦验收申请之日起60个工作日内完成验收，经验收合格的，向土地复垦义务人出具验收合格确认书；经验收不合格的，向土地复垦义务人出具书面整改意见，列明需要整改的事项，由土地复垦义务人整改完成后重新申请验收。

第三十条　政府投资的土地复垦项目竣工后，负责组织实施土地复垦项目的国土资源主管部门应当依照本条例第二十八条第二款的规定进行初步验收。初步验收完成后，负责组织实施土地复垦项目的国土资源主管部门应当按照国务院国土资源主管部门的规定向上级人民政府国土资源主管部门申请最终验收。上级人民政府国土资源主管部门应当会同有关部门及时组织验收。

土地权利人自行复垦或者社会投资进行复垦的土地复垦项目竣工后，由负责组织实施土地复垦项目的国土资源主管部门会同有关部门进行验收。

第三十一条　复垦为农用地的，负责组织验收的国土资源主管部门应当会同有关部门在验收合格后的5年内对土地复垦效果进行跟踪评价，并提出改善土地质量的建议和措施。

第五章　土地复垦激励措施

第三十二条　土地复垦义务人在规定的期限内将生产建设活动损毁

的耕地、林地、牧草地等农用地复垦恢复原状的，依照国家有关税收法律法规的规定退还已经缴纳的耕地占用税。

第三十三条　社会投资复垦的历史遗留损毁土地或者自然灾害损毁土地，属于无使用权人的国有土地的，经县级以上人民政府依法批准，可以确定给投资单位或者个人长期从事种植业、林业、畜牧业或者渔业生产。

社会投资复垦的历史遗留损毁土地或者自然灾害损毁土地，属于农民集体所有土地或者有使用权人的国有土地的，有关国土资源主管部门应当组织投资单位或者个人与土地权利人签订土地复垦协议，明确复垦的目标任务以及复垦后的土地使用和收益分配。

第三十四条　历史遗留损毁和自然灾害损毁的国有土地的使用权人，以及历史遗留损毁和自然灾害损毁的农民集体所有土地的所有权人、使用权人，自行将损毁土地复垦为耕地的，由县级以上地方人民政府给予补贴。

第三十五条　县级以上地方人民政府将历史遗留损毁和自然灾害损毁的建设用地复垦为耕地的，按照国家有关规定可以作为本省、自治区、直辖市内进行非农建设占用耕地时的补充耕地指标。

第六章　法律责任

第三十六条　负有土地复垦监督管理职责的部门及其工作人员有下列行为之一的，对直接负责的主管人员和其他直接责任人员，依法给予处分；直接负责的主管人员和其他直接责任人员构成犯罪的，依法追究刑事责任：

（一）违反本条例规定批准建设用地或者批准采矿许可证及采矿许可证的延续、变更、注销的；

（二）截留、挤占、挪用土地复垦费的；

（三）在土地复垦验收中弄虚作假的；

（四）不依法履行监督管理职责或者对发现的违反本条例的行为不依法查处的；

（五）在审查土地复垦方案、实施土地复垦项目、组织土地复垦验收以及实施监督检查过程中，索取、收受他人财物或者谋取其他利益的；

（六）其他徇私舞弊、滥用职权、玩忽职守行为。

第三十七条　本条例施行前已经办理建设用地手续或者领取采矿许可证，本条例施行后继续从事生产建设活动造成土地损毁的土地复垦义务人未按照规定补充编制土地复垦方案的，由县级以上地方人民政府国土资源主管部门责令限期改正；逾期不改正的，处10万元以上20万元以下的罚款。

第三十八条　土地复垦义务人未按照规定将土地复垦费用列入生产成本或者建设项目总投资的，由县级以上地方人民政府国土资源主管部门责令限期改正；逾期不改正的，处10万元以上50万元以下的罚款。

第三十九条　土地复垦义务人未按照规定对拟损毁的耕地、林地、牧草地进行表土剥离，由县级以上地方人民政府国土资源主管部门责令限期改正；逾期不改正的，按照应当进行表土剥离的土地面积处每公顷1万元的罚款。

第四十条　土地复垦义务人将重金属污染物或者其他有毒有害物质用作回填或者充填材料的，由县级以上地方人民政府环境保护主管部门责令停止违法行为，限期采取治理措施，消除污染，处10万元以上50万元以下的罚款；逾期不采取治理措施的，环境保护主管部门可以指定有治理能力的单位代为治理，所需费用由违法者承担。

第四十一条　土地复垦义务人未按照规定报告土地损毁情况、土地复垦费用使用情况或者土地复垦工程实施情况的，由县级以上地方人民政府国土资源主管部门责令限期改正；逾期不改正的，处2万元以上5万元以下的罚款。

第四十二条　土地复垦义务人依照本条例规定应当缴纳土地复垦费而不缴纳的，由县级以上地方人民政府国土资源主管部门责令限期缴纳；逾期不缴纳的，处应缴纳土地复垦费1倍以上2倍以下的罚款，土地复垦义务人为矿山企业的，由颁发采矿许可证的机关吊销采矿许可证。

第四十三条　土地复垦义务人拒绝、阻碍国土资源主管部门监督检查,或者在接受监督检查时弄虚作假的,由国土资源主管部门责令改正,处2万元以上5万元以下的罚款;有关责任人员构成违反治安管理行为的,由公安机关依法予以治安管理处罚;有关责任人员构成犯罪的,依法追究刑事责任。

破坏土地复垦工程、设施和设备,构成违反治安管理行为的,由公安机关依法予以治安管理处罚;构成犯罪的,依法追究刑事责任。

第七章　附　　则

第四十四条　本条例自公布之日起施行。1988年11月8日国务院发布的《土地复垦规定》同时废止。

国务院关于深化改革严格土地管理的决定

1. 2004年10月21日发布
2. 国发〔2004〕28号

各省、自治区、直辖市人民政府,国务院各部委、各直属机构:

实行最严格的土地管理制度,是由我国人多地少的国情决定的,也是贯彻落实科学发展观,保证经济社会可持续发展的必然要求。去年以来,各地区、各部门认真贯彻党中央、国务院部署,全面清理各类开发区,切实落实暂停审批农用地转用的决定,土地市场治理整顿取得了积极进展,有力地促进了宏观调控政策的落实。但是,土地市场治理整顿的成效还是初步的、阶段性的,盲目投资、低水平重复建设,圈占土地、乱占滥用耕地等问题尚未根本解决。因此,必须正确处理保障经济社会发展与保护土地资源的关系,严格控制建设用地增量,努力盘活土地存量,强化节约利用土地,深化改革,健全法制,统筹兼顾,标本兼治,进一步完善符合我国国情的最严格的土地管理制度。现决定如下:

一、严格执行土地管理法律法规

(一)牢固树立遵守土地法律法规的意识。各地区、各有关部门要深入持久地开展土地法律法规的学习教育活动，深刻认识我国国情和保护耕地的极端重要性，本着对人民、对历史负责的精神，严格依法管理土地，积极推进经济增长方式的转变，实现土地利用方式的转变，走符合中国国情的新型工业化、城市化道路。进一步提高依法管地用地的意识，要在法律法规允许的范围内合理用地。对违反法律法规批地、占地的，必须承担法律责任。

（二）严格依照法定权限审批土地。农用地转用和土地征收的审批权在国务院和省、自治区、直辖市人民政府，各省、自治区、直辖市人民政府不得违反法律和行政法规的规定下放土地审批权。严禁规避法定审批权限，将单个建设项目用地拆分审批。

（三）严格执行占用耕地补偿制度。各类非农业建设经批准占用耕地的，建设单位必须补充数量、质量相当的耕地，补充耕地的数量、质量实行按等级折算，防止占多补少、占优补劣。不能自行补充的，必须按照各省、自治区、直辖市的规定缴纳耕地开垦费。耕地开垦费要列入专户管理，不得减免和挪作他用。政府投资的建设项目也必须将补充耕地费用列入工程概算。

（四）禁止非法压低地价招商。省、自治区、直辖市人民政府要依照基准地价制定并公布协议出让土地最低价标准。协议出让土地除必须严格执行规定程序外，出让价格不得低于最低价标准。违反规定出让土地造成国有土地资产流失的，要依法追究责任；情节严重的，依照《中华人民共和国刑法》的规定，以非法低价出让国有土地使用权罪追究刑事责任。

（五）严格依法查处违反土地管理法律法规的行为。当前要着重解决有法不依、执法不严、违法不究和滥用行政权力侵犯农民合法权益的问题。要加大土地管理执法力度，严肃查处非法批地、占地等违法案件。建立国土资源与监察等部门联合办案和案件移送制度，既查处土地违法行为，又查处违法责任人。典型案件，要公开处理。对非法批准占用土地、征收土地和非法低价出让国有土地使用权的国家机关工作人员，依照《监察部国土资源部关于违反土地管理规定行为行政处分暂行办法》给予行政处分；构成犯罪的，依照《中华人民共和国刑法》、《中华人民共和国土地管理法》、《最高人民法院关于审理破坏土地资源刑事案件具体应用法律若干问题的解释》和最高人民检察院关于渎职犯罪案件立案标准的规定，追究刑事责任。对非法批准征收、使用土地，给当事人造成损失的，还必须依法承担赔偿责任。

二、加强土地利用总体规划、城市总体规划、村庄和集镇规划实施管理

（六）严格土地利用总体规划、城市总体规划、村庄和集镇规划修改的管理。在土地利用总体规划和城市总体规划确定的建设用地范围外，不得设立各类开发区（园区）和城市新区（小区）。对清理后拟保留的开发区，必须依据土地利用总体规划和城市总体规划，按照布局集中、用地集约和产业集聚的原则严格审核。严格土地利用总体规划的修改，凡涉及改变土地利用方向、规模、重大布局等原则性修改，必须报原批准机关批准。城市总体规划、村庄和集镇规划也不得擅自修改。

（七）加强土地利用计划管理。农用地转用的年度计划实行指令性管理，跨年度结转使用计划指标必须严格规范。改进农用地转用年度计划下达和考核办法，对国家批准的能源、交通、水利、矿山、军事设施等重点建设项目用地和城、镇、村的建设用地实行分类下达，并按照定额指标、利用效益等分别考核。

（八）从严从紧控制农用地转为建设用地的总量和速度。加强农用地转用审批的规划和计划审查，强化土地利用总体规划和土地利用年度计划对农用地转用的控制和引导，凡不符合规划、没有农用地转用年度计划指标的，不得批准用地。为巩固土地市场治理整顿成果，2004 年农用地转用计划指标不再追加；对过去拖欠农民的征地补偿安置费在 2004 年年底前不能足额偿还的地方，暂缓下达该地区 2005 年农用地转用计划。

（九）加强建设项目用地预审管理。凡不符合土地利用总体规划、没有农用地转用计划指标的建设项目，不得通过项目用地预审。发展改革等部门要通过适当方式告知项目单位开展前期工作，项目单位提出用地预审申请后，国土资源部门要依法对建设项目用地进

行审查。项目建设单位向发展改革等部门申报核准或审批建设项目时,必须附国土资源部门预审意见;没有预审意见或预审未通过的,不得核准或批准建设项目。

(十)加强村镇建设用地的管理。要按照控制总量、合理布局、节约用地、保护耕地的原则,编制乡(镇)土地利用总体规划、村庄和集镇规划,明确小城镇和农村居民点的数量、布局和规模。鼓励农村建设用地整理,城镇建设用地增加要与农村建设用地减少相挂钩。农村集体建设用地,必须符合土地利用总体规划、村庄和集镇规划,并纳入土地利用年度计划,凡占用农用地的必须依法办理审批手续。禁止擅自通过"村改居"等方式将农民集体所有土地转为国有土地。禁止农村集体经济组织非法出让、出租集体土地用于非农业建设。改革和完善宅基地审批制度,加强农村宅基地管理,禁止城镇居民在农村购置宅基地。引导新办乡村工业向建制镇和规划确定的小城镇集中。在符合规划的前提下,村庄、集镇、建制镇中的农民集体所有建设用地使用权可以依法流转。

(十一)严格保护基本农田。基本农田是确保国家粮食安全的基础。土地利用总体规划修编,必须保证现有基本农田总量不减少,质量不降低。基本农田要落实到地块和农户,并在土地所有权证书和农村土地承包经营权证书中注明。基本农田保护图件备案工作,应在新一轮土地利用总体规划修编后三个月内完成。基本农田一经划定,任何单位和个人不得擅自占用,或者擅自改变用途,这是不可逾越的"红线"。符合法定条件,确需改变和占用基本农田的,必须报国务院批准;经批准占用基本农田的,征地补偿按法定最高标准执行,对以缴纳耕地开垦费方式补充耕地的,缴纳标准按当地最高标准执行。禁止占用基本农田挖鱼塘、种树和其他破坏耕作层的活动,禁止以建设"现代农业园区"或者"设施农业"等任何名义,占用基本农田变相从事房地产开发。

三、完善征地补偿和安置制度

(十二)完善征地补偿办法。县级以上地方人民政府要采取切实措施,使被征地农民生活水平不因征地而降低。要保证依法足额和及时支付土地补偿费、安置补助费以及地上附着物和青苗补偿费。依照现行法律规定支付土地补偿费和安置补助费,尚不能使被征地农民保持原有生活水平的,不足以支付因征地而导致无地农民社会保障费用的,省、自治区、直辖市人民政府应当批准增加安置补助费。土地补偿费和安置补助费的总和达到法定上限,尚不足以使被征地农民保持原有生活水平的,当地人民政府可以用国有土地有偿使用收入予以补贴。省、自治区、直辖市人民政府要制订并公布各市县征地的统一年产值标准或区片综合地价,征地补偿做到同地同价,国家重点建设项目必须将征地费用足额列入概算。大中型水利、水电工程建设征地的补偿费标准和移民安置办法,由国务院另行规定。

(十三)妥善安置被征地农民。县级以上地方人民政府应当制定具体办法,使被征地农民的长远生计有保障。对有稳定收益的项目,农民可以经依法批准的建设用地土地使用权入股。在城市规划区内,当地人民政府应当将因征地而导致无地的农民,纳入城镇就业体系,并建立社会保障制度;在城市规划区外,征收农民集体所有土地时,当地人民政府要在本行政区域内为被征地农民留有必要的耕作土地或安排相应的工作岗位;对不具备基本生产生活条件的无地农民,应当异地移民安置。劳动和社会保障部门要会同有关部门尽快提出建立被征地农民的就业培训和社会保障制度的指导性意见。

(十四)健全征地程序。在征地过程中,要维护农民集体土地所有权和农民土地承包经营权的权益。在征地依法报批前,要将拟征地的用途、位置、补偿标准、安置途径告知被征地农民;对拟征土地现状的调查结果须经被征地农村集体经济组织和农户确认;确有必要的,国土资源部门应当依照有关规定组织听证。要将被征地农民知情、确认的有关材料作为征地报批的必备材料。要加快建立和完善征地补偿安置争议的协调和裁决机制,维护被征地农民和用地者的合法权益。经批准的征地事项,除特殊情况外,应予以公示。

(十五)加强对征地实施过程监管。征地补偿安置不落实的,不得强行使用被征土地。省、自治区、直辖市人民政府应当根据土地补偿费主要用于被征地农户的原则，制订土地补偿费在农村集体经济组织内部的分配办法。被征地的农村集体经济组织应当将征地补偿费用的收支和分配情况，向本集体经济组织成员公布，接受监督。农业、民政等部门要加强对农村集体经济组织内部征地补偿费用分配和使用的监督。

四、健全土地节约利用和收益分配机制

（十六）实行强化节约和集约用地政策。建设用地要严格控制增量，积极盘活存量，把节约用地放在首位，重点在盘活存量上下功夫。新上建设项目首先要利用现有建设用地，严格控制建设占用耕地、林地、草原和湿地。开展对存量建设用地资源的普查，研究制定鼓励盘活存量的政策措施。各地区、各有关部门要按照集约用地的原则，调整有关厂区绿化率的规定，不得圈占土地搞“花园式工厂”。在开发区（园区）推广多层标准厂房。对工业用地在符合规划、不改变原用途的前提下，提高土地利用率和增加容积率的，原则上不再收取或调整土地有偿使用费。基础设施和公益性建设项目，也要节约合理用地。今后，供地时要将土地用途、容积率等使用条件的约定写入土地使用合同。对工业项目用地必须有投资强度、开发进度等控制性要求。土地使用权人不按照约定条件使用土地的，要承担相应的违约责任。在加强耕地占用税、城镇土地使用税、土地增值税征收管理的同时，进一步调整和完善相关税制，加大对建设用地取得和保有环节的税收调节力度。

（十七）推进土地资源的市场化配置。严格控制划拨用地范围，经营性基础设施用地要逐步实行有偿使用。运用价格机制抑制多占、滥占和浪费土地。除按现行规定必须实行招标、拍卖、挂牌出让的用地外，工业用地也要创造条件逐步实行招标、拍卖、挂牌出让。经依法批准利用原有划拨土地进行经营性开发建设的，应当按照市场价补缴土地出让金。经依法批准转让原划拨土地使用权的，应当在土地有形市场公开交易，按照市场价补缴土地出让金；低于市场价交易的，政府应当行使优先购买权。

(十八)制订和实施新的土地使用标准。依照国家产业政策,国土资源部门对淘汰类、限制类项目分别实行禁止和限制用地,并会同有关部门制订工程项目建设用地定额标准,省、自治区、直辖市人民政府可以根据实际情况制订具体实施办法。继续停止高档别墅类房地产、高尔夫球场等用地的审批。

(十九)严禁闲置土地。农用地转用批准后,满两年未实施具体征地或用地行为的,批准文件自动失效;已实施征地,满两年未供地的,在下达下一年度的农用地转用计划时扣减相应指标,对具备耕作条件的土地,应当交原土地使用者继续耕种,也可以由当地人民政府组织耕种。对用地单位闲置的土地,严格依照《中华人民共和国土地管理法》的有关规定处理。

(二十)完善新增建设用地土地有偿使用费收缴办法。新增建设用地土地有偿使用费实行先缴后分,按规定的标准就地全额缴入国库,不得减免,并由国库按规定的比例就地分成划缴。审计部门要加强对新增建设用地土地有偿使用费征收和使用的监督检查。对减免和欠缴的,要依法追缴。财政部、国土资源部要适时调整新增建设用地土地有偿使用费收取标准。新增建设用地土地有偿使用费要严格按法定用途使用,由中央支配的部分,要向粮食主产区倾斜。探索建立国有土地收益基金,遏制片面追求土地收益的短期行为。

五、建立完善耕地保护和土地管理的责任制度

(二十一)明确土地管理的权力和责任。调控新增建设用地总量的权力和责任在中央,盘活存量建设用地的权力和利益在地方,保护和合理利用土地的责任在地方各级人民政府,省、自治区、直辖市人民政府应负主要责任。在确保严格实施土地利用总体规划,不突破土地利用年度计划的前提下,省、自治区、直辖市人民政府可以统筹本行政区域内的用地安排,依照法定权限对农用地转用和土地征收进行审批,按规定用途决定新增建设用地土地有偿使用费地方分成部分的分配和使用,组织本行政区域内耕地占补平衡,并对土地管理法律法规执行情况进行监督检查。地方各级人民政府要对

土地利用总体规划确定的本行政区域内的耕地保有量和基本农田保护面积负责,政府主要领导是第一责任人。地方各级人民政府都要建立相应的工作制度,采取多种形式,确保耕地保护目标落实到基层。

(二十二)建立耕地保护责任的考核体系。国务院定期向各省、自治区、直辖市下达耕地保护责任考核目标。各省、自治区、直辖市人民政府每年要向国务院报告耕地保护责任目标的履行情况。实行耕地保护责任考核的动态监测和预警制度。国土资源部会同农业部、监察部、审计署、统计局等部门定期对各省、自治区、直辖市耕地保护责任目标履行情况进行检查和考核,并向国务院报告。对认真履行责任目标,成效突出的,要给予表彰,并在安排中央支配的新增建设用地土地有偿使用费时予以倾斜。对没有达到责任目标的,要在全国通报,并责令限期补充耕地和补划基本农田。对土地开发整理补充耕地的情况也要定期考核。

(二十三)严格土地管理责任追究制。对违反法律规定擅自修改土地利用总体规划的、发生非法占用基本农田的、未完成耕地保护责任考核目标的、征地侵害农民合法权益引发群体性事件且未能及时解决的、减免和欠缴新增建设用地土地有偿使用费的、未按期完成基本农田图件备案工作的,要严肃追究责任,对有关责任人员由上级主管部门或监察机关依法定权限给予行政处分。同时,上级政府要责令限期整改,整改期间暂停农用地转用和征地审批。具体办法由国土资源部会同有关部门另行制订。实行补充耕地监督的责任追究制,国土资源部门和农业部门负责对补充耕地的数量和质量进行验收,并对验收结果承担责任。省、自治区、直辖市国土资源部门和农业部门要加强监督检查。

(二十四)强化对土地执法行为的监督。建立公开的土地违法立案标准。对有案不查、执法不严的,上级国土资源部门要责令其作出行政处罚决定或直接给予行政处罚。坚决纠正违法用地只通过罚款就补办合法手续的行为。对违法用地及其建筑物和其他设施,按法律规定应当拆除或没收的,不得以罚款、补办手续取代;确需补办手续的,依法处罚后,从新从高进行征地补偿和收取土地出让金及有关规费。完善土地执法监察体制,建立国家土地督察制度,设立国家土地总督察,向地方派驻土地督察专员,监督土地执法行为。

(二十五)加强土地管理行政能力建设。2004年年底以前要完成省级以下国土资源管理体制改革,理顺领导干部管理体制、工作机制和加强基层队伍建设。市、县人民政府要保证基层国土资源管理所机构、编制、经费到位,切实发挥基层国土资源管理所在土地管理执法中的作用。国土资源部要会同有关部门抓紧建立和完善统一的土地分类、调查、登记和统计制度,启动新一轮土地调查,保证土地数据的真实性。组织实施"金土工程"。充分利用现代高新技术加强土地利用动态监测,建立土地利用总体规划实施、耕地保护、土地市场的动态监测网络。

各地区、各有关部门要以"三个代表"重要思想为指导,牢固树立科学发展观和正确的政绩观,把落实好最严格的土地管理制度作为对执政能力和依法行政能力的检验。高度重视土地的保护和合理利用,认真总结经验,积极推进土地管理体制改革,不断完善土地法制,建立严格、科学、有效的土地管理制度,维护好广大人民群众的根本利益,确保经济社会的可持续发展。

中共中央办公厅、国务院办公厅关于调整完善土地出让收入使用范围优先支持乡村振兴的意见

2020年9月23日发布

土地出让收入是地方政府性基金预算收入的重要组成部分。长期以来,土地增值收益取之于农、主要用之于城,有力推动了工业化、城镇化快速发展,但直接用于农业农村比例偏低,对农业农村发

展的支持作用发挥不够。为深入贯彻习近平总书记关于把土地增值收益更多用于“三农”的重要指示精神，落实党中央、国务院有关决策部署，拓宽实施乡村振兴战略资金来源，现就调整完善土地出让收入使用范围优先支持乡村振兴提出如下意见。

一、总体要求

（一）指导思想。以习近平新时代中国特色社会主义思想为指导，全面贯彻党的十九大和十九届二中、三中、四中全会精神，紧紧围绕统筹推进“五位一体”总体布局和协调推进“四个全面”战略布局，坚持和加强党对农村工作的全面领导，坚持把解决好“三农”问题作为全党工作重中之重，坚持农业农村优先发展，按照“取之于农、主要用之于农”的要求，调整土地出让收益城乡分配格局，稳步提高土地出让收入用于农业农村比例，集中支持乡村振兴重点任务，加快补上“三农”发展短板，为实施乡村振兴战略提供有力支撑。

（二）工作原则

——坚持优先保障、务求实效。既要在存量调整上做文章，也要在增量分配上想办法，确保土地出让收入用于支持乡村振兴的力度不断增强，为实施乡村振兴战略建立稳定可靠的资金来源。

——坚持积极稳妥、分步实施。统筹考虑各地财政实力、土地出让收入规模、农业农村发展需求等情况，明确全国总体目标，各省（自治区、直辖市）确定分年度目标和实施步骤，合理把握改革节奏。

——坚持统筹使用、规范管理。统筹整合土地出让收入用于农业农村的资金，与实施乡村振兴战略规划相衔接，聚焦补短板、强弱项，健全管理制度，坚持精打细算，加强监督检查，防止支出碎片化，提高资金使用整体效益。

（三）总体目标。从“十四五”第一年开始，各省（自治区、直辖市）分年度稳步提高土地出让收入用于农业农村比例；到“十四五”期末，以省（自治区、直辖市）为单位核算，土地出让收益用于农业农村比例达到50%以上。

二、重点举措

（一）提高土地出让收入用于农业农村比例。以省（自治区、直辖市)为单位确定计提方式。各省(自治区、直辖市)可结合本地实际,从以下两种方式中选择一种组织实施:一是按照当年土地出让收益用于农业农村的资金占比逐步达到50%以上计提,若计提数小于土地出让收入8%的,则按不低于土地出让收入8%计提;二是按照当年土地出让收入用于农业农村的资金占比逐步达到10%以上计提。严禁以已有明确用途的土地出让收入作为偿债资金来源发行地方政府专项债券。各省(自治区、直辖市)可对所辖市、县设定差异化计提标准,但全省(自治区、直辖市)总体上要实现土地出让收益用于农业农村比例逐步达到50%以上的目标要求。北京、上海等土地出让收入高、农业农村投入需求小的少数地区,可根据实际需要确定提高土地出让收入用于农业农村的具体比例。中央将根据实际支出情况考核各省(自治区、直辖市)土地出让收入用于农业农村比例是否达到要求,具体考核办法由财政部另行制定。

(二)做好与相关政策衔接。从土地出让收益中计提的农业土地开发资金、农田水利建设资金、教育资金等,以及市、县政府缴纳的新增建设用地土地有偿使用费中,实际用于农业农村的部分,计入土地出让收入用于农业农村的支出。允许省级政府按照现行政策继续统筹土地出让收入用于支持"十三五"易地扶贫搬迁融资资金偿还。允许将已收储土地的出让收入,继续通过计提国有土地收益基金用于偿还因收储土地形成的地方政府债务,并作为土地出让成本性支出计算核定。各地应当依据土地管理法等有关法律法规及政策规定,合理把握土地征收、收储、供应节奏,保持土地出让收入和收益总体稳定,统筹处理好提高土地出让收入用于农业农村比例与防范化解地方政府债务风险的关系。

(三)建立市县留用为主、中央和省级适当统筹的资金调剂机制。土地出让收入用于农业农村的资金主要由市、县政府安排使用,重点向县级倾斜,赋予县级政府合理使用资金自主权。省级政府可从土地出让收入用于农业农村的资金中统筹一定比例资金,在所辖各地区间进行调剂,重点支持粮食主产和财力薄弱县(市、区、旗)乡村振兴。省级统筹办法和具体比例由各省(自治区、直辖市)

自主确定。中央财政继续按现行规定统筹农田水利建设资金的20%、新增建设用地土地有偿使用费的30%，向粮食主产区、中西部地区倾斜。

（四）加强土地出让收入用于农业农村资金的统筹使用。允许各地根据乡村振兴实际需要，打破分项计提、分散使用的管理方式，整合使用土地出让收入中用于农业农村的资金，重点用于高标准农田建设、农田水利建设、现代种业提升、农村供水保障、农村人居环境整治、农村土地综合整治、耕地及永久基本农田保护、村庄公共设施建设和管护、农村教育、农村文化和精神文明建设支出，以及与农业农村直接相关的山水林田湖草生态保护修复、以工代赈工程建设等。加强土地出让收入用于农业农村资金与一般公共预算支农投入之间的统筹衔接，持续加大各级财政通过原有渠道用于农业农村的支出力度，避免对一般公共预算支农投入产生挤出效应，确保对农业农村投入切实增加。

（五）加强对土地出让收入用于农业农村资金的核算。根据改革目标要求，进一步完善土地出让收入和支出核算办法，加强对土地出让收入用于农业农村支出的监督管理。规范土地出让收入管理，严禁变相减免土地出让收入，确保土地出让收入及时足额缴入国库。严格核定土地出让成本性支出，不得将与土地前期开发无关的基础设施和公益性项目建设成本纳入成本核算范围，虚增土地出让成本，缩减土地出让收益。

三、保障措施

（一）加强组织领导。各地区各有关部门要提高政治站位，从补齐全面建成小康社会短板、促进乡村全面振兴、推动城乡融合发展高度，深刻认识调整完善土地出让收入使用范围优先支持乡村振兴的重要性和紧迫性，切实将其摆上重要议事日程，明确工作责任，确保各项举措落地见效。地方党委和政府要加强领导，各省（自治区、直辖市）在2020年年底前制定具体措施并报中央农办，由中央农办会同有关部门审核备案。

（二）强化考核监督。把调整完善土地出让收入使用范围、提高用于农业农村比例情况纳入实施乡村振兴战略实绩考核,作为中央一号文件贯彻落实情况督查的重要内容。加强对土地出让相关政策落实及土地出让收支管理的审计监督,适时开展土地出让收入专项审计。建立全国统一的土地出让收支信息平台,实现收支实时监控。严肃查处擅自减免、截留、挤占、挪用应缴国库土地出让收入以及虚增土地出让成本、违规使用农业农村投入资金等行为,并依法依规追究有关责任人的责任。

各省(自治区、直辖市)党委和政府每年向党中央、国务院报告实施乡村振兴战略进展情况时,要专题报告调整完善土地出让收入使用范围、提高用于农业农村投入比例优先支持乡村振兴的情况。

深化农村改革综合性实施方案(节录)

2015年11月中共中央办公厅、国务院办公厅印发

农村改革是全面深化改革的重要内容。根据党中央、国务院的决策部署,农村各项改革正在扎实开展,一些重要改革事项试点工作正在有序推进。当前,中国经济发展进入新常态,新型工业化、信息化、城镇化、农业现代化持续推进,农村经济社会深刻变革,农村改革涉及的利益关系更加复杂、目标更加多元、影响因素更加多样、任务也更加艰巨。农村改革综合性强,靠单兵突进难以奏效,必须树立系统性思维,做好整体谋划和顶层设计,找准牵一发而动全身的牛鼻子和主要矛盾,进一步提高农村改革决策的科学性。要从总体上把握好农村改革的方向,提出深化农村改革总的目标、大的原则、基本任务、重要路径,从全局上更好地指导和协调农村各项改革,加强各项改革之间的衔接配套,最大限度释放改革的综合效应。

根据中央统一部署,从提高农村改革的系统性、整体性、协同性出发,特制定深化农村改革综合性实施方案。

二、关键领域和重大举措

全面深化农村改革涉及经济、政治、文化、社会、生态文明和基层党建等领域，涉及农村多种所有制经济主体。当前和今后一个时期，深化农村改革要聚焦农村集体产权制度、农业经营制度、农业支持保护制度、城乡发展一体化体制机制和农村社会治理制度等 5 大领域。对这 5 大领域改革的核心问题，要明确大的方向、主要内容和重大方针对策，进一步理清改革思路。

（一）深化农村集体产权制度改革

以土地集体所有为基础的农村集体所有制，是社会主义公有制的重要形式，是实现农民共同富裕的制度保障。在土地集体所有基础上建立的农村集体经济组织制度，与村民自治组织制度相交织，构成了中国农村治理的基本框架，为中国特色农业农村现代化提供了基本的制度支撑。建立健全符合社会主义市场经济体制要求和社会主义初级阶段实际的农村集体产权制度，必须以保护农民集体经济组织成员权利为核心，以明晰农村集体产权归属、赋予农民更多财产权利为重点，探索社会主义市场经济条件下农村集体所有制经济的有效组织形式和经营方式，确保集体经济发展成果惠及本集体所有成员，进一步发挥集体经济优越性，进一步调动集体经济组织成员积极性。

1. 深化农村土地制度改革。坚守土地公有性质不改变、耕地红线不突破、农民利益不受损“三条底线”，防止犯颠覆性错误。深化农村土地制度改革的基本方向是：落实集体所有权，稳定农户承包权，放活土地经营权。落实集体所有权，就是落实“农民集体所有的不动产和动产，属于本集体成员集体所有”的法律规定，明确界定农民的集体成员权，明晰集体土地产权归属，实现集体产权主体清晰。稳定农户承包权，就是要依法公正地将集体土地的承包经营权落实到本集体组织的每个农户。放活土地经营权，就是允许承包农户将土地经营权依法自愿配置给有经营意愿和经营能力的主体，发展多种形式的适度规模经营。

一是开展农村土地征收、集体经营性建设用地入市、宅基地制度改革试点。及时总结经验、不断完善,形成可复制、可推广的改革成果。农村土地征收制度改革的基本思路是:缩小土地征收范围,规范土地征收程序,完善对被征地农民合理、规范、多元保障机制,建立兼顾国家、集体、个人的土地增值收益分配机制,合理提高个人收益。集体经营性建设用地制度改革的基本思路是:允许土地利用总体规划和城乡规划确定为工矿仓储、商服等经营性用途的存量农村集体建设用地,与国有建设用地享有同等权利,在符合规划、用途管制和依法取得的前提下,可以出让、租赁、入股,完善入市交易规则、服务监管制度和土地增值收益的合理分配机制。宅基地制度改革的基本思路是:在保障农户依法取得的宅基地用益物权基础上,改革完善农村宅基地制度,探索农民住房保障新机制,对农民住房财产权作出明确界定,探索宅基地有偿使用制度和自愿有偿退出机制,探索农民住房财产权抵押、担保、转让的有效途径。

二是深化农村土地承包经营制度改革。抓紧修改有关法律,落实中央关于稳定农村土地承包关系并保持长久不变的重大决策,适时就二轮承包期满后耕地延包办法、新的承包期限等内容提出具体方案。在基本完成农村集体土地所有权确权登记颁证的基础上,按照不动产统一登记原则,加快推进宅基地和集体建设用地使用权确权登记颁证工作。明确和提升农村土地承包经营权确权登记颁证的法律效力,扩大整省推进试点范围,总体上要确地到户,从严掌握确权确股不确地的范围。出台农村承包土地经营权抵押、担保试点指导意见。在有条件的地方开展农民土地承包经营权有偿退出试点。制定出台完善草原承包经营制度的文件,规范草原承包行为和管理方式,充分调动广大牧民保护和建设草原的积极性。引导农村集体所有的荒山、荒沟、荒丘、荒滩使用权有序流转。

三是健全耕地保护和补偿制度。严格实施土地利用总体规划,加强耕地保护,全面开展永久基本农田划定工作,实行特殊保护。完善土地复垦制度,盘活土地存量,建立土地复垦激励约束机制,落实生产建设毁损耕地的复垦责任。加大中低产田改造力度,以增加高产稳产基本农田、改善农业生产条件和生态环境为目标,完善农村土地整治办法。依法加强耕地占补平衡规范管理，强化耕地占补平衡的法定责任，完善占补平衡补充耕地质量评价体系，确保补充耕地数量到位、质量到位。完善耕地和基本农田保护补偿机制。采取更有力的措施，加强对耕地占补平衡的监管，坚决防止占多补少、占优补劣、占水田补旱田现象，杜绝违规占用林地、湿地补充耕地。进一步落实耕地保护政府领导干部离任审计制度。按照有关法律法规，完善和拓展城乡建设用地增减挂钩、“地票”等试点，推动利用城乡建设用地增减挂钩政策支持易地扶贫搬迁。

2. 分类推进农村集体资产确权到户和股份合作制改革。在确认农村集体经济组织成员身份、全面核实农村集体资产基础上，对土地等资源性资产，重点是抓紧抓实土地承包经营权确权登记颁证工作；对非经营性资产，重点是探索有利于提高公共服务能力的集体统一运营管理有效机制；对经营性资产，重点是将资产折股量化到本集体经济组织成员，赋予农民对集体资产更多权能，发展多种形式的股份合作。健全农村集体“三资”管理监督和收益分配制度。明确集体经济组织市场主体地位。建立符合实际需求的农村产权流转交易市场，保障农村产权依法自愿公开公正有序交易。现阶段农村集体产权制度改革严格限定在本集体经济组织内部进行，切实防止集体经济组织内部少数人侵占、支配集体资产，防止外部资本侵吞、控制集体资产。

3. 深化林业和水利改革。实行最严格的林地用途管制制度。以放活经营权、落实处置权、保障收益权为重点，深化配套改革，完善集体林权制度。实行森林分类经营管理，完善林木采伐权，管好公益林、放活商品林，调动林农和社会力量发展林业的积极性。稳步推进国有林场和国有林区改革。研究提出加强天然林资源保护的指导意见，有序停止天然林商业性采伐。开展小型水利工程管理体制改革，明确工程所有权和使用权，落实管护主体，促进水利工程良性运行。

中央农村工作领导小组办公室、农业农村部关于进一步加强农村宅基地管理的通知

1. 2019年9月11日发布
2. 中农发〔2019〕11号

各省、自治区、直辖市和新疆生产建设兵团党委农办，农业农村（农牧）厅（局、委）：

宅基地是保障农民安居乐业和农村社会稳定的重要基础。加强宅基地管理，对于保护农民权益、推进美丽乡村建设和实施乡村振兴战略具有十分重要的意义。由于多方面原因，当前农村宅基地管理比较薄弱，一些地方存在超标准占用宅基地、违法违规买卖宅基地、侵占耕地建设住宅等问题，损害农民合法权益的现象时有发生。按照本轮机构改革和新修订的土地管理法规定，农业农村部门负责宅基地改革和管理有关工作，为切实加强农村宅基地管理，现就有关要求通知如下。

一、切实履行部门职责

农村宅基地管理和改革是党和国家赋予农业农村部门的重要职责，具体承担指导宅基地分配、使用、流转、纠纷仲裁管理和宅基地合理布局、用地标准、违法用地查处，指导闲置宅基地和闲置农房利用等工作。各级农业农村部门要充分认识加强宅基地管理工作的重要意义，在党委政府的统一领导下，主动担当，做好工作衔接，健全机构队伍，落实保障条件，系统谋划工作，创新方式方法，全面履职尽责，保持工作的连续性、稳定性，防止出现弱化宅基地管理的情况。要主动加强与自然资源、住房城乡建设等部门的沟通协调，落实宅基地用地指标，建立国土空间规划、村庄规划、宅基地确权登记颁证、农房建设等资源信息共享机制，做好宅基地审批管理与农房建设、不动产登记等工作的有序衔接。

二、依法落实基层政府属地责任

建立部省指导、市县主导、乡镇主责、村级主体的宅基地管理机制。宅基地管理工作的重心在基层,县乡政府承担属地责任,农业农村部门负责行业管理,具体工作由农村经营管理部门承担。随着农村改革发展的不断深入,基层农村经营管理部门的任务越来越重,不仅承担农村土地承包管理、新型农业经营主体培育、集体经济发展和资产财务管理等常规工作,还肩负着农村土地制度、集体产权制度和经营制度的改革创新等重要职责,本轮机构改革后,又增加了宅基地管理、乡村治理等重要任务。但是,当前基层农村经营管理体系不健全、队伍不稳定、力量不匹配、保障不到位等问题十分突出。这支队伍有没有、强不强直接决定着农村改革能否落实落地和农民合法权益能否得到切实维护。县乡政府要强化组织领导,切实加强基层农村经营管理体系的建设,加大支持力度,充实力量,落实经费,改善条件,确保工作有人干、责任有人负。

按照新修订的土地管理法规定,农村村民住宅用地由乡镇政府审核批准。乡镇政府要因地制宜探索建立宅基地统一管理机制,依托基层农村经营管理部门,统筹协调相关部门宅基地用地审查、乡村建设规划许可、农房建设监管等职责,推行一个窗口对外受理、多部门内部联动运行,建立宅基地和农房乡镇联审联办制度,为农民群众提供便捷高效的服务。要加强对宅基地申请、审批、使用的全程监管,落实宅基地申请审查到场、批准后丈量批放到场、住宅建成后核查到场等"三到场"要求。要开展农村宅基地动态巡查,及时发现和处置涉及宅基地的各类违法行为,防止产生新的违法违规占地现象。要指导村级组织完善宅基地民主管理程序,探索设立村级宅基地协管员。

三、严格落实"一户一宅"规定

宅基地是农村村民用于建造住宅及其附属设施的集体建设用地,包括住房、附属用房和庭院等用地。农村村民一户只能拥有一处宅基地,面积不得超过本省、自治区、直辖市规定的标准。农村村民应严格按照批准面积和建房标准建设住宅,禁止未批先建、超面积占用宅基地。经批准易地建造住宅的，应严格按照“建新拆旧”要求，将原宅基地交还村集体。农村村民出卖、出租、赠与住宅后，再申请宅基地的，不予批准。对历史形成的宅基地面积超标和“一户多宅”等问题，要按照有关政策规定分类进行认定和处置。人均土地少、不能保障一户拥有一处宅基地的地区，县级人民政府在充分尊重农民意愿的基础上，可以采取措施，按照省、自治区、直辖市规定的标准保障农村村民实现户有所居。

四、鼓励节约集约利用宅基地

严格落实土地用途管制，农村村民建住宅应当符合乡（镇）土地利用总体规划、村庄规划。合理安排宅基地用地，严格控制新增宅基地占用农用地，不得占用永久基本农田；涉及占用农用地的，应当依法先行办理农用地转用手续。城镇建设用地规模范围外的村庄，要通过优先安排新增建设用地计划指标、村庄整治、废旧宅基地腾退等多种方式，增加宅基地空间，满足符合宅基地分配条件农户的建房需求。城镇建设用地规模范围内，可以通过建设农民公寓、农民住宅小区等方式，满足农民居住需要。

五、鼓励盘活利用闲置宅基地和闲置住宅

鼓励村集体和农民盘活利用闲置宅基地和闲置住宅，通过自主经营、合作经营、委托经营等方式，依法依规发展农家乐、民宿、乡村旅游等。城镇居民、工商资本等租赁农房居住或开展经营的，要严格遵守合同法的规定，租赁合同的期限不得超过二十年。合同到期后，双方可以另行约定。在尊重农民意愿并符合规划的前提下，鼓励村集体积极稳妥开展闲置宅基地整治，整治出的土地优先用于满足农民新增宅基地需求、村庄建设和乡村产业发展。闲置宅基地盘活利用产生的土地增值收益要全部用于农业农村。在征得宅基地所有权人同意的前提下，鼓励农村村民在本集体经济组织内部向符合宅基地申请条件的农户转让宅基地。各地可探索通过制定宅基地转让示范合同等方式，引导规范转让行为。转让合同生效后，应及时办理宅基地使用权变更手续。对进城落户的农村村民，各地可以多渠道筹集资金，探索通过多种方式鼓励其自愿有偿退出宅基地。

六、依法保护农民合法权益

要充分保障宅基地农户资格权和农民房屋财产权。不得以各种名义违背农民意愿强制流转宅基地和强迫农民“上楼”，不得违法收回农户合法取得的宅基地，不得以退出宅基地作为农民进城落户的条件。严格控制整村撤并，规范实施程序，加强监督管理。宅基地是农村村民的基本居住保障，严禁城镇居民到农村购买宅基地，严禁下乡利用农村宅基地建设别墅大院和私人会馆。严禁借流转之名违法违规圈占、买卖宅基地。

七、做好宅基地基础工作

各级农业农村部门要结合国土调查、宅基地使用权确权登记颁证等工作，推动建立农村宅基地统计调查制度，组织开展宅基地和农房利用现状调查，全面摸清宅基地规模、布局和利用情况。逐步建立宅基地基础信息数据库和管理信息系统，推进宅基地申请、审批、流转、退出、违法用地查处等的信息化管理。要加强调查研究，及时研究解决宅基地管理和改革过程中出现的新情况新问题，注意总结基层和农民群众创造的好经验好做法，落实新修订的土地管理法规定，及时修订完善各地宅基地管理办法。要加强组织领导，强化自身建设，加大法律政策培训力度，以工作促体系建队伍，切实做好宅基地管理工作。

国务院办公厅关于坚决制止耕地“非农化”行为的通知

1．2020年9月10日发布

2．国办发明电〔2020〕24号

各省、自治区、直辖市人民政府，国务院各部委、各直属机构：

耕地是粮食生产的重要基础，解决好14亿人口的吃饭问题，必须守住耕地这个根基。党中央、国务院高度重视耕地保护，习近平总书记作出重要指示批示，李克强总理提出明确要求。近年来，党中央、国务院出台了一系列严格耕地保护的政策措施，但一些地方仍然存在违规占用耕地开展非农建设的行为，有的违规占用永久基本农田绿化造林，有的在高速铁路、国道省道（含高速公路）、河渠两侧违规占用耕地超标准建设绿化带，有的大规模挖湖造景，对国家粮食安全构成威胁。地方各级人民政府要增强“四个意识”、坚定“四个自信”、做到“两个维护”，按照党中央、国务院决策部署，采取有力措施，强化监督管理，落实好最严格的耕地保护制度，坚决制止各类耕地“非农化”行为，坚决守住耕地红线。经国务院同意，现将有关要求通知如下。

一、严禁违规占用耕地绿化造林。要严格执行土地管理法、基本农田保护条例等法律法规，禁止占用永久基本农田种植苗木、草皮等用于绿化装饰以及其他破坏耕作层的植物。违规占用耕地及永久基本农田造林的，不予核实造林面积，不享受财政资金补助政策。平原地区要根据资源禀赋，合理制定绿化造林等生态建设目标。退耕还林还草要严格控制在国家批准的规模和范围内，涉及地块全部实现上图入库管理。正在违规占用耕地绿化造林的要立即停止。

二、严禁超标准建设绿色通道。要严格控制铁路、公路两侧用地范围以外绿化带用地审批，道路沿线是耕地的，两侧用地范围以外绿化带宽度不得超过5米，其中县乡道路不得超过3米。铁路、国道省道（含高速公路）、县乡道路两侧用地范围以外违规占用耕地超标准建设绿化带的要立即停止。不得违规在河渠两侧、水库周边占用耕地及永久基本农田超标准建设绿色通道。今后新增的绿色通道，要依法依规建设，确需占用永久基本农田的，应履行永久基本农田占用报批手续。交通、水利工程建设用地范围内的绿化用地要严格按照有关规定办理建设用地审批手续，其中涉及占用耕地的必须做到占补平衡。禁止以城乡绿化建设等名义违法违规占用耕地。

三、严禁违规占用耕地挖湖造景。禁止以河流、湿地、湖泊治理为名，擅自占用耕地及永久基本农田挖田造湖、挖湖造景。不准在城市建设中违规占用耕地建设人造湿地公园、人造水利景观。确需占用的，应符合国土空间规划，依法办理建设用地审批和规划许可手续。

未履行审批手续的在建项目,应立即停止并纠正;占用永久基本农田的,要限期恢复,确实无法恢复的按照有关规定进行补划。

四、严禁占用永久基本农田扩大自然保护地。新建的自然保护地应当边界清楚,不准占用永久基本农田。目前已划入自然保护地核心保护区内的永久基本农田要纳入生态退耕、有序退出。自然保护地一般控制区内的永久基本农田要根据对生态功能造成的影响确定是否退出,造成明显影响的纳入生态退耕、有序退出,不造成明显影响的可采取依法依规相应调整一般控制区范围等措施妥善处理。自然保护地以外的永久基本农田和集中连片耕地,不得划入生态保护红线,允许生态保护红线内零星的原住民在不扩大现有耕地规模前提下,保留生活必需的少量种植。

五、严禁违规占用耕地从事非农建设。加强农村地区建设用地审批和乡村建设规划许可管理,坚持农地农用。不得违反规划搞非农建设、乱占耕地建房等。巩固"大棚房"问题清理整治成果,强化农业设施用地监管。加强耕地利用情况监测,对乱占耕地从事非农建设及时预警,构建早发现、早制止、严查处的常态化监管机制。

六、严禁违法违规批地用地。批地用地必须符合国土空间规划,凡不符合国土空间规划以及不符合土地管理法律法规和国家产业政策的建设项目,不予批准用地。各地区不得通过擅自调整县乡国土空间规划规避占用永久基本农田审批。各项建设用地必须按照法定权限和程序报批,按照批准的用途、位置、标准使用,严禁未批先用、批少占多、批甲占乙。严格临时用地管理,不得超过规定时限长期使用。对各类未经批准或不符合规定的建设项目、临时用地等占用耕地及永久基本农田的,依法依规严肃处理,责令限期恢复原种植条件。

七、全面开展耕地保护检查。各省、自治区、直辖市人民政府要组织有关部门,结合 2016 — 2020 年省级政府耕地保护责任目标考核,对本地区耕地及永久基本农田保护情况进行全面检查,严肃查处违法占用和破坏耕地及永久基本农田的行为,对发现的问题限期整改。自然资源部要会同农业农村部、国家统计局按照《省级政府耕地保护责任目标考核办法》进行全面检查,并将违规占用永久基本农田开展绿化造林、挖湖造景、非农建设等耕地“非农化”行为纳入考核内容,加强对违法违规行为的查处,对有令不行、有禁不止的严肃追究责任。

八、严格落实耕地保护责任。各地区各部门要充分认识实行最严格耕地保护制度的极端重要性。地方各级人民政府要承担起耕地保护责任,对本行政区域内耕地保有量和永久基本农田保护面积及年度计划执行情况负总责。要健全党委领导、政府负责、部门协同、公众参与、上下联动的共同责任机制,对履职不力、监管不严、失职渎职的领导干部,依纪依规追究责任。各地区要根据本通知精神,抓紧制定和调整完善相关政策措施,对违反本通知规定的行为立即纠正,坚决遏制新增问题发生。各省、自治区、直辖市人民政府要在2020年底前将本通知执行情况报国务院,并抄送自然资源部、农业农村部。各有关部门要按照职责分工,履行耕地保护责任。自然资源部、农业农村部要会同有关部门做好对本通知执行情况的监督检查。

土地复垦条例实施办法

1. 2012年12月27日国土资源部令第56号公布

2. 根据2019年7月24日自然资源部令第5号《关于第一批废止和修改的部门规章的决定》修正

第一章 总 则

第一条 为保证土地复垦的有效实施,根据《土地复垦条例》(以下简称条例),制定本办法。

第二条 土地复垦应当综合考虑复垦后土地利用的社会效益、经济效益和生态效益。

生产建设活动造成耕地损毁的,能够复垦为耕地的,应当优先复垦为耕地。

第三条　县级以上自然资源主管部门应当明确专门机构并配备专职人员负责土地复垦监督管理工作。

县级以上自然资源主管部门应当加强与发展改革、财政、铁路、交通、水利、环保、农业、林业等部门的协同配合和行业指导监督。

上级自然资源主管部门应当加强对下级自然资源主管部门土地复垦工作的监督和指导。

第四条　除条例第六条规定外，开展土地复垦调查评价、编制土地复垦规划设计、确定土地复垦工程建设和造价、实施土地复垦工程质量控制、进行土地复垦评价等活动，也应当遵守有关国家标准和土地管理行业标准。

省级自然资源主管部门可以结合本地实际情况，补充制定本行政区域内土地复垦工程建设和造价等标准。

第五条　县级以上自然资源主管部门应当建立土地复垦信息管理系统，利用国土资源综合监管平台，对土地复垦情况进行动态监测，及时收集、汇总、分析和发布本行政区域内土地损毁、土地复垦等数据信息。

第二章　生产建设活动损毁土地的复垦

第六条　属于条例第十条规定的生产建设项目，土地复垦义务人应当在办理建设用地申请或者采矿权申请手续时，依据自然资源部《土地复垦方案编制规程》的要求，组织编制土地复垦方案，随有关报批材料报送有关自然资源主管部门审查。

具体承担相应建设用地审查和采矿权审批的自然资源主管部门负责对土地复垦义务人报送的土地复垦方案进行审查。

第七条　条例施行前已经办理建设用地手续或者领取采矿许可证，条例施行后继续从事生产建设活动造成土地损毁的，土地复垦义务人应当在本办法实施之日起一年内完成土地复垦方案的补充编制工作，报有关自然资源主管部门审查。

第八条　土地复垦方案分为土地复垦方案报告书和土地复垦方案报告表。

依法由省级以上人民政府审批建设用地的建设项目，以及由省级以上自然资源主管部门审批登记的采矿项目,应当编制土地复垦方案报告书。其他项目可以编制土地复垦方案报告表。

第九条 生产建设周期长、需要分阶段实施土地复垦的生产建设项目,土地复垦方案应当包含阶段土地复垦计划和年度实施计划。

跨县(市、区)域的生产建设项目,应当在土地复垦方案中附具以县(市、区)为单位的土地复垦实施方案。

阶段土地复垦计划和以县(市、区)为单位的土地复垦实施方案应当明确土地复垦的目标、任务、位置、主要措施、投资概算、工程规划设计等。

第十条 有关自然资源主管部门受理土地复垦方案审查申请后,应当组织专家进行论证。

根据论证所需专业知识结构,从土地复垦专家库中选取专家。专家与土地复垦方案申请人或者申请项目有利害关系的,应当主动要求回避。土地复垦方案申请人也可以向有关自然资源主管部门申请专家回避。

土地复垦方案申请人或者相关利害关系人可以按照《政府信息公开条例》的规定,向有关自然资源主管部门申请查询专家意见。有关自然资源主管部门应当依法提供查询结果。

第十一条 土地复垦方案经专家论证通过后,由有关自然资源主管部门进行最终审查。符合下列条件的,方可通过审查:

(一)土地利用现状明确;

(二)损毁土地的分析预测科学;

(三)土地复垦目标、任务和利用方向合理,措施可行;

(四)土地复垦费用测算合理,预存与使用计划清晰并符合本办法规定要求;

(五)土地复垦计划安排科学、保障措施可行;

(六)土地复垦方案已经征求意见并采纳合理建议。

第十二条 土地复垦方案通过审查的,有关自然资源主管部门应当向土地复垦义务人出具土地复垦方案审查意见书。土地复垦方案审查意见书应当包含本办法第十一条规定的有关内容。

土地复垦方案未通过审查的，有关自然资源主管部门应当书面告知土地复垦义务人补正。逾期不补正的，不予办理建设用地或者采矿审批相关手续。

第十三条　土地复垦义务人因生产建设项目的用地位置、规模等发生变化，或者采矿项目发生扩大变更矿区范围等重大内容变化的，应当在三个月内对原土地复垦方案进行修改，报原审查的自然资源主管部门审查。

第十四条　土地复垦义务人不按照本办法第七条、第十三条规定补充编制或者修改土地复垦方案的，依照条例第二十条规定处理。

第十五条　土地复垦义务人在实施土地复垦工程前，应当依据审查通过的土地复垦方案进行土地复垦规划设计，将土地复垦方案和土地复垦规划设计一并报所在地县级自然资源主管部门备案。

第十六条　土地复垦义务人应当按照条例第十五条规定的要求，与损毁土地所在地县级自然资源主管部门在双方约定的银行建立土地复垦费用专门账户，按照土地复垦方案确定的资金数额，在土地复垦费用专门账户中足额预存土地复垦费用。

预存的土地复垦费用遵循“土地复垦义务人所有，自然资源主管部门监管，专户储存专款使用”的原则。

第十七条　土地复垦义务人应当与损毁土地所在地县级自然资源主管部门、银行共同签订土地复垦费用使用监管协议，按照本办法规定的原则明确土地复垦费用预存和使用的时间、数额、程序、条件和违约责任等。

土地复垦费用使用监管协议对当事人具有法律效力。

第十八条　土地复垦义务人应当在项目动工前一个月内预存土地复垦费用。

土地复垦义务人按照本办法第七条规定补充编制土地复垦方案的，应当在土地复垦方案通过审查后一个月内预存土地复垦费用。

土地复垦义务人按照本办法第十三条规定修改土地复垦方案后，已经预存的土地复垦费用不足的，应当在土地复垦方案通过审查后一个月内补齐差额费用。

第十九条 土地复垦费用预存实行一次性预存和分期预存两种方式。

生产建设周期在三年以下的项目,应当一次性全额预存土地复垦费用。

生产建设周期在三年以上的项目,可以分期预存土地复垦费用,但第一次预存的数额不得少于土地复垦费用总金额的百分之二十。余额按照土地复垦方案确定的土地复垦费用预存计划预存,在生产建设活动结束前一年预存完毕。

第二十条 采矿生产项目的土地复垦费用预存,统一纳入矿山地质环境治理恢复基金进行管理。

条例实施前,采矿生产项目按照有关规定向自然资源主管部门缴存的矿山地质环境治理恢复保证金中已经包含了土地复垦费用的,土地复垦义务人可以向所在地自然资源主管部门提出申请,经审核属实的,可以不再预存相应数额的土地复垦费用。

第二十一条 土地复垦义务人应当按照土地复垦方案确定的工作计划和土地复垦费用使用计划,向损毁土地所在地县级自然资源主管部门申请出具土地复垦费用支取通知书。县级自然资源主管部门应当在七日内出具土地复垦费用支取通知书。

土地复垦义务人凭土地复垦费用支取通知书,从土地复垦费用专门账户中支取土地复垦费用,专项用于土地复垦。

第二十二条 土地复垦义务人应当按照条例第十七条规定于每年12月31日前向所在地县级自然资源主管部门报告当年土地复垦义务履行情况,包括下列内容:

(一)年度土地损毁情况,包括土地损毁方式、地类、位置、权属、面积、程度等;

(二)年度土地复垦费用预存、使用和管理等情况;

(三)年度土地复垦实施情况,包括复垦地类、位置、面积、权属、主要复垦措施、工程量等;

(四)自然资源主管部门规定的其他年度报告内容。

县级自然资源主管部门应当加强对土地复垦义务人报告事项履行情况的监督核实,并可以根据情况将土地复垦义务履行情况年度报告在门户网站上公开。

第二十三条　县级自然资源主管部门应当加强对土地复垦义务人使用土地复垦费用的监督管理，发现有不按照规定使用土地复垦费用的，可以按照土地复垦费用使用监管协议的约定依法追究土地复垦义务人的违约责任。

第二十四条　土地复垦义务人在生产建设活动中应当遵循“保护、预防和控制为主，生产建设与复垦相结合”的原则，采取下列预防控制措施：

（一）对可能被损毁的耕地、林地、草地等，应当进行表土剥离，分层存放，分层回填，优先用于复垦土地的土壤改良。表土剥离厚度应当依据相关技术标准，根据实际情况确定。表土剥离应当在生产工艺和施工建设前进行或者同步进行；

（二）露天采矿、烧制砖瓦、挖沙取土、采石，修建铁路、公路、水利工程等，应当合理确定取土的位置、范围、深度和堆放的位置、高度等；

（三）地下采矿或者疏干抽排地下水等施工，对易造成地面塌陷或者地面沉降等特殊地段应当采取充填、设置保护支柱等工程技术方法以及限制、禁止开采地下水等措施；

（四）禁止不按照规定排放废气、废水、废渣、粉灰、废油等。

第二十五条　土地复垦义务人应当对生产建设活动损毁土地的规模、程度和复垦过程中土地复垦工程质量、土地复垦效果等实施全程控制，并对验收合格后的复垦土地采取管护措施，保证土地复垦效果。

第二十六条　土地复垦义务人依法转让采矿权或者土地使用权的，土地复垦义务同时转移。但原土地复垦义务人应当完成的土地复垦义务未履行完成的除外。

原土地复垦义务人已经预存的土地复垦费用以及未履行完成的土地复垦义务，由原土地复垦义务人与新的土地复垦义务人在转让合同中约定。

新的土地复垦义务人应当重新与损毁土地所在地自然资源主管部门、银行签订土地复垦费用使用监管协议。

第三章 历史遗留损毁土地和自然灾害损毁土地的复垦

第二十七条 历史遗留损毁土地和自然灾害损毁土地调查评价，应当包括下列内容：

（一）损毁土地现状调查，包括地类、位置、面积、权属、损毁类型、损毁特征、损毁原因、损毁时间、污染情况、自然条件、社会经济条件等；

（二）损毁土地复垦适宜性评价，包括损毁程度、复垦潜力、利用方向及生态环境影响等；

（三）土地复垦效益分析，包括社会、经济、生态等效益。

第二十八条 符合下列条件的土地，所在地的县级自然资源主管部门应当认定为历史遗留损毁土地：

（一）土地复垦义务人灭失的生产建设活动损毁的土地；

（二）《土地复垦规定》实施以前生产建设活动损毁的土地。

第二十九条 县级自然资源主管部门应当将历史遗留损毁土地认定结果予以公告，公告期间不少于三十日。土地复垦义务人对认定结果有异议的，可以向县级自然资源主管部门申请复核。

县级自然资源主管部门应当自收到复核申请之日起三十日内做出答复。土地复垦义务人不服的，可以向上一级自然资源主管部门申请裁定。

上一级自然资源主管部门发现县级自然资源主管部门做出的认定结果不符合规定的，可以责令县级自然资源主管部门重新认定。

第三十条 土地复垦专项规划应当包括下列内容：

（一）土地复垦潜力分析；

（二）土地复垦的原则、目标、任务和计划安排；

（三）土地复垦重点区域和复垦土地利用方向；

（四）土地复垦项目的划定，复垦土地的利用布局和工程布局；

（五）土地复垦资金的测算，资金筹措方式和资金安排；

（六）预期经济、社会和生态等效益；

（七）土地复垦的实施保障措施。

土地复垦专项规划可以根据实际情况纳入土地整治规划。

土地复垦专项规划的修改应当按照条例第二十二条的规定报本级人民政府批准。

第三十一条　县级以上地方自然资源主管部门应当依据土地复垦专项规划制定土地复垦年度计划，分年度、有步骤地组织开展土地复垦工作。

第三十二条　条例第二十三条规定的历史遗留损毁土地和自然灾害损毁土地的复垦资金来源包括下列资金：

（一）土地复垦费；

（二）耕地开垦费；

（三）新增建设用地土地有偿使用费；

（四）用于农业开发的土地出让收入；

（五）可以用于土地复垦的耕地占用税地方留成部分；

（六）其他可以用于土地复垦的资金。

第四章　土地复垦验收

第三十三条　土地复垦义务人完成土地复垦任务后，应当组织自查，向项目所在地县级自然资源主管部门提出验收书面申请，并提供下列材料：

（一）验收调查报告及相关图件；

（二）规划设计执行报告；

（三）质量评估报告；

（四）检测等其他报告。

第三十四条　生产建设周期五年以上的项目，土地复垦义务人可以分阶段提出验收申请，负责组织验收的自然资源主管部门实行分级验收。

阶段验收由项目所在地县级自然资源主管部门负责组织，总体验收由审查通过土地复垦方案的自然资源主管部门负责组织或者委托有关自然资源主管部门组织。

第三十五条　负责组织验收的自然资源主管部门应当会同同级农业、林业、环境保护等有关部门，组织邀请有关专家和农村集体经济组织代表，依据土地复垦方案、阶段土地复垦计划，对下列内容进行验收：

（一）土地复垦计划目标与任务完成情况；

（二）规划设计执行情况；

（三）复垦工程质量和耕地质量等级；

（四）土地权属管理、档案资料管理情况；

（五）工程管护措施。

第三十六条 土地复垦阶段验收和总体验收形成初步验收结果后，负责组织验收的自然资源主管部门应当在项目所在地公告，听取相关权利人的意见。公告时间不少于三十日。

相关土地权利人对验收结果有异议的，可以在公告期内向负责组织验收的自然资源主管部门书面提出。

自然资源主管部门应当在接到书面异议之日起十五日内，会同同级农业、林业、环境保护等有关部门核查，形成核查结论反馈相关土地权利人。异议情况属实的，还应当向土地复垦义务人提出整改意见，限期整改。

第三十七条 土地复垦工程经阶段验收或者总体验收合格的，负责验收的自然资源主管部门应当依照条例第二十九条规定出具阶段或者总体验收合格确认书。验收合格确认书应当载明下列事项：

（一）土地复垦工程概况；

（二）损毁土地情况；

（三）土地复垦完成情况；

（四）土地复垦中存在的问题和整改建议、处理意见；

（五）验收结论。

第三十八条 土地复垦义务人在申请新的建设用地、申请新的采矿许可证或者申请采矿许可证延续、变更、注销时，应当一并提供按照本办法规定到期完工土地复垦项目的验收合格确认书或者土地复垦费缴费凭据。未提供相关材料的，按照条例第二十条规定，有关自然资源主管部门不得通过审查和办理相关手续。

第三十九条 政府投资的土地复垦项目竣工后，由负责组织实施土地复垦项目的自然资源主管部门进行初步验收，验收程序和要求除依照本办法规定外，按照资金来源渠道及相应的项目管理办法执行。

初步验收完成后，依照条例第三十条规定进行最终验收，并依照本办法第三十七条规定出具验收合格确认书。

自然资源主管部门代复垦的项目竣工后，依照本条规定进行验收。

第四十条　土地权利人自行复垦或者社会投资进行复垦的土地复垦项目竣工后，由项目所在地县级自然资源主管部门进行验收，验收程序和要求依照本办法规定执行。

第五章　土地复垦激励措施

第四十一条　土地复垦义务人将生产建设活动损毁的耕地、林地、牧草地等农用地复垦恢复为原用途的，可以依照条例第三十二条规定，凭验收合格确认书向所在地县级自然资源主管部门提出出具退还耕地占用税意见的申请。

经审核属实的，县级自然资源主管部门应当在十五日内向土地复垦义务人出具意见。土地复垦义务人凭自然资源主管部门出具的意见向有关部门申请办理退还耕地占用税手续。

第四十二条　由社会投资将历史遗留损毁和自然灾害损毁土地复垦为耕地的，除依照条例第三十三条规定办理外，对属于将非耕地复垦为耕地的，经验收合格并报省级自然资源主管部门复核同意后，可以作为本省、自治区、直辖市的补充耕地指标，市、县政府可以出资购买指标。

第四十三条　由县级以上地方人民政府投资将历史遗留损毁和自然灾害损毁的建设用地复垦为耕地的，经验收合格并报省级自然资源主管部门复核同意后，依照条例第三十五条规定可以作为本省、自治区、直辖市的补充耕地指标。但使用新增建设用地有偿使用费复垦的耕地除外。

属于农民集体所有的土地，复垦后应当交给农民集体使用。

第六章　土地复垦监督管理

第四十四条　县级以上自然资源主管部门应当采取年度检查、专项核查、例行稽查、在线监管等形式，对本行政区域内的土地复垦活动进

行监督检查,并可以采取下列措施:

(一)要求被检查当事人如实反映情况和提供相关的文件、资料和电子数据;

(二)要求被检查当事人就土地复垦有关问题做出说明;

(三)进入土地复垦现场进行勘查;

(四)责令被检查当事人停止违反条例的行为。

第四十五条 县级以上自然资源主管部门应当在门户网站上及时向社会公开本行政区域内的土地复垦管理规定、技术标准、土地复垦规划、土地复垦项目安排计划以及土地复垦方案审查结果、土地复垦工程验收结果等重大事项。

第四十六条 县级以上地方自然资源主管部门应当通过国土资源主干网等按年度将本行政区域内的土地损毁情况、土地复垦工作开展情况等逐级上报。

上级自然资源主管部门对下级自然资源主管部门落实土地复垦法律法规情况、土地复垦义务履行情况、土地复垦效果等进行绩效评价。

第四十七条 县级以上自然资源主管部门应当对土地复垦档案实行专门管理,将土地复垦方案、土地复垦资金使用监管协议、土地复垦验收有关材料和土地复垦项目计划书、土地复垦实施情况报告等资料和电子数据进行档案存储与管理。

第四十八条 复垦后的土地权属和用途发生变更的,应当依法办理土地登记相关手续。

第七章 法律责任

第四十九条 条例第三十六条第六项规定的其他徇私舞弊、滥用职权、玩忽职守行为,包括下列行为:

(一)违反本办法第二十一条规定,对不符合规定条件的土地复垦义务人出具土地复垦费用支取通知书,或者对符合规定条件的土地复垦义务人无正当理由未在规定期限内出具土地复垦费用支取通知书的;

(二)违反本办法第四十一条规定,对不符合规定条件的申请人出具退还耕地占用税的意见，或者对符合规定条件的申请人无正当理由未在规定期限内出具退还耕地占用税的意见的；

（三）其他违反条例和本办法规定的行为。

第五十条　土地复垦义务人未按照本办法第十五条规定将土地复垦方案、土地复垦规划设计报所在地县级自然资源主管部门备案的，由县级以上地方自然资源主管部门责令限期改正；逾期不改正的，依照条例第四十一条规定处罚。

第五十一条　土地复垦义务人未按照本办法第十六条、第十七条、第十八条、第十九条规定预存土地复垦费用的，由县级以上自然资源主管部门责令限期改正；逾期不改正的，依照条例第三十八条规定处罚。

第五十二条　土地复垦义务人未按照本办法第二十五条规定开展土地复垦质量控制和采取管护措施的，由县级以上地方自然资源主管部门责令限期改正；逾期不改正的，依照条例第四十一条规定处罚。

第五十三条　铀矿等放射性采矿项目的土地复垦具体办法，由自然资源部另行制定。

第五十四条　本办法自2013年3月1日起施行。

闲置土地处置办法

1．2012年6月1日国土资源部令第53号修订公布

2．自2012年7月1日起施行

第一章　总　　则

第一条　为有效处置和充分利用闲置土地，规范土地市场行为，促进节约集约用地，根据《中华人民共和国土地管理法》、《中华人民共和国城市房地产管理法》及有关法律、行政法规，制定本办法。

第二条　本办法所称闲置土地，是指国有建设用地使用权人超过国有建设用地使用权有偿使用合同或者划拨决定书约定、规定的动工开发日期满一年未动工开发的国有建设用地。

已动工开发但开发建设用地面积占应动工开发建设用地总面积不足三分之一或者已投资额占总投资额不足百分之二十五，中止开发建设满一年的国有建设用地，也可以认定为闲置土地。

第三条　闲置土地处置应当符合土地利用总体规划和城乡规划，遵循依法依规、促进利用、保障权益、信息公开的原则。

第四条　市、县国土资源主管部门负责本行政区域内闲置土地的调查认定和处置工作的组织实施。

上级国土资源主管部门对下级国土资源主管部门调查认定和处置闲置土地工作进行监督管理。

第二章　调查和认定

第五条　市、县国土资源主管部门发现有涉嫌构成本办法第二条规定的闲置土地的，应当在三十日内开展调查核实，向国有建设用地使用权人发出《闲置土地调查通知书》。

国有建设用地使用权人应当在接到《闲置土地调查通知书》之日起三十日内，按照要求提供土地开发利用情况、闲置原因以及相关说明等材料。

第六条　《闲置土地调查通知书》应当包括下列内容：

（一）国有建设用地使用权人的姓名或者名称、地址；

（二）涉嫌闲置土地的基本情况；

（三）涉嫌闲置土地的事实和依据；

（四）调查的主要内容及提交材料的期限；

（五）国有建设用地使用权人的权利和义务；

（六）其他需要调查的事项。

第七条　市、县国土资源主管部门履行闲置土地调查职责，可以采取下列措施：

（一）询问当事人及其他证人；

（二）现场勘测、拍照、摄像；

（三）查阅、复制与被调查人有关的土地资料；

（四）要求被调查人就有关土地权利及使用问题作出说明。

第八条　有下列情形之一，属于政府、政府有关部门的行为造成动工开发延迟的，国有建设用地使用权人应当向市、县国土资源主管部门提供土地闲置原因说明材料，经审核属实的，依照本办法第十二条和第十三条规定处置：

（一）因未按照国有建设用地使用权有偿使用合同或者划拨决定书约定、规定的期限、条件将土地交付给国有建设用地使用权人，致使项目不具备动工开发条件的；

（二）因土地利用总体规划、城乡规划依法修改，造成国有建设用地使用权人不能按照国有建设用地使用权有偿使用合同或者划拨决定书约定、规定的用途、规划和建设条件开发的；

（三）因国家出台相关政策，需要对约定、规定的规划和建设条件进行修改的；

（四）因处置土地上相关群众信访事项等无法动工开发的；

（五）因军事管制、文物保护等无法动工开发的；

（六）政府、政府有关部门的其他行为。

因自然灾害等不可抗力导致土地闲置的，依照前款规定办理。

第九条　经调查核实，符合本办法第二条规定条件，构成闲置土地的，市、县国土资源主管部门应当向国有建设用地使用权人下达《闲置土地认定书》。

第十条　《闲置土地认定书》应当载明下列事项：

（一）国有建设用地使用权人的姓名或者名称、地址；

（二）闲置土地的基本情况；

（三）认定土地闲置的事实、依据；

（四）闲置原因及认定结论；

（五）其他需要说明的事项。

第十一条　《闲置土地认定书》下达后，市、县国土资源主管部门应当通过门户网站等形式向社会公开闲置土地的位置、国有建设用地使用权人名称、闲置时间等信息；属于政府或者政府有关部门的行为导致土地闲置的，应当同时公开闲置原因，并书面告知有关政府或者政府部门。

上级国土资源主管部门应当及时汇总下级国土资源主管部门上报的闲置土地信息,并在门户网站上公开。

闲置土地在没有处置完毕前,相关信息应当长期公开。闲置土地处置完毕后,应当及时撤销相关信息。

第三章 处置和利用

第十二条 因本办法第八条规定情形造成土地闲置的,市、县国土资源主管部门应当与国有建设用地使用权人协商,选择下列方式处置:

(一)延长动工开发期限。签订补充协议,重新约定动工开发、竣工期限和违约责任。从补充协议约定的动工开发日期起,延长动工开发期限最长不得超过一年;

(二)调整土地用途、规划条件。按照新用途或者新规划条件重新办理相关用地手续,并按照新用途或者新规划条件核算、收缴或者退还土地价款。改变用途后的土地利用必须符合土地利用总体规划和城乡规划;

(三)由政府安排临时使用。待原项目具备开发建设条件,国有建设用地使用权人重新开发建设。从安排临时使用之日起,临时使用期限最长不得超过两年;

(四)协议有偿收回国有建设用地使用权;

(五)置换土地。对已缴清土地价款、落实项目资金,且因规划依法修改造成闲置的,可以为国有建设用地使用权人置换其他价值相当、用途相同的国有建设用地进行开发建设。涉及出让土地的,应当重新签订土地出让合同,并在合同中注明为置换土地;

(六)市、县国土资源主管部门还可以根据实际情况规定其他处置方式。

除前款第四项规定外,动工开发时间按照新约定、规定的时间重新起算。

符合本办法第二条第二款规定情形的闲置土地,依照本条规定的方式处置。

第十三条　市、县国土资源主管部门与国有建设用地使用权人协商一致后，应当拟订闲置土地处置方案，报本级人民政府批准后实施。

闲置土地设有抵押权的，市、县国土资源主管部门在拟订闲置土地处置方案时，应当书面通知相关抵押权人。

第十四条　除本办法第八条规定情形外，闲置土地按照下列方式处理：

（一）未动工开发满一年的，由市、县国土资源主管部门报经本级人民政府批准后，向国有建设用地使用权人下达《征缴土地闲置费决定书》，按照土地出让或者划拨价款的百分之二十征缴土地闲置费。土地闲置费不得列入生产成本；

（二）未动工开发满两年的，由市、县国土资源主管部门按照《中华人民共和国土地管理法》第三十七条和《中华人民共和国城市房地产管理法》第二十六条的规定，报经有批准权的人民政府批准后，向国有建设用地使用权人下达《收回国有建设用地使用权决定书》，无偿收回国有建设用地使用权。闲置土地设有抵押权的，同时抄送相关土地抵押权人。

第十五条　市、县国土资源主管部门在依照本办法第十四条规定作出征缴土地闲置费、收回国有建设用地使用权决定前，应当书面告知国有建设用地使用权人有申请听证的权利。国有建设用地使用权人要求举行听证的，市、县国土资源主管部门应当依照《国土资源听证规定》依法组织听证。

第十六条　《征缴土地闲置费决定书》和《收回国有建设用地使用权决定书》应当包括下列内容：

（一）国有建设用地使用权人的姓名或者名称、地址；

（二）违反法律、法规或者规章的事实和证据；

（三）决定的种类和依据；

（四）决定的履行方式和期限；

（五）申请行政复议或者提起行政诉讼的途径和期限；

（六）作出决定的行政机关名称和作出决定的日期；

（七）其他需要说明的事项。

第十七条　国有建设用地使用权人应当自《征缴土地闲置费决定书》送达之日起三十日内，按照规定缴纳土地闲置费；自《收回国有建设用地使用权决定书》送达之日起三十日内，到市、县国土资源主管部门办理国有建设用地使用权注销登记，交回土地权利证书。

国有建设用地使用权人对《征缴土地闲置费决定书》和《收回国有建设用地使用权决定书》不服的，可以依法申请行政复议或者提起行政诉讼。

第十八条　国有建设用地使用权人逾期不申请行政复议、不提起行政诉讼，也不履行相关义务的，市、县国土资源主管部门可以采取下列措施：

（一）逾期不办理国有建设用地使用权注销登记，不交回土地权利证书的，直接公告注销国有建设用地使用权登记和土地权利证书；

（二）申请人民法院强制执行。

第十九条　对依法收回的闲置土地，市、县国土资源主管部门可以采取下列方式利用：

（一）依据国家土地供应政策，确定新的国有建设用地使用权人开发利用；

（二）纳入政府土地储备；

（三）对耕作条件未被破坏且近期无法安排建设项目的，由市、县国土资源主管部门委托有关农村集体经济组织、单位或者个人组织恢复耕种。

第二十条　闲置土地依法处置后土地权属和土地用途发生变化的，应当依据实地现状在当年土地变更调查中进行变更，并依照有关规定办理土地变更登记。

第四章　预防和监管

第二十一条　市、县国土资源主管部门供应土地应当符合下列要求，防止因政府、政府有关部门的行为造成土地闲置：

（一）土地权利清晰；

（二）安置补偿落实到位；

（三）没有法律经济纠纷；

（四）地块位置、使用性质、容积率等规划条件明确；

（五）具备动工开发所必需的其他基本条件。

第二十二条　国有建设用地使用权有偿使用合同或者划拨决定书应当就项目动工开发、竣工时间和违约责任等作出明确约定、规定。约定、规定动工开发时间应当综合考虑办理动工开发所需相关手续的时限规定和实际情况，为动工开发预留合理时间。

因特殊情况，未约定、规定动工开发日期，或者约定、规定不明确的，以实际交付土地之日起一年为动工开发日期。实际交付土地日期以交地确认书确定的时间为准。

第二十三条　国有建设用地使用权人应当在项目开发建设期间，及时向市、县国土资源主管部门报告项目动工开发、开发进度、竣工等情况。

国有建设用地使用权人应当在施工现场设立建设项目公示牌，公布建设用地使用权人、建设单位、项目动工开发、竣工时间和土地开发利用标准等。

第二十四条　国有建设用地使用权人违反法律法规规定和合同约定、划拨决定书规定恶意囤地、炒地的，依照本办法规定处理完毕前，市、县国土资源主管部门不得受理该国有建设用地使用权人新的用地申请，不得办理被认定为闲置土地的转让、出租、抵押和变更登记。

第二十五条　市、县国土资源主管部门应当将本行政区域内的闲置土地信息按宗录入土地市场动态监测与监管系统备案。闲置土地按照规定处置完毕后，市、县国土资源主管部门应当及时更新该宗土地相关信息。

闲置土地未按照规定备案的，不得采取本办法第十二条规定的方式处置。

第二十六条　市、县国土资源主管部门应当将国有建设用地使用权人闲置土地的信息抄送金融监管等部门。

第二十七条　省级以上国土资源主管部门可以根据情况，对闲置土地情况严重的地区，在土地利用总体规划、土地利用年度计划、建设用地审批、土地供应等方面采取限制新增加建设用地、促进闲置土地开发利用的措施。

第五章　法律责任

第二十八条　市、县国土资源主管部门未按照国有建设用地使用权有偿使用合同或者划拨决定书约定、规定的期限、条件将土地交付给国有建设用地使用权人，致使项目不具备动工开发条件的，应当依法承担违约责任。

第二十九条　县级以上国土资源主管部门及其工作人员违反本办法规定，有下列情形之一的，依法给予处分；构成犯罪的，依法追究刑事责任：

（一）违反本办法第二十一条的规定供应土地的；

（二）违反本办法第二十四条的规定受理用地申请和办理土地登记的；

（三）违反本办法第二十五条的规定处置闲置土地的；

（四）不依法履行闲置土地监督检查职责，在闲置土地调查、认定和处置工作中徇私舞弊、滥用职权、玩忽职守的。

第六章　附　　则

第三十条　本办法中下列用语的含义：

动工开发：依法取得施工许可证后，需挖深基坑的项目，基坑开挖完毕；使用桩基的项目，打入所有基础桩；其他项目，地基施工完成三分之一。

已投资额、总投资额：均不含国有建设用地使用权出让价款、划拨价款和向国家缴纳的相关税费。

第三十一条　集体所有建设用地闲置的调查、认定和处置，参照本办法有关规定执行。

第三十二条　本办法自2012年7月1日起施行。

节约集约利用土地规定

1. 2014年5月22日国土资源部令第61号公布

2. 根据2019年7月24日自然资源部令第5号《关于第一批废止和修改的部门规章的决定》修正

第一章　总　则

第一条　为贯彻十分珍惜、合理利用土地和切实保护耕地的基本国策,落实最严格的耕地保护制度和最严格的节约集约用地制度,提升土地资源对经济社会发展的承载能力,促进生态文明建设,根据《中华人民共和国土地管理法》和《国务院关于促进节约集约用地的通知》,制定本规定。

第二条　本规定所称节约集约利用土地,是指通过规模引导、布局优化、标准控制、市场配置、盘活利用等手段,达到节约土地、减量用地、提升用地强度、促进低效废弃地再利用、优化土地利用结构和布局、提高土地利用效率的各项行为与活动。

第三条　土地管理和利用应当遵循下列原则:

(一)坚持节约优先的原则,各项建设少占地、不占或者少占耕地,珍惜和合理利用每一寸土地;

(二)坚持合理使用的原则,严控总量、盘活存量、优化结构、提高效率;

(三)坚持市场配置的原则,妥善处理好政府与市场的关系,充分发挥市场在土地资源配置中的决定性作用;

(四)坚持改革创新的原则,探索土地管理新机制,创新节约集约用地新模式。

第四条　县级以上地方自然资源主管部门应当加强与发展改革、财政、环境保护等部门的沟通协调,将土地节约集约利用的目标和政策措施纳入地方经济社会发展总体框架、相关规划和考核评价体系。

第五条 自然资源主管部门应当建立节约集约用地制度,开展节约集约用地活动,组织制定节地标准体系和相关标准规范,探索节约集约用地新机制,鼓励采用节约集约用地新技术和新模式,促进土地利用效率的提高。

第六条 在节约集约用地方面成效显著的市、县人民政府,由自然资源部按照有关规定给予表彰和奖励。

第二章 规 模 引 导

第七条 国家通过土地利用总体规划,确定建设用地的规模、布局、结构和时序安排,对建设用地实行总量控制。

土地利用总体规划确定的约束性指标和分区管制规定不得突破。

下级土地利用总体规划不得突破上级土地利用总体规划确定的约束性指标。

第八条 土地利用总体规划对各区域、各行业发展用地规模和布局具有统筹作用。

产业发展、城乡建设、基础设施布局、生态环境建设等相关规划,应当与土地利用总体规划相衔接,所确定的建设用地规模和布局必须符合土地利用总体规划的安排。

相关规划超出土地利用总体规划确定的建设用地规模的,应当及时调整或者修改,核减用地规模,调整用地布局。

第九条 自然资源主管部门应当通过规划、计划、用地标准、市场引导等手段,有效控制特大城市新增建设用地规模,适度增加集约用地程度高、发展潜力大的地区和中小城市、县城建设用地供给,合理保障民生用地需求。

第三章 布 局 优 化

第十条 城乡土地利用应当体现布局优化的原则。引导工业向开发区集中、人口向城镇集中、住宅向社区集中,推动农村人口向中心村、中心镇集聚,产业向功能区集中,耕地向适度规模经营集中。

禁止在土地利用总体规划和城乡规划确定的城镇建设用地范

围之外设立各类城市新区、开发区和工业园区。

鼓励线性基础设施并线规划和建设，促进集约布局和节约用地。

第十一条　自然资源主管部门应当在土地利用总体规划中划定城市开发边界和禁止建设的边界，实行建设用地空间管制。

城市建设用地应当因地制宜采取组团式、串联式、卫星城式布局，避免占用优质耕地特别是永久基本农田。

第十二条　市、县自然资源主管部门应当促进现有城镇用地内部结构调整优化，控制生产用地，保障生活用地，提高生态用地的比例，加大城镇建设使用存量用地的比例，促进城镇用地效率的提高。

第十三条　鼓励建设项目用地优化设计、分层布局，鼓励充分利用地上、地下空间。

建设用地使用权在地上、地下分层设立的，其取得方式和使用年期参照在地表设立的建设用地使用权的相关规定。

出让分层设立的建设用地使用权，应当根据当地基准地价和不动产实际交易情况，评估确定分层出让的建设用地最低价标准。

第十四条　县级以上自然资源主管部门统筹制定土地综合开发用地政策，鼓励大型基础设施等建设项目综合开发利用土地，促进功能适度混合、整体设计、合理布局。

不同用途高度关联、需要整体规划建设、确实难以分割供应的综合用途建设项目，市、县自然资源主管部门可以确定主用途并按照一宗土地实行整体出让供应，综合确定出让底价；需要通过招标拍卖挂牌的方式出让的，整宗土地应当采用招标拍卖挂牌的方式出让。

第四章　标准控制

第十五条　国家实行建设项目用地标准控制制度。

自然资源部会同有关部门制定工程建设项目用地控制指标、工业项目建设用地控制指标、房地产开发用地宗地规模和容积率等建设项目用地控制标准。

地方自然资源主管部门可以根据本地实际，制定和实施更加节约集约的地方性建设项目用地控制标准。

第十六条 建设项目应当严格按照建设项目用地控制标准进行测算、设计和施工。

市、县自然资源主管部门应当加强对用地者和勘察设计单位落实建设项目用地控制标准的督促和指导。

第十七条 建设项目用地审查、供应和使用，应当符合建设项目用地控制标准和供地政策。

对违反建设项目用地控制标准和供地政策使用土地的，县级以上自然资源主管部门应当责令纠正，并依法予以处理。

第十八条 国家和地方尚未出台建设项目用地控制标准的建设项目，或者因安全生产、特殊工艺、地形地貌等原因，确实需要超标准建设的项目，县级以上自然资源主管部门应当组织开展建设项目用地评价，并将其作为建设用地供应的依据。

第十九条 自然资源部会同有关部门根据国家经济社会发展状况、宏观产业政策和土壤污染风险防控需求等，制定《禁止用地项目目录》和《限制用地项目目录》，促进土地节约集约利用。

自然资源主管部门为限制用地的建设项目办理建设用地供应手续必须符合规定的条件；不得为禁止用地的建设项目办理建设用地供应手续。

第五章 市场配置

第二十条 各类有偿使用的土地供应应当充分贯彻市场配置的原则，通过运用土地租金和价格杠杆，促进土地节约集约利用。

第二十一条 国家扩大国有土地有偿使用范围，减少非公益性用地划拨。

除军事、保障性住房和涉及国家安全和公共秩序的特殊用地可以以划拨方式供应外，国家机关办公和交通、能源、水利等基础设施（产业）、城市基础设施以及各类社会事业用地中的经营性用地，实行有偿使用。

国家根据需要，可以一定年期的国有土地使用权作价后授权给经国务院批准设立的国家控股公司、作为国家授权投资机构的国有独资公司和集团公司经营管理。

第二十二条　经营性用地应当以招标拍卖挂牌的方式确定土地使用者和土地价格。

各类有偿使用的土地供应不得低于国家规定的用地最低价标准。

禁止以土地换项目、先征后返、补贴、奖励等形式变相减免土地出让价款。

第二十三条　市、县自然资源主管部门可以采取先出租后出让、在法定最高年期内实行缩短出让年期等方式出让土地。

采取先出租后出让方式供应工业用地的，应当符合自然资源部规定的行业目录。

第二十四条　鼓励土地使用者在符合规划的前提下，通过厂房加层、厂区改造、内部用地整理等途径提高土地利用率。

在符合规划、不改变用途的前提下，现有工业用地提高土地利用率和增加容积率的，不再增收土地价款。

第二十五条　符合节约集约用地要求、属于国家鼓励产业的用地，可以实行差别化的地价政策和建设用地管理政策。

分期建设的大中型工业项目，可以预留规划范围，根据建设进度，实行分期供地。

具体办法由自然资源部另行规定。

第二十六条　市、县自然资源主管部门供应工业用地，应当将投资强度、容积率、建筑系数、绿地率、非生产设施占地比例等控制性指标以及自然资源开发利用水平和生态保护要求纳入出让合同。

第二十七条　市、县自然资源主管部门在有偿供应各类建设用地时，应当在建设用地使用权出让、出租合同中明确节约集约用地的规定。

在供应住宅用地时，应当将最低容积率限制、单位土地面积的住房建设套数和住宅建设套型等规划条件写入建设用地使用权出让合同。

第六章 盘活利用

第二十八条 县级以上自然资源主管部门在分解下达新增建设用地计划时,应当与批而未供和闲置土地处置数量相挂钩,对批而未供、闲置土地数量较多和处置不力的地区,减少其新增建设用地计划安排。

自然资源部和省级自然资源主管部门负责城镇低效用地再开发的政策制定。对于纳入低效用地再开发范围的项目,可以制定专项用地政策。

第二十九条 县级以上地方自然资源主管部门应当会同有关部门,依据相关规划,开展全域国土综合整治,对农用地、农村建设用地、工矿用地、灾害损毁土地等进行整理复垦,优化土地空间布局,提高土地利用效率和效益,促进土地节约集约利用。

第三十条 农用地整治应当促进耕地集中连片,增加有效耕地面积,提升耕地质量,改善生产条件和生态环境,优化用地结构和布局。

宜农未利用地开发,应当根据环境和资源承载能力,坚持有利于保护和改善生态环境的原则,因地制宜适度开展。

第三十一条 县级以上地方自然资源主管部门可以依据国家有关规定,统筹开展农村建设用地整治、历史遗留工矿废弃地和自然灾害毁损土地的整治,提高建设用地利用效率和效益,改善人民群众生产生活条件和生态环境。

第三十二条 县级以上地方自然资源主管部门在本级人民政府的领导下,会同有关部门建立城镇低效用地再开发、废弃地再利用的激励机制,对布局散乱、利用粗放、用途不合理、闲置浪费等低效用地进行再开发,对因采矿损毁、交通改线、居民点搬迁、产业调整形成的废弃地实行复垦再利用,促进土地优化利用。

鼓励社会资金参与城镇低效用地、废弃地再开发和利用。鼓励土地使用者自行开发或者合作开发。

第七章 监督考评

第三十三条 县级以上自然资源主管部门应当加强土地市场动态监

测与监管，对建设用地批准和供应后的开发情况实行全程监管，定期在门户网站上公布土地供应、合同履行、欠缴土地价款等情况，接受社会监督。

第三十四条　省级自然资源主管部门应当对本行政区域内的节约集约用地情况进行监督，在用地审批、土地供应和土地使用等环节加强用地准入条件、功能分区、用地规模、用地标准、投入产出强度等方面的检查，依据法律法规对浪费土地的行为和责任主体予以处理并公开通报。

第三十五条　县级以上自然资源主管部门应当组织开展本行政区域内的建设用地利用情况普查，全面掌握建设用地开发利用和投入产出情况、集约利用程度、潜力规模与空间分布等情况，并将其作为土地管理和节约集约用地评价的基础。

第三十六条　县级以上自然资源主管部门应当根据建设用地利用情况普查，组织开展区域、城市和开发区节约集约用地评价，并将评价结果向社会公开。

第八章　法律责任

第三十七条　县级以上自然资源主管部门及其工作人员违反本规定，有下列情形之一的，对有关责任人员依法给予处分；构成犯罪的，依法追究刑事责任：

（一）违反本规定第十七条规定，为不符合建设项目用地标准和供地政策的建设项目供地的；

（二）违反本规定第十九条规定，为禁止或者不符合限制用地条件的建设项目办理建设用地供应手续的；

（三）违反本规定第二十二条规定，低于国家规定的工业用地最低价标准供应工业用地的；

（四）其他徇私舞弊、滥用职权和玩忽职守的行为。

第九章　附　　则

第三十八条　本规定自2014年9月1日起实施。

自然资源部关于规范临时用地管理的通知

1. 2021年11月4日发布
2. 自然资规〔2021〕2号
3. 自下发之日起执行
4. 有效期5年

各省、自治区、直辖市及计划单列市自然资源主管部门，新疆生产建设兵团自然资源局，中国地质调查局及部其他直属单位，各派出机构，部机关各司局：

临时用地管理制度是《土地管理法》规定的重要制度之一。近年来，各地结合实际加强临时用地管理，取得一定成效，但也存在临时用地范围界定不规范、超期使用、使用后复垦不到位及违规批准临时用地等问题，甚至触碰了耕地保护红线。为规范和严格临时用地管理，切实加强耕地保护，促进节约集约用地，现就有关事项通知如下：

一、界定临时用地使用范围

临时用地是指建设项目施工、地质勘查等临时使用，不修建永久性建（构）筑物，使用后可恢复的土地（通过复垦可恢复原地类或者达到可供利用状态）。临时用地具有临时性和可恢复性等特点，与建设项目施工、地质勘查等无关的用地，使用后无法恢复到原地类或者复垦达不到可供利用状态的用地，不得使用临时用地。临时用地的范围包括：

（一）建设项目施工过程中建设的直接服务于施工人员的临时办公和生活用房，包括临时办公用房、生活用房、工棚等使用的土地；直接服务于工程施工的项目自用辅助工程，包括农用地表土剥离堆放场、材料堆场、制梁场、拌合站、钢筋加工厂、施工便道、运输便道、地上线路架设、地下管线敷设作业，以及能源、交通、水利等基础设施项目的取土场、弃土（渣）场等使用的土地。

（二）矿产资源勘查、工程地质勘查、水文地质勘查等，在勘查期间临时生活用房、临时工棚、勘查作业及其辅助工程、施工便道、运输便道等使用的土地，包括油气资源勘查中钻井井场、配套管线、电力设施、进场道路等钻井及配套设施使用的土地。

（三）符合法律、法规规定的其他需要临时使用的土地。

二、临时用地选址要求和使用期限

建设项目施工、地质勘查使用临时用地时应坚持“用多少、批多少、占多少、恢复多少”，尽量不占或者少占耕地。使用后土地复垦难度较大的临时用地，要严格控制占用耕地。铁路、公路等单独选址建设项目，应科学组织施工，节约集约使用临时用地。制梁场、拌合站等难以恢复原种植条件的不得以临时用地方式占用耕地和永久基本农田，可以建设用地方式或者临时占用未利用地方式使用土地。临时用地确需占用永久基本农田的，必须能够恢复原种植条件，并符合《自然资源部　农业农村部关于加强和改进永久基本农田保护工作的通知》（自然资规〔2019〕1号）中申请条件、土壤剥离、复垦验收等有关规定。

临时用地使用期限一般不超过两年。建设周期较长的能源、交通、水利等基础设施建设项目施工使用的临时用地，期限不超过四年。城镇开发边界内临时建设用地规划许可、临时建设工程规划许可的期限应当与临时用地期限相衔接。临时用地使用期限，从批准之日起算。

三、规范临时用地审批

县（市）自然资源主管部门负责临时用地审批，其中涉及占用耕地和永久基本农田的，由市级或者市级以上自然资源主管部门负责审批。不得下放临时用地审批权或者委托相关部门行使审批权。城镇开发边界内使用临时用地的，可以一并申请临时建设用地规划许可和临时用地审批，具备条件的还可以同时申请临时建设工程规划许可，一并出具相关批准文件。油气资源探采合一开发涉及的钻井及配套设施建设用地，可先以临时用地方式批准使用，勘探结束转入生产使用的，办理建设用地审批手续；不转入生产的，油气企业应当完成土地复垦,按期归还。

申请临时用地应当提供临时用地申请书、临时使用土地合同、项目建设依据文件、土地复垦方案报告表、土地权属材料、勘测定界材料、土地利用现状照片及其他必要的材料。临时用地申请人根据土地权属,与县(市)自然资源主管部门或者农村集体经济组织、村民委员会签订临时使用土地合同,明确临时用地的地点、四至范围、面积和现状地类,以及临时使用土地的用途、使用期限、土地复垦标准、补偿费用和支付方式、违约责任等。临时用地申请人应当编制临时用地土地复垦方案报告表,由有关自然资源主管部门负责审核。其中,所申请使用的临时用地位于项目建设用地报批时已批准土地复垦方案范围内的,不再重复编制土地复垦方案报告表。

四、落实临时用地恢复责任

临时用地使用人应当按照批准的用途使用土地,不得转让、出租、抵押临时用地。临时用地使用人应当自临时用地期满之日起一年内完成土地复垦,因气候、灾害等不可抗力因素影响复垦的,经批准可以适当延长复垦期限。

严格落实临时用地恢复责任,临时用地期满后应当拆除临时建(构)筑物,使用耕地的应当复垦为耕地,确保耕地面积不减少、质量不降低;使用耕地以外的其他农用地的应当恢复为农用地;使用未利用地的,对于符合条件的鼓励复垦为耕地。

县(市)自然资源主管部门依法监督临时用地使用人履行复垦义务情况,对逾期不恢复种植条件、违反土地复垦规定的行为,责令限期改正,并依照法律法规的规定进行处罚。按年度统计,县(市)范围内的临时用地,超期一年以上未完成土地复垦规模达到应复垦规模20%以上的,省级自然资源主管部门应当要求所在县(市)暂停审批新的临时用地,根据县(市)整改情况恢复审批。

五、严格临时用地监管

部建立临时用地信息系统。自2022年3月1日起,县(市)自然资源主管部门应当在临时用地批准后20个工作日内,将临时用地的批准文件、合同以及四至范围、土地利用现状照片影像资料信息等传至临时用地信息系统完成系统配号，并向社会公开临时用地批准信息。县（市）自然资源主管部门负责督促临时用地使用人按照土地复垦方案报告表开展土地复垦工作，在信息系统中及时更新土地复垦等信息。

建立定期抽查和定期通报制度，部和省级自然资源主管部门负责定期抽查占用耕地和永久基本农田临时用地的使用和复垦情况，对不符合用地要求和未完成复垦任务的，予以公开通报。国家自然资源督察机构要加强临时用地政策执行情况的监督检查，督促地方政府和部门落实审批和监管责任，整改纠正临时用地违法违规突出问题。

加强"一张图"管理，各级自然资源主管部门在年度国土变更调查、卫片执法检查中要结合临时用地信息系统中的批准文件、合同、影像资料、土地复垦方案报告表等，认真审核临时用地的批准、复垦情况。各级自然资源主管部门要严肃查处违法违规审批、使用临时用地，未按照批准内容进行临时建设，以及临时用地超出复垦期限未完成复垦等行为，处理结果向社会公开通报，并依规依纪依法移送问题线索，追究责任人的责任。

本文件自下发之日起执行，有效期五年。

最高人民法院关于严格执行法律法规和司法解释依法妥善办理征收拆迁案件的通知

1. 2012年6月13日发布

2. 法〔2012〕148号

各省、自治区、直辖市高级人民法院，新疆维吾尔自治区高级人民法院生产建设兵团分院：

自《中华人民共和国行政强制法》（以下简称《行政强制法》）、《国有土地上房屋征收与补偿条例》（以下简称《条例》）和《最高人民法院关于办理申请人民法院强制执行国有土地上房屋征收补偿决定案件若干问题的规定》(以下简称《规定》)颁布实施以来,依法文明和谐征收拆迁得到社会广泛肯定。但是,今春以来,一些地区违法征收拆迁的恶性事件又屡有发生,并呈上升势头。为防范和遏制类似事件的继续发生,为党的十八大胜利召开营造良好的社会环境,现就有关问题通知如下:

一、加强相关法律法规和司法解释的学习培训

各级人民法院的领导和相关审判执行人员要认真学习领会《行政强制法》、《条例》和《规定》,全面理解掌握法律法规和司法解释的立法背景及具体规定精神,认真学习理解《最高人民法院关于坚决防止土地征收、房屋拆迁强制执行引发恶性事件的紧急通知》和《关于认真贯彻执行〈关于办理申请人民法院强制执行国有土地上房屋征收补偿决定案件若干问题的规定〉的通知》,特别是要组织基层人民法院搞好专门培训,切实把思想认识和工作思路统一到法律、法规、司法解释和最高人民法院的要求上来,在立案、审查和执行等工作中严格贯彻落实,不得擅自变通和随意解读。

二、抓紧对征收拆迁案件进行一次全面排查

各地法院近期要对已经受理或将要受理的征收拆迁诉讼案件和非诉执行案件进行一次全面排查,提前预测、主动应对和有效消除可能影响社会稳定的隐患。同时,对法律法规和司法解释颁布施行后的执法情况进行一次检查,在自查的基础上,上级人民法院要派出督查组对排查工作进行监督指导,特别是对近期发生征收拆迁恶性事件的地区和城郊结合部、城中村改造、违法违章建筑拆除等领域,要进行重点检查。坚决防止因工作失误、执法不规范或者滥用强制手段导致矛盾激化,造成人员伤亡或财产严重损失等恶性后果以及引发大规模群体性事件。

三、认真研究解决征收拆迁案件的新情况新问题

当前征收拆迁主要问题集中在违法征收土地和房屋、补偿标准偏低、实施程序不规范、滥用强制手段和工作方法简单粗暴等方面。各级人民法院要结合当地实际,认真研究受案范围、立案条件、审理标准、执行方式等具体法律适用问题，着力解决群众反映强烈的补偿标准过低、补偿不到位、行政权力滥用等突出问题。对于审判执行工作中的重大问题，要及时向当地党委汇报取得支持，加强与政府的沟通互动，积极探索创新社会管理方式，疏通行政争议化解渠道，努力实现保护人民群众合法权益与维护公共利益的有机统一，保障促进社会和谐稳定。

四、规范司法行为，强化审判执行监督

各级人民法院在办理征收拆迁案件过程中，立案、审查、执行机构要注意加强沟通配合，创新工作机制，共同研究解决办案中的重大疑难问题。对行政机关申请强制执行国有土地上房屋征收补偿决定（或拆迁裁决）的案件，要严格按照《规定》及最高人民法院相关通知精神办理，严把立案、审查、执行关，切实体现“裁执分离”的原则，不得与地方政府搞联合执行、委托执行。要依法受理被执行人及利害关系人因行政机关强制执行过程中具体行政行为违法而提起的行政诉讼或者行政赔偿诉讼；对申请先予执行的案件，原则上不得准许；凡由人民法院强制执行的，须报经上一级人民法院审查批准方可采取强制手段；对涉及面广、社会影响大、社会关注度高的案件，上级人民法院应当加强监督指导，防范和制止下级人民法院强制执行中的违法行为和危害社会稳定的情形发生。

五、建立完善信息和舆情报告制度

为便于了解掌握各级人民法院办理征收拆迁案件的信息和情况，要建立和完善征收拆迁案件信息和舆情报告制度，特别是在十八大召开前夕和会议期间，各高级人民法院要按月搜集掌握辖区法院办理征收拆迁诉讼案件和非诉执行案件的情况。凡在办案中出现影响社会稳定重大隐患或事件的，有关人民法院必须立即向当地党委和上级人民法院如实报告有关情况，做到信息准确、反应迅速。上下级人民法院要畅通信息沟通渠道，随时掌握相关重要舆情动态，及时调查了解事实真相并采取应对措施，回应社会关切。要严格执行重大信息报告制度，对隐瞒不报、歪曲事实、造成严重负面影响的，严肃追究有关领导和直接责任人员的责任，并予以曝光通报。

二、土地征收与补偿

大中型水利水电工程建设征地补偿和移民安置条例

1. 2006年7月7日国务院令第471号公布

2. 根据2013年7月18日国务院令第638号《关于废止和修改部分行政法规的决定》第一次修订

3. 根据2013年12月7日国务院令第645号《关于修改部分行政法规的决定》第二次修订

4. 根据2017年4月14日国务院令第679号《关于修改〈大中型水利水电工程建设征地补偿和移民安置条例〉的决定》第三次修订

第一章 总　　则

第一条 为了做好大中型水利水电工程建设征地补偿和移民安置工作，维护移民合法权益，保障工程建设的顺利进行，根据《中华人民共和国土地管理法》和《中华人民共和国水法》，制定本条例。

第二条 大中型水利水电工程的征地补偿和移民安置，适用本条例。

第三条 国家实行开发性移民方针，采取前期补偿、补助与后期扶持相结合的办法，使移民生活达到或者超过原有水平。

第四条 大中型水利水电工程建设征地补偿和移民安置应当遵循下列原则：

（一）以人为本，保障移民的合法权益，满足移民生存与发展的需求；

（二）顾全大局，服从国家整体安排，兼顾国家、集体、个人利益；

（三）节约利用土地，合理规划工程占地，控制移民规模；

（四）可持续发展，与资源综合开发利用、生态环境保护相协调；

（五）因地制宜，统筹规划。

第五条 移民安置工作实行政府领导、分级负责、县为基础、项目法人参与的管理体制。

国务院水利水电工程移民行政管理机构（以下简称国务院移民管理机构）负责全国大中型水利水电工程移民安置工作的管理和监督。

县级以上地方人民政府负责本行政区域内大中型水利水电工程移民安置工作的组织和领导；省、自治区、直辖市人民政府规定的移民管理机构，负责本行政区域内大中型水利水电工程移民安置工作的管理和监督。

第二章 移民安置规划

第六条 已经成立项目法人的大中型水利水电工程，由项目法人编制移民安置规划大纲，按照审批权限报省、自治区、直辖市人民政府或者国务院移民管理机构审批；省、自治区、直辖市人民政府或者国务院移民管理机构在审批前应当征求移民区和移民安置区县级以上地方人民政府的意见。

没有成立项目法人的大中型水利水电工程，项目主管部门应当会同移民区和移民安置区县级以上地方人民政府编制移民安置规划大纲，按照审批权限报省、自治区、直辖市人民政府或者国务院移民管理机构审批。

第七条 移民安置规划大纲应当根据工程占地和淹没区实物调查结果以及移民区、移民安置区经济社会情况和资源环境承载能力编制。

工程占地和淹没区实物调查，由项目主管部门或者项目法人会同工程占地和淹没区所在地的地方人民政府实施；实物调查应当全面准确，调查结果经调查者和被调查者签字认可并公示后，由有关地方人民政府签署意见。实物调查工作开始前，工程占地和淹没区所在地的省级人民政府应当发布通告，禁止在工程占地和淹没区新增建设项目和迁入人口，并对实物调查工作作出安排。

第八条 移民安置规划大纲应当主要包括移民安置的任务、去向、标准和农村移民生产安置方式以及移民生活水平评价和搬迁后生活水平预测、水库移民后期扶持政策、淹没线以上受影响范围的划定原则、移民安置规划编制原则等内容。

第九条 编制移民安置规划大纲应当广泛听取移民和移民安置区居民的意见；必要时，应当采取听证的方式。

经批准的移民安置规划大纲是编制移民安置规划的基本依据，应当严格执行，不得随意调整或者修改；确需调整或者修改的，应当报原批准机关批准。

第十条 已经成立项目法人的，由项目法人根据经批准的移民安置规划大纲编制移民安置规划；没有成立项目法人的，项目主管部门应当会同移民区和移民安置区县级以上地方人民政府，根据经批准的移民安置规划大纲编制移民安置规划。

大中型水利水电工程的移民安置规划，按照审批权限经省、自治区、直辖市人民政府移民管理机构或者国务院移民管理机构审核后，由项目法人或者项目主管部门报项目审批或者核准部门，与可行性研究报告或者项目申请报告一并审批或者核准。

省、自治区、直辖市人民政府移民管理机构或者国务院移民管理机构审核移民安置规划，应当征求本级人民政府有关部门以及移民区和移民安置区县级以上地方人民政府的意见。

第十一条 编制移民安置规划应当以资源环境承载能力为基础，遵循本地安置与异地安置、集中安置与分散安置、政府安置与移民自找门路安置相结合的原则。

编制移民安置规划应当尊重少数民族的生产、生活方式和风俗习惯。

移民安置规划应当与国民经济和社会发展规划以及土地利用总体规划、城市总体规划、村庄和集镇规划相衔接。

第十二条 移民安置规划应当对农村移民安置、城(集)镇迁建、工矿企业迁建、专项设施迁建或者复建、防护工程建设、水库水域开发利用、水库移民后期扶持措施、征地补偿和移民安置资金概（估）算等作出安排。

对淹没线以上受影响范围内因水库蓄水造成的居民生产、生活困难问题，应当纳入移民安置规划，按照经济合理的原则，妥善处理。

第十三条 对农村移民安置进行规划，应当坚持以农业生产安置为主，遵循因地制宜、有利生产、方便生活、保护生态的原则，合理规划农村移民安置点；有条件的地方，可以结合小城镇建设进行。

农村移民安置后，应当使移民拥有与移民安置区居民基本相当的土地等农业生产资料。

第十四条 对城（集）镇移民安置进行规划，应当以城（集）镇现状为基础，节约用地，合理布局。

工矿企业的迁建，应当符合国家的产业政策，结合技术改造和结构调整进行；对技术落后、浪费资源、产品质量低劣、污染严重、不具备安全生产条件的企业，应当依法关闭。

第十五条 编制移民安置规划应当广泛听取移民和移民安置区居民的意见；必要时，应当采取听证的方式。

经批准的移民安置规划是组织实施移民安置工作的基本依据，应当严格执行，不得随意调整或者修改；确需调整或者修改的，应当依照本条例第十条的规定重新报批。

未编制移民安置规划或者移民安置规划未经审核的大中型水利水电工程建设项目，有关部门不得批准或者核准其建设，不得为其办理用地等有关手续。

第十六条 征地补偿和移民安置资金、依法应当缴纳的耕地占用税和耕地开垦费以及依照国务院有关规定缴纳的森林植被恢复费等应当列入大中型水利水电工程概算。

征地补偿和移民安置资金包括土地补偿费、安置补助费，农村居民点迁建、城（集）镇迁建、工矿企业迁建以及专项设施迁建或者复建补偿费（含有关地上附着物补偿费），移民个人财产补偿费（含地上附着物和青苗补偿费）和搬迁费，库底清理费，淹没区文物保护费和国家规定的其他费用。

第十七条 农村移民集中安置的农村居民点、城(集)镇、工矿企业以及专项设施等基础设施的迁建或者复建选址,应当依法做好环境影响评价、水文地质与工程地质勘察、地质灾害防治和地质灾害危险性评估。

第十八条 对淹没区内的居民点、耕地等,具备防护条件的,应当在经济合理的前提下,采取修建防护工程等防护措施,减少淹没损失。

防护工程的建设费用由项目法人承担,运行管理费用由大中型水利水电工程管理单位负责。

第十九条 对工程占地和淹没区内的文物,应当查清分布,确认保护价值,坚持保护为主、抢救第一的方针,实行重点保护、重点发掘。

第三章 征地补偿

第二十条 依法批准的流域规划中确定的大中型水利水电工程建设项目的用地,应当纳入项目所在地的土地利用总体规划。

大中型水利水电工程建设项目核准或者可行性研究报告批准后,项目用地应当列入土地利用年度计划。

属于国家重点扶持的水利、能源基础设施的大中型水利水电工程建设项目,其用地可以以划拨方式取得。

第二十一条 大中型水利水电工程建设项目用地,应当依法申请并办理审批手续,实行一次报批、分期征收,按期支付征地补偿费。

对于应急的防洪、治涝等工程,经有批准权的人民政府决定,可以先行使用土地,事后补办用地手续。

第二十二条 大中型水利水电工程建设征收土地的土地补偿费和安置补助费,实行与铁路等基础设施项目用地同等补偿标准,按照被征收土地所在省、自治区、直辖市规定的标准执行。

被征收土地上的零星树木、青苗等补偿标准,按照被征收土地所在省、自治区、直辖市规定的标准执行。

被征收土地上的附着建筑物按照其原规模、原标准或者恢复原功能的原则补偿;对补偿费用不足以修建基本用房的贫困移民,应当给予适当补助。

使用其他单位或者个人依法使用的国有耕地，参照征收耕地的补偿标准给予补偿；使用未确定给单位或者个人使用的国有未利用地，不予补偿。

移民远迁后，在水库周边淹没线以上属于移民个人所有的零星树木、房屋等应当分别依照本条第二款、第三款规定的标准给予补偿。

第二十三条 大中型水利水电工程建设临时用地，由县级以上人民政府土地主管部门批准。

第二十四条 工矿企业和交通、电力、电信、广播电视等专项设施以及中小学的迁建或者复建，应当按照其原规模、原标准或者恢复原功能的原则补偿。

第二十五条 大中型水利水电工程建设占用耕地的，应当执行占补平衡的规定。为安置移民开垦的耕地、因大中型水利水电工程建设而进行土地整理新增的耕地、工程施工新造的耕地可以抵扣或者折抵建设占用耕地的数量。

大中型水利水电工程建设占用25度以上坡耕地的，不计入需要补充耕地的范围。

第四章 移民安置

第二十六条 移民区和移民安置区县级以上地方人民政府负责移民安置规划的组织实施。

第二十七条 大中型水利水电工程开工前，项目法人应当根据经批准的移民安置规划，与移民区和移民安置区所在的省、自治区、直辖市人民政府或者市、县人民政府签订移民安置协议；签订协议的省、自治区、直辖市人民政府或者市人民政府，可以与下一级有移民或者移民安置任务的人民政府签订移民安置协议。

第二十八条 项目法人应当根据大中型水利水电工程建设的要求和移民安置规划，在每年汛期结束后60日内，向与其签订移民安置协议的地方人民政府提出下年度移民安置计划建议；签订移民安置协议的地方人民政府，应当根据移民安置规划和项目法人的年度移民安置计划建议，在与项目法人充分协商的基础上，组织编制并下达本行政区域的下年度移民安置年度计划。

第二十九条 项目法人应当根据移民安置年度计划,按照移民安置实施进度将征地补偿和移民安置资金支付给与其签订移民安置协议的地方人民政府。

第三十条 农村移民在本县通过新开发土地或者调剂土地集中安置的,县级人民政府应当将土地补偿费、安置补助费和集体财产补偿费直接全额兑付给该村集体经济组织或者村民委员会。

农村移民分散安置到本县内其他村集体经济组织或者村民委员会的,应当由移民安置村集体经济组织或者村民委员会与县级人民政府签订协议,按照协议安排移民的生产和生活。

第三十一条 农村移民在本省行政区域内其他县安置的,与项目法人签订移民安置协议的地方人民政府,应当及时将相应的征地补偿和移民安置资金交给移民安置区县级人民政府,用于安排移民的生产和生活。

农村移民跨省安置的,项目法人应当及时将相应的征地补偿和移民安置资金交给移民安置区省、自治区、直辖市人民政府,用于安排移民的生产和生活。

第三十二条 搬迁费以及移民个人房屋和附属建筑物、个人所有的零星树木、青苗、农副业设施等个人财产补偿费,由移民区县级人民政府直接全额兑付给移民。

第三十三条 移民自愿投亲靠友的,应当由本人向移民区县级人民政府提出申请,并提交接收地县级人民政府出具的接收证明;移民区县级人民政府确认其具有土地等农业生产资料后,应当与接收地县级人民政府和移民共同签订协议,将土地补偿费、安置补助费交给接收地县级人民政府,统筹安排移民的生产和生活,将个人财产补偿费和搬迁费发给移民个人。

第三十四条 城(集)镇迁建、工矿企业迁建、专项设施迁建或者复建补偿费,由移民区县级以上地方人民政府交给当地人民政府或者有关单位。因扩大规模、提高标准增加的费用,由有关地方人民政府或者有关单位自行解决。

第三十五条 农村移民集中安置的农村居民点应当按照经批准的移民安置规划确定的规模和标准迁建。

农村移民集中安置的农村居民点的道路、供水、供电等基础设施,由乡(镇)、村统一组织建设。

农村移民住房,应当由移民自主建造。有关地方人民政府或者村民委员会应当统一规划宅基地,但不得强行规定建房标准。

第三十六条 农村移民安置用地应当依照《中华人民共和国土地管理法》和《中华人民共和国农村土地承包法》办理有关手续。

第三十七条 移民安置达到阶段性目标和移民安置工作完毕后,省、自治区、直辖市人民政府或者国务院移民管理机构应当组织有关单位进行验收;移民安置未经验收或者验收不合格的,不得对大中型水利水电工程进行阶段性验收和竣工验收。

第五章 后期扶持

第三十八条 移民安置区县级以上地方人民政府应当编制水库移民后期扶持规划,报上一级人民政府或者其移民管理机构批准后实施。

编制水库移民后期扶持规划应当广泛听取移民的意见;必要时,应当采取听证的方式。

经批准的水库移民后期扶持规划是水库移民后期扶持工作的基本依据,应当严格执行,不得随意调整或者修改;确需调整或者修改的,应当报原批准机关批准。

未编制水库移民后期扶持规划或者水库移民后期扶持规划未经批准,有关单位不得拨付水库移民后期扶持资金。

第三十九条 水库移民后期扶持规划应当包括后期扶持的范围、期限、具体措施和预期达到的目标等内容。水库移民安置区县级以上地方人民政府应当采取建立责任制等有效措施,做好后期扶持规划的落实工作。

第四十条 水库移民后期扶持资金应当按照水库移民后期扶持规划,主要作为生产生活补助发放给移民个人;必要时可以实行项目扶持,用于解决移民村生产生活中存在的突出问题,或者采取生产生活补助和项目扶持相结合的方式。具体扶持标准、期限和资金的筹集、使用管理依照国务院有关规定执行。

省、自治区、直辖市人民政府根据国家规定的原则，结合本行政区域实际情况，制定水库移民后期扶持具体实施办法，报国务院批准后执行。

第四十一条　各级人民政府应当加强移民安置区的交通、能源、水利、环保、通信、文化、教育、卫生、广播电视等基础设施建设，扶持移民安置区发展。

移民安置区地方人民政府应当将水库移民后期扶持纳入本级人民政府国民经济和社会发展规划。

第四十二条　国家在移民安置区和大中型水利水电工程受益地区兴办的生产建设项目，应当优先吸收符合条件的移民就业。

第四十三条　大中型水利水电工程建成后形成的水面和水库消落区土地属于国家所有，由该工程管理单位负责管理，并可以在服从水库统一调度和保证工程安全、符合水土保持和水质保护要求的前提下，通过当地县级人民政府优先安排给当地农村移民使用。

第四十四条　国家在安排基本农田和水利建设资金时，应当对移民安置区所在县优先予以扶持。

第四十五条　各级人民政府及其有关部门应当加强对移民的科学文化知识和实用技术的培训，加强法制宣传教育，提高移民素质，增强移民就业能力。

第四十六条　大中型水利水电工程受益地区的各级地方人民政府及其有关部门应当按照优势互补、互惠互利、长期合作、共同发展的原则，采取多种形式对移民安置区给予支持。

第六章　监督管理

第四十七条　国家对移民安置和水库移民后期扶持实行全过程监督。省、自治区、直辖市人民政府和国务院移民管理机构应当加强对移民安置和水库移民后期扶持的监督，发现问题应当及时采取措施。

第四十八条　国家对征地补偿和移民安置资金、水库移民后期扶持资金的拨付、使用和管理实行稽察制度，对拨付、使用和管理征地补偿和移民安置资金、水库移民后期扶持资金的有关地方人民政府及其有关部门的负责人依法实行任期经济责任审计。

第四十九条 县级以上人民政府应当加强对下级人民政府及其财政、发展改革、移民等有关部门或者机构拨付、使用和管理征地补偿和移民安置资金、水库移民后期扶持资金的监督。

县级以上地方人民政府或者其移民管理机构应当加强对征地补偿和移民安置资金、水库移民后期扶持资金的管理，定期向上一级人民政府或者其移民管理机构报告并向项目法人通报有关资金拨付、使用和管理情况。

第五十条 各级审计、监察机关应当依法加强对征地补偿和移民安置资金、水库移民后期扶持资金拨付、使用和管理情况的审计和监察。

县级以上人民政府财政部门应当加强对征地补偿和移民安置资金、水库移民后期扶持资金拨付、使用和管理情况的监督。

审计、监察机关和财政部门进行审计、监察和监督时，有关单位和个人应当予以配合，及时提供有关资料。

第五十一条 国家对移民安置实行全过程监督评估。签订移民安置协议的地方人民政府和项目法人应当采取招标的方式，共同委托移民安置监督评估单位对移民搬迁进度、移民安置质量、移民资金的拨付和使用情况以及移民生活水平的恢复情况进行监督评估；被委托方应当将监督评估的情况及时向委托方报告。

第五十二条 征地补偿和移民安置资金应当专户存储、专账核算，存储期间的孳息，应当纳入征地补偿和移民安置资金，不得挪作他用。

第五十三条 移民区和移民安置区县级人民政府，应当以村为单位将大中型水利水电工程征收的土地数量、土地种类和实物调查结果、补偿范围、补偿标准和金额以及安置方案等向群众公布。群众提出异议的，县级人民政府应当及时核查，并对统计调查结果不准确的事项进行改正；经核查无误的，应当及时向群众解释。

有移民安置任务的乡（镇）、村应当建立健全征地补偿和移民安置资金的财务管理制度，并将征地补偿和移民安置资金收支情况张榜公布，接受群众监督；土地补偿费和集体财产补偿费的使用方案应当经村民会议或者村民代表会议讨论通过。

移民安置区乡(镇)人民政府、村(居)民委员会应当采取有效措施帮助移民适应当地的生产、生活,及时调处矛盾纠纷。

第五十四条 县级以上地方人民政府或者其移民管理机构以及项目法人应当建立移民工作档案,并按照国家有关规定进行管理。

第五十五条 国家切实维护移民的合法权益。

在征地补偿和移民安置过程中,移民认为其合法权益受到侵害的,可以依法向县级以上人民政府或者其移民管理机构反映,县级以上人民政府或者其移民管理机构应当对移民反映的问题进行核实并妥善解决。移民也可以依法向人民法院提起诉讼。

移民安置后,移民与移民安置区当地居民享有同等的权利,承担同等的义务。

第五十六条 按照移民安置规划必须搬迁的移民,无正当理由不得拖延搬迁或者拒迁。已经安置的移民不得返迁。

第七章 法律责任

第五十七条 违反本条例规定,有关地方人民政府、移民管理机构、项目审批部门及其他有关部门有下列行为之一的,对直接负责的主管人员和其他直接责任人员依法给予行政处分;造成严重后果,有关责任人员构成犯罪的,依法追究刑事责任:

(一)违反规定批准移民安置规划大纲、移民安置规划或者水库移民后期扶持规划的;

(二)违反规定批准或者核准未编制移民安置规划或者移民安置规划未经审核的大中型水利水电工程建设项目的;

(三)移民安置未经验收或者验收不合格而对大中型水利水电工程进行阶段性验收或者竣工验收的;

(四)未编制水库移民后期扶持规划,有关单位拨付水库移民后期扶持资金的;

(五)移民安置管理、监督和组织实施过程中发现违法行为不予查处的;

(六)在移民安置过程中发现问题不及时处理,造成严重后果以及有其他滥用职权、玩忽职守等违法行为的。

第五十八条 违反本条例规定,项目主管部门或者有关地方人民政府及其有关部门调整或者修改移民安置规划大纲、移民安置规划或者水库移民后期扶持规划的,由批准该规划大纲、规划的有关人民政府或者其有关部门、机构责令改正,对直接负责的主管人员和其他直接责任人员依法给予行政处分;造成重大损失,有关责任人员构成犯罪的,依法追究刑事责任。

违反本条例规定,项目法人调整或者修改移民安置规划大纲、移民安置规划的,由批准该规划大纲、规划的有关人民政府或者其有关部门、机构责令改正,处10万元以上50万元以下的罚款;对直接负责的主管人员和其他直接责任人员处1万元以上5万元以下的罚款;造成重大损失,有关责任人员构成犯罪的,依法追究刑事责任。

第五十九条 违反本条例规定,在编制移民安置规划大纲、移民安置规划、水库移民后期扶持规划,或者进行实物调查、移民安置监督评估中弄虚作假的,由批准该规划大纲、规划的有关人民政府或者其有关部门、机构责令改正,对有关单位处10万元以上50万元以下的罚款;对直接负责的主管人员和其他直接责任人员处1万元以上5万元以下的罚款;给他人造成损失的,依法承担赔偿责任。

第六十条 违反本条例规定,侵占、截留、挪用征地补偿和移民安置资金、水库移民后期扶持资金的,责令退赔,并处侵占、截留、挪用资金额3倍以下的罚款,对直接负责的主管人员和其他责任人员依法给予行政处分;构成犯罪的,依法追究有关责任人员的刑事责任。

第六十一条 违反本条例规定,拖延搬迁或者拒迁的,当地人民政府或者其移民管理机构可以申请人民法院强制执行;违反治安管理法律、法规的,依法给予治安管理处罚;构成犯罪的,依法追究有关责任人员的刑事责任。

第八章 附 则

第六十二条 长江三峡工程的移民工作,依照《长江三峡工程建设移民条例》执行。

南水北调工程的征地补偿和移民安置工作,依照本条例执行。但是,南水北调工程中线、东线一期工程的移民安置规划的编制审批,依照国务院的规定执行。

第六十三条 本条例自2006年9月1日起施行。1991年2月15日国务院发布的《大中型水利水电工程建设征地补偿和移民安置条例》同时废止。

报国务院批准的建设用地审查办法

1. 1999年10月22日国务院批准

2. 1999年10月28日国土资源部发布

3. 国土资发〔1999〕384号

4. 根据2010年12月3日国土资源部《关于修改部分规范性文件的决定》(国土资发〔2010〕190号)修正

为认真贯彻实施《中华人民共和国土地管理法》(以下简称《土地管理法》)和《中华人民共和国土地管理法实施条例》(以下简称《实施条例》),规范需报国务院批准的建设用地审查工作,制定本办法。

一、审查范围

(一)按照建立最严格的土地管理制度的要求和《土地管理法》第四十四条的规定,下列建设占用土地,涉及农用地转为建设用地的,需报国务院批准:

1. 国务院批准的建设项目;

2. 国务院有关部门和国家计划单列企业批准的道路、管线工程和大型基础设施建设项目;

3. 省、自治区、直辖市人民政府批准的道路、管线工程和大型基础设施建设项目;

4. 在土地利用总体规划确定的直辖市、计划单列市和省、自治区人民政府所在地的城市以及人口在50万以上的城市建设用地的规模范围内,为实施该规划按土地利用年度计划分批次用地。

(二)《土地管理法》第四十五条规定的征收下列土地的,需报国务院批准:

1. 基本农田;
2. 基本农田以外的耕地超过三十五公顷的;
3. 其他土地超过七十公顷的。

(三)《实施条例》第二十四条规定的下列建设项目需要占用土地利用总体规划确定的国有未利用地作为建设用地的,需报国务院批准:

1. 国家重点建设项目;
2. 军事设施;
3. 跨省、自治区、直辖市行政区域的建设项目;
4. 国务院规定的其他建设项目。

二、审查原则

(一)切实保护耕地资源,保证国家建设用地。

(二)保护和改善生态环境,保障土地资源的可持续利用。

(三)占用耕地与补充耕地相平衡。

(四)依法、科学、集约、规范用地。

(五)严格办事程序,提高工作效率。

三、审查依据

(一)《土地管理法》、《实施条例》等土地法律、法规和有关规定。

(二)国家有关产业政策。

(三)建设项目所在地土地利用总体规划和土地利用年度计划。

(四)建设用地定额指标和技术规范。

(五)建设项目用地预审报告书。

四、审查内容

(一)建设用地是否在需报国务院批准的范围之内。

(二)建设项目前期工作是否执行了国家规定的有关建设程序。

(三)建设用地是否在项目可行性研究阶段经过预审。

（四）建设用地是否符合当地土地利用总体规划，是否列入土地利用年度计划。

（五）农用地转用、补充耕地、征收土地和供地方案是否符合国家法律法规的规定和有关政策。

（六）用地面积是否符合国家规定的建设用地定额指标。

（七）补充耕地措施是否已经落实或能够落实。

（八）土地权属、地类、面积是否清楚、准确。

（九）建设项目选址压覆重要矿床的，是否经有权机关批准。

（十）建设用地位于地质灾害易发区的，是否提供了地质灾害危险性评估报告。

（十一）占用林地是否已经林业主管部门审核同意。

（十二）存在违法用地行为的，是否已依法查处。

（十三）其他内容是否符合国家法律、法规的规定和有关政策。

五、审查程序

（一）省、自治区、直辖市人民政府土地行政主管部门按照国家有关规定，拟定建设用地请示，并附对市、县人民政府拟定的农用地转用、补充耕地、征收土地和供地方案的书面审查意见，报省级人民政府同意后，由省级人民政府将建设用地请示呈报国务院，同时抄报国土资源部（抄报时并附资料10套、图件2套）。

（二）国务院将省级人民政府的建设用地请示转国土资源部商有关部门研究办理。省级人民政府的建设用地请示和报批资料、图件经国土资源部初审后，根据有关规定，由国土资源部就有关问题征求国务院有关部门意见。国务院有关部门自收到征求意见函之日起7个工作日内，应将意见书面反馈国土资源部。逾期未反馈意见又未说明情况的，按无意见处理。如国务院有关部门提出不同意见，由国土资源部负责协调。

（三）在综合国务院各有关部门意见的基础上，国土资源部采用部会审会议集体会审的办法，依据国家土地管理法律、法规和有关规定对建设用地进行审查，并提出建议批准或不予批准的意见。对建议批准的，形成审查报告，呈报国务院审批；对不予批准的，由国土资源部行文将建设用地请示退回报文的省级人民政府，并报国务院备案。

（四）建设用地经国务院批准后，由国土资源部负责办理建设用地批复文件，批复有关省、自治区、直辖市人民政府，并抄送国务院各有关部门，批复文件中注明“经国务院批准”字样。其中，按有关规定应缴纳新增建设用地土地有偿使用费的，在缴纳后，方可办理建设用地批复文件。

六、其他事项

（一）国土资源部对省级人民政府上报的建设用地请示和报批资料、图件进行初审，认为资料不齐全或内容不符合要求的，应通知其限期补报，逾期并不能说明原因的，可以将建设用地请示退回报文的省级人民政府。

（二）凡存在未批先用等违法用地行为的建设用地，必须依法查处，在追究有关责任人员行政或法律责任后，方可依法补办建设用地手续。

（三）经国务院批准的建设用地，凡不违反保密规定的，由国土资源部通过报刊向社会公告，接受社会监督。公告工作不收取任何费用。

（四）国土资源部需在每季度末将本季度建设用地审查情况综合汇总报告国务院。

国务院办公厅关于进一步严格征地拆迁管理工作切实维护群众合法权益的紧急通知

1. 2010年5月15日发布
2. 国办发明电〔2010〕15号

各省、自治区、直辖市人民政府，国务院各部委、各直属机构：

近期，一些地区在农村征地和城镇房屋拆迁（以下简称“征地拆迁")中,相继发生多起致人死伤事件,群众反映强烈,社会影响十分恶劣。国务院领导同志高度重视,批示要求做好有关工作。为保护群众的合法权益,维护正常的经济秩序,严厉打击犯罪行为,进一步加强征地拆迁管理,经国务院同意,现就有关事项紧急通知如下:

一、充分认识做好征地拆迁管理工作的重要意义

征地拆迁关系人民群众的切身利益。党中央、国务院对此高度重视,明确要求坚决制止乱占滥用耕地,严格城镇房屋拆迁管理,坚决纠正侵害人民群众利益的问题,切实维护社会稳定。进一步加强征地拆迁管理。妥善处理城市发展和征地拆迁的关系,是贯彻落实科学发展观,维护群众合法权益,构建社会主义和谐社会,促进经济社会可持续发展的一项重要工作。各地区、各部门一定要充分认识做好这项工作的极端重要性,树立全面、协调、可持续的科学发展观和正确的政绩观,端正城乡建设的指导思想。严格执行国家关于征地拆迁的法律法规和政策规定。严格履行有关程序,坚决制止和纠正违法违规强制征地拆迁行为。要改进工作作风,完善工作机制,下大力气化解征地拆迁中的矛盾纠纷,妥善解决群众的实际困难,维护正常的生产生活秩序和社会和谐稳定。

二、严格执行农村征地程序,做好征地补偿工作

征收集体土地,必须在政府的统一组织和领导下依法规范有序开展。征地前要及时进行公告,征求群众意见;对于群众提出的合理要求,必须妥善予以解决,不得强行实施征地。要严格执行省、自治区、直辖市人民政府公布实施的征地补偿标准。尚未按照有关规定公布实施新的征地补偿标准的省、自治区、直辖市,必须于2010年6月底前公布实施;已经公布实施但标准偏低的,必须尽快调整提高。要加强对征地实施过程的监管,确保征地补偿费用及时足额支付到位,防止出现拖欠、截留、挪用等问题。征地涉及拆迁农民住房的,必须先安置后拆迁,妥善解决好被征地农户的居住问题,切实做到被征地拆迁农民原有生活水平不降低、长远生计有保障。重大工程项目建设涉及征地拆迁的,要带头严格执行规定程序和补偿标准。

三、控制城镇房屋拆迁规模,依法依规拆迁

城镇房屋拆迁,必须严格依法规范进行,必须充分尊重被拆迁人选择产权调换、货币补偿等方面的意愿。立项前要组织专家论证,广泛征求社会各界特别是被拆迁人的意见,并进行社会稳定风险评估。要控制拆迁规模,对于没有经过社会稳定风险评估或群众意见较大的项目,一律不得颁发房屋拆迁许可证。要严格控制行政强制拆迁的数量。实施行政强制拆迁要严格执行相关程序,并报请上一级人民政府备案。程序不合法、补偿不到位、被拆迁人居住条件未得到保障以及未制定应急预案的,一律不得实施强制拆迁。

四、强化监督管理,依法查处违法违规行为

各地要立即对所有征地拆迁项目组织开展一次全面排查清理。重点检查征地程序是否合法、拆迁行为是否规范、补偿安置是否合理、保障政策是否落实等情况,限期整改排查清理中发现的各种问题。对采取停水、停电、阻断交通等野蛮手段逼迫搬迁,以及采取“株连式拆迁”和“突击拆迁”等方式违法强制拆迁的,要严格追究有关责任单位和责任人的责任。因暴力拆迁和征地造成人员伤亡或严重财产损失的,公安机关要加大办案力度,尽快查清事实,依法严厉惩处犯罪分子。对因工作不力引发征地拆迁恶性事件、大规模群体性上访事件,以及存在官商勾结、权钱交易的,要追究有关领导和直接责任人的责任,构成犯罪的,要依法严厉追究刑事责任。对随意动用公安民警参与强制征地拆迁造成严重后果的,要严肃追究有关党政领导的责任。

五、健全工作机制,及时化解矛盾纠纷

各地区、各有关部门要严格按照信访评估到位、审批程序到位、政策公开到位、补偿安置到位的要求,建立健全征地拆迁信息沟通与协作机制,及时掌握和化解苗头性、倾向性问题,防止矛盾积累激化。要健全征地拆迁信访工作责任制,加快建立上下贯通的信访信息系统,积极探索征地拆迁矛盾纠纷排查调处机制,采取各种有效方式做好群众思想工作,防止简单粗暴压制群众,避免因征地拆迁

问题引发新的上访事件。地方各级人民政府和有关部门要深入到问题较多的地方去接访、下访,主动倾听群众诉求,把问题解决在初始阶段。各地要加强形势分析与研判,一旦发生恶性事件,要及时启动应急预案,做好稳控工作,防止事态扩大。要加强和改进宣传工作,充分发挥舆论监督和引导的重要作用。

六、加强协调配合,强化工作责任

各地区、各有关部门要把做好征地拆迁管理工作作为落实中央宏观调控政策和维护社会和谐稳定的重要内容,列入近期工作的重要议事日程。省、自治区、直辖市人民政府要加强对征地拆迁工作的管理和监督。切实加强对征地拆迁规模的总量调控,防止和纠正大拆大建。市、县人民政府对征地拆迁管理工作负总责,要明确政府分管负责人的责任,对出现群体性事件的,市、县人民政府主要负责人要亲临现场做好相关工作。有关部门要加强协作、密切配合,加强对各地征地拆迁工作的指导监督,联合查处典型案例,研究完善相关政策措施,及时向国务院报告重要情况。

各省、自治区、直辖市人民政府要在2010年8月底前将落实本通知情况报国务院,同时抄送住房城乡建设部和国土资源部。

中共中央纪委办公厅、监察部办公厅关于加强监督检查进一步规范征地拆迁行为的通知

1. 2011年3月17日发布
2. 中纪办〔2011〕8号

各省、自治区、直辖市和新疆生产建设兵团纪委、监察厅(局):

近年来,各地认真贯彻落实党中央、国务院的决策部署,严格执行农村集体土地征收和城市房屋拆迁法律法规和政策规定,不断完善征地拆迁补偿机制,努力做好群众工作,征地拆迁状况总体是好的。但随着城市化进程推进,征地拆迁规模不断扩大,一些地方仍

然存在违法违规强制征地拆迁问题,个别地方甚至发生因违法违规强制征地拆迁致人伤亡事件,造成了恶劣的社会影响,严重危害群众利益,损害党和政府形象。各级纪检监察机关要按照十七届中央纪委第六次全会的部署,切实加强对征地拆迁政策规定执行情况的监督检查,坚决制止和纠正违法违规强制征地拆迁行为,维护群众利益,促进科学发展和社会和谐稳定。现通知如下。

一、加强监督检查,保证《国有土地上房屋征收与补偿条例》的贯彻执行

2011 年 1 月 21 日国务院颁布的《国有土地上房屋征收与补偿条例》(以下简称《条例》),是规范国有土地上房屋征收与补偿的基础性法规。《条例》规定,取消行政强制拆迁,申请司法强制执行;先补偿后搬迁,禁止采取暴力威胁迫使搬迁;明确征收补偿标准和公共利益范围;被征收人有权请求行政救济和司法救济等,为保障被征收人的合法权益提供了依据。各级纪检监察机关要加强《条例》贯彻执行情况的监督检查,督促各地及有关部门认真学习宣传、贯彻执行《条例》精神,按照规定的征收范围、补偿标准和征收程序,依法征收、公平补偿。督促地方政府及有关部门认真清理现行规章制度和规范性文件,该废止的予以废止,该修订的抓紧修订,该项配套完善的尽快配套完善。对《条例》颁布前已经作出行政强制拆迁决定但尚未组织实施的项目,不得再组织实施,要重新组织论证,由人民法院裁定是否强制执行。

二、推动完善政策,切实维护被征地拆迁农民的合法权益

要督促有关地方政府和部门严格按照《国务院办公厅关于进一步严格征地拆迁管理工作切实维护群众合法权益的紧急通知》(国办发明电〔2010〕15 号)要求,进一步建立健全有关政策规定,认真做好农村集体土地征收和房屋拆迁工作,确保被征地拆迁农民原有生活水平不降低,长远生计有保障。要督促认真落实补偿安置政策规定,做到先安置后拆迁,住房安置要充分考虑农民的生活习惯和生产需要,妥善解决好被征地拆迁农民的居住问题;房屋拆迁要按照建筑重置成本补偿,宅基地征收按当地规定的征地标准补偿，被征地拆迁农户所得拆迁补偿以及政府补贴，能够保障其选购合理居住水平的房屋。要督促建立与当地经济发展水平相适应、收入增长幅度相协调的补偿标准动态调整机制，并认真加以执行。在《土地管理法》等法律法规作出修订之前，集体土地上房屋拆迁，要参照新颁布的《国有土地上房屋征收与补偿条例》的精神执行。

三、强化责任落实，督促地方政府和有关部门依法履行职责

要督促地方政府及有关部门深入贯彻落实以人为本、执政为民的要求，加强和改进群众工作，畅通被征地拆迁群众反映问题、表达诉求的渠道，广泛听取群众意见，妥善解决群众的合理诉求，紧紧依靠群众的支持和参与开展征地拆迁。要对有关地方政府履行征地拆迁主体责任任情况进行监督检查，督促严格审批征地拆迁项目，认真履行公告、告知、听证等程序，加强管理监督，依法依规进行征地拆迁。要对有关部门履行职责情况进行监督检查，督促住房城乡建设部门严格拆迁许可证的审批管理，加强对国有土地上房屋征收与补偿工作的监管；督促国土资源部门严把新上项目用地预审关，加强对农村集体土地征收和房屋拆迁工作的监管；督促农业部门严格农村集体土地征地补偿费分配使用情况的监管。要建立健全矛盾纠纷排查调处机制，及时解决苗头性、倾向性问题，防止矛盾纠纷积累激化。

四、严肃查办案件，严格追究有关责任人的责任

加大查办违法违规强制征地拆迁案件的力度，重点查处采取中断供水、供热、供电和道路通行等非法方式迫使搬迁行为，采取暴力、威胁手段或突击、“株连”等方式强制征地拆迁行为，以及《国有土地上房屋征收与补偿条例》颁布后仍然组织实施行政强制拆迁等问题。对有令不行、有禁不止的，违规动用警力参与征地拆迁的，因工作不力、简单粗暴、失职渎职引发恶性事件和群体性事件的，对违法违规征地拆迁行为不制止、隐瞒不报、压案不查的，要严肃追究有关领导人员的责任。涉嫌犯罪的，移送司法机关依法追究刑事责任。对征地拆迁中官商勾结、权钱交易的，要发现一起、查处一起，绝不姑息。

五、加大宣传力度,正确引导社会舆论

要加大对《条例》等有关法律法规和政策规定的宣传力度,注意加强对征地拆迁社会舆情的分析研判,建立快速的应对机制。要及时总结依法拆迁、“阳光”拆迁、和谐拆迁的好经验、好做法,组织力量进行宣传报道,加强对社会舆论的正确引导。对社会广泛关注的违法违规强制征地拆迁典型案件,及时公布查处结果。对群众反映强烈的突出问题和突发性事件,依法妥善处置,及时回应社会关切,避免出现过度炒作等不利局面。

建设项目用地预审管理办法

1. 2001年7月25日国土资源部令第7号公布
2. 2004年11月1日国土资源部令第27号修订
3. 2008年11月29日国土资源部令第42号第一次修正
4. 根据2016年11月29日国土资源部令第68号《关于修改〈建设项目用地预审管理办法〉的决定》第二次修正

第一条 为保证土地利用总体规划的实施,充分发挥土地供应的宏观调控作用,控制建设用地总量,根据《中华人民共和国土地管理法》、《中华人民共和国土地管理法实施条例》和《国务院关于深化改革严格土地管理的决定》,制定本办法。

第二条 本办法所称建设项目用地预审,是指国土资源主管部门在建设项目审批、核准、备案阶段,依法对建设项目涉及的土地利用事项进行的审查。

第三条 预审应当遵循下列原则:

(一)符合土地利用总体规划;

(二)保护耕地,特别是基本农田;

(三)合理和集约节约利用土地;

(四)符合国家供地政策。

第四条 建设项目用地实行分级预审。

需人民政府或有批准权的人民政府发展和改革等部门审批的建设项目，由该人民政府的国土资源主管部门预审。

需核准和备案的建设项目，由与核准、备案机关同级的国土资源主管部门预审。

第五条 需审批的建设项目在可行性研究阶段，由建设用地单位提出预审申请。

需核准的建设项目在项目申请报告核准前，由建设单位提出用地预审申请。

需备案的建设项目在办理备案手续后，由建设单位提出用地预审申请。

第六条 依照本办法第四条规定应当由国土资源部预审的建设项目，国土资源部委托项目所在地的省级国土资源主管部门受理，但建设项目占用规划确定的城市建设用地范围内土地的，委托市级国土资源主管部门受理。受理后，提出初审意见，转报国土资源部。

涉密军事项目和国务院批准的特殊建设项目用地，建设用地单位可直接向国土资源部提出预审申请。

应当由国土资源部负责预审的输电线塔基、钻探井位、通讯基站等小面积零星分散建设项目用地，由省级国土资源主管部门预审，并报国土资源部备案。

第七条 申请用地预审的项目建设单位，应当提交下列材料：

（一）建设项目用地预审申请表；

（二）建设项目用地预审申请报告，内容包括拟建项目的基本情况、拟选址占地情况、拟用地是否符合土地利用总体规划、拟用地面积是否符合土地使用标准、拟用地是否符合供地政策等；

（三）审批项目建议书的建设项目提供项目建议书批复文件，直接审批可行性研究报告或者需核准的建设项目提供建设项目列入相关规划或者产业政策的文件。

前款规定的用地预审申请表样式由国土资源部制定。

第八条 建设单位应当对单独选址建设项目是否位于地质灾害易发

区、是否压覆重要矿产资源进行查询核实;位于地质灾害易发区或者压覆重要矿产资源的,应当依据相关法律法规的规定,在办理用地预审手续后,完成地质灾害危险性评估、压覆矿产资源登记等。

第九条 负责初审的国土资源主管部门在转报用地预审申请时,应当提供下列材料:

(一)依据本办法第十一条有关规定,对申报材料作出的初步审查意见;

(二)标注项目用地范围的土地利用总体规划图、土地利用现状图及其他相关图件;

(三)属于《土地管理法》第二十六条规定情形,建设项目用地需修改土地利用总体规划的,应当出具规划修改方案。

第十条 符合本办法第七条规定的预审申请和第九条规定的初审转报件,国土资源主管部门应当受理和接收。不符合的,应当场或在五日内书面通知申请人和转报人,逾期不通知的,视为受理和接收。

受国土资源部委托负责初审的国土资源主管部门应当自受理之日起二十日内完成初审工作,并转报国土资源部。

第十一条 预审应当审查以下内容:

(一)建设项目用地是否符合国家供地政策和土地管理法律、法规规定的条件;

(二)建设项目选址是否符合土地利用总体规划,属《土地管理法》第二十六条规定情形,建设项目用地需修改土地利用总体规划的,规划修改方案是否符合法律、法规的规定;

(三)建设项目用地规模是否符合有关土地使用标准的规定;对国家和地方尚未颁布土地使用标准和建设标准的建设项目,以及确需突破土地使用标准确定的规模和功能分区的建设项目,是否已组织建设项目节地评价并出具评审论证意见。

占用基本农田或者其他耕地规模较大的建设项目,还应当审查是否已经组织踏勘论证。

第十二条 国土资源主管部门应当自受理预审申请或者收到转报材料之日起二十日内,完成审查工作,并出具预审意见。二十日内不能出具预审意见的，经负责预审的国土资源主管部门负责人批准，可以延长十日。

第十三条 预审意见应当包括对本办法第十一条规定内容的结论性意见和对建设用地单位的具体要求。

第十四条 预审意见是有关部门审批项目可行性研究报告、核准项目申请报告的必备文件。

第十五条 建设项目用地预审文件有效期为三年，自批准之日起计算。已经预审的项目，如需对土地用途、建设项目选址等进行重大调整的，应当重新申请预审。

未经预审或者预审未通过的，不得批复可行性研究报告、核准项目申请报告；不得批准农用地转用、土地征收，不得办理供地手续。预审审查的相关内容在建设用地报批时，未发生重大变化的，不再重复审查。

第十六条 本办法自2009年1月1日起施行。

建设用地审查报批管理办法

1. 1999年3月2日国土资源部令第3号公布

2. 根据2010年11月30日国土资源部令第49号《关于修改部分规章的决定》第一次修正

3. 根据2016年11月29日国土资源部令第69号《关于修改〈建设用地审查报批管理办法〉的决定》第二次修正

第一条 为加强土地管理，规范建设用地审查报批工作，根据《中华人民共和国土地管理法》（以下简称《土地管理法》）、《中华人民共和国土地管理法实施条例》（以下简称《土地管理法实施条例》），制定本办法。

第二条 依法应当报国务院和省、自治区、直辖市人民政府批准的建设用地的申请、审查、报批和实施，适用本办法。

第三条 县级以上国土资源主管部门负责建设用地的申请受理、审查、报批工作。

第四条 在建设项目审批、核准、备案阶段，建设单位应当向建设项目批准机关的同级国土资源主管部门提出建设项目用地预审申请。

受理预审申请的国土资源主管部门应当依据土地利用总体规划、土地使用标准和国家土地供应政策，对建设项目的有关事项进行预审，出具建设项目用地预审意见。

第五条 在土地利用总体规划确定的城市建设用地范围外单独选址的建设项目使用土地的，建设单位应当向土地所在地的市、县国土资源主管部门提出用地申请。

建设单位提出用地申请时，应当填写《建设用地申请表》，并附具下列材料：

（一）建设项目用地预审意见；

（二）建设项目批准、核准或者备案文件；

（三）建设项目初步设计批准或者审核文件。

建设项目拟占用耕地的，还应当提出补充耕地方案；建设项目位于地质灾害易发区的，还应当提供地质灾害危险性评估报告。

第六条 国家重点建设项目中的控制工期的单体工程和因工期紧或者受季节影响急需动工建设的其他工程，可以由省、自治区、直辖市国土资源主管部门向国土资源部申请先行用地。

申请先行用地，应当提交下列材料：

（一）省、自治区、直辖市国土资源主管部门先行用地申请；

（二）建设项目用地预审意见；

（三）建设项目批准、核准或者备案文件；

（四）建设项目初步设计批准文件、审核文件或者有关部门确认工程建设的文件；

（五）国土资源部规定的其他材料。

经批准先行用地的，应当在规定期限内完成用地报批手续。

第七条 市、县国土资源主管部门对材料齐全、符合条件的建设用地申请，应当受理，并在收到申请之日起 30 日内拟订农用地转用方案、补充耕地方案、征收土地方案和供地方案，编制建设项目用地呈报说明书，经同级人民政府审核同意后，报上一级国土资源主管部门审查。

第八条 在土地利用总体规划确定的城市建设用地范围内，为实施城市规划占用土地的，由市、县国土资源主管部门拟订农用地转用方案、补充耕地方案和征收土地方案，编制建设项目用地呈报说明书，经同级人民政府审核同意后，报上一级国土资源主管部门审查。

在土地利用总体规划确定的村庄和集镇建设用地范围内，为实施村庄和集镇规划占用土地的，由市、县国土资源主管部门拟订农用地转用方案、补充耕地方案，编制建设项目用地呈报说明书，经同级人民政府审核同意后，报上一级国土资源主管部门审查。

报国务院批准的城市建设用地，农用地转用方案、补充耕地方案和征收土地方案可以合并编制，一年申报一次；国务院批准城市建设用地后，由省、自治区、直辖市人民政府对设区的市人民政府分期分批申报的农用地转用和征收土地实施方案进行审核并回复。

第九条 建设只占用国有农用地的，市、县国土资源主管部门只需拟订农用地转用方案、补充耕地方案和供地方案。

建设只占用农民集体所有建设用地的，市、县国土资源主管部门只需拟订征收土地方案和供地方案。

建设只占用国有未利用地，按照《土地管理法实施条例》第二十四条规定应由国务院批准的，市、县国土资源主管部门只需拟订供地方案；其他建设项目使用国有未利用地的，按照省、自治区、直辖市的规定办理。

第十条 建设项目用地呈报说明书应当包括用地安排情况、拟使用土地情况等，并应附具下列材料：

（一）经批准的市、县土地利用总体规划图和分幅土地利用现状图，占用基本农田的，同时提供乡级土地利用总体规划图；

（二）有资格的单位出具的勘测定界图及勘测定界技术报告书；

（三）地籍资料或者其他土地权属证明材料；

（四）为实施城市规划和村庄、集镇规划占用土地的，提供城市规划图和村庄、集镇规划图。

第十一条 农用地转用方案，应当包括占用农用地的种类、面积、质量等，以及符合规划计划、基本农田占用补划等情况。

补充耕地方案，应当包括补充耕地的位置、面积、质量，补充的期限，资金落实情况等，以及补充耕地项目备案信息。

征收土地方案，应当包括征收土地的范围、种类、面积、权属，土地补偿费和安置补助费标准，需要安置人员的安置途径等。

供地方案，应当包括供地方式、面积、用途等。

第十二条 有关国土资源主管部门收到上报的建设项目用地呈报说明书和有关方案后，对材料齐全、符合条件的，应当在5日内报经同级人民政府审核。同级人民政府审核同意后，逐级上报有批准权的人民政府，并将审查所需的材料及时送该级国土资源主管部门审查。

对依法应由国务院批准的建设项目用地呈报说明书和有关方案，省、自治区、直辖市人民政府必须提出明确的审查意见，并对报送材料的真实性、合法性负责。

省、自治区、直辖市人民政府批准农用地转用、国务院批准征收土地的，省、自治区、直辖市人民政府批准农用地转用方案后，应当将批准文件和下级国土资源主管部门上报的材料一并上报。

第十三条 有批准权的国土资源主管部门应当自收到上报的农用地转用方案、补充耕地方案、征收土地方案和供地方案并按规定征求有关方面意见后30日内审查完毕。

建设用地审查应当实行国土资源主管部门内部会审制度。

第十四条 农用地转用方案和补充耕地方案符合下列条件的，国土资源主管部门方可报人民政府批准：

（一）符合土地利用总体规划；

（二）确属必需占用农用地且符合土地利用年度计划确定的控制指标；

（三）占用耕地的，补充耕地方案符合土地整理开发专项规划且面积、质量符合规定要求；

（四）单独办理农用地转用的，必须符合单独选址条件。

第十五条 征收土地方案符合下列条件的，国土资源主管部门方可报人民政府批准：

（一）被征收土地界址、地类、面积清楚，权属无争议的；

（二）被征收土地的补偿标准符合法律、法规规定的；

（三）被征收土地上需要安置人员的安置途径切实可行。

建设项目施工和地质勘查需要临时使用农民集体所有的土地的，依法签订临时使用土地合同并支付临时使用土地补偿费，不得办理土地征收。

第十六条 供地方案符合下列条件的，国土资源主管部门方可报人民政府批准：

（一）符合国家的土地供应政策；

（二）申请用地面积符合建设用地标准和集约用地的要求；

（三）只占用国有未利用地的，符合规划、界址清楚、面积准确。

第十七条 农用地转用方案、补充耕地方案、征收土地方案和供地方案经有批准权的人民政府批准后，同级国土资源主管部门应当在收到批件后 5 日内将批复发出。

未按规定缴纳新增建设用地土地有偿使用费的，不予批复建设用地。其中，报国务院批准的城市建设用地，省、自治区、直辖市人民政府在设区的市人民政府按照有关规定缴纳新增建设用地土地有偿使用费后办理回复文件。

第十八条 经批准的农用地转用方案、补充耕地方案、征收土地方案和供地方案，由土地所在地的市、县人民政府组织实施。

第十九条 建设项目补充耕地方案经批准下达后，在土地利用总体规划确定的城市建设用地范围外单独选址的建设项目，由市、县国土资源主管部门负责监督落实；在土地利用总体规划确定的城市和村庄、集镇建设用地范围内，为实施城市规划和村庄、集镇规划占用土地的，由省、自治区、直辖市国土资源主管部门负责监督落实。

第二十条 征收土地公告和征地补偿、安置方案公告，按照《征收土地公告办法》的有关规定执行。

征地补偿、安置方案确定后，市、县国土资源主管部门应当依照征地补偿、安置方案向被征收土地的农村集体经济组织和农民支付土地补偿费、地上附着物和青苗补偿费，并落实需要安置农业人口的安置途径。

第二十一条 在土地利用总体规划确定的城市建设用地范围内，为实施城市规划占用土地的，经依法批准后，市、县国土资源主管部门应当公布规划要求，设定使用条件，确定使用方式，并组织实施。

第二十二条 以有偿使用方式提供国有土地使用权的，由市、县国土资源主管部门与土地使用者签订土地有偿使用合同，并向建设单位颁发《建设用地批准书》。土地使用者缴纳土地有偿使用费后，依照规定办理土地登记。

以划拨方式提供国有土地使用权的，由市、县国土资源主管部门向建设单位颁发《国有土地划拨决定书》和《建设用地批准书》，依照规定办理土地登记。《国有土地划拨决定书》应当包括划拨土地面积、土地用途、土地使用条件等内容。

建设项目施工期间，建设单位应当将《建设用地批准书》公示于施工现场。

市、县国土资源主管部门应当将提供国有土地的情况定期予以公布。

第二十三条 各级国土资源主管部门应当对建设用地进行跟踪检查。

对违反本办法批准建设用地或者未经批准非法占用土地的，应当依法予以处罚。

第二十四条 本办法自发布之日起施行。

土地征收成片开发标准

1. 2023年10月31日自然资源部公布
2. 自然资规〔2023〕7号
3. 自2023年11月5日施行
4. 有效期5年

一、根据《土地管理法》第45条的规定,制定本标准。

本标准所称成片开发,是指在国土空间规划确定的城镇建设用地范围内,由县级以上地方人民政府组织的对一定范围的土地进行的综合性开发建设活动。

二、土地征收成片开发应当坚持新发展理念,以人民为中心,注重保护耕地,注重维护农民合法权益,注重节约集约用地,注重生态环境保护,促进当地经济社会可持续发展。

三、县级以上地方人民政府应当按照《土地管理法》第45条规定,依据当地国民经济和社会发展规划、国土空间规划,组织编制土地征收成片开发方案,纳入当地国民经济和社会发展年度计划,并报省级人民政府批准。

土地征收成片开发方案应当包括下列内容:

(一)成片开发的位置、面积、范围和基础设施条件等基本情况;

(二)成片开发的必要性、主要用途和实现的功能;

(三)成片开发拟安排的建设项目、开发时序和年度实施计划;

(四)依据国土空间规划确定的一个完整的土地征收成片开发范围内基础设施、公共服务设施以及其他公益性用地比例;

(五)成片开发的土地利用效益以及经济、社会、生态效益评估。

前款第(四)项规定的比例一般不低于40%,各市县的具体比例由省级人民政府根据各地情况差异确定。

县级以上地方人民政府编制土地征收成片开发方案时,应当充分听取人大代表、政协委员、社会公众和有关专家学者的意见。

四、土地征收成片开发方案应当充分征求成片开发范围内农村集体经济组织和农民的意见,并经集体经济组织成员的村民会议三分之二以上成员或者三分之二以上村民代表同意。未经集体经济组织的村民会议三分之二以上成员或者三分之二以上村民代表同意,不得申请土地征收成片开发。

五、省级人民政府应当组织人大代表、政协委员和土地、规划、经济、法律、环保、产业等方面的专家组成专家委员会,对土地征收成片开发方案的科学性、必要性进行论证。论证结论应当作为批准土地征收成片开发方案的重要依据。

国家自然资源督察机构、自然资源部、省级人民政府应当加强对土地征收成片开发工作的监管。

六、土地征收成片开发方案经批准后,应当严格按照方案确定的范围、时序安排组织实施。因国民经济和社会发展年度计划、国土空间规划调整或者不可抗力等因素导致无法实施的,可按规定调整土地征收成片开发方案。成片开发方案调整涉及地块变化的,调整方案应报省级人民政府批准;调整仅涉及实施进度安排的,调整方案应报省级自然资源主管部门备案。调整后公益性用地比例应当符合规定要求,已实施征收的地块不得调出。

七、有下列情形之一的,不得批准土地征收成片开发方案:

(一)涉及占用永久基本农田的;

(二)市县区域内存在大量批而未供或者闲置土地的;

(三)各类开发区、城市新区土地利用效率低下的;

(四)已批准实施的土地征收成片开发连续两年未完成方案安排的年度实施计划的。

八、本标准自 2023 年 11 月 5 日施行,有效期五年。

各类用地报批会审办法

1. 1998年9月29日国土资源部发布
2. 国土资发〔1998〕145号
3. 自1999年1月1日起施行

根据《土地管理法》和《国土资源部工作规则》,为加强各类用地审查,严格控制非农业建设占用耕地,保证依法、科学、集约、规范用地,特制定本办法。

一、会审组织

会审工作由部领导主持。参与会审单位包括办公厅、政策法规司、规划司、耕地保护司、地籍管理司、土地利用管理司、矿产开发管理司、地质环境司、执法监察局。

凡涉及农地转用、土地征用、农地开发的会审准备工作由耕地保护司牵头组织和协调。凡不涉及农地转用、土地征用、农地开发的会审准备工作由土地利用管理司牵头组织和协调。

二、会审范围

需报国务院批准的各类用地的审查报批工作。

三、审查依据

会审工作依据为:土地管理法律、法规和有关政策、土地利用现状调查、变更调查有关资料、国家产业政策、土地利用总体规划和年度计划及有关技术规范、标准;遵循统一效能、协作配合、各司其职、各负其责的原则进行。

四、审查内容

(一)用地是否在项目立项前经过预审,并有《用地预审报告书》。没有预审的,项目是否符合国家产业政策。

(二)农地转用、土地利用是否符合土地利用总体规划,是否列入土地利用年度计划。

（三）供地方式是否符合国家法律规定和有关政策，用地面积是否符合建设用地定额指标，是否合理和节约。

（四）征地补偿安置方案、耕地占补平衡措施是否可行、是否已经落实或能够落实。

（五）划拨用地方式是否符合《划拨供地目录》，有偿用地方式是否符合国家法律规定的有关政策，出让用地的出让方案是否符合规定。

（六）土地权属、地类面积是否清楚。

（七）适用法律和有关规定是否正确，是否存在违法行为。

（八）是否涉及矿产开发和地质环境问题。

各有关司局按照各自职责负责对上述审查内容提出意见。

五、会审程序与时限

（一）受理与送审

由办公厅统一接收报批用地的资料、图件，转牵头单位进行登记，并对资料是否齐全进行初审。材料齐全的，在 2 个工作日内分送有关司局；材料不齐全的，在 2 个工作日内转请办公厅向报批单位及时提出在规定期限内补全；逾期不通知，视为受理。

（二）审查

有关司局在收到牵头单位送审的《××××会审表》及有关资料后，应在 8 个工作日内按各自的职责提出书面审查意见，送牵头单位汇总。

（三）汇总

牵头单位在汇总各有关司局和有关部委意见的基础上，在 10 个工作日内起草《××××审查意见》报部会审。审查意见要综合反映有关司局的意见。

（四）会审

部不定期召开会审会议研究《××××审查意见》。会议由部领导主持，由牵头单位负责会议的各项准备工作。各有关司局和办公厅负责人及有关工作人员参加。会前，审查意见要分送到会的有关司（局、厅）负责人。

(五)报批

《××××审查意见》经部会审会议集体会审后,由牵头单位根据部领导决定的意见负责修改,在会审会议后的4个工作日内形成正式审查报告,报部领导签发上报国务院。

对规模小、情况简单的用地,经各有关司局审查,符合报批条件的,也可由牵头单位直接起草审查报告,报部领导签发上报国务院,但上报后要在部会审会议上通报。

(六)发文

用地报批件经国务院正式批准后,由牵头单位负责在2个工作日内办理批复文件并分送有关部门和部内有关司(局、厅)。

六、其他规定

(一)需听取汇报或赴现场勘察的用地,经主管部领导同意,由牵头单位负责组织进行。

(二)需征求国务院有关部门意见的,由牵头单位负责在收件后及时办文送有关部门,要求在规定的期限内反馈意见。如出现意见分歧,牵头单位会同有关司局负责做协调工作。

(三)用地审查报告上报国务院后,由牵头单位负责与国务院办公厅的联系工作。

(四)本办法于1999年1月1日起施行。

土地储备资金财务管理办法

1. 2018年1月17日财政部、国土资源部发布

2. 财综〔2018〕8号

3. 自2018年2月1日起施行

第一章 总 则

第一条 为规范土地储备行为,加强土地储备资金财务管理,根据《预算法》、《国务院办公厅关于规范国有土地使用权出让收支管理的通知》(国办发〔2006〕100号)、《国务院关于加强地方政府性债务管理的意见》(国发〔2014〕43号)等有关规定,制定本办法。

第二条 本办法适用于土地储备资金财务收支活动。

第三条 本办法所称土地储备资金是指纳入国土资源部名录管理的土地储备机构按照国家有关规定征收、收购、优先购买、收回土地以及对其进行前期开发等所需的资金。

第四条 土地储备资金实行专款专用、分账核算,并实行预决算管理。

第二章 土地储备资金来源

第五条 土地储备资金来源于下列渠道:

(一)财政部门从已供应储备土地产生的土地出让收入中安排给土地储备机构的征地和拆迁补偿费用、土地开发费用等储备土地过程中发生的相关费用;

(二)财政部门从国有土地收益基金中安排用于土地储备的资金;

(三)发行地方政府债券筹集的土地储备资金;

(四)经财政部门批准可用于土地储备的其他财政资金。

第六条 财政部门根据土地储备的需要以及预算安排,及时下达用于土地储备的各项资金。

第七条 土地储备专项债券的发行主体为省级人民政府。土地储备专项债券资金由财政部门纳入政府性基金预算管理,并由土地储备机构专项用于土地储备,具体资金拨付、使用、预决算管理严格执行财政部、国土资源部关于地方政府土地储备专项债券管理的规定。

第三章 土地储备资金使用范围

第八条 土地储备资金使用范围具体包括:

(一)征收、收购、优先购买或收回土地需要支付的土地价款或征地和拆迁补偿费用。包括土地补偿费和安置补助费、地上附着物和青苗补偿费、拆迁补偿费,以及依法需要支付的与征收、收购、优先购买或收回土地有关的其他费用。

(二)征收、收购、优先购买或收回土地后进行必要的前期土地开发费用。储备土地的前期开发,仅限于与储备宗地相关的道路、供水、供电、供气、排水、通讯、照明、绿化、土地平整等基础设施建设支出。

(三)按照财政部关于规范土地储备和资金管理的规定需要偿还的土地储备存量贷款本金和利息支出。

(四)经同级财政部门批准的与土地储备有关的其他费用。包括土地储备工作中发生的地籍调查、土地登记、地价评估以及管护中围栏、围墙等建设等支出。

第九条 土地储备机构用于征地和拆迁补偿费用以及土地开发费用支出,应当严格按照国家规范国有土地使用权出让收支管理的有关规定执行。

第四章 土地储备相关资金管理

第十条 土地储备机构所需的日常经费,应当与土地储备资金实行分账核算,不得相互混用。

第十一条 土地储备机构在持有储备土地期间,临时利用土地取得的零星收入(不含供应储备土地取得的全部土地出让收入,以下简称土地储备零星收入),包括下列范围:

(一)出租储备土地取得的收入;

(二)临时利用储备土地取得的收入;

(三)储备土地的地上建筑物及附着物残值变卖收入;

(四)其他收入。

第十二条 土地储备零星收入全部缴入同级国库,纳入一般公共预算,实行"收支两条线"管理。

第十三条 土地储备零星收入缴入同级国库时,填列政府收支分类科目 103 类"非税收入"07 款"国有资源(资产)有偿使用收入"99 项"其他国有资源(资产)有偿使用收入"科目。土地储备零星收入实行国库集中收缴,缴入同级国库的具体方式,按照省、自治区、直辖市、计划单列市财政部门规定执行。

第五章 土地储备资金收支预决算及绩效管理

第十四条 土地储备机构应当于每年第三季度参照本年度土地储备

计划,按宗地或项目编制下一年度土地储备资金收支项目预算草案,经主管部门审核后,报同级财政部门审定。其中:属于政府采购和政府购买服务范围的,应当按照规定分别编制政府采购和政府购买服务预算。

第十五条 同级财政部门应当及时批复土地储备机构土地储备资金收支项目预算。

第十六条 土地储备机构应当严格按照同级财政部门批复的预算执行,并根据土地收购储备的工作进度,提出用款申请,经主管部门审核后,报同级财政部门审批,资金支付按照国库集中支付制度的有关规定执行。

第十七条 土地储备资金收支项目预算确需调剂的,应当按照国家有关预算调剂的规定执行。

第十八条 每年年度终了,土地储备机构应当按照同级财政部门规定,向主管部门报送土地储备资金收支项目决算草案,并详细提供宗地或项目支出情况,经主管部门审核后,报同级财政部门审核。

土地储备资金收支项目决算草案的审核,也可委托具有良好信誉、执业质量高的会计师事务所等相关中介机构实施。

第十九条 土地储备机构从财政部门拨付的土地出让收入中安排用于征地和拆迁补偿、土地开发等的支出,按照支出性质,分别填列政府收支分类科目支出功能分类212类“城乡社区支出”08款“国有土地使用权出让收入及对应专项债务收入安排的支出”01项“征地和拆迁补偿支出”和02项“土地开发支出”等相关科目。同时,分别填列支出经济分类科目310类“资本性支出”09款“土地补偿”、10款“安置补助”、11款“地上附着物和青苗补偿”、12款“拆迁补偿”,以及310类“资本性支出”05款“基础设施建设”支出科目。

第二十条 土地储备机构从国有土地收益基金收入中安排用于土地储备的支出,按照支出性质,分别填列政府收支分类科目支出功能分类212类“城乡社区支出”10款“国有土地收益基金及对应专项债务收入安排的支出”01 项“征地和拆迁补偿支出”和 02 项“土地开发支出”科目。同时,分别填列支出经济分类 310 类“资本性支出”09 款“土地补偿”、10 款“安置补助”、11 款“地上附着物和青苗补偿”、12 款“拆迁补偿”,以及 310 类“资本性支出”05 款“基础设施建设”支出科目。

第二十一条 土地储备机构日常经费预决算管理,按照《预算法》和同级财政部门的规定执行。

第二十二条 土地储备资金会计核算办法,按照财政部规定执行。具体办法由财政部另行制定。

第二十三条 土地储备机构所在地财政部门会同国土资源主管部门应当组织实施对土地储备资金的绩效评价工作,按要求编制绩效目标,做好绩效目标执行监控,建立完善的绩效评价制度,并将绩效评价结果作为财政部门安排年度土地储备资金收支项目预算的依据。

第六章 监督检查

第二十四条 各级财政、国土资源管理部门应当加强对土地储备资金使用情况、土地储备零星收入缴入国库情况以及土地储备机构执行会计核算制度、政府采购制度等的监督检查,确保土地储备资金专款专用,督促土地储备机构及时足额缴纳土地储备零星收入,努力提高土地储备资金管理效率。

第二十五条 土地储备机构应当严格执行本办法规定,自觉接受财政部门、国土资源管理部门和审计机关的监督检查。

第二十六条 任何单位和个人违反本办法规定的,按照《财政违法行为处罚处分条例》等国家有关规定追究法律责任,涉嫌犯罪的,依法移送司法机关处理。

各级财政部门、国土资源管理部门在土地储备资金审批、分配工作中,存在违反本办法及其他滥用职权、玩忽职守、徇私舞弊等违法违纪行为的,按照《预算法》、《公务员法》、《行政监察法》、《财政违法行为处罚处分条例》等国家有关规定追究相应责任;涉嫌犯罪的,依法移送司法机关处理。

第七章 附 则

第二十七条 各省、自治区、直辖市及计划单列市财政部门应当会同国土资源管理部门根据本办法,结合本地区实际情况,制定具体实施办法,并报财政部、国土资源部备案。

第二十八条 本办法由财政部会同国土资源部负责解释。

第二十九条 本办法自2018年2月1日起施行。2007年6月12日财政部、国土资源部发布的《土地储备资金财务管理暂行办法》(财综〔2007〕17号)同时废止。

征地管理费暂行办法

1. 1992年11月24日国家物价局、财政部发布
2. 价费字〔1992〕597号

第一条 为改善和加强征地管理工作,合理收取和利用征地管理费,根据《中华人民共和国土地管理法》及相关法律、法规,制定本办法。

第二条 征地管理费系指县以上人民政府土地管理部门受用地单位委托,采用包干方式统一负责、组织、办理各类建设项目征用土地的有关事宜,由用地单位在征地费总额的基础上交一定比例支付的管理费用。

第三条 实行征地包干的,应由政府土地管理部门或所属的征地服务机构与建设用地单位协商,签订征地包干协议,明确双方的权利和义务,并严格履行双方签订的协议。

第四条 征地包干的三种形式:

(一)全包方式,即由政府土地管理部门或所属的征地服务机构,采取包工作、包费用、包时间的三包方式,负责征地全过程的全部工作,征地所发生的全部费用经测算后,由用地单位一次交付土地管理部门,土地管理部门或征地服务机构按规定期限将土地交付用地单位。

（二）半包方式，即由政府土地管理部门或所属的征地机构、采取只包工作、包时间、不包费用的方式，负责征地的全部工作，在规定的期限内将土地交用地单位，征地费用按实际发生计算，由用地单位直接支付给被征地单位。

（三）单包方式，即政府土地管理部门或所属的征地服务机构，采取只包工作，不包费用和期限的方式，代表征地单位负责对拟征用的土地勘察、登记，做好征地的组织协调工作，协调用地单位与被征地单位制定征地安置、补偿方案、办理用地手续等事宜。

第五条 征用土地管理费的收取标准：

（一）实行全包征地方式的，按征地费总额的以下比例收费：

1. 一次性征用耕地在66.67公顷（1000亩）以上（含66.67公顷），其他土地133.34公顷（2000亩）以上的（含133.34公顷），征地管理费按不超过3%收取；

2. 征用耕地66.67公顷以下，其他土地133.34公顷以下的，征地管理费按不超过4%收取。

（二）实行半包方式的，按征地费总额的以下比例收费：

1. 一次性征用耕地在66.67公顷以上（含66.67公顷），其他土地133.34公顷以上的（含133.34公顷），征地管理费按不超过2%收取；

2. 征用耕地在66.67公顷以下，其他土地133.34公顷以下的，征地管理费按不超过2.5%收取。

（三）实行单包方式征地的、按征地费总额的以下比例收费：

1. 一次性征用耕地在66.67公顷以上（含66.67公顷），其他土地133.34公顷以上的（含133.34公顷），征地管理费按不超过1.5%收取；

2. 征用耕地在66.67公顷以下，其他土地133.34公顷以下的，征地管理费按不超过2%收取。

（四）只办理征地手续不负责征地工作的，不得收取征地管理费。

第六条 补办征地手续、共需要重新进行勘察、登记的建设项目、无偿划拨的国有荒地、荒山等用地项目的征地管理费收取标准，由省、自治区、直辖市土地管理部门提出意见，经同级物价、财政部门审定后，报省政府批准实施，并抄报国家物价局、财政部备案。

第七条 按照第四条第一项全包式进行征地的，如征地过程中出现不可预见情况，可由负责征地的单位据实与用地单位另行结算不可预见费用。

第八条 征地管理费的减免范围：

（一）党政机关、全额预算管理的事业单位、中小学校、幼儿园、福利院、敬老院、孤儿院、妇幼保健院、防疫站、残疾人企业征用土地，免收征地管理费。

（二）差额预算管理和自收自支管理的事业单位为修建办公楼、宿舍楼征用土地，减半收取征地管理费。

（三）抢险救灾使用土地，免收征地管理费。

第九条 征地费用一般由以下几项费用组成，土地补偿费、安置补助费、青苗补偿费、地上、地下附着物和拆迁补偿费，除国务院另有规定外，具体收费标准、计算方法，应根据《中华人民共和国土地管理法》中规定的原则，由省、自治区、直辖市物价、财政部门制定，报同级人民政府批准执行。

第十条 征地管理费主要用于土地管理部门在征地、安置、拆迁过程中的办公、业务培训，宣传教育、经验交流，仪器、设备的购置、维修、使用费和其他非经费人员的必要开支。

第十一条 县、市土地管理部门收取的征地管理费，应按一定比例上交上级土地管理部门，上交的具体比例由省、自治区、直辖市土地管理部门确定。

报国务院审批的建设项目用地，其征地管理费的1.5%上交国家土地管理局，由省级土地管理部门代收、代交，主要用于审批建设项目过程中的必要开支。

第十二条 征地管理按预算外资金管理，实行财政专户储存。专款专用。

第十三条 乡(镇)村建设用地参照本办法执行。

第十四条 各省、自治区、直辖市物价、财政部门可根据本暂行办法制定实施细则。

财政部关于征地补偿安置费性质的批复

1. 2005年4月4日发布
2. 财综〔2005〕17号

山西省财政厅：

你厅《关于征地补偿安置费有关问题的请示》(晋财建〔2005〕26号)收悉。经研究,现就有关问题批复如下：

根据《土地管理法》(中华人民共和国主席令第8号)以及《土地管理法实施条例》(国务院令第256号)的规定,《财政部、国家发展改革委关于征地补偿安置费性质的批复》(财综〔2004〕19号)中的“征地补偿安置费”属于收入管理概念,而土地出让金中的“土地补偿费、安置补助费”属于支出管理概念,两者管理角度不同。

按照我国现行土地管理体制,用地单位不能直接征用土地,征用土地由县级以上地方人民政府负责组织实施,并通过协议、招标、拍卖、挂牌等方式出让,依法取得土地出让金。土地出让金必须严格按照财政部、原国家土地管理局《关于加强土地使用权出让金征收管理的通知》(财综字〔1995〕10号)和财政部《关于印发〈国有土地使用权出让金财政财务管理和会计核算暂行办法〉的通知》(财综字〔1996〕1号)的规定,先全额缴入“土地出让金财政专户”,再通过清算拨付包括土地补偿费、安置补助费在内的相关费用。从“土地出让金财政专户”中拨付出去的土地补偿费、安置补助费应执行财综〔2004〕19号文件的规定,不再将其作为政府收入上缴国库或财政专户实行“收支两条线”管理。

劳动和社会保障部、国土资源部关于切实做好被征地农民社会保障工作有关问题的通知

1. 2007 年 4 月 28 日发布
2. 劳社部发〔2007〕14 号

各省、自治区、直辖市劳动和社会保障厅(局),国土资源厅(国土环境资源厅、国土资源局、国土资源和房屋管理局、房屋土地资源管理局):

党中央、国务院高度重视被征地农民就业培训和社会保障问题,近年来先后下发了一系列重要文件,将做好被征地农民社会保障工作作为改革征地制度、完善社会保障体系的重要内容,摆在了突出位置,提出了明确要求。最近颁布的《物权法》,对安排被征地农民的社会保障费用作出了规定。许多地区开展了被征地农民社会保障工作,对维护被征地农民合法权益、促进社会稳定发挥了积极作用,但部分地区工作进展缓慢,亟待加快进度、完善政策、规范管理。为进一步贯彻落实《国务院关于加强土地调控有关问题的通知》(国发〔2006〕31 号,以下简称国发 31 号文件)关于“社会保障费用不落实的不得批准征地”的精神,切实做好被征地农民社会保障工作,现就有关问题通知如下:

一、进一步明确被征地农民社会保障工作责任

为贯彻国发 31 号文件和《国务院办公厅转发劳动保障部关于做好被征地农民就业培训和社会保障工作指导意见的通知》(国办发〔2006〕29 号,以下简称国办发 29 号文件)关于“实行一把手负责制,建立责任追究制度”和“严格实行问责制”的精神,地方各级人民政府主要负责人要对被征地农民社会保障工作负总责,劳动保障部门、国土资源部门要按照职能各负其责,制定切实可行的计划,加强工作调度和督促检查,切实做好本行政区域内被征地农民的社会

保障工作。

各地要尽快建立被征地农民社会保障制度。按照国办发29号文件要求,已经出台实施办法的省份,要认真总结经验,完善政策和措施,提高管理水平,加强对市县工作的指导;其他省份要抓紧研究,争取在今年年底前出台实施办法。要严格按国办发29号文件关于保障项目和标准的要求,尽快将被征地农民纳入社会保障体系,确保被征地农民原有生活水平不降低、长远生计有保障,并建立相应的调整机制。

二、确保被征地农民社会保障所需资金

各地在制订被征地农民社会保障实施办法中,要明确和落实社会保障资金渠道。被征地农民社会保障所需资金,原则上由农民个人、农村集体、当地政府共同承担,具体比例、数额结合当地实际确定。根据国办发29号文件和《国务院办公厅关于规范国有土地使用权出让收支管理的通知》(国办发〔2006〕100号,以下简称国办发100号文件)规定,被征地农民社会保障所需资金从当地政府批准提高的安置补助费和用于被征地农户的土地补偿费中统一安排,两项费用尚不足以支付的,由当地政府从国有土地有偿使用收入中解决;地方人民政府可以从土地出让收入中安排一部分资金用于补助被征地农民社会保障支出,逐步建立被征地农民生活保障的长效机制。

各市县征地统一年产值标准和区片综合地价公布实施前,被征地农民社会保障所需资金的个人缴费部分,可以从其所得的土地补偿费、安置补助费中直接缴纳;各市县征地统一年产值标准和区片综合地价公布实施后,要及时确定征地补偿安置费用在农民个人、农村集体之间的分配办法,被征地农民社会保障个人缴费部分在农民个人所得中直接缴纳。

三、严格征地中对农民社会保障落实情况的审查

要严格执行国发31号文件关于"社会保障费用不落实的不得批准征地"的规定,加强对被征地农民社会保障措施落实情况的审查。被征地农民社会保障对象、项目、标准以及费用筹集办法等情

况，要纳入征地报批前告知、听证等程序，维护被征地农民知情、参与等民主权利。市县人民政府在呈报征地报批材料时，应就上述情况作出说明。

劳动保障部门、国土资源部门要加强沟通协作，共同把好被征地农民社会保障落实情况审查关。需报省级政府批准征地的，上述说明材料由市（地、州）级劳动保障部门提出审核意见；需报国务院批准征地的，由省级劳动保障部门提出审核意见。有关说明材料和审核意见作为必备要件随建设用地报批资料同时上报。对没有出台被征地农民社会保障实施办法、被征地农民社会保障费用不落实、没有按规定履行征地报批前有关程序的，一律不予报批征地。

四、规范被征地农民社会保障资金管理

根据国办发 100 号文件规定，国有土地使用权出让收入全部缴入地方国库，支出一律通过地方基金预算从土地出让收入中予以安排。被征地农民社会保障所需费用，应在征地补偿安置方案批准之日起 3 个月内，按标准足额划入“被征地农民社会保障资金专户”，按规定记入个人账户或统筹账户。劳动保障部门负责被征地农民社会保障待遇核定和资金发放管理，具体工作由各级劳动保障部门的社保经办机构办理。

各地要制订被征地农民社会保障资金管理办法，加强对资金收支情况的监管，定期向社会公布，接受社会和被征地农民的监督。各地要按照国办发 29 号文件规定，确保必要的人员和工作经费。要加强被征地农民统计工作，做好对征地面积、征地涉及农业人口以及被征地农民社会保障参保人数、享受待遇人员、资金收支等情况的统计；加强对被征地农民社会保障工作的考核。

五、加强被征地农民社会保障工作的监督检查

根据中共中央办公厅、国务院办公厅《关于加强农村基层党风廉政建设的意见》（中办发〔2006〕32 号）的要求，地方各级劳动保障部门、国土资源部门要认真贯彻落实有关方针政策，在对农村土地征收征用情况的监督检查中，切实搞好对被征地农民社会保障工作情况的监督检查，纠正征地过程中损害农民权益问题。

被征地农民社会保障资金要专款专用，独立核算，任何部门、单位和个人都不得挤占、截留、挪用、转借或擅自将资金用于任何形式的直接投资。被征地农民社会保障资金未能足额到位、及时发放的，要追究有关人员的责任。国家工作人员在被征地农民社会保障资金管理工作中玩忽职守、滥用职权、徇私舞弊的，要依照有关规定追究行政责任；构成犯罪的，依法追究刑事责任。

劳动和社会保障部、民政部、审计署关于做好农村社会养老保险和被征地农民社会保障工作有关问题的通知（节录）

1. 2007年8月17日发布

2. 劳社部发〔2007〕31号

四、切实做好被征地农民社会保障工作

（一）高度重视被征地农民社会保障工作。各地要根据国务院关于做好被征地农民社会保障工作一系列政策文件要求，在今年内出台被征地农民社会保障实施办法，全面开展被征地农民社会保障工作。要明确工作责任，加强被征地农民社会保障经办工作，建立被征地农民社会保障工作统计报告制度，加强对工作进展的调度和督促检查。要认真研究解决工作中出现的新情况和新问题，及时总结交流经验。今年下半年有关部门将进行专项检查，督促各地做好被征地农民社会保障工作。

（二）明确被征地农民社会保障工作机构和职责。各级劳动保障部门作为被征地农民社会保障工作的主管部门，负责被征地农民社会保障政策的制定和实施。劳动保障行政部门负责拟定被征地农民社会保障对象、项目、标准以及费用筹集等政策办法，具体经办工作由负责被征地农民社会保障工作的社会保险经办机构办理。要严格按《国务院办公厅转发劳动保障部关于做好被征地农民就业培训和社会保障工作指导意见的通知》(国办发〔2006〕29号)和《国务院办公厅关于规范国有土地使用权出让收支管理的通知》(国发〔2006〕100号)关于保障项目、标准和资金安排的要求,搞好被征地农民社会保障测算工作,足额筹集被征地农民社会保障资金,确保被征地农民原有生活水平不降低,长远生计有保障,确保制度的可持续发展。

(三)规范被征地农民社会保障审核工作。需报国务院批准征地的,由省、自治区、直辖市劳动和社会保障厅(局)根据《关于切实做好被征地农民社会保障工作有关问题的通知》(劳社部发〔2007〕14号)的规定,对被征地农民社会保障项目、标准、资金安排和落实措施提出审核意见;需报省级政府批准征地的,由省辖市(州、盟)劳动和社会保障局提出审核意见。

国土资源部办公厅关于严格管理防止违法违规征地的紧急通知

1. 2013年5月13日发布
2. 国土资电发〔2013〕28号

各省、自治区、直辖市国土资源主管部门,新疆生产建设兵团国土资源局,各派驻地方的国家土地督察局:

近期,个别地方相继发生暴力征地事件,甚至出现人员伤亡,严重损害被征地农民权益,影响十分恶劣。中央领导同志高度重视,批示要求切实做好相关工作。为进一步加强征地管理,防止违法违规征地,杜绝暴力征地行为,保护被征地农民的合法权益,维护社会和谐稳定,现就有关事项通知如下:

一、强化思想认识,严防因征地引发矛盾和冲突

我国正处于"四化"同步发展的关键时期,社会和谐稳定是实现"两个一百年"奋斗目标的重要基础。当前,各类经济建设仍将依法依规征收一定数量的农村集体土地,积极稳妥地做好征地工作,事关经济社会发展大局、农民群众切身利益和社会和谐稳定。党中央、国务院一直高度重视征地工作,多次强调必须严格执行征地有关规定,坚决查处违法违规征地行为,维护好群众切身利益,防止引发社会稳定问题。各级国土资源主管部门要从维护人民群众切身利益、构建和谐社会的高度,认真领会并坚决贯彻落实好中央精神。要处理好"保发展、保红线、保权益"的关系,在促进经济发展和保护耕地的同时,将被征地农民的合法权益放在首要位置,切实促进被征地农民生活水平有提高,长远生计有保障,不得强行实施征地,杜绝暴力征地。

二、开展全面排查,坚决纠正违法违规征地行为

各省(区、市)国土资源主管部门要迅速行动,对本省(区、市)内征地工作组织开展一次自查,重点检查征地程序是否严格规范、补偿是否符合规定要求、安置是否落实、是否存在违法违规强制征地行为等。对征地程序不规范、补偿不到位、安置不落实的,必须立即进行整改;对违法违规强行征地行为,要严肃查处。凡整改、查处不到位的,不得继续实施征地。

三、加强调查研究,完善征地政策措施

各地区要进行深入调查研究,分析了解当前征地中存在的突出问题和原因,有针对性完善政策措施。要按照国家有关规定,制定与本地经济社会发展水平相适应的征地补偿标准,保障被征地农民得到合理补偿;要按照被征地农民发展权益不减少的原则,实行留地安置或留物业安置等多种安置方式;要按照发展权益均等的原则,制定相应的政策措施,将有稳定收入、风险小、易于管理的项目配置给被征地农村集体经营,确保被征地农民成为新型工业化、城镇化和农业现代化的积极参与者和真正受益者;要指导农村集体建立公平合理的收益分配制度,防止少数人侵占集体土地收益;要完善征地实施程序,严格落实征地信息公开要求,让群众充分了解征地相关信息,切实保障征地中农民的知情权、参与权,调动被征地农民的积极性,做到依法和谐征地。

四、改进工作方法,建立健全征地矛盾纠纷调处机制

征地实施前,要进行补偿安置收益分析,向被征地农民说明征地补偿标准的合理性、安置方式获得长远收益的可行性;要分析评估可能引发社会稳定风险的环节和因素,制定化解风险的预案。征地实施中,要加强监管,及时发现并化解苗头性、倾向性问题;要建立健全征地矛盾纠纷排查调处机制,认真做好征地中矛盾纠纷化解工作;征地实施中一旦发生矛盾冲突,基层国土资源主管部门要及时主动向同级人民政府和上级国土资源主管部门报告,积极采取措施,配合妥善解决,防止事态扩大,引发群体性或恶性事件。

五、落实工作责任,严格实行监督问责

按照《国务院办公厅关于进一步严格征地拆迁管理工作切实维护群众合法权益的紧急通知》(国办发明电〔2010〕15号)有关精神,省级政府要加强对征地工作的管理和监督,市、县政府对征地管理工作负总责,有关部门要加强协作、密切配合,落实好征地的各项制度规定。省级国土资源主管部门要加强对征地工作的指导监督,督促市、县政府切实履行责任;市、县国土资源主管部门要依法制定征地方案,严格履行征地程序,会同有关部门做好征地批后实施工作。

各地区要认真履行职责,强化依法治理违法违规征地行为,确保依法征地、和谐征地,切实维护农民群众合法权益。对违法违规征地、采取暴力方式征地等侵害农民利益行为,引发群体性或恶性事件的,要按照有关规定对有关责任人员严肃追究责任。同时,要严格文明执法,防止因执法不当引发相关恶性事件。

各省(区、市)国土资源主管部门要认真落实通知要求,抓紧开展工作,排查整改落实情况于2013年6月15日前报部,同时抄送各派驻地方的国家土地督察局。

三、拆迁与补偿

国有土地上房屋征收与补偿条例

2011 年 1 月 21 日国务院令第 590 号公布施行

第一章 总 则

第一条 【适用范围】为了规范国有土地上房屋征收与补偿活动,维护公共利益,保障被征收房屋所有权人的合法权益,制定本条例。

第二条 【征收条件】为了公共利益的需要,征收国有土地上单位、个人的房屋,应当对被征收房屋所有权人(以下称被征收人)给予公平补偿。

第三条 【基本原则】房屋征收与补偿应当遵循决策民主、程序正当、结果公开的原则。

第四条 【房屋征收部门】市、县级人民政府负责本行政区域的房屋征收与补偿工作。

市、县级人民政府确定的房屋征收部门(以下称房屋征收部门)组织实施本行政区域的房屋征收与补偿工作。

市、县级人民政府有关部门应当依照本条例的规定和本级人民政府规定的职责分工,互相配合,保障房屋征收与补偿工作的顺利进行。

第五条 【房屋征收实施单位】房屋征收部门可以委托房屋征收实施单位,承担房屋征收与补偿的具体工作。房屋征收实施单位不得以营利为目的。

房屋征收部门对房屋征收实施单位在委托范围内实施的房屋征收与补偿行为负责监督,并对其行为后果承担法律责任。

第六条 【监督、指导】上级人民政府应当加强对下级人民政府房屋征收与补偿工作的监督。

国务院住房城乡建设主管部门和省、自治区、直辖市人民政府住房城乡建设主管部门应当会同同级财政、国土资源、发展改革等有关部门,加强对房屋征收与补偿实施工作的指导。

第七条 【举报、监察】任何组织和个人对违反本条例规定的行为,都有权向有关人民政府、房屋征收部门和其他有关部门举报。接到举报的有关人民政府、房屋征收部门和其他有关部门对举报应当及时核实、处理。

监察机关应当加强对参与房屋征收与补偿工作的政府和有关部门或者单位及其工作人员的监察。

第二章 征收决定

第八条 【公共利益】为了保障国家安全、促进国民经济和社会发展等公共利益的需要,有下列情形之一,确需征收房屋的,由市、县级人民政府作出房屋征收决定:

(一)国防和外交的需要;

(二)由政府组织实施的能源、交通、水利等基础设施建设的需要;

(三)由政府组织实施的科技、教育、文化、卫生、体育、环境和资源保护、防灾减灾、文物保护、社会福利、市政公用等公共事业的需要;

(四)由政府组织实施的保障性安居工程建设的需要;

(五)由政府依照城乡规划法有关规定组织实施的对危房集中、基础设施落后等地段进行旧城区改建的需要;

(六)法律、行政法规规定的其他公共利益的需要。

第九条 【规划、年度计划】依照本条例第八条规定,确需征收房屋的各项建设活动,应当符合国民经济和社会发展规划、土地利用总体规划、城乡规划和专项规划。保障性安居工程建设、旧城区改建,应当纳入市、县级国民经济和社会发展年度计划。

制定国民经济和社会发展规划、土地利用总体规划、城乡规划和专项规划,应当广泛征求社会公众意见,经过科学论证。

第十条 【征收补偿方案】房屋征收部门拟定征收补偿方案，报市、县级人民政府。

市、县级人民政府应当组织有关部门对征收补偿方案进行论证并予以公布，征求公众意见。征求意见期限不得少于30日。

第十一条 【征收补偿方案征求意见】市、县级人民政府应当将征求意见情况和根据公众意见修改的情况及时公布。

因旧城区改建需要征收房屋，多数被征收人认为征收补偿方案不符合本条例规定的，市、县级人民政府应当组织由被征收人和公众代表参加的听证会，并根据听证会情况修改方案。

第十二条 【征收补偿决定作出程序】市、县级人民政府作出房屋征收决定前，应当按照有关规定进行社会稳定风险评估；房屋征收决定涉及被征收人数量较多的，应当经政府常务会议讨论决定。

作出房屋征收决定前，征收补偿费用应当足额到位、专户存储、专款专用。

第十三条 【征收补偿决定作出后的要求】市、县级人民政府作出房屋征收决定后应当及时公告。公告应当载明征收补偿方案和行政复议、行政诉讼权利等事项。

市、县级人民政府及房屋征收部门应当做好房屋征收与补偿的宣传、解释工作。

房屋被依法征收的，国有土地使用权同时收回。

第十四条 【被征收人救济权利】被征收人对市、县级人民政府作出的房屋征收决定不服的，可以依法申请行政复议，也可以依法提起行政诉讼。

第十五条 【征收调查】房屋征收部门应当对房屋征收范围内房屋的权属、区位、用途、建筑面积等情况组织调查登记，被征收人应当予以配合。调查结果应当在房屋征收范围内向被征收人公布。

第十六条 【征收范围确定后的限制】房屋征收范围确定后，不得在房屋征收范围内实施新建、扩建、改建房屋和改变房屋用途等不当增加补偿费用的行为；违反规定实施的，不予补偿。

房屋征收部门应当将前款所列事项书面通知有关部门暂停办

理相关手续。暂停办理相关手续的书面通知应当载明暂停期限。暂停期限最长不得超过1年。

第三章 补　　偿

第十七条　【征收补偿内容】作出房屋征收决定的市、县级人民政府对被征收人给予的补偿包括：

（一）被征收房屋价值的补偿；

（二）因征收房屋造成的搬迁、临时安置的补偿；

（三）因征收房屋造成的停产停业损失的补偿。

市、县级人民政府应当制定补助和奖励办法，对被征收人给予补助和奖励。

第十八条　【住房保障】征收个人住宅，被征收人符合住房保障条件的，作出房屋征收决定的市、县级人民政府应当优先给予住房保障。具体办法由省、自治区、直辖市制定。

第十九条　【房屋征收评估】对被征收房屋价值的补偿，不得低于房屋征收决定公告之日被征收房屋类似房地产的市场价格。被征收房屋的价值，由具有相应资质的房地产价格评估机构按照房屋征收评估办法评估确定。

对评估确定的被征收房屋价值有异议的，可以向房地产价格评估机构申请复核评估。对复核结果有异议的，可以向房地产价格评估专家委员会申请鉴定。

房屋征收评估办法由国务院住房城乡建设主管部门制定，制定过程中，应当向社会公开征求意见。

第二十条　【评估机构选择】房地产价格评估机构由被征收人协商选定；协商不成的，通过多数决定、随机选定等方式确定，具体办法由省、自治区、直辖市制定。

房地产价格评估机构应当独立、客观、公正地开展房屋征收评估工作，任何单位和个人不得干预。

第二十一条　【补偿方式】被征收人可以选择货币补偿，也可以选择房屋产权调换。

被征收人选择房屋产权调换的，市、县级人民政府应当提供用于产权调换的房屋，并与被征收人计算、结清被征收房屋价值与用于产权调换房屋价值的差价。

因旧城区改建征收个人住宅，被征收人选择在改建地段进行房屋产权调换的，作出房屋征收决定的市、县级人民政府应当提供改建地段或者就近地段的房屋。

第二十二条 【搬迁费、临时安置房、周转用房】因征收房屋造成搬迁的，房屋征收部门应当向被征收人支付搬迁费；选择房屋产权调换的，产权调换房屋交付前，房屋征收部门应当向被征收人支付临时安置费或者提供周转用房。

第二十三条 【停产停业损失的补偿】对因征收房屋造成停产停业损失的补偿，根据房屋被征收前的效益、停产停业期限等因素确定。具体办法由省、自治区、直辖市制定。

第二十四条 【征收违法建筑】市、县级人民政府及其有关部门应当依法加强对建设活动的监督管理，对违反城乡规划进行建设的，依法予以处理。

市、县级人民政府作出房屋征收决定前，应当组织有关部门依法对征收范围内未经登记的建筑进行调查、认定和处理。对认定为合法建筑和未超过批准期限的临时建筑的，应当给予补偿；对认定为违法建筑和超过批准期限的临时建筑的，不予补偿。

第二十五条 【补偿协议】房屋征收部门与被征收人依照本条例的规定，就补偿方式、补偿金额和支付期限、用于产权调换房屋的地点和面积、搬迁费、临时安置费或者周转用房、停产停业损失、搬迁期限、过渡方式和过渡期限等事项，订立补偿协议。

补偿协议订立后，一方当事人不履行补偿协议约定的义务的，另一方当事人可以依法提起诉讼。

第二十六条 【征收补偿决定】房屋征收部门与被征收人在征收补偿方案确定的签约期限内达不成补偿协议，或者被征收房屋所有权人不明确的，由房屋征收部门报请作出房屋征收决定的市、县级人民政府依照本条例的规定，按照征收补偿方案作出补偿决定，并在房屋征收范围内予以公告。

补偿决定应当公平，包括本条例第二十五条第一款规定的有关补偿协议的事项。

被征收人对补偿决定不服的，可以依法申请行政复议，也可以依法提起行政诉讼。

第二十七条 【被征收人搬迁】实施房屋征收应当先补偿、后搬迁。

作出房屋征收决定的市、县级人民政府对被征收人给予补偿后，被征收人应当在补偿协议约定或者补偿决定确定的搬迁期限内完成搬迁。

任何单位和个人不得采取暴力、威胁或者违反规定中断供水、供热、供气、供电和道路通行等非法方式迫使被征收人搬迁。禁止建设单位参与搬迁活动。

第二十八条 【强制搬迁】被征收人在法定期限内不申请行政复议或者不提起行政诉讼，在补偿决定规定的期限内又不搬迁的，由作出房屋征收决定的市、县级人民政府依法申请人民法院强制执行。

强制执行申请书应当附具补偿金额和专户存储账号、产权调换房屋和周转用房的地点和面积等材料。

第二十九条 【补偿结果公开】房屋征收部门应当依法建立房屋征收补偿档案，并将分户补偿情况在房屋征收范围内向被征收人公布。

审计机关应当加强对征收补偿费用管理和使用情况的监督，并公布审计结果。

第四章 法律责任

第三十条 【政府及房屋征收部门的法律责任】市、县级人民政府及房屋征收部门的工作人员在房屋征收与补偿工作中不履行本条例规定的职责，或者滥用职权、玩忽职守、徇私舞弊的，由上级人民政府或者本级人民政府责令改正，通报批评；造成损失的，依法承担赔偿责任；对直接负责的主管人员和其他直接责任人员，依法给予处分；构成犯罪的，依法追究刑事责任。

第三十一条 【暴力强拆的法律责任】采取暴力、威胁或者违反规定中断供水、供热、供气、供电和道路通行等非法方式迫使被征收人搬迁，造成损失的，依法承担赔偿责任；对直接负责的主管人员和其他直接责任人员，构成犯罪的，依法追究刑事责任；尚不构成犯罪的，依法给予处分；构成违反治安管理行为的，依法给予治安管理处罚。

第三十二条 【暴力抗拆的法律责任】采取暴力、威胁等方法阻碍依法进行的房屋征收与补偿工作，构成犯罪的，依法追究刑事责任；构成违反治安管理行为的，依法给予治安管理处罚。

第三十三条 【非法占用征收补偿费用的法律责任】贪污、挪用、私分、截留、拖欠征收补偿费用的，责令改正，追回有关款项，限期退还违法所得，对有关责任单位通报批评、给予警告；造成损失的，依法承担赔偿责任；对直接负责的主管人员和其他直接责任人员，构成犯罪的，依法追究刑事责任；尚不构成犯罪的，依法给予处分。

第三十四条 【违法评估的法律责任】房地产价格评估机构或者房地产估价师出具虚假或者有重大差错的评估报告的，由发证机关责令限期改正，给予警告，对房地产价格评估机构并处 5 万元以上 20 万元以下罚款，对房地产估价师并处 1 万元以上 3 万元以下罚款，并记入信用档案；情节严重的，吊销资质证书、注册证书；造成损失的，依法承担赔偿责任；构成犯罪的，依法追究刑事责任。

第五章 附 则

第三十五条 【施行时间】本条例自公布之日起施行。2001 年 6 月 13 日国务院公布的《城市房屋拆迁管理条例》同时废止。本条例施行前已依法取得房屋拆迁许可证的项目，继续沿用原有的规定办理，但政府不得责成有关部门强制拆迁。

最高人民法院关于办理申请人民法院强制执行国有土地上房屋征收补偿决定案件若干问题的规定

1. *2012年2月27日最高人民法院审判委员会第1543次会议通过*
2. *2012年3月26日公布*
3. *法释〔2012〕4号*
4. *自2012年4月10日起施行*

为依法正确办理市、县级人民政府申请人民法院强制执行国有土地上房屋征收补偿决定(以下简称征收补偿决定)案件,维护公共利益,保障被征收房屋所有权人的合法权益,根据《中华人民共和国行政诉讼法》、《中华人民共和国行政强制法》、《国有土地上房屋征收与补偿条例》(以下简称《条例》)等有关法律、行政法规规定,结合审判实际,制定本规定。

第一条 **【案件管辖】**申请人民法院强制执行征收补偿决定案件,由房屋所在地基层人民法院管辖,高级人民法院可以根据本地实际情况决定管辖法院。

第二条 **【申请材料与申请期限】**申请机关向人民法院申请强制执行,除提供《条例》第二十八条规定的强制执行申请书及附具材料外,还应当提供下列材料:

(一)征收补偿决定及相关证据和所依据的规范性文件;

(二)征收补偿决定送达凭证、催告情况及房屋被征收人、直接利害关系人的意见;

(三)社会稳定风险评估材料;

(四)申请强制执行的房屋状况;

(五)被执行人的姓名或者名称、住址及与强制执行相关的财产状况等具体情况;

(六)法律、行政法规规定应当提交的其他材料。

强制执行申请书应当由申请机关负责人签名,加盖申请机关印章,并注明日期。

强制执行的申请应当自被执行人的法定起诉期限届满之日起三个月内提出;逾期申请的,除有正当理由外,人民法院不予受理。

第三条　【受理程序】人民法院认为强制执行的申请符合形式要件且材料齐全的,应当在接到申请后五日内立案受理,并通知申请机关;不符合形式要件或者材料不全的应当限期补正,并在最终补正的材料提供后五日内立案受理;不符合形式要件或者逾期无正当理由不补正材料的,裁定不予受理。

申请机关对不予受理的裁定有异议的,可以自收到裁定之日起十五日内向上一级人民法院申请复议,上一级人民法院应当自收到复议申请之日起十五日内作出裁定。

第四条　【法院审查期限】人民法院应当自立案之日起三十日内作出是否准予执行的裁定;有特殊情况需要延长审查期限的,由高级人民法院批准。

第五条　【法院调查取证】人民法院在审查期间,可以根据需要调取相关证据、询问当事人、组织听证或者进行现场调查。

第六条　【不准予执行的情形】征收补偿决定存在下列情形之一的,人民法院应当裁定不准予执行:

(一)明显缺乏事实根据;

(二)明显缺乏法律、法规依据;

(三)明显不符合公平补偿原则,严重损害被执行人合法权益,或者使被执行人基本生活、生产经营条件没有保障;

(四)明显违反行政目的,严重损害公共利益;

(五)严重违反法定程序或者正当程序;

(六)超越职权;

(七)法律、法规、规章等规定的其他不宜强制执行的情形。

人民法院裁定不准予执行的,应当说明理由,并在五日内将裁定送达申请机关。

第七条　【对不准予执行裁定有异议的复议】申请机关对不准予执行

的裁定有异议的，可以自收到裁定之日起十五日内向上一级人民法院申请复议，上一级人民法院应当自收到复议申请之日起三十日内作出裁定。

第八条　【准予执行裁定的送达及司法建议】人民法院裁定准予执行的，应当在五日内将裁定送达申请机关和被执行人，并可以根据实际情况建议申请机关依法采取必要措施，保障征收与补偿活动顺利实施。

第九条　【强制执行方式】人民法院裁定准予执行的，一般由作出征收补偿决定的市、县级人民政府组织实施，也可以由人民法院执行。

第十条　【新旧规定的衔接】《条例》施行前已依法取得房屋拆迁许可证的项目，人民法院裁定准予执行房屋拆迁裁决的，参照本规定第九条精神办理。

第十一条　【按本规定执行】最高人民法院以前所作的司法解释与本规定不一致的，按本规定执行。

国有土地上房屋征收评估办法

1. 2011年6月3日住房和城乡建设部发布
2. 建房〔2011〕77号

第一条　为规范国有土地上房屋征收评估活动，保证房屋征收评估结果客观公平，根据《国有土地上房屋征收与补偿条例》，制定本办法。

第二条　评估国有土地上被征收房屋和用于产权调换房屋的价值，测算被征收房屋类似房地产的市场价格，以及对相关评估结果进行复核评估和鉴定，适用本办法。

第三条　房地产价格评估机构、房地产估价师、房地产价格评估专家委员会（以下称评估专家委员会）成员应当独立、客观、公正地开展房屋征收评估、鉴定工作，并对出具的评估、鉴定意见负责。

任何单位和个人不得干预房屋征收评估、鉴定活动。与房屋征收当事人有利害关系的,应当回避。

第四条　房地产价格评估机构由被征收人在规定时间内协商选定;在规定时间内协商不成的,由房屋征收部门通过组织被征收人按照少数服从多数的原则投票决定,或者采取摇号、抽签等随机方式确定。具体办法由省、自治区、直辖市制定。

房地产价格评估机构不得采取迎合征收当事人不当要求、虚假宣传、恶意低收费等不正当手段承揽房屋征收评估业务。

第五条　同一征收项目的房屋征收评估工作,原则上由一家房地产价格评估机构承担。房屋征收范围较大的,可以由两家以上房地产价格评估机构共同承担。

两家以上房地产价格评估机构承担的,应当共同协商确定一家房地产价格评估机构为牵头单位;牵头单位应当组织相关房地产价格评估机构就评估对象、评估时点、价值内涵、评估依据、评估假设、评估原则、评估技术路线、评估方法、重要参数选取、评估结果确定方式等进行沟通,统一标准。

第六条　房地产价格评估机构选定或者确定后,一般由房屋征收部门作为委托人,向房地产价格评估机构出具房屋征收评估委托书,并与其签订房屋征收评估委托合同。

房屋征收评估委托书应当载明委托人的名称、委托的房地产价格评估机构的名称、评估目的、评估对象范围、评估要求以及委托日期等内容。

房屋征收评估委托合同应当载明下列事项:

(一)委托人和房地产价格评估机构的基本情况;

(二)负责本评估项目的注册房地产估价师;

(三)评估目的、评估对象、评估时点等评估基本事项;

(四)委托人应提供的评估所需资料;

(五)评估过程中双方的权利和义务;

(六)评估费用及收取方式;

(七)评估报告交付时间、方式;

（八）违约责任；

（九）解决争议的方法；

（十）其他需要载明的事项。

第七条 房地产价格评估机构应当指派与房屋征收评估项目工作量相适应的足够数量的注册房地产估价师开展评估工作。

房地产价格评估机构不得转让或者变相转让受托的房屋征收评估业务。

第八条 被征收房屋价值评估目的应当表述为“为房屋征收部门与被征收人确定被征收房屋价值的补偿提供依据，评估被征收房屋的价值”。

用于产权调换房屋价值评估目的应当表述为“为房屋征收部门与被征收人计算被征收房屋价值与用于产权调换房屋价值的差价提供依据，评估用于产权调换房屋的价值”。

第九条 房屋征收评估前，房屋征收部门应当组织有关单位对被征收房屋情况进行调查，明确评估对象。评估对象应当全面、客观，不得遗漏、虚构。

房屋征收部门应当向受托的房地产价格评估机构提供征收范围内房屋情况，包括已经登记的房屋情况和未经登记建筑的认定、处理结果情况。调查结果应当在房屋征收范围内向被征收人公布。

对于已经登记的房屋，其性质、用途和建筑面积，一般以房屋权属证书和房屋登记簿的记载为准；房屋权属证书与房屋登记簿的记载不一致的，除有证据证明房屋登记簿确有错误外，以房屋登记簿为准。对于未经登记的建筑，应当按照市、县级人民政府的认定、处理结果进行评估。

第十条 被征收房屋价值评估时点为房屋征收决定公告之日。

用于产权调换房屋价值评估时点应当与被征收房屋价值评估时点一致。

第十一条 被征收房屋价值是指被征收房屋及其占用范围内的土地使用权在正常交易情况下，由熟悉情况的交易双方以公平交易方式在评估时点自愿进行交易的金额，但不考虑被征收房屋租赁、抵押、查封等因素的影响。

前款所述不考虑租赁因素的影响,是指评估被征收房屋无租约限制的价值;不考虑抵押、查封因素的影响,是指评估价值中不扣除被征收房屋已抵押担保的债权数额、拖欠的建设工程价款和其他法定优先受偿款。

第十二条 房地产价格评估机构应当安排注册房地产估价师对被征收房屋进行实地查勘,调查被征收房屋状况,拍摄反映被征收房屋内外部状况的照片等影像资料,做好实地查勘记录,并妥善保管。

被征收人应当协助注册房地产估价师对被征收房屋进行实地查勘,提供或者协助搜集被征收房屋价值评估所必需的情况和资料。

房屋征收部门、被征收人和注册房地产估价师应当在实地查勘记录上签字或者盖章确认。被征收人拒绝在实地查勘记录上签字或者盖章的,应当由房屋征收部门、注册房地产估价师和无利害关系的第三人见证,有关情况应当在评估报告中说明。

第十三条 注册房地产估价师应当根据评估对象和当地房地产市场状况,对市场法、收益法、成本法、假设开发法等评估方法进行适用性分析后,选用其中一种或者多种方法对被征收房屋价值进行评估。

被征收房屋的类似房地产有交易的,应当选用市场法评估;被征收房屋或者其类似房地产有经济收益的,应当选用收益法评估;被征收房屋是在建工程的,应当选用假设开发法评估。

可以同时选用两种以上评估方法评估的,应当选用两种以上评估方法评估,并对各种评估方法的测算结果进行校核和比较分析后,合理确定评估结果。

第十四条 被征收房屋价值评估应当考虑被征收房屋的区位、用途、建筑结构、新旧程度、建筑面积以及占地面积、土地使用权等影响被征收房屋价值的因素。

被征收房屋室内装饰装修价值,机器设备、物资等搬迁费用,以及停产停业损失等补偿,由征收当事人协商确定;协商不成的,可以委托房地产价格评估机构通过评估确定。

第十五条 房屋征收评估价值应当以人民币为计价的货币单位,精确到元。

第十六条 房地产价格评估机构应当按照房屋征收评估委托书或者委托合同的约定,向房屋征收部门提供分户的初步评估结果。分户的初步评估结果应当包括评估对象的构成及其基本情况和评估价值。房屋征收部门应当将分户的初步评估结果在征收范围内向被征收人公示。

公示期间,房地产价格评估机构应当安排注册房地产估价师对分户的初步评估结果进行现场说明解释。存在错误的,房地产价格评估机构应当修正。

第十七条 分户初步评估结果公示期满后,房地产价格评估机构应当向房屋征收部门提供委托评估范围内被征收房屋的整体评估报告和分户评估报告。房屋征收部门应当向被征收人转交分户评估报告。

整体评估报告和分户评估报告应当由负责房屋征收评估项目的两名以上注册房地产估价师签字,并加盖房地产价格评估机构公章。不得以印章代替签字。

第十八条 房屋征收评估业务完成后,房地产价格评估机构应当将评估报告及相关资料立卷、归档保管。

第十九条 被征收人或者房屋征收部门对评估报告有疑问的,出具评估报告的房地产价格评估机构应当向其作出解释和说明。

第二十条 被征收人或者房屋征收部门对评估结果有异议的,应当自收到评估报告之日起10日内,向房地产价格评估机构申请复核评估。

申请复核评估的,应当向原房地产价格评估机构提出书面复核评估申请,并指出评估报告存在的问题。

第二十一条 原房地产价格评估机构应当自收到书面复核评估申请之日起10日内对评估结果进行复核。复核后,改变原评估结果的,应当重新出具评估报告;评估结果没有改变的,应当书面告知复核评估申请人。

第二十二条 被征收人或者房屋征收部门对原房地产价格评估机构的复核结果有异议的，应当自收到复核结果之日起10日内，向被征收房屋所在地评估专家委员会申请鉴定。被征收人对补偿仍有异议的，按照《国有土地上房屋征收与补偿条例》第二十六条规定处理。

第二十三条 各省、自治区住房城乡建设主管部门和设区城市的房地产管理部门应当组织成立评估专家委员会，对房地产价格评估机构做出的复核结果进行鉴定。

评估专家委员会由房地产估价师以及价格、房地产、土地、城市规划、法律等方面的专家组成。

第二十四条 评估专家委员会应当选派成员组成专家组，对复核结果进行鉴定。专家组成员为3人以上单数，其中房地产估价师不得少于二分之一。

第二十五条 评估专家委员会应当自收到鉴定申请之日起10日内，对申请鉴定评估报告的评估程序、评估依据、评估假设、评估技术路线、评估方法选用、参数选取、评估结果确定方式等评估技术问题进行审核，出具书面鉴定意见。

经评估专家委员会鉴定，评估报告不存在技术问题的，应当维持评估报告；评估报告存在技术问题的，出具评估报告的房地产价格评估机构应当改正错误，重新出具评估报告。

第二十六条 房屋征收评估鉴定过程中，房地产价格评估机构应当按照评估专家委员会要求，就鉴定涉及的评估相关事宜进行说明。需要对被征收房屋进行实地查勘和调查的，有关单位和个人应当协助。

第二十七条 因房屋征收评估、复核评估、鉴定工作需要查询被征收房屋和用于产权调换房屋权属以及相关房地产交易信息的，房地产管理部门及其他相关部门应当提供便利。

第二十八条 在房屋征收评估过程中，房屋征收部门或者被征收人不配合、不提供相关资料的，房地产价格评估机构应当在评估报告中说明有关情况。

第二十九条 除政府对用于产权调换房屋价格有特别规定外，应当以评估方式确定用于产权调换房屋的市场价值。

第三十条 被征收房屋的类似房地产是指与被征收房屋的区位、用途、权利性质、档次、新旧程度、规模、建筑结构等相同或者相似的房地产。

被征收房屋类似房地产的市场价格是指被征收房屋的类似房地产在评估时点的平均交易价格。确定被征收房屋类似房地产的市场价格，应当剔除偶然的和不正常的因素。

第三十一条 房屋征收评估、鉴定费用由委托人承担。但鉴定改变原评估结果的，鉴定费用由原房地产价格评估机构承担。复核评估费用由原房地产价格评估机构承担。房屋征收评估、鉴定费用按照政府价格主管部门规定的收费标准执行。

第三十二条 在房屋征收评估活动中，房地产价格评估机构和房地产估价师的违法违规行为，按照《国有土地上房屋征收与补偿条例》、《房地产估价机构管理办法》、《注册房地产估价师管理办法》等规定处罚。违反规定收费的，由政府价格主管部门依照《中华人民共和国价格法》规定处罚。

第三十三条 本办法自公布之日起施行。2003 年 12 月 1 日原建设部发布的《城市房屋拆迁估价指导意见》同时废止。但《国有土地上房屋征收与补偿条例》施行前已依法取得房屋拆迁许可证的项目，继续沿用原有规定。

房产测绘管理办法

1. 2000 年 12 月 28 日建设部、国家测绘局令第 83 号发布

2. 自 2001 年 5 月 1 日起施行

第一章 总 则

第一条 为加强房产测绘管理，规范房产测绘行为，保护房屋权利人的合法权益，根据《中华人民共和国测绘法》和《中华人民共和国城市房地产管理法》，制定本办法。

第二条 在中华人民共和国境内从事房产测绘活动、实施房产测绘管理应当遵守本办法。

第三条 房产测绘单位应当严格遵守国家有关法律法规，执行国家房产测量规范和有关技术标准、规定，对其完成的房产测绘成果质量负责。

房产测绘单位应当采用先进技术和设备，提高测绘技术水平，接受房地产行政主管部门和测绘行政主管部门的技术指导和业务监督。

第四条 房产测绘从业人员应当保证测绘成果的完整、准确，不得违规测绘、弄虚作假，不得损害国家利益、社会公共利益和他人合法权益。

第五条 国务院测绘行政主管部门和国务院建设行政主管部门根据国务院确定的职责分工负责房产测绘及成果应用的监督管理。

省、自治区、直辖市测绘行政主管部门（以下简称省级测绘行政主管部门）和省、自治区建设行政主管部门、直辖市房地产行政主管部门（以下简称省级房地产行政主管部门）根据省、自治区、直辖市人民政府确定的职责分工负责房产测绘及成果应用的监督管理。

第二章 房产测绘的委托

第六条 有下列情形之一的，房屋权利申请人、房屋权利人或者其他利害关系人应当委托房产测绘单位进行房产测绘：

（一）申请产权初始登记的房屋；

（二）自然状况发生变化的房屋；

（三）房屋权利人或者其他利害关系人要求测绘的房屋。

房产管理中需要的房产测绘，由房地产行政主管部门委托房产测绘单位进行。

第七条 房产测绘成果资料应当与房产自然状况保持一致。房产自然状况发生变化时，应当及时实施房产变更测量。

第八条 委托房产测绘的,委托人与房产测绘单位应当签订书面房产测绘合同。

第九条 房产测绘单位应当是独立的经济实体,与委托人不得有利害关系。

第十条 房产测绘所需费用由委托人支付。

房产测绘收费标准按照国家有关规定执行。

第三章 资格管理

第十一条 国家实行房产测绘单位资格审查认证制度。

第十二条 房产测绘单位应当依照《中华人民共和国测绘法》和本办法的规定,取得省级以上测绘行政主管部门颁发的载明房产测绘业务的《测绘资格证书》。

第十三条 除本办法另有规定外,房产测绘资格审查、分级标准、作业限额、年度检验等按照国家有关规定执行。

第十四条 申请房产测绘资格的单位应当向所在地省级测绘行政主管部门提出书面申请,并按照测绘资格审查管理的要求提交有关材料。

省级测绘行政主管部门在决定受理之日起 5 日内,转省级房地产行政主管部门初审。省级房地产行政主管部门应当在 15 日内,提出书面初审意见,并反馈省级测绘行政主管部门;其中,对申请甲级资格的初审意见应当同时报国务院建设行政主管部门备案。

申请甲级房产测绘资格的,由省级测绘行政主管部门报国务院测绘行政主管部门审批发证;申请乙级以下房产测绘资格的,由省级测绘行政主管部门审批发证。

取得甲级房产测绘资格的单位,由国务院测绘行政主管部门和国务院建设行政主管部门联合向社会公告。取得乙级以下房产测绘资格的单位,由省级测绘行政主管部门和省级房地产行政主管部门联合向社会公告。

第十五条 《测绘资格证书》有效期为 5 年,期满 3 个月前,由持证单位提请复审,发证机关负责审查和换证。对有房产测绘项目的,发证机关在审查和换证时,应当征求同级房地产行政主管部门的意见。

在《测绘资格证书》有效期内，房产测绘资格由测绘行政主管部门进行年检。年检时，测绘行政主管部门应当征求同级房地产行政主管部门的意见。对年检中被降级或者取消房产测绘资格的单位，由年检的测绘行政主管部门和同级房地产行政主管部门联合向社会公告。

在《测绘资格证书》有效期内申请房产测绘资格升级的，依照本办法第十四条的规定重新办理资格审查手续。

第四章 成果管理

第十六条 房产测绘成果包括：房产簿册、房产数据和房产图集等。

第十七条 当事人对测绘成果有异议的，可以委托国家认定的房产测绘成果鉴定机构鉴定。

第十八条 用于房屋权属登记等房产管理的房产测绘成果，房地产行政主管部门应当对施测单位的资格、测绘成果的适用性、界址点准确性、面积测算依据与方法等内容进行审核。审核后的房产测绘成果纳入房产档案统一管理。

第十九条 向国(境)外团体和个人提供、赠送、出售未公开的房产测绘成果资料，委托国(境)外机构印制房产测绘图件，应当按照《中华人民共和国测绘法》和《中华人民共和国测绘成果管理规定》以及国家安全、保密等有关规定办理。

第五章 法律责任

第二十条 未取得载明房产测绘业务的《测绘资格证书》从事房产测绘业务以及承担测绘任务超出《测绘资格证书》所规定的房产测绘业务范围、作业限额的，依照《中华人民共和国测绘法》和《测绘资格审查认证管理规定》的规定处罚。

第二十一条 房产测绘单位有下列情况之一的，由县级以上房地产行政主管部门给予警告并责令限期改正，并可处以一万元以上三万元以下的罚款；情节严重的，由发证机关予以降级或取消其房产测绘资格：

(一)在房产面积测算中不执行国家标准、规范和规定的；

（二）在房产面积测算中弄虚作假、欺骗房屋权利人的；

（三）房产面积测算失误，造成重大损失的。

第二十二条 违反本办法第十九条规定的，根据《中华人民共和国测绘法》、《中华人民共和国测绘成果管理规定》及国家安全、保密法律法规的规定处理。

第二十三条 房产测绘管理人员、工作人员在工作中玩忽职守、滥用职权、徇私舞弊的，给予行政处分；构成犯罪的，依法追究刑事责任。

第六章 附 则

第二十四条 省级房地产行政主管部门和测绘行政主管部门可以根据本办法制定实施细则。

第二十五条 本办法由国务院建设行政主管部门和国务院测绘行政主管部门共同解释。

第二十六条 本办法自2001年5月1日起施行。

建设部关于房屋建筑面积计算与房屋权属登记有关问题的通知

1. 2002年3月27日发布

2. 建住房〔2002〕74号

各省、自治区建设厅，直辖市建委及有关部门：

为了切实做好房屋面积计算和房屋权属登记工作，保护当事人合法权益，现就有关问题通知如下：

一、在房屋权属证书附图中应注明施测的房产测绘单位名称、房屋套内建筑面积（在图上标注尺寸）和房屋分摊的共有建筑面积。

二、根据《房产测绘管理办法》的有关规定，由房产测绘单位对其完成的房产测绘成果的质量负责。

三、房屋权属登记涉及的有关房屋建筑面积计算问题，《房产测量规范》未作规定或规定不明确的，暂按下列规定执行：

（一）房屋层高

计算建筑面积的房屋，层高（高度）均应在2.20米以上（含2.20米，以下同）。

（二）外墙墙体

同一楼层外墙，既有主墙，又有玻璃幕墙的，以主墙为准计算建筑面积，墙厚按主墙体厚度计算。

各楼层墙体厚度不同时，分层分别计算。

金属幕墙及其他材料幕墙，参照玻璃幕墙的有关规定处理。

（三）斜面结构屋顶

房屋屋顶为斜面结构（坡屋顶）的，层高（高度）2.20米以上的部位计算建筑面积。

（四）不规则围护物

阳台、挑廊、架空通廊的外围水平投影超过其底板外沿的，以底板水平投影计算建筑面积。

（五）变形缝

与室内任意一边相通，具备房屋的一般条件，并能正常利用的伸缩缝、沉降缝应计算建筑面积。

（六）非垂直墙体

对倾斜、弧状等非垂直墙体的房屋，层高（高度）2.20米以上的部位计算建筑面积。

房屋墙体向外倾斜，超出底板外沿的，以底板投影计算建筑面积。

（七）楼梯下方空间

楼梯已计算建筑面积的，其下方空间不论是否利用均不再计算建筑面积。

（八）公共通道

临街楼房、挑廊下的底层作为公共道路街巷通行的，不论其是否有柱，是否有维护结构，均不计算建筑面积。

（九）二层及二层以上的房屋建筑面积均按《房产测量规范》中多层房屋建筑面积计算的有关规定执行。

（十）与室内不相通的类似于阳台、挑廊、檐廊的建筑，不计算建筑面积。

（十一）室外楼梯的建筑面积，按其在各楼层水平投影面积之和计算。

四、房屋套内具有使用功能但层高（高度）低于2.20米的部分，在房屋权属登记中应明确其相应权利的归属。

五、本通知自2002年5月1日起执行。

各地在执行中有何问题，请及时告我部住宅与房地产业司。

国务院法制办公室对北京市人民政府法制办公室《关于城市私有房屋拆迁补偿适用法律问题的请示》的答复

1. 2002年1月24日发布

2. 国法秘函〔2002〕15号

北京市人民政府法制办公室：

你办《关于城市私有房屋拆迁补偿适用法律问题的请示》收悉。经商建设部、国土资源部，现答复如下：

一、关于1999年1月1日现行土地管理法施行前拆迁城市私有房屋的补偿问题

根据法不溯及既往的原则，1999年1月1日现行土地管理法实施之前拆迁城市私有房屋的补偿，应当适用原土地管理法和原城市房屋拆迁管理条例的规定。

二、关于1999年1月1日现行土地管理法施行后至2001年11月1日现行城市房屋拆迁管理条例施行前，拆迁城市私有房屋的补偿问题

现行土地管理法第五十八条规定，收回国有土地使用权，对土地使用权人应当给予适当补偿。《北京市城市房屋拆迁管理办法》第二十八条第二款规定：“拆除执行国家规定租金标准的私有出租住宅房屋，拆迁人对被拆迁房屋所有人应当按照被拆迁房屋原建筑面积的重置价及成新，结合被拆除房屋所在区位给予补偿。具体补偿办法由各区、县房地局确定并报市房地局批准。”根据立法法有关中央专属立法权以外的事项地方可依照本地情况作出具体规定的精神，在国家统一的补偿办法、标准出台前，北京市人民政府作出上述规定，将土地使用权补偿因素纳入补偿范畴，不存在法律问题。因此，北京市可以依照上述规定对被拆除的房屋进行补偿。

三、关于 2001 年 11 月 1 日现行城市房屋拆迁管理条例施行后，拆迁城市私有房屋的补偿问题

2001 年 11 月 1 日起施行的现行《城市房屋拆迁管理条例》第二十四条规定：“货币补偿的金额，根据被拆迁房屋的区位、用途、建筑面积等因素，以房地产市场评估价格确定。”根据上述规定，2001 年 11 月 1 日以后实施的拆迁，货币补偿款中包括对土地使用权的补偿。今后，对被拆除房屋的补偿应当按照《城市房屋拆迁管理条例》的规定执行。

附：

北京市人民政府法制办公室
关于城市私有房屋拆迁补偿
适用法律问题的请示

（2001 年 12 月 11 日　京政法制规字〔2001〕43 号）

国务院法制办公室：

为了贯彻实施《中华人民共和国土地管理法》和国务院《城市房屋拆迁管理条例》，切实保障被拆迁人的合法权益，现就城市私有房屋拆迁补偿适用法律问题请示如下：

一、关于现行《中华人民共和国土地管理法》施行以前拆迁城市私有房屋的补偿问题

现行的《中华人民共和国土地管理法》自 1999 年 1 月 1 日起施行，该法第五十八条规定：“有下列情形之一的，由有关人民政府土

地行政主管部门报经原批准用地的人民政府或者有批准权的人民政府批准,可以收回国有土地使用权:

(一)为公共利益需要使用土地的;

(二)为实施城市规划进行旧城区改建,需要调整使用土地的;

(三)土地出让等有偿使用合同约定的使用期限届满,土地使用者未申请续期或者申请续期未获批准的;

(四)因单位撤销、迁移等原因,停止使用原划拨的国有土地的;

(五)公路、铁路、机场、矿场等经核准报废的。

依照前款第(一)项、第(二)项的规定收回国有土地使用权的,对土地使用权人应当给予适当补偿。"

根据国务院法制办公室《关于对被拆迁私房的产权人原使用的国有土地使用权是否给予补偿的报告》(国法综〔2000〕13号)的意见,可否认为,对现行《中华人民共和国土地管理法》生效以前发生的私有房屋拆迁补偿,应当适用当时的土地管理和城市房屋拆迁管理的法律、行政法规的规定,不适用现行《中华人民共和国土地管理法》第五十八条关于"对土地使用权人应当给予适当补偿"的规定。

二、关于现行《城市房屋拆迁管理条例》施行以后,拆迁城市私有房屋的补偿问题

现行《城市房屋拆迁管理条例》(以下简称《条例》)自2001年11月1日起施行。《条例》第二十四条中规定:"货币补偿的金额,根据被拆迁房屋的区位、用途、建筑面积等因素,以房地产市场评估价格确定。"据此,可否认为,自2001年11月1日起,凡依据《条例》规定对私有房屋所有权人进行拆迁补偿的,其中已包含了对收回的国有土地使用权的补偿。

三、关于现行《中华人民共和国土地管理法》施行以后至《条例》施行之前,拆迁城市私有房屋的补偿问题

现行《中华人民共和国土地管理法》施行以后至《条例》施行之前,国家法律、行政法规和部门规章没有具体规定在拆迁私有房屋

中对土地使用权人如何给予补偿。根据国家有关规定并结合我市实际情况，市人民政府于 1998 年 10 月 15 日颁布了《北京市城市房屋拆迁管理办法》（以下简称《办法》），自 1998 年 12 月 1 日起施行。《办法》第二十八条第二款规定："拆除执行国家规定租金标准的私有出租住宅房屋，拆迁人对被拆除房屋所有人应当按照被拆除房屋原建筑面积的重置价格及成新，结合被拆除房屋所在区位给予补偿。具体补偿办法由各区、县房地局确定并报市房地局批准。"实际执行中，市房地局一般批复区、县房地局对拆除执行国家规定租金标准的私有出租住宅的所有权人给予两项补偿：一是按照被拆除房屋原建筑面积的重置价格结合成新给予作价补偿；二是按照被拆迁房屋原建筑面积和房屋所在地的区人民政府确定的被拆除房屋所在区位拆迁补偿价格的 20%给予补偿。《办法》第二十九条第一款中规定："被拆除房屋所在区位的拆迁补偿价格由各区、县根据拆迁地点等因素确定，并报市房地局批准后执行。"市人民政府《关于调整本市城市房屋拆迁补偿办法的批复》（京政函〔2000〕60 号）进一步明确："拆迁补偿价格由各区、县政府参照被拆除房屋所在地区届时普通住宅商品房价确定，并报市国土资源和房屋管理局批准后执行。"

综上所述，可否认为，在国家没有出台统一的对土地使用权进行补偿的办法之前，我市制定《办法》并依《办法》规定对私有出租住宅所有权人进行的拆迁补偿中，已经包含了土地使用权补偿的因素，即具体落实了现行《中华人民共和国土地管理法》第五十八条第二款的规定。

特此请示

四、权属与登记

不动产登记暂行条例

1. 2014年11月24日国务院令第656号公布

2. 根据2019年3月24日国务院令第710号《关于修改部分行政法规的决定》修订

第一章　总　　则

第一条　为整合不动产登记职责，规范登记行为，方便群众申请登记，保护权利人合法权益，根据《中华人民共和国物权法》等法律，制定本条例。

第二条　本条例所称不动产登记，是指不动产登记机构依法将不动产权利归属和其他法定事项记载于不动产登记簿的行为。

本条例所称不动产，是指土地、海域以及房屋、林木等定着物。

第三条　不动产首次登记、变更登记、转移登记、注销登记、更正登记、异议登记、预告登记、查封登记等，适用本条例。

第四条　国家实行不动产统一登记制度。

不动产登记遵循严格管理、稳定连续、方便群众的原则。

不动产权利人已经依法享有的不动产权利，不因登记机构和登记程序的改变而受到影响。

第五条　下列不动产权利，依照本条例的规定办理登记：

（一）集体土地所有权；

（二）房屋等建筑物、构筑物所有权；

（三）森林、林木所有权；

（四）耕地、林地、草地等土地承包经营权；

（五）建设用地使用权；

(六)宅基地使用权;

(七)海域使用权;

(八)地役权;

(九)抵押权;

(十)法律规定需要登记的其他不动产权利。

第六条 国务院国土资源主管部门负责指导、监督全国不动产登记工作。

县级以上地方人民政府应当确定一个部门为本行政区域的不动产登记机构,负责不动产登记工作,并接受上级人民政府不动产登记主管部门的指导、监督。

第七条 不动产登记由不动产所在地的县级人民政府不动产登记机构办理;直辖市、设区的市人民政府可以确定本级不动产登记机构统一办理所属各区的不动产登记。

跨县级行政区域的不动产登记,由所跨县级行政区域的不动产登记机构分别办理。不能分别办理的,由所跨县级行政区域的不动产登记机构协商办理;协商不成的,由共同的上一级人民政府不动产登记主管部门指定办理。

国务院确定的重点国有林区的森林、林木和林地,国务院批准项目用海、用岛,中央国家机关使用的国有土地等不动产登记,由国务院国土资源主管部门会同有关部门规定。

第二章 不动产登记簿

第八条 不动产以不动产单元为基本单位进行登记。不动产单元具有唯一编码。

不动产登记机构应当按照国务院国土资源主管部门的规定设立统一的不动产登记簿。

不动产登记簿应当记载以下事项:

(一)不动产的坐落、界址、空间界限、面积、用途等自然状况;

(二)不动产权利的主体、类型、内容、来源、期限、权利变化等权属状况;

(三)涉及不动产权利限制、提示的事项;

（四）其他相关事项。

第九条 不动产登记簿应当采用电子介质，暂不具备条件的，可以采用纸质介质。不动产登记机构应当明确不动产登记簿唯一、合法的介质形式。

不动产登记簿采用电子介质的，应当定期进行异地备份，并具有唯一、确定的纸质转化形式。

第十条 不动产登记机构应当依法将各类登记事项准确、完整、清晰地记载于不动产登记簿。任何人不得损毁不动产登记簿，除依法予以更正外不得修改登记事项。

第十一条 不动产登记工作人员应当具备与不动产登记工作相适应的专业知识和业务能力。

不动产登记机构应当加强对不动产登记工作人员的管理和专业技术培训。

第十二条 不动产登记机构应当指定专人负责不动产登记簿的保管，并建立健全相应的安全责任制度。

采用纸质介质不动产登记簿的，应当配备必要的防盗、防火、防渍、防有害生物等安全保护设施。

采用电子介质不动产登记簿的，应当配备专门的存储设施，并采取信息网络安全防护措施。

第十三条 不动产登记簿由不动产登记机构永久保存。不动产登记簿损毁、灭失的，不动产登记机构应当依据原有登记资料予以重建。

行政区域变更或者不动产登记机构职能调整的，应当及时将不动产登记簿移交相应的不动产登记机构。

第三章 登记程序

第十四条 因买卖、设定抵押权等申请不动产登记的，应当由当事人双方共同申请。

属于下列情形之一的，可以由当事人单方申请：

（一）尚未登记的不动产首次申请登记的；

（二）继承、接受遗赠取得不动产权利的；

（三）人民法院、仲裁委员会生效的法律文书或者人民政府生效的决定等设立、变更、转让、消灭不动产权利的；

（四）权利人姓名、名称或者自然状况发生变化，申请变更登记的；

（五）不动产灭失或者权利人放弃不动产权利，申请注销登记的；

（六）申请更正登记或者异议登记的；

（七）法律、行政法规规定可以由当事人单方申请的其他情形。

第十五条 当事人或者其代理人应当向不动产登记机构申请不动产登记。

不动产登记机构将申请登记事项记载于不动产登记簿前，申请人可以撤回登记申请。

第十六条 申请人应当提交下列材料，并对申请材料的真实性负责：

（一）登记申请书；

（二）申请人、代理人身份证明材料、授权委托书；

（三）相关的不动产权属来源证明材料、登记原因证明文件、不动产权属证书；

（四）不动产界址、空间界限、面积等材料；

（五）与他人利害关系的说明材料；

（六）法律、行政法规以及本条例实施细则规定的其他材料。

不动产登记机构应当在办公场所和门户网站公开申请登记所需材料目录和示范文本等信息。

第十七条 不动产登记机构收到不动产登记申请材料，应当分别按照下列情况办理：

（一）属于登记职责范围，申请材料齐全、符合法定形式，或者申请人按照要求提交全部补正申请材料的，应当受理并书面告知申请人；

（二）申请材料存在可以当场更正的错误的，应当告知申请人当场更正，申请人当场更正后，应当受理并书面告知申请人；

（三）申请材料不齐全或者不符合法定形式的，应当当场书面告知申请人不予受理并一次性告知需要补正的全部内容；

（四）申请登记的不动产不属于本机构登记范围的，应当当场书面告知申请人不予受理并告知申请人向有登记权的机构申请。

不动产登记机构未当场书面告知申请人不予受理的，视为受理。

第十八条 不动产登记机构受理不动产登记申请的，应当按照下列要求进行查验：

（一）不动产界址、空间界限、面积等材料与申请登记的不动产状况是否一致；

（二）有关证明材料、文件与申请登记的内容是否一致；

（三）登记申请是否违反法律、行政法规规定。

第十九条 属于下列情形之一的，不动产登记机构可以对申请登记的不动产进行实地查看：

（一）房屋等建筑物、构筑物所有权首次登记；

（二）在建建筑物抵押权登记；

（三）因不动产灭失导致的注销登记；

（四）不动产登记机构认为需要实地查看的其他情形。

对可能存在权属争议，或者可能涉及他人利害关系的登记申请，不动产登记机构可以向申请人、利害关系人或者有关单位进行调查。

不动产登记机构进行实地查看或者调查时，申请人、被调查人应当予以配合。

第二十条 不动产登记机构应当自受理登记申请之日起30个工作日内办结不动产登记手续，法律另有规定的除外。

第二十一条 登记事项自记载于不动产登记簿时完成登记。

不动产登记机构完成登记，应当依法向申请人核发不动产权属证书或者登记证明。

第二十二条 登记申请有下列情形之一的，不动产登记机构应当不予登记，并书面告知申请人：

（一）违反法律、行政法规规定的；

(二)存在尚未解决的权属争议的;

(三)申请登记的不动产权利超过规定期限的;

(四)法律、行政法规规定不予登记的其他情形。

第四章 登记信息共享与保护

第二十三条 国务院国土资源主管部门应当会同有关部门建立统一的不动产登记信息管理基础平台。

各级不动产登记机构登记的信息应当纳入统一的不动产登记信息管理基础平台,确保国家、省、市、县四级登记信息的实时共享。

第二十四条 不动产登记有关信息与住房城乡建设、农业、林业、海洋等部门审批信息、交易信息等应当实时互通共享。

不动产登记机构能够通过实时互通共享取得的信息,不得要求不动产登记申请人重复提交。

第二十五条 国土资源、公安、民政、财政、税务、工商、金融、审计、统计等部门应当加强不动产登记有关信息互通共享。

第二十六条 不动产登记机构、不动产登记信息共享单位及其工作人员应当对不动产登记信息保密;涉及国家秘密的不动产登记信息,应当依法采取必要的安全保密措施。

第二十七条 权利人、利害关系人可以依法查询、复制不动产登记资料,不动产登记机构应当提供。

有关国家机关可以依照法律、行政法规的规定查询、复制与调查处理事项有关的不动产登记资料。

第二十八条 查询不动产登记资料的单位、个人应当向不动产登记机构说明查询目的,不得将查询获得的不动产登记资料用于其他目的;未经权利人同意,不得泄露查询获得的不动产登记资料。

第五章 法律责任

第二十九条 不动产登记机构登记错误给他人造成损害,或者当事人提供虚假材料申请登记给他人造成损害的,依照《中华人民共和国物权法》的规定承担赔偿责任。

第三十条 不动产登记机构工作人员进行虚假登记,损毁、伪造不动产登记簿，擅自修改登记事项，或者有其他滥用职权、玩忽职守行为的，依法给予处分；给他人造成损害的，依法承担赔偿责任；构成犯罪的，依法追究刑事责任。

第三十一条 伪造、变造不动产权属证书、不动产登记证明，或者买卖、使用伪造、变造的不动产权属证书、不动产登记证明的，由不动产登记机构或者公安机关依法予以收缴；有违法所得的，没收违法所得；给他人造成损害的，依法承担赔偿责任；构成违反治安管理行为的，依法给予治安管理处罚；构成犯罪的，依法追究刑事责任。

第三十二条 不动产登记机构、不动产登记信息共享单位及其工作人员，查询不动产登记资料的单位或者个人违反国家规定，泄露不动产登记资料、登记信息，或者利用不动产登记资料、登记信息进行不正当活动，给他人造成损害的，依法承担赔偿责任；对有关责任人员依法给予处分；有关责任人员构成犯罪的，依法追究刑事责任。

第六章 附 则

第三十三条 本条例施行前依法颁发的各类不动产权属证书和制作的不动产登记簿继续有效。

不动产统一登记过渡期内，农村土地承包经营权的登记按照国家有关规定执行。

第三十四条 本条例实施细则由国务院国土资源主管部门会同有关部门制定。

第三十五条 本条例自 2015 年 3 月 1 日起施行。本条例施行前公布的行政法规有关不动产登记的规定与本条例规定不一致的，以本条例规定为准。

不动产登记暂行条例实施细则

1. 2016年1月1日国土资源部令第63号公布
2. 根据2019年7月24日自然资源部令第5号《关于废止和修改的第一批部门规章的决定》修正

第一章 总 则

第一条 为规范不动产登记行为，细化不动产统一登记制度，方便人民群众办理不动产登记，保护权利人合法权益，根据《不动产登记暂行条例》（以下简称《条例》），制定本实施细则。

第二条 不动产登记应当依照当事人的申请进行，但法律、行政法规以及本实施细则另有规定的除外。

房屋等建筑物、构筑物和森林、林木等定着物应当与其所依附的土地、海域一并登记，保持权利主体一致。

第三条 不动产登记机构依照《条例》第七条第二款的规定，协商办理或者接受指定办理跨县级行政区域不动产登记的，应当在登记完毕后将不动产登记簿记载的不动产权利人以及不动产坐落、界址、面积、用途、权利类型等登记结果告知不动产所跨区域的其他不动产登记机构。

第四条 国务院确定的重点国有林区的森林、林木和林地，由自然资源部受理并会同有关部门办理，依法向权利人核发不动产权属证书。

国务院批准的项目用海、用岛的登记，由自然资源部受理，依法向权利人核发不动产权属证书。

第二章 不动产登记簿

第五条 《条例》第八条规定的不动产单元，是指权属界线封闭且具有独立使用价值的空间。

没有房屋等建筑物、构筑物以及森林、林木定着物的，以土地、海域权属界线封闭的空间为不动产单元。

有房屋等建筑物、构筑物以及森林、林木定着物的，以该房屋等建筑物、构筑物以及森林、林木定着物与土地、海域权属界线封闭的空间为不动产单元。

前款所称房屋，包括独立成幢、权属界线封闭的空间，以及区分套、层、间等可以独立使用、权属界线封闭的空间。

第六条 不动产登记簿以宗地或者宗海为单位编成，一宗地或者一宗海范围内的全部不动产单元编入一个不动产登记簿。

第七条 不动产登记机构应当配备专门的不动产登记电子存储设施，采取信息网络安全防护措施，保证电子数据安全。

任何单位和个人不得擅自复制或者篡改不动产登记簿信息。

第八条 承担不动产登记审核、登簿的不动产登记工作人员应当熟悉相关法律法规，具备与其岗位相适应的不动产登记等方面的专业知识。

自然资源部会同有关部门组织开展对承担不动产登记审核、登簿的不动产登记工作人员的考核培训。

第三章 登记程序

第九条 申请不动产登记的，申请人应当填写登记申请书，并提交身份证明以及相关申请材料。

申请材料应当提供原件。因特殊情况不能提供原件的，可以提供复印件，复印件应当与原件保持一致。

第十条 处分共有不动产申请登记的，应当经占份额三分之二以上的按份共有人或者全体共同共有人共同申请，但共有人另有约定的除外。

按份共有人转让其享有的不动产份额，应当与受让人共同申请转移登记。

建筑区划内依法属于全体业主共有的不动产申请登记，依照本实施细则第三十六条的规定办理。

第十一条 无民事行为能力人、限制民事行为能力人申请不动产登记的，应当由其监护人代为申请。

监护人代为申请登记的，应当提供监护人与被监护人的身份证或者户口簿、有关监护关系等材料；因处分不动产而申请登记的，还应当提供为被监护人利益的书面保证。

父母之外的监护人处分未成年人不动产的，有关监护关系材料可以是人民法院指定监护的法律文书、经过公证的对被监护人享有监护权的材料或者其他材料。

第十二条 当事人可以委托他人代为申请不动产登记。

代理申请不动产登记的，代理人应当向不动产登记机构提供被代理人签字或者盖章的授权委托书。

自然人处分不动产，委托代理人申请登记的，应当与代理人共同到不动产登记机构现场签订授权委托书，但授权委托书经公证的除外。

境外申请人委托他人办理处分不动产登记的，其授权委托书应当按照国家有关规定办理认证或者公证。

第十三条 申请登记的事项记载于不动产登记簿前，全体申请人提出撤回登记申请的，登记机构应当将登记申请书以及相关材料退还申请人。

第十四条 因继承、受遗赠取得不动产，当事人申请登记的，应当提交死亡证明材料、遗嘱或者全部法定继承人关于不动产分配的协议以及与被继承人的亲属关系材料等，也可以提交经公证的材料或者生效的法律文书。

第十五条 不动产登记机构受理不动产登记申请后，还应当对下列内容进行查验：

（一）申请人、委托代理人身份证明材料以及授权委托书与申请主体是否一致；

（二）权属来源材料或者登记原因文件与申请登记的内容是否一致；

（三）不动产界址、空间界限、面积等权籍调查成果是否完备，权属是否清楚、界址是否清晰、面积是否准确；

（四）法律、行政法规规定的完税或者缴费凭证是否齐全。

第十六条 不动产登记机构进行实地查看，重点查看下列情况：

（一）房屋等建筑物、构筑物所有权首次登记，查看房屋坐落及其建造完成等情况；

（二）在建建筑物抵押权登记，查看抵押的在建建筑物坐落及其建造等情况；

（三）因不动产灭失导致的注销登记，查看不动产灭失等情况。

第十七条 有下列情形之一的，不动产登记机构应当在登记事项记载于登记簿前进行公告，但涉及国家秘密的除外：

（一）政府组织的集体土地所有权登记；

（二）宅基地使用权及房屋所有权，集体建设用地使用权及建筑物、构筑物所有权，土地承包经营权等不动产权利的首次登记；

（三）依职权更正登记；

（四）依职权注销登记；

（五）法律、行政法规规定的其他情形。

公告应当在不动产登记机构门户网站以及不动产所在地等指定场所进行，公告期不少于 15 个工作日。公告所需时间不计算在登记办理期限内。公告期满无异议或者异议不成立的，应当及时记载于不动产登记簿。

第十八条 不动产登记公告的主要内容包括：

（一）拟予登记的不动产权利人的姓名或者名称；

（二）拟予登记的不动产坐落、面积、用途、权利类型等；

（三）提出异议的期限、方式和受理机构；

（四）需要公告的其他事项。

第十九条 当事人可以持人民法院、仲裁委员会的生效法律文书或者人民政府的生效决定单方申请不动产登记。

有下列情形之一的，不动产登记机构直接办理不动产登记：

（一）人民法院持生效法律文书和协助执行通知书要求不动产登记机构办理登记的；

（二）人民检察院、公安机关依据法律规定持协助查封通知书要求办理查封登记的；

(三)人民政府依法做出征收或者收回不动产权利决定生效后,要求不动产登记机构办理注销登记的;

(四)法律、行政法规规定的其他情形。

不动产登记机构认为登记事项存在异议的,应当依法向有关机关提出审查建议。

第二十条 不动产登记机构应当根据不动产登记簿,填写并核发不动产权属证书或者不动产登记证明。

除办理抵押权登记、地役权登记和预告登记、异议登记,向申请人核发不动产登记证明外,不动产登记机构应当依法向权利人核发不动产权属证书。

不动产权属证书和不动产登记证明,应当加盖不动产登记机构登记专用章。

不动产权属证书和不动产登记证明样式,由自然资源部统一规定。

第二十一条 申请共有不动产登记的,不动产登记机构向全体共有人合并发放一本不动产权属证书;共有人申请分别持证的,可以为共有人分别发放不动产权属证书。

共有不动产权属证书应当注明共有情况,并列明全体共有人。

第二十二条 不动产权属证书或者不动产登记证明污损、破损的,当事人可以向不动产登记机构申请换发。符合换发条件的,不动产登记机构应当予以换发,并收回原不动产权属证书或者不动产登记证明。

不动产权属证书或者不动产登记证明遗失、灭失,不动产权利人申请补发的,由不动产登记机构在其门户网站上刊发不动产权利人的遗失、灭失声明15个工作日后,予以补发。

不动产登记机构补发不动产权属证书或者不动产登记证明的,应当将补发不动产权属证书或者不动产登记证明的事项记载于不动产登记簿,并在不动产权属证书或者不动产登记证明上注明“补发”字样。

第二十三条 因不动产权利灭失等情形,不动产登记机构需要收回不动产权属证书或者不动产登记证明的，应当在不动产登记簿上将收回不动产权属证书或者不动产登记证明的事项予以注明；确实无法收回的，应当在不动产登记机构门户网站或者当地公开发行的报刊上公告作废。

第四章 不动产权利登记

第一节 一般规定

第二十四条 不动产首次登记，是指不动产权利第一次登记。

未办理不动产首次登记的，不得办理不动产其他类型登记，但法律、行政法规另有规定的除外。

第二十五条 市、县人民政府可以根据情况对本行政区域内未登记的不动产，组织开展集体土地所有权、宅基地使用权、集体建设用地使用权、土地承包经营权的首次登记。

依照前款规定办理首次登记所需的权属来源、调查等登记材料，由人民政府有关部门组织获取。

第二十六条 下列情形之一的，不动产权利人可以向不动产登记机构申请变更登记：

（一）权利人的姓名、名称、身份证明类型或者身份证明号码发生变更的；

（二）不动产的坐落、界址、用途、面积等状况变更的；

（三）不动产权利期限、来源等状况发生变化的；

（四）同一权利人分割或者合并不动产的；

（五）抵押担保的范围、主债权数额、债务履行期限、抵押权顺位发生变化的；

（六）最高额抵押担保的债权范围、最高债权额、债权确定期间等发生变化的；

（七）地役权的利用目的、方法等发生变化的；

（八）共有性质发生变更的；

（九）法律、行政法规规定的其他不涉及不动产权利转移的变更情形。

第二十七条 因下列情形导致不动产权利转移的，当事人可以向不动产登记机构申请转移登记：

（一）买卖、互换、赠与不动产的；

（二）以不动产作价出资（入股）的；

（三）法人或者其他组织因合并、分立等原因致使不动产权利发生转移的；

（四）不动产分割、合并导致权利发生转移的；

（五）继承、受遗赠导致权利发生转移的；

（六）共有人增加或者减少以及共有不动产份额变化的；

（七）因人民法院、仲裁委员会的生效法律文书导致不动产权利发生转移的；

（八）因主债权转移引起不动产抵押权转移的；

（九）因需役地不动产权利转移引起地役权转移的；

（十）法律、行政法规规定的其他不动产权利转移情形。

第二十八条 有下列情形之一的，当事人可以申请办理注销登记：

（一）不动产灭失的；

（二）权利人放弃不动产权利的；

（三）不动产被依法没收、征收或者收回的；

（四）人民法院、仲裁委员会的生效法律文书导致不动产权利消灭的；

（五）法律、行政法规规定的其他情形。

不动产上已经设立抵押权、地役权或者已经办理预告登记，所有权人、使用权人因放弃权利申请注销登记的，申请人应当提供抵押权人、地役权人、预告登记权利人同意的书面材料。

第二节 集体土地所有权登记

第二十九条 集体土地所有权登记，依照下列规定提出申请：

（一）土地属于村农民集体所有的，由村集体经济组织代为申请，没有集体经济组织的，由村民委员会代为申请；

（二）土地分别属于村内两个以上农民集体所有的，由村内各集体经济组织代为申请，没有集体经济组织的，由村民小组代为申请；

（三）土地属于乡（镇）农民集体所有的，由乡（镇）集体经济组织代为申请。

第三十条 申请集体土地所有权首次登记的，应当提交下列材料：

（一）土地权属来源材料；

（二）权籍调查表、宗地图以及宗地界址点坐标；

（三）其他必要材料。

第三十一条 农民集体因互换、土地调整等原因导致集体土地所有权转移，申请集体土地所有权转移登记的，应当提交下列材料：

（一）不动产权属证书；

（二）互换、调整协议等集体土地所有权转移的材料；

（三）本集体经济组织三分之二以上成员或者三分之二以上村民代表同意的材料；

（四）其他必要材料。

第三十二条 申请集体土地所有权变更、注销登记的，应当提交下列材料：

（一）不动产权属证书；

（二）集体土地所有权变更、消灭的材料；

（三）其他必要材料。

第三节 国有建设用地使用权及房屋所有权登记

第三十三条 依法取得国有建设用地使用权，可以单独申请国有建设用地使用权登记。

依法利用国有建设用地建造房屋的，可以申请国有建设用地使用权及房屋所有权登记。

第三十四条 申请国有建设用地使用权首次登记，应当提交下列材料：

（一）土地权属来源材料；

（二）权籍调查表、宗地图以及宗地界址点坐标；

（三）土地出让价款、土地租金、相关税费等缴纳凭证；

（四）其他必要材料。

前款规定的土地权属来源材料，根据权利取得方式的不同，包括国有建设用地划拨决定书、国有建设用地使用权出让合同、国有建设用地使用权租赁合同以及国有建设用地使用权作价出资(入股)、授权经营批准文件。

申请在地上或者地下单独设立国有建设用地使用权登记的,按照本条规定办理。

第三十五条 申请国有建设用地使用权及房屋所有权首次登记的,应当提交下列材料:

(一)不动产权属证书或者土地权属来源材料;

(二)建设工程符合规划的材料;

(三)房屋已经竣工的材料;

(四)房地产调查或者测绘报告;

(五)相关税费缴纳凭证;

(六)其他必要材料。

第三十六条 办理房屋所有权首次登记时,申请人应当将建筑区划内依法属于业主共有的道路、绿地、其他公共场所、公用设施和物业服务用房及其占用范围内的建设用地使用权一并申请登记为业主共有。业主转让房屋所有权的,其对共有部分享有的权利依法一并转让。

第三十七条 申请国有建设用地使用权及房屋所有权变更登记的,应当根据不同情况,提交下列材料:

(一)不动产权属证书;

(二)发生变更的材料;

(三)有批准权的人民政府或者主管部门的批准文件;

(四)国有建设用地使用权出让合同或者补充协议;

(五)国有建设用地使用权出让价款、税费等缴纳凭证;

(六)其他必要材料。

第三十八条 申请国有建设用地使用权及房屋所有权转移登记的,应当根据不同情况,提交下列材料:

(一)不动产权属证书;

(二)买卖、互换、赠与合同;

（三）继承或者受遗赠的材料；

（四）分割、合并协议；

（五）人民法院或者仲裁委员会生效的法律文书；

（六）有批准权的人民政府或者主管部门的批准文件；

（七）相关税费缴纳凭证；

（八）其他必要材料。

不动产买卖合同依法应当备案的，申请人申请登记时须提交经备案的买卖合同。

第三十九条 具有独立利用价值的特定空间以及码头、油库等其他建筑物、构筑物所有权的登记，按照本实施细则中房屋所有权登记有关规定办理。

第四节 宅基地使用权及房屋所有权登记

第四十条 依法取得宅基地使用权，可以单独申请宅基地使用权登记。

依法利用宅基地建造住房及其附属设施的，可以申请宅基地使用权及房屋所有权登记。

第四十一条 申请宅基地使用权及房屋所有权首次登记的，应当根据不同情况，提交下列材料：

（一）申请人身份证和户口簿；

（二）不动产权属证书或者有批准权的人民政府批准用地的文件等权属来源材料；

（三）房屋符合规划或者建设的相关材料；

（四）权籍调查表、宗地图、房屋平面图以及宗地界址点坐标等有关不动产界址、面积等材料；

（五）其他必要材料。

第四十二条 因依法继承、分家析产、集体经济组织内部互换房屋等导致宅基地使用权及房屋所有权发生转移申请登记的，申请人应当根据不同情况，提交下列材料：

（一）不动产权属证书或者其他权属来源材料；

（二）依法继承的材料；

（三）分家析产的协议或者材料；

（四）集体经济组织内部互换房屋的协议；

（五）其他必要材料。

第四十三条 申请宅基地等集体土地上的建筑物区分所有权登记的，参照国有建设用地使用权及建筑物区分所有权的规定办理登记。

第五节 集体建设用地使用权及建筑物、构筑物所有权登记

第四十四条 依法取得集体建设用地使用权，可以单独申请集体建设用地使用权登记。

依法利用集体建设用地兴办企业，建设公共设施，从事公益事业等的，可以申请集体建设用地使用权及地上建筑物、构筑物所有权登记。

第四十五条 申请集体建设用地使用权及建筑物、构筑物所有权首次登记的，申请人应当根据不同情况，提交下列材料：

（一）有批准权的人民政府批准用地的文件等土地权属来源材料；

（二）建设工程符合规划的材料；

（三）权籍调查表、宗地图、房屋平面图以及宗地界址点坐标等有关不动产界址、面积等材料；

（四）建设工程已竣工的材料；

（五）其他必要材料。

集体建设用地使用权首次登记完成后，申请人申请建筑物、构筑物所有权首次登记的，应当提交享有集体建设用地使用权的不动产权属证书。

第四十六条 申请集体建设用地使用权及建筑物、构筑物所有权变更登记、转移登记、注销登记的，申请人应当根据不同情况，提交下列材料：

（一）不动产权属证书；

（二）集体建设用地使用权及建筑物、构筑物所有权变更、转移、消灭的材料；

（三）其他必要材料。

因企业兼并、破产等原因致使集体建设用地使用权及建筑物、构筑物所有权发生转移的，申请人应当持相关协议及有关部门的批准文件等相关材料，申请不动产转移登记。

第六节 土地承包经营权登记

第四十七条 承包农民集体所有的耕地、林地、草地、水域、滩涂以及荒山、荒沟、荒丘、荒滩等农用地，或者国家所有依法由农民集体使用的农用地从事种植业、林业、畜牧业、渔业等农业生产的，可以申请土地承包经营权登记；地上有森林、林木的，应当在申请土地承包经营权登记时一并申请登记。

第四十八条 依法以承包方式在土地上从事种植业或者养殖业生产活动的，可以申请土地承包经营权的首次登记。

以家庭承包方式取得的土地承包经营权的首次登记，由发包方持土地承包经营合同等材料申请。

以招标、拍卖、公开协商等方式承包农村土地的，由承包方持土地承包经营合同申请土地承包经营权首次登记。

第四十九条 已经登记的土地承包经营权有下列情形之一的，承包方应当持原不动产权属证书以及其他证实发生变更事实的材料，申请土地承包经营权变更登记：

（一）权利人的姓名或者名称等事项发生变化的；

（二）承包土地的坐落、名称、面积发生变化的；

（三）承包期限依法变更的；

（四）承包期限届满，土地承包经营权人按照国家有关规定继续承包的；

（五）退耕还林、退耕还湖、退耕还草导致土地用途改变的；

（六）森林、林木的种类等发生变化的；

（七）法律、行政法规规定的其他情形。

第五十条 已经登记的土地承包经营权发生下列情形之一的，当事人双方应当持互换协议、转让合同等材料，申请土地承包经营权的转移登记：

(一)互换;

(二)转让;

(三)因家庭关系、婚姻关系变化等原因导致土地承包经营权分割或者合并的;

(四)依法导致土地承包经营权转移的其他情形。

以家庭承包方式取得的土地承包经营权,采取转让方式流转的,还应当提供发包方同意的材料。

第五十一条 已经登记的土地承包经营权发生下列情形之一的,承包方应当持不动产权属证书、证实灭失的材料等,申请注销登记:

(一)承包经营的土地灭失的;

(二)承包经营的土地被依法转为建设用地的;

(三)承包经营权人丧失承包经营资格或者放弃承包经营权的;

(四)法律、行政法规规定的其他情形。

第五十二条 以承包经营以外的合法方式使用国有农用地的国有农场、草场,以及使用国家所有的水域、滩涂等农用地进行农业生产,申请国有农用地的使用权登记的,参照本实施细则有关规定办理。

国有农场、草场申请国有未利用地登记的,依照前款规定办理。

第五十三条 国有林地使用权登记,应当提交有批准权的人民政府或者主管部门的批准文件,地上森林、林木一并登记。

第七节 海域使用权登记

第五十四条 依法取得海域使用权,可以单独申请海域使用权登记。

依法使用海域,在海域上建造建筑物、构筑物的,应当申请海域使用权及建筑物、构筑物所有权登记。

申请无居民海岛登记的,参照海域使用权登记有关规定办理。

第五十五条 申请海域使用权首次登记的,应当提交下列材料:

(一)项目用海批准文件或者海域使用权出让合同;

(二)宗海图以及界址点坐标;

(三)海域使用金缴纳或者减免凭证;

(四)其他必要材料。

第五十六条 有下列情形之一的，申请人应当持不动产权属证书、海域使用权变更的文件等材料，申请海域使用权变更登记：

（一）海域使用权人姓名或者名称改变的；

（二）海域坐落、名称发生变化的；

（三）改变海域使用位置、面积或者期限的；

（四）海域使用权续期的；

（五）共有性质变更的；

（六）法律、行政法规规定的其他情形。

第五十七条 有下列情形之一的，申请人可以申请海域使用权转移登记：

（一）因企业合并、分立或者与他人合资、合作经营、作价入股导致海域使用权转移的；

（二）依法转让、赠与、继承、受遗赠海域使用权的；

（三）因人民法院、仲裁委员会生效法律文书导致海域使用权转移的；

（四）法律、行政法规规定的其他情形。

第五十八条 申请海域使用权转移登记的，申请人应当提交下列材料：

（一）不动产权属证书；

（二）海域使用权转让合同、继承材料、生效法律文书等材料；

（三）转让批准取得的海域使用权，应当提交原批准用海的海洋行政主管部门批准转让的文件；

（四）依法需要补交海域使用金的，应当提交海域使用金缴纳的凭证；

（五）其他必要材料。

第五十九条 申请海域使用权注销登记的，申请人应当提交下列材料：

（一）原不动产权属证书；

（二）海域使用权消灭的材料；

（三）其他必要材料。

因围填海造地等导致海域灭失的，申请人应当在围填海造地等工程竣工后，依照本实施细则规定申请国有土地使用权登记，并办理海域使用权注销登记。

第八节 地役权登记

第六十条 按照约定设定地役权，当事人可以持需役地和供役地的不动产权属证书、地役权合同以及其他必要文件，申请地役权首次登记。

第六十一条 经依法登记的地役权发生下列情形之一的，当事人应当持地役权合同、不动产登记证明和证实变更的材料等必要材料，申请地役权变更登记：

（一）地役权当事人的姓名或者名称等发生变化；

（二）共有性质变更的；

（三）需役地或者供役地自然状况发生变化；

（四）地役权内容变更的；

（五）法律、行政法规规定的其他情形。

供役地分割转让办理登记，转让部分涉及地役权的，应当由受让人与地役权人一并申请地役权变更登记。

第六十二条 已经登记的地役权因土地承包经营权、建设用地使用权转让发生转移的，当事人应当持不动产登记证明、地役权转移合同等必要材料，申请地役权转移登记。

申请需役地转移登记的，或者需役地分割转让，转让部分涉及已登记的地役权的，当事人应当一并申请地役权转移登记，但当事人另有约定的除外。当事人拒绝一并申请地役权转移登记的，应当出具书面材料。不动产登记机构办理转移登记时，应当同时办理地役权注销登记。

第六十三条 已经登记的地役权，有下列情形之一的，当事人可以持不动产登记证明、证实地役权发生消灭的材料等必要材料，申请地役权注销登记：

（一）地役权期限届满；

（二）供役地、需役地归于同一人；

（三）供役地或者需役地灭失；

（四）人民法院、仲裁委员会的生效法律文书导致地役权消灭；

（五）依法解除地役权合同；

（六）其他导致地役权消灭的事由。

第六十四条 地役权登记，不动产登记机构应当将登记事项分别记载于需役地和供役地登记簿。

供役地、需役地分属不同不动产登记机构管辖的，当事人应当向供役地所在地的不动产登记机构申请地役权登记。供役地所在地不动产登记机构完成登记后，应当将相关事项通知需役地所在地不动产登记机构，并由其记载于需役地登记簿。

地役权设立后，办理首次登记前发生变更、转移的，当事人应当提交相关材料，就已经变更或者转移的地役权，直接申请首次登记。

第九节 抵押权登记

第六十五条 对下列财产进行抵押的，可以申请办理不动产抵押登记：

（一）建设用地使用权；

（二）建筑物和其他土地附着物；

（三）海域使用权；

（四）以招标、拍卖、公开协商等方式取得的荒地等土地承包经营权；

（五）正在建造的建筑物；

（六）法律、行政法规未禁止抵押的其他不动产。

以建设用地使用权、海域使用权抵押的，该土地、海域上的建筑物、构筑物一并抵押；以建筑物、构筑物抵押的，该建筑物、构筑物占用范围内的建设用地使用权、海域使用权一并抵押。

第六十六条 自然人、法人或者其他组织为保障其债权的实现，依法以不动产设定抵押的，可以由当事人持不动产权属证书、抵押合同与主债权合同等必要材料，共同申请办理抵押登记。

抵押合同可以是单独订立的书面合同，也可以是主债权合同中的抵押条款。

第六十七条 同一不动产上设立多个抵押权的,不动产登记机构应当按照受理时间的先后顺序依次办理登记,并记载于不动产登记簿。当事人对抵押权顺位另有约定的,从其规定办理登记。

第六十八条 有下列情形之一的,当事人应当持不动产权属证书、不动产登记证明、抵押权变更等必要材料,申请抵押权变更登记:

(一)抵押人、抵押权人的姓名或者名称变更的;

(二)被担保的主债权数额变更的;

(三)债务履行期限变更的;

(四)抵押权顺位变更的;

(五)法律、行政法规规定的其他情形。

因被担保债权主债权的种类及数额、担保范围、债务履行期限、抵押权顺位发生变更申请抵押权变更登记时,如果该抵押权的变更将对其他抵押权人产生不利影响的,还应当提交其他抵押权人书面同意的材料与身份证或者户口簿等材料。

第六十九条 因主债权转让导致抵押权转让的,当事人可以持不动产权属证书、不动产登记证明、被担保主债权的转让协议、债权人已经通知债务人的材料等相关材料,申请抵押权的转移登记。

第七十条 有下列情形之一的,当事人可以持不动产登记证明、抵押权消灭的材料等必要材料,申请抵押权注销登记:

(一)主债权消灭;

(二)抵押权已经实现;

(三)抵押权人放弃抵押权;

(四)法律、行政法规规定抵押权消灭的其他情形。

第七十一条 设立最高额抵押权的,当事人应当持不动产权属证书、最高额抵押合同与一定期间内将要连续发生的债权的合同或者其他登记原因材料等必要材料,申请最高额抵押权首次登记。

当事人申请最高额抵押权首次登记时,同意将最高额抵押权设立前已经存在的债权转入最高额抵押担保的债权范围的,还应当提交已存在债权的合同以及当事人同意将该债权纳入最高额抵押权担保范围的书面材料。

第七十二条 有下列情形之一的，当事人应当持不动产登记证明、最高额抵押权发生变更的材料等必要材料，申请最高额抵押权变更登记：

（一）抵押人、抵押权人的姓名或者名称变更的；

（二）债权范围变更的；

（三）最高债权额变更的；

（四）债权确定的期间变更的；

（五）抵押权顺位变更的；

（六）法律、行政法规规定的其他情形。

因最高债权额、债权范围、债务履行期限、债权确定的期间发生变更申请最高额抵押权变更登记时，如果该变更将对其他抵押权人产生不利影响的，当事人还应当提交其他抵押权人的书面同意文件与身份证或者户口簿等。

第七十三条 当发生导致最高额抵押权担保的债权被确定的事由，从而使最高额抵押权转变为一般抵押权时，当事人应当持不动产登记证明、最高额抵押权担保的债权已确定的材料等必要材料，申请办理确定最高额抵押权的登记。

第七十四条 最高额抵押权发生转移的，应当持不动产登记证明、部分债权转移的材料、当事人约定最高额抵押权随同部分债权的转让而转移的材料等必要材料，申请办理最高额抵押权转移登记。

债权人转让部分债权，当事人约定最高额抵押权随同部分债权的转让而转移的，应当分别申请下列登记：

（一）当事人约定原抵押权人与受让人共同享有最高额抵押权的，应当申请最高额抵押权的转移登记；

（二）当事人约定受让人享有一般抵押权、原抵押权人就扣减已转移的债权数额后继续享有最高额抵押权的，应当申请一般抵押权的首次登记以及最高额抵押权的变更登记；

（三）当事人约定原抵押权人不再享有最高额抵押权的，应当一并申请最高额抵押权确定登记以及一般抵押权转移登记。

最高额抵押权担保的债权确定前，债权人转让部分债权的，除当事人另有约定外，不动产登记机构不得办理最高额抵押权转移登记。

第七十五条 以建设用地使用权以及全部或者部分在建建筑物设定抵押的，应当一并申请建设用地使用权以及在建建筑物抵押权的首次登记。

当事人申请在建建筑物抵押权首次登记时，抵押财产不包括已经办理预告登记的预购商品房和已经办理预售备案的商品房。

前款规定的在建建筑物，是指正在建造、尚未办理所有权首次登记的房屋等建筑物。

第七十六条 申请在建建筑物抵押权首次登记的，当事人应当提交下列材料：

（一）抵押合同与主债权合同；

（二）享有建设用地使用权的不动产权属证书；

（三）建设工程规划许可证；

（四）其他必要材料。

第七十七条 在建建筑物抵押权变更、转移或者消灭的，当事人应当提交下列材料，申请变更登记、转移登记、注销登记：

（一）不动产登记证明；

（二）在建建筑物抵押权发生变更、转移或者消灭的材料；

（三）其他必要材料。

在建建筑物竣工，办理建筑物所有权首次登记时，当事人应当申请将在建建筑物抵押权登记转为建筑物抵押权登记。

第七十八条 申请预购商品房抵押登记，应当提交下列材料：

（一）抵押合同与主债权合同；

（二）预购商品房预告登记材料；

（三）其他必要材料。

预购商品房办理房屋所有权登记后，当事人应当申请将预购商品房抵押预告登记转为商品房抵押权首次登记。

第五章 其他登记

第一节 更正登记

第七十九条 权利人、利害关系人认为不动产登记簿记载的事项有错误,可以申请更正登记。

权利人申请更正登记的,应当提交下列材料:

(一)不动产权属证书;

(二)证实登记确有错误的材料;

(三)其他必要材料。

利害关系人申请更正登记的,应当提交利害关系材料、证实不动产登记簿记载错误的材料以及其他必要材料。

第八十条 不动产权利人或者利害关系人申请更正登记,不动产登记机构认为不动产登记簿记载确有错误的,应当予以更正;但在错误登记之后已经办理了涉及不动产权利处分的登记、预告登记和查封登记的除外。

不动产权属证书或者不动产登记证明填制错误以及不动产登记机构在办理更正登记中,需要更正不动产权属证书或者不动产登记证明内容的,应当书面通知权利人换发,并把换发不动产权属证书或者不动产登记证明的事项记载于登记簿。

不动产登记簿记载无误的,不动产登记机构不予更正,并书面通知申请人。

第八十一条 不动产登记机构发现不动产登记簿记载的事项错误,应当通知当事人在30个工作日内办理更正登记。当事人逾期不办理的,不动产登记机构应当在公告15个工作日后,依法予以更正;但在错误登记之后已经办理了涉及不动产权利处分的登记、预告登记和查封登记的除外。

第二节 异议登记

第八十二条 利害关系人认为不动产登记簿记载的事项错误,权利人不同意更正的,利害关系人可以申请异议登记。

利害关系人申请异议登记的,应当提交下列材料:

(一)证实对登记的不动产权利有利害关系的材料;

(二)证实不动产登记簿记载的事项错误的材料;

(三)其他必要材料。

第八十三条 不动产登记机构受理异议登记申请的,应当将异议事项记载于不动产登记簿,并向申请人出具异议登记证明。

异议登记申请人应当在异议登记之日起 15 日内,提交人民法院受理通知书、仲裁委员会受理通知书等提起诉讼、申请仲裁的材料;逾期不提交的,异议登记失效。

异议登记失效后,申请人就同一事项以同一理由再次申请异议登记的,不动产登记机构不予受理。

第八十四条 异议登记期间,不动产登记簿上记载的权利人以及第三人因处分权利申请登记的,不动产登记机构应当书面告知申请人该权利已经存在异议登记的有关事项。申请人申请继续办理的,应当予以办理,但申请人应当提供知悉异议登记存在并自担风险的书面承诺。

第三节 预告登记

第八十五条 有下列情形之一的,当事人可以按照约定申请不动产预告登记:

(一)商品房等不动产预售的;

(二)不动产买卖、抵押的;

(三)以预购商品房设定抵押权的;

(四)法律、行政法规规定的其他情形。

预告登记生效期间,未经预告登记的权利人书面同意,处分该不动产权利申请登记的,不动产登记机构应当不予办理。

预告登记后,债权未消灭且自能够进行相应的不动产登记之日起 3 个月内,当事人申请不动产登记的,不动产登记机构应当按照预告登记事项办理相应的登记。

第八十六条 申请预购商品房的预告登记,应当提交下列材料:

(一)已备案的商品房预售合同;

(二)当事人关于预告登记的约定;

(三)其他必要材料。

预售人和预购人订立商品房买卖合同后,预售人未按照约定与预购人申请预告登记,预购人可以单方申请预告登记。

预购人单方申请预购商品房预告登记,预售人与预购人在商品房预售合同中对预告登记附有条件和期限的，预购人应当提交相应材料。

申请预告登记的商品房已经办理在建建筑物抵押权首次登记的，当事人应当一并申请在建建筑物抵押权注销登记，并提交不动产权属转移材料、不动产登记证明。不动产登记机构应当先办理在建建筑物抵押权注销登记，再办理预告登记。

第八十七条 申请不动产转移预告登记的，当事人应当提交下列材料：

（一）不动产转让合同；

（二）转让方的不动产权属证书；

（三）当事人关于预告登记的约定；

（四）其他必要材料。

第八十八条 抵押不动产，申请预告登记的，当事人应当提交下列材料：

（一）抵押合同与主债权合同；

（二）不动产权属证书；

（三）当事人关于预告登记的约定；

（四）其他必要材料。

第八十九条 预告登记未到期，有下列情形之一的，当事人可以持不动产登记证明、债权消灭或者权利人放弃预告登记的材料，以及法律、行政法规规定的其他必要材料申请注销预告登记：

（一）预告登记的权利人放弃预告登记的；

（二）债权消灭的；

（三）法律、行政法规规定的其他情形。

第四节　查封登记

第九十条 人民法院要求不动产登记机构办理查封登记的，应当提交下列材料：

（一）人民法院工作人员的工作证；

（二）协助执行通知书；

（三）其他必要材料。

第九十一条 两个以上人民法院查封同一不动产的,不动产登记机构应当为先送达协助执行通知书的人民法院办理查封登记,对后送达协助执行通知书的人民法院办理轮候查封登记。

轮候查封登记的顺序按照人民法院协助执行通知书送达不动产登记机构的时间先后进行排列。

第九十二条 查封期间,人民法院解除查封的,不动产登记机构应当及时根据人民法院协助执行通知书注销查封登记。

不动产查封期限届满,人民法院未续封的,查封登记失效。

第九十三条 人民检察院等其他国家有权机关依法要求不动产登记机构办理查封登记的,参照本节规定办理。

第六章 不动产登记资料的查询、保护和利用

第九十四条 不动产登记资料包括:

(一)不动产登记簿等不动产登记结果;

(二)不动产登记原始资料,包括不动产登记申请书、申请人身份材料、不动产权属来源、登记原因、不动产权籍调查成果等材料以及不动产登记机构审核材料。

不动产登记资料由不动产登记机构管理。不动产登记机构应当建立不动产登记资料管理制度以及信息安全保密制度,建设符合不动产登记资料安全保护标准的不动产登记资料存放场所。

不动产登记资料中属于归档范围的,按照相关法律、行政法规的规定进行归档管理,具体办法由自然资源部会同国家档案主管部门另行制定。

第九十五条 不动产登记机构应当加强不动产登记信息化建设,按照统一的不动产登记信息管理基础平台建设要求和技术标准,做好数据整合、系统建设和信息服务等工作,加强不动产登记信息产品开发和技术创新,提高不动产登记的社会综合效益。

各级不动产登记机构应当采取措施保障不动产登记信息安全。任何单位和个人不得泄露不动产登记信息。

第九十六条 不动产登记机构、不动产交易机构建立不动产登记信息与交易信息互联共享机制,确保不动产登记与交易有序衔接。

不动产交易机构应当将不动产交易信息及时提供给不动产登记机构。不动产登记机构完成登记后,应当将登记信息及时提供给不动产交易机构。

第九十七条 国家实行不动产登记资料依法查询制度。

权利人、利害关系人按照《条例》第二十七条规定依法查询、复制不动产登记资料的,应当到具体办理不动产登记的不动产登记机构申请。

权利人可以查询、复制其不动产登记资料。

因不动产交易、继承、诉讼等涉及的利害关系人可以查询、复制不动产自然状况、权利人及其不动产查封、抵押、预告登记、异议登记等状况。

人民法院、人民检察院、国家安全机关、监察机关等可以依法查询、复制与调查和处理事项有关的不动产登记资料。

其他有关国家机关执行公务依法查询、复制不动产登记资料的,依照本条规定办理。

涉及国家秘密的不动产登记资料的查询,按照保守国家秘密法的有关规定执行。

第九十八条 权利人、利害关系人申请查询、复制不动产登记资料应当提交下列材料:

(一)查询申请书;

(二)查询目的的说明;

(三)申请人的身份材料;

(四)利害关系人查询的,提交证实存在利害关系的材料。

权利人、利害关系人委托他人代为查询的,还应当提交代理人的身份证明材料、授权委托书。权利人查询其不动产登记资料无需提供查询目的的说明。

有关国家机关查询的,应当提供本单位出具的协助查询材料、工作人员的工作证。

第九十九条 有下列情形之一的,不动产登记机构不予查询,并书面告知理由:

（一）申请查询的不动产不属于不动产登记机构管辖范围的；

（二）查询人提交的申请材料不符合规定的；

（三）申请查询的主体或者查询事项不符合规定的；

（四）申请查询的目的不合法的；

（五）法律、行政法规规定的其他情形。

第一百条 对符合本实施细则规定的查询申请，不动产登记机构应当当场提供查询；因情况特殊，不能当场提供查询的，应当在5个工作日内提供查询。

第一百零一条 查询人查询不动产登记资料，应当在不动产登记机构设定的场所进行。

不动产登记原始资料不得带离设定的场所。

查询人在查询时应当保持不动产登记资料的完好，严禁遗失、拆散、调换、抽取、污损登记资料，也不得损坏查询设备。

第一百零二条 查询人可以查阅、抄录不动产登记资料。查询人要求复制不动产登记资料的，不动产登记机构应当提供复制。

查询人要求出具查询结果证明的，不动产登记机构应当出具查询结果证明。查询结果证明应注明查询目的及日期，并加盖不动产登记机构查询专用章。

第七章 法律责任

第一百零三条 不动产登记机构工作人员违反本实施细则规定，有下列行为之一，依法给予处分；构成犯罪的，依法追究刑事责任：

（一）对符合登记条件的登记申请不予登记，对不符合登记条件的登记申请予以登记；

（二）擅自复制、篡改、毁损、伪造不动产登记簿；

（三）泄露不动产登记资料、登记信息；

（四）无正当理由拒绝申请人查询、复制登记资料；

（五）强制要求权利人更换新的权属证书。

第一百零四条 当事人违反本实施细则规定，有下列行为之一，构成违反治安管理行为的，依法给予治安管理处罚；给他人造成损失的，依法承担赔偿责任；构成犯罪的，依法追究刑事责任：

（一）采用提供虚假材料等欺骗手段申请登记；

（二）采用欺骗手段申请查询、复制登记资料；

（三）违反国家规定，泄露不动产登记资料、登记信息；

（四）查询人遗失、拆散、调换、抽取、污损登记资料的；

（五）擅自将不动产登记资料带离查询场所、损坏查询设备的。

第八章　附　　则

第一百零五条　本实施细则施行前，依法核发的各类不动产权属证书继续有效。不动产权利未发生变更、转移的，不动产登记机构不得强制要求不动产权利人更换不动产权属证书。

不动产登记过渡期内，农业部会同自然资源部等部门负责指导农村土地承包经营权的统一登记工作，按照农业部有关规定办理耕地的土地承包经营权登记。不动产登记过渡期后，由自然资源部负责指导农村土地承包经营权登记工作。

第一百零六条　不动产信托依法需要登记的，由自然资源部会同有关部门另行规定。

第一百零七条　军队不动产登记，其申请材料经军队不动产主管部门审核后，按照本实施细则规定办理。

第一百零八条　自然资源部委托北京市规划和自然资源委员会直接办理在京中央国家机关的不动产登记。

在京中央国家机关申请不动产登记时，应当提交《不动产登记暂行条例》及本实施细则规定的材料和有关机关事务管理局出具的不动产登记审核意见。不动产权属资料不齐全的，还应当提交由有关机关事务管理局确认盖章的不动产权属来源说明函。不动产权籍调查由有关机关事务管理局会同北京市规划和自然资源委员会组织进行的，还应当提交申请登记不动产单元的不动产权籍调查资料。

北京市规划和自然资源委员会办理在京中央国家机关不动产登记时，应当使用自然资源部制发的“自然资源部不动产登记专用章”。

第一百零九条　本实施细则自公布之日起施行。

土地调查条例

1. 2008年2月7日国务院令第518号公布

2. 根据2016年2月6日国务院令第666号《关于修改部分行政法规的决定》第一次修订

3. 根据2018年3月19日国务院令第698号《关于修改和废止部分行政法规的决定》第二次修订

第一章　总　　则

第一条　为了科学、有效地组织实施土地调查，保障土地调查数据的真实性、准确性和及时性，根据《中华人民共和国土地管理法》和《中华人民共和国统计法》，制定本条例。

第二条　土地调查的目的，是全面查清土地资源和利用状况，掌握真实准确的土地基础数据，为科学规划、合理利用、有效保护土地资源，实施最严格的耕地保护制度，加强和改善宏观调控提供依据，促进经济社会全面协调可持续发展。

第三条　土地调查工作按照全国统一领导、部门分工协作、地方分级负责、各方共同参与的原则组织实施。

第四条　土地调查所需经费，由中央和地方各级人民政府共同负担，列入相应年度的财政预算，按时拨付，确保足额到位。

土地调查经费应当统一管理、专款专用、从严控制支出。

第五条　报刊、广播、电视和互联网等新闻媒体，应当及时开展土地调查工作的宣传报道。

第二章　土地调查的内容和方法

第六条　国家根据国民经济和社会发展需要，每10年进行一次全国土地调查；根据土地管理工作的需要，每年进行土地变更调查。

第七条　土地调查包括下列内容：

（一）土地利用现状及变化情况，包括地类、位置、面积、分布等状况；

（二）土地权属及变化情况，包括土地的所有权和使用权状况；

（三）土地条件，包括土地的自然条件、社会经济条件等状况。

进行土地利用现状及变化情况调查时，应当重点调查基本农田现状及变化情况，包括基本农田的数量、分布和保护状况。

第八条 土地调查采用全面调查的方法，综合运用实地调查统计、遥感监测等手段。

第九条 土地调查采用《土地利用现状分类》国家标准、统一的技术规程和按照国家统一标准制作的调查基础图件。

土地调查技术规程，由国务院国土资源主管部门会同国务院有关部门制定。

第三章 土地调查的组织实施

第十条 县级以上人民政府国土资源主管部门会同同级有关部门进行土地调查。

乡（镇）人民政府、街道办事处和村（居）民委员会应当广泛动员和组织社会力量积极参与土地调查工作。

第十一条 县级以上人民政府有关部门应当积极参与和密切配合土地调查工作，依法提供土地调查需要的相关资料。

社会团体以及与土地调查有关的单位和个人应当依照本条例的规定，配合土地调查工作。

第十二条 全国土地调查总体方案由国务院国土资源主管部门会同国务院有关部门拟订，报国务院批准。县级以上地方人民政府国土资源主管部门会同同级有关部门按照国家统一要求，根据本行政区域的土地利用特点，编制地方土地调查实施方案，报上一级人民政府国土资源主管部门备案。

第十三条 在土地调查中，需要面向社会选择专业调查队伍承担的土地调查任务，应当通过招标投标方式组织实施。

承担土地调查任务的单位应当具备以下条件：

（一）具有法人资格；

（二）有与土地调查相关的工作业绩；

（三）有完备的技术和质量管理制度；

（四）有经过培训且考核合格的专业技术人员。

国务院国土资源主管部门应当会同国务院有关部门加强对承担土地调查任务单位的监管和服务。

第十四条 土地调查人员应当坚持实事求是，恪守职业道德，具有执行调查任务所需要的专业知识。

土地调查人员应当接受业务培训，经考核合格领取全国统一的土地调查员工作证。

第十五条 土地调查人员应当严格执行全国土地调查总体方案和地方土地调查实施方案、《土地利用现状分类》国家标准和统一的技术规程，不得伪造、篡改调查资料，不得强令、授意调查对象提供虚假的调查资料。

土地调查人员应当对其登记、审核、录入的调查资料与现场调查资料的一致性负责。

第十六条 土地调查人员依法独立行使调查、报告、监督和检查职权，有权根据工作需要进行现场调查，并按照技术规程进行现场作业。

土地调查人员有权就与调查有关的问题询问有关单位和个人，要求有关单位和个人如实提供相关资料。

土地调查人员进行现场调查、现场作业以及询问有关单位和个人时，应当出示土地调查员工作证。

第十七条 接受调查的有关单位和个人应当如实回答询问，履行现场指界义务，按照要求提供相关资料，不得转移、隐匿、篡改、毁弃原始记录和土地登记簿等相关资料。

第十八条 各地方、各部门、各单位的负责人不得擅自修改土地调查资料、数据，不得强令或者授意土地调查人员篡改调查资料、数据或者编造虚假数据，不得对拒绝、抵制篡改调查资料、数据或者编造虚假数据的土地调查人员打击报复。

第四章 调查成果处理和质量控制

第十九条 土地调查形成下列调查成果：

（一）数据成果；

（二）图件成果；

（三）文字成果；

（四）数据库成果。

第二十条 土地调查成果实行逐级汇交、汇总统计制度。

土地调查数据的处理和上报应当按照全国土地调查总体方案和有关标准进行。

第二十一条 县级以上地方人民政府对本行政区域的土地调查成果质量负总责，主要负责人是第一责任人。

县级以上人民政府国土资源主管部门会同同级有关部门对调查的各个环节实行质量控制，建立土地调查成果质量控制岗位责任制，切实保证调查的数据、图件和被调查土地实际状况三者一致，并对其加工、整理、汇总的调查成果的准确性负责。

第二十二条 国务院国土资源主管部门会同国务院有关部门统一组织土地调查成果质量的抽查工作。抽查结果作为评价土地调查成果质量的重要依据。

第二十三条 土地调查成果实行分阶段、分级检查验收制度。前一阶段土地调查成果经检查验收合格后，方可开展下一阶段的调查工作。

土地调查成果检查验收办法，由国务院国土资源主管部门会同国务院有关部门制定。

第五章 调查成果公布和应用

第二十四条 国家建立土地调查成果公布制度。

土地调查成果应当向社会公布，并接受公开查询，但依法应当保密的除外。

第二十五条 全国土地调查成果，报国务院批准后公布。

地方土地调查成果，经本级人民政府审核，报上一级人民政府批准后公布。

全国土地调查成果公布后,县级以上地方人民政府方可逐级依次公布本行政区域的土地调查成果。

第二十六条 县级以上人民政府国土资源主管部门会同同级有关部门做好土地调查成果的保存、管理、开发、应用和为社会公众提供服务等工作。

国家通过土地调查,建立互联共享的土地调查数据库,并做好维护、更新工作。

第二十七条 土地调查成果是编制国民经济和社会发展规划以及从事国土资源规划、管理、保护和利用的重要依据。

第二十八条 土地调查成果应当严格管理和规范使用,不作为依照其他法律、行政法规对调查对象实施行政处罚的依据,不作为划分部门职责分工和管理范围的依据。

第六章 表彰和处罚

第二十九条 对在土地调查工作中做出突出贡献的单位和个人,应当按照国家有关规定给予表彰或者奖励。

第三十条 地方、部门、单位的负责人有下列行为之一的,依法给予处分;构成犯罪的,依法追究刑事责任:

(一)擅自修改调查资料、数据的;

(二)强令、授意土地调查人员篡改调查资料、数据或者编造虚假数据的;

(三)对拒绝、抵制篡改调查资料、数据或者编造虚假数据的土地调查人员打击报复的。

第三十一条 土地调查人员不执行全国土地调查总体方案和地方土地调查实施方案、《土地利用现状分类》国家标准和统一的技术规程,或者伪造、篡改调查资料,或者强令、授意接受调查的有关单位和个人提供虚假调查资料的,依法给予处分,并由县级以上人民政府国土资源主管部门、统计机构予以通报批评。

第三十二条 接受调查的单位和个人有下列行为之一的,由县级以上人民政府国土资源主管部门责令限期改正,可以处5万元以下的罚款;构成违反治安管理行为的,由公安机关依法给予治安管理处罚;构成犯罪的,依法追究刑事责任:

(一)拒绝或者阻挠土地调查人员依法进行调查的;

(二)提供虚假调查资料的;

(三)拒绝提供调查资料的;

(四)转移、隐匿、篡改、毁弃原始记录、土地登记簿等相关资料的。

第三十三条 县级以上地方人民政府有下列行为之一的,由上级人民政府予以通报批评;情节严重的,对直接负责的主管人员和其他直接责任人员依法给予处分:

(一)未按期完成土地调查工作,被责令限期完成,逾期仍未完成的;

(二)提供的土地调查数据失真,被责令限期改正,逾期仍未改正的。

第七章 附 则

第三十四条 军用土地调查,由国务院国土资源主管部门会同军队有关部门按照国家统一规定和要求制定具体办法。

中央单位使用土地的调查数据汇总内容的确定和成果的应用管理,由国务院国土资源主管部门会同国务院管理机关事务工作的机构负责。

第三十五条 县级以上人民政府可以按照全国土地调查总体方案和地方土地调查实施方案成立土地调查领导小组,组织和领导土地调查工作。必要时,可以设立土地调查领导小组办公室负责土地调查日常工作。

第三十六条 本条例自公布之日起施行。

土地调查条例实施办法

1. 2009年6月17日国土资源部令第45号公布

2. 根据2016年1月8日国土资源部令第64号《关于修改和废止部分部门规章的决定》第一次修正

3. 根据2019年7月24日自然资源部令第5号《关于第一批废止和修改的部门规章的决定》第二次修正

第一章 总 则

第一条 为保证土地调查的有效实施,根据《土地调查条例》(以下简称条例),制定本办法。

第二条 土地调查是指对土地的地类、位置、面积、分布等自然属性和土地权属等社会属性及其变化情况,以及永久基本农田状况进行的调查、监测、统计、分析的活动。

第三条 土地调查包括全国土地调查、土地变更调查和土地专项调查。

全国土地调查,是指国家根据国民经济和社会发展需要,对全国城乡各类土地进行的全面调查。

土地变更调查,是指在全国土地调查的基础上,根据城乡土地利用现状及权属变化情况,随时进行城镇和村庄地籍变更调查和土地利用变更调查,并定期进行汇总统计。

土地专项调查,是指根据自然资源管理需要,在特定范围、特定时间内对特定对象进行的专门调查,包括耕地后备资源调查、土地利用动态遥感监测和勘测定界等。

第四条 全国土地调查,由国务院全国土地调查领导小组统一组织,县级以上人民政府土地调查领导小组遵照要求实施。

土地变更调查,由自然资源部会同有关部门组织,县级以上自然资源主管部门会同有关部门实施。

土地专项调查，由县级以上自然资源主管部门组织实施。

第五条 县级以上地方自然资源主管部门应当配合同级财政部门，根据条例规定落实地方人民政府土地调查所需经费。必要时，可以与同级财政部门共同制定土地调查经费从新增建设用地土地有偿使用费、国有土地使用权有偿出让收入等土地收益中列支的管理办法。

第六条 在土地调查工作中作出突出贡献的单位和个人，由有关自然资源主管部门按照国家规定给予表彰或者奖励。

第二章 土地调查机构及人员

第七条 国务院全国土地调查领导小组办公室设在自然资源部，县级以上地方人民政府土地调查领导小组办公室设在同级自然资源主管部门。

县级以上自然资源主管部门应当明确专门机构和人员，具体负责土地变更调查和土地专项调查等工作。

第八条 土地调查人员包括县级以上自然资源政主管部门和相关部门的工作人员，有关事业单位的人员以及承担土地调查任务单位的人员。

第九条 土地调查人员应当经过省级以上自然资源主管部门组织的业务培训，通过全国统一的土地调查人员考核，领取土地调查员工作证。

已取得自然资源部、人力资源和社会保障部联合颁发的土地登记代理人资格证书的人员，可以直接申请取得土地调查员工作证。

土地调查员工作证由自然资源部统一制发，按照规定统一编号管理。

第十条 承担国家级土地调查任务的单位，应当具备以下条件：

（一）近三年内有累计合同额 1000 万元以上，经县级以上自然资源主管部门验收合格的土地调查项目；

（二）有专门的质量检验机构和专职质量检验人员，有完善有效的土地调查成果质量保证制度；

（三）近三年内无土地调查成果质量不良记录，并未被列入失信名单；

（四）取得土地调查员工作证的技术人员不少于20名；

（五）自然资源部规章、规范性文件规定的其他条件。

第三章　土地调查的组织实施

第十一条　开展全国土地调查，由自然资源部会同有关部门在开始前一年度拟订全国土地调查总体方案，报国务院批准后实施。

全国土地调查总体方案应当包括调查的主要任务、时间安排、经费落实、数据要求、成果公布等内容。

第十二条　县级以上地方自然资源主管部门应当会同同级有关部门，根据全国土地调查总体方案和上级土地调查实施方案的要求，拟定本行政区域的土地调查实施方案，报上一级人民政府自然资源主管部门备案。

第十三条　土地变更调查由自然资源部统一部署，以县级行政区为单位组织实施。

县级以上自然资源主管部门应当按照国家统一要求，组织实施土地变更调查，保持调查成果的现势性和准确性。

第十四条　土地变更调查中的城镇和村庄地籍变更调查，应当根据土地权属等变化情况，以宗地为单位，随时调查，及时变更地籍图件和数据库。

第十五条　土地变更调查中的土地利用变更调查，应当以全国土地调查和上一年度土地变更调查结果为基础，全面查清本年度本行政区域内土地利用状况变化情况，更新土地利用现状图件和土地利用数据库，逐级汇总上报各类土地利用变化数据。

土地利用变更调查的统一时点为每年12月31日。

第十六条　土地变更调查，包括下列内容：

（一）行政和权属界线变化状况；

（二）土地所有权和使用权变化情况；

（三）地类变化情况；

（四）永久基本农田位置、数量变化情况；

（五）自然资源部规定的其他内容。

第十七条　土地专项调查由县级以上自然资源主管部门组织实施，专项调查成果报上一级自然资源主管部门备案。

全国性的土地专项调查，由自然资源部组织实施。

第十八条 土地调查应当执行国家统一的土地利用现状分类标准、技术规程和自然资源部的有关规定，保证土地调查数据的统一性和准确性。

第十九条 上级自然资源主管部门应当加强对下级自然资源主管部门土地调查工作的指导，并定期组织人员进行监督检查，及时掌握土地调查进度，研究解决土地调查中的问题。

第二十条 县级以上自然资源主管部门应当建立土地调查进度的动态通报制度。

上级自然资源主管部门应当根据全国土地调查、土地变更调查和土地专项调查确定的工作时限，定期通报各地工作的完成情况，对工作进度缓慢的地区，进行重点督导和检查。

第二十一条 从事土地调查的单位和个人，应当遵守国家有关保密的法律法规和规定。

第四章 调查成果的公布和应用

第二十二条 土地调查成果包括数据成果、图件成果、文字成果和数据库成果。

土地调查数据成果，包括各类土地分类面积数据、不同权属性质面积数据、基本农田面积数据和耕地坡度分级面积数据等。

土地调查图件成果，包括土地利用现状图、地籍图、宗地图、永久基本农田分布图、耕地坡度分级专题图等。

土地调查文字成果，包括土地调查工作报告、技术报告、成果分析报告和其他专题报告等。

土地调查数据库成果，包括土地利用数据库和地籍数据库等。

第二十三条 县级以上自然资源主管部门应当按照要求和有关标准完成数据处理、文字报告编写等成果汇总统计工作。

第二十四条 土地调查成果实行逐级汇交制度。

县级以上地方自然资源主管部门应当将土地调查形成的数据成果、图件成果、文字成果和数据库成果汇交上一级自然资源主管部门汇总。

土地调查成果汇总的内容主要包括数据汇总、图件编制、文字报告编写和成果分析等。

第二十五条 全国土地调查成果的检查验收，由各级土地调查领导小组办公室按照下列程序进行：

（一）县级组织调查单位和相关部门，对调查成果进行全面自检，形成自检报告，报市（地）级复查；

（二）市（地）级复查合格后，向省级提出预检申请；

（三）省级对调查成果进行全面检查，验收合格后上报；

（四）全国土地调查领导小组办公室对成果进行核查，根据需要对重点区域、重点地类进行抽查，形成确认意见。

第二十六条 全国土地调查成果的公布，依照条例第二十五条规定进行。

土地变更调查成果，由各级自然资源主管部门报本级人民政府批准后，按照国家、省、市、县的顺序依次公布。

土地专项调查成果，由有关自然资源主管部门公布。

第二十七条 土地调查上报的成果质量实行分级负责制。县级以上自然资源主管部门应当对本级上报的调查成果认真核查，确保调查成果的真实、准确。

上级自然资源主管部门应当定期对下级自然资源主管部门的土地调查成果质量进行监督。

第二十八条 经依法公布的土地调查成果，是编制国民经济和社会发展规划、有关专项规划以及自然资源管理的基础和依据。

建设用地报批、土地整治项目立项以及其他需要使用土地基础数据与图件资料的活动，应当以国家确认的土地调查成果为基础依据。

各级土地利用总体规划修编，应当以经国家确定的土地调查成果为依据，校核规划修编基数。

第五章 法律责任

第二十九条 接受土地调查的单位和个人违反条例第十七条的规定，无正当理由不履行现场指界义务的，由县级以上人民政府自然资源主管部门责令限期改正,逾期不改正的,依照条例第三十二条的规定进行处罚。

第三十条 承担土地调查任务的单位有下列情形之一的,县级以上自然资源主管部门应当责令限期改正,逾期不改正的,终止土地调查任务,并将该单位报送国家信用平台:

(一)在土地调查工作中弄虚作假的;

(二)无正当理由,未按期完成土地调查任务的;

(三)土地调查成果有质量问题,造成严重后果的。

第三十一条 承担土地调查任务的单位不符合条例第十三条和本办法第十条规定的相关条件,弄虚作假,骗取土地调查任务的,县级以上自然资源主管部门应当终止该单位承担的土地调查任务,并不再将该单位列入土地调查单位名录。

第三十二条 土地调查人员违反条例第三十一条规定的,由自然资源部注销土地调查员工作证,不得再次参加土地调查人员考核。

第三十三条 自然资源主管部门工作人员在土地调查工作中玩忽职守、滥用职权、徇私舞弊,构成犯罪的,依法追究刑事责任;尚不构成犯罪的,依法给予处分。

第六章 附 则

第三十四条 本办法自公布之日起施行。

确定土地所有权和使用权的若干规定

1. 1995年3月11日国家土地管理局发布

2. 〔1995〕国土(籍)字第26号

3. 根据2010年12月3日国土资源部《关于修改部分规范性文件的决定》(国土资发〔2010〕190号)修正

第一章 总 则

第一条 为了确定土地所有权和使用权,依法进行土地登记,根据有关的法律、法规和政策,制订本规定。

第二条 土地所有权和使用权由县级以上人民政府确定,土地管理部门具体承办。

土地权属争议,由土地管理部门提出处理意见,报人民政府下达处理决定或报人民政府批准后由土地管理部门下达处理决定。

第二章 国家土地所有权

第三条 城市市区范围内的土地属于国家所有。

第四条 依据一九五〇年《中华人民共和国土地改革法》及有关规定,凡当时没有将土地所有权分配给农民的土地属于国家所有;实施一九六二年《农村人民公社工作条例修正草案》(以下简称《六十条》)未划入农民集体范围内的土地属于国家所有。

第五条 国家建设征收的土地,属于国家所有。

第六条 开发利用国有土地,开发利用者依法享有土地使用权,土地所有权仍属国家。

第七条 国有铁路线路、车站、货场用地以及依法留用的其他铁路用地属于国家所有。土改时已分配给农民所有的原铁路用地和新建铁路两侧未经征收的农民集体所有土地属于农民集体所有。

第八条 县级以上(含县级)公路线路用地属于国家所有。公路两侧保护用地和公路其他用地凡未经征收的农民集体所有的土地仍属于农民集体所有。

第九条 国有电力、通讯设施用地属于国家所有。但国有电力通讯杆塔占用农民集体所有的土地,未办理征收手续的,土地仍属于农民集体所有,对电力通讯经营单位可确定为他项权利。

第十条 军队接收的敌伪地产及解放后经人民政府批准征收、划拨的军事用地属于国家所有。

第十一条 河道堤防内的土地和堤防外的护堤地,无堤防河道历史最高洪水位或者设计洪水位以下的土地,除土改时已将所有权分配给农民,国家未征收,且迄今仍归农民集体使用的外,属于国家所有。

第十二条 县级以上(含县级)水利部门直接管理的水库、渠道等水利工程用地属于国家所有。水利工程管理和保护范围内未经征收的农民集体土地仍属于农民集体所有。

第十三条 国家建设对农民集体全部进行移民安置并调剂土地后，迁移农民集体原有土地转为国家所有。但移民后原集体仍继续使用的集体所有土地，国家未进行征收的，其所有权不变。

第十四条 因国家建设征收土地，农民集体建制被撤销或其人口全部转为非农业人口，其未经征收的土地，归国家所有。继续使用原有土地的原农民集体及其成员享有国有土地使用权。

第十五条 全民所有制单位和城镇集体所有制单位兼并农民集体企业的，办理有关手续后，被兼并的原农民集体企业使用的集体所有土地转为国家所有。乡(镇)企业依照国家建设征收土地的审批程序和补偿标准使用的非本乡(镇)村农民集体所有的土地，转为国家所有。

第十六条 一九六二年九月《六十条》公布以前，全民所有制单位，城市集体所有制单位和集体所有制的华侨农场使用的原农民集体所有的土地(含合作化之前的个人土地)，迄今没有退给农民集体的，属于国家所有。

《六十条》公布时起至一九八二年五月《国家建设征收土地条例》公布时止，全民所有制单位、城市集体所有制单位使用的原农民集体所有的土地，有下列情形之一的，属于国家所有：

1. 签订过土地转移等有关协议的；
2. 经县级以上人民政府批准使用的；
3. 进行过一定补偿或安置劳动力的；
4. 接受农民集体馈赠的；
5. 已购买原集体所有的建筑物的；
6. 农民集体所有制企事业单位转为全民所有制或者城市集体所有制单位的。

一九八二年五月《国家建设征收土地条例》公布时起至一九八七年《土地管理法》开始施行时止，全民所有制单位、城市集体所有制单位违反规定使用的农民集体土地，依照有关规定进行了清查处理后仍由全民所有制单位、城市集体所有制单位使用的，确定为国家所有。

凡属上述情况以外未办理征地手续使用的农民集体土地,由县级以上地方人民政府根据具体情况,按当时规定补办征地手续,或退还农民集体。一九八七年《土地管理法》施行后违法占用的农民集体土地,必须依法处理后,再确定土地所有权。

第十七条 一九八六年三月中共中央、国务院《关于加强土地管理、制止乱占耕地的通知》发布之前,全民所有制单位、城市集体所有制单位租用农民集体所有的土地,按照有关规定处理后,能够恢复耕种的,退还农民集体耕种,所有权仍属于农民集体;已建成永久性建筑物的,由用地单位按租用时的规定,补办手续,土地归国家所有。凡已经按照有关规定处理了的,可按处理决定确定所有权和使用权。

第十八条 土地所有权有争议,不能依法证明争议土地属于农民集体所有的,属于国家所有。

第三章 集体土地所有权

第十九条 土地改革时分给农民并颁发了土地所有证的土地,属于农民集体所有;实施《六十条》时确定为集体所有的土地,属农民集体所有。依照第二章规定属于国家所有的除外。

第二十条 村农民集体所有的土地,按目前该村农民集体实际使用的本集体土地所有权界线确定所有权。

根据《六十条》确定的农民集体土地所有权,由于下列原因发生变更的,按变更后的现状确定集体土地所有权:

(一)由于村、队、社、场合并或分割等管理体制的变化引起土地所有权变更的;

(二)由于土地开发、国家征地、集体兴办企事业或者自然灾害等原因进行过土地调整的;

(三)由于农田基本建设和行政区划变动等原因重新划定土地所有权界线的。行政区划变动未涉及土地权属变更的,原土地权属不变。

第二十一条 农民集体连续使用其他农民集体所有的土地已满二十

年的,应视为现使用者所有;连续使用不满二十年,或者虽满二十年但在二十年期满之前所有者曾向现使用者或有关部门提出归还的,由县级以上人民政府根据具体情况确定土地所有权。

第二十二条 乡(镇)或村在集体所有的土地上修建并管理的道路、水利设施用地,分别属于乡(镇)或村农民集体所有。

第二十三条 乡(镇)或村办企事业单位使用的集体土地,《六十条》公布以前使用的,分别属于该乡(镇)或村农民集体所有;《六十条》公布时起至一九八二年国务院《村镇建房用地管理条例》发布时止使用的,有下列情况之一的,分别属于该乡(镇)或村农民集体所有:

1. 签订过用地协议的(不含租借);

2. 经县、乡(公社)、村(大队)批准或同意,并进行了适当的土地调整或者经过一定补偿的;

3. 通过购买房屋取得的;

4. 原集体企事业单位体制经批准变更的。

一九八二年国务院《村镇建房用地管理条例》发布时起至一九八七年《土地管理法》开始施行时止,乡(镇)、村办企事业单位违反规定使用的集体土地按照有关规定清查处理后,乡(镇)、村集体单位继续使用的,可确定为该乡(镇)或村集体所有。

乡(镇)、村办企事业单位采用上述以外的方式占用的集体土地,或虽采用上述方式,但目前土地利用不合理的,如荒废、闲置等,应将其全部或部分土地退还原村或乡农民集体,或按有关规定进行处理。一九八七年《土地管理法》施行后违法占用的土地,须依法处理后再确定所有权。

第二十四条 乡(镇)企业使用本乡(镇)、村集体所有的土地,依照有关规定进行补偿和安置的,土地所有权转为乡(镇)农民集体所有。经依法批准的乡(镇)、村公共设施、公益事业使用的农民集体土地,分别属于乡(镇)、村农民集体所有。

第二十五条 农民集体经依法批准以土地使用权作为联营条件与其他单位或个人举办联营企业的,或者农民集体经依法批准以集体所有的土地的使用权作价入股,举办外商投资企业和内联乡镇企业的,集体土地所有权不变。

第四章 国有土地使用权

第二十六条 土地使用权确定给直接使用土地的具有法人资格的单位或个人。但法律、法规、政策和本规定另有规定的除外。

第二十七条 土地使用者经国家依法划拨、出让或解放初期接收、沿用,或通过依法转让、继承、接受地上建筑物等方式使用国有土地的,可确定其国有土地使用权。

第二十八条 土地公有制之前,通过购买房屋或土地及租赁土地方式使用私有的土地,土地转为国有后迄今仍继续使用的,可确定现使用者国有土地使用权。

第二十九条 因原房屋拆除、改建或自然坍塌等原因,已经变更了实际土地使用者的,经依法审核批准,可将土地使用权确定给实际土地使用者;空地及房屋坍塌或拆除后两年以上仍未恢复使用的土地,由当地县级以上人民政府收回土地使用权。

第三十条 原宗教团体、寺观教堂宗教活动用地,被其他单位占用,原使用单位因恢复宗教活动需要退还使用的,应按有关规定予以退还。确属无法退还或土地使用权有争议的,经协商、处理后确定土地使用权。

第三十一条 军事设施用地(含靶场、试验场、训练场)依照解放初土地接收文件和人民政府批准征收或划拨土地的文件确定土地使用权。土地使用权有争议的,按照国务院、中央军委有关文件规定处理后,再确定土地使用权。

国家确定的保留或地方代管的军事设施用地的土地使用权确定给军队,现由其他单位使用的,可依照有关规定确定为他项权利。

经国家批准撤销的军事设施,其土地使用权依照有关规定由当地县级以上人民政府收回并重新确定使用权。

第三十二条 依法接收、征收、划拨的铁路线路用地及其他铁路设施用地,现仍由铁路单位使用的,其使用权确定给铁路单位。铁路线路路基两侧依法取得使用权的保护用地,使用权确定给铁路单位。

第三十三条 国家水利、公路设施用地依照征收、划拨文件和有关法律、法规划定用地界线。

第三十四条 驻机关、企事业单位内的行政管理和服务性单位,经政府批准使用的土地,可以由土地管理部门商被驻单位规定土地的用途和其他限制条件后分别确定实际土地使用者的土地使用权。但租用房屋的除外。

第三十五条 原由铁路、公路、水利、电力、军队及其他单位和个人使用的土地,一九八二年五月《国家建设征收土地条例》公布之前,已经转由其他单位或个人使用的,除按照国家法律和政策应当退还的外,其国有土地使用权可确定给实际土地使用者,但严重影响上述部门的设施安全和正常使用的,暂不确定土地使用权,按照有关规定处理后,再确定土地使用权。一九八二年五月以后非法转让的,经依法处理后再确定使用权。

第三十六条 农民集体使用的国有土地,其使用权按县级以上人民政府主管部门审批、划拨文件确定;没有审批、划拨文件的,依照当时规定补办手续后,按使用现状确定;过去未明确划定使用界线的,由县级以上人民政府参照土地实际使用情况确定。

第三十七条 未按规定用途使用的国有土地,由县级以上人民政府收回重新安排使用,或者按有关规定处理后确定使用权。

第三十八条 一九八七年一月《土地管理法》施行之前重复划拨或重复征收的土地,可按目前实际使用情况或者根据最后一次划拨或征收文件确定使用权。

第三十九条 以土地使用权为条件与其他单位或个人合建房屋的,根据批准文件、合建协议或者投资数额确定土地使用权,但一九八二年《国家建设征收土地条例》公布后合建的,应依法办理土地转让手续后再确定土地使用权。

第四十条 以出让方式取得的土地使用权或以划拨方式取得的土地使用权补办出让手续后作为资产入股的,土地使用权确定给股份制企业。

国家以土地使用权作价入股的,土地使用权确定给股份制企业。

国家将土地使用权租赁给股份制企业的,土地使用权确定给股份制企业。企业以出让方式取得的土地使用权或以划拨方式取得的土地使用权补办出让手续后,出租给股份制企业的,土地使用权不变。

第四十一条 企业以出让方式取得的土地使用权,企业破产后,经依法处置,确定给新的受让人;企业通过划拨方式取得的土地使用权,企业破产时,其土地使用权由县级以上人民政府收回后,根据有关规定进行处置。

第四十二条 法人之间合并,依法属于应当以有偿方式取得土地使用权的,原土地使用权应当办理有关手续,有偿取得土地使用权;依法可以以划拨形式取得土地使用权的,可以办理划拨土地权属变更登记,取得土地使用权。

第五章 集体土地建设用地使用权

第四十三条 乡(镇)村办企业事业单位和个人依法使用农民集体土地进行非农业建设的,可依法确定使用者集体土地建设用地使用权。对多占少用、占而不用的,其闲置部分不予确定使用权,并退还农民集体,另行安排使用。

第四十四条 依照本规定第二十五条规定的农民集体土地,集体土地建设用地使用权确定给联营或股份企业。

第四十五条 一九八二年二月国务院发布《村镇建房用地管理条例》之前农村居民建房占用的宅基地,超过当地政府规定的面积,在《村镇建房用地管理条例》施行后未经拆迁、改建、翻建的,可以暂按现有实际使用面积确定集体土地建设用地使用权。

第四十六条 一九八二年二月《村镇建房用地管理条例》发布时起至一九八七年一月《土地管理法》开始施行时止,农村居民建房占用的宅基地,其面积超过当地政府规定标准的,超过部分按一九八六年三月中共中央、国务院《关于加强土地管理、制止乱占耕地的通知》及地方人民政府的有关规定处理后,按处理后实际使用面积确定集体土地建设用地使用权。

第四十七条 符合当地政府分户建房规定而尚未分户的农村居民,其现有的宅基地没有超过分户建房用地合计面积标准的,可按现有宅基地面积确定集体土地建设用地使用权。

第四十八条 非农业户口居民(含华侨)原在农村的宅基地,房屋产权没有变化的,可依法确定其集体土地建设用地使用权。房屋拆除后没有批准重建的,土地使用权由集体收回。

第四十九条 接受转让、购买房屋取得的宅基地,与原有宅基地合计面积超过当地政府规定标准,按照有关规定处理后允许继续使用的,可暂确定其集体土地建设用地使用权。继承房屋取得的宅基地,可确定集体土地建设用地使用权。

第五十条 农村专业户宅基地以外的非农业建设用地与宅基地分别确定集体土地建设用地使用权。

第五十一条 按照本规定第四十五条至第四十九条的规定确定农村居民宅基地集体土地建设用地使用权时,其面积超过当地政府规定标准的,可在土地登记卡和土地证书内注明超过标准面积的数量。以后分户建房或现有房屋拆迁、改建、翻建或政府依法实施规划重新建设时,按当地政府规定的面积标准重新确定使用权,其超过部分退还集体。

第五十二条 空闲或房屋坍塌、拆除两年以上未恢复使用的宅基地,不确定土地使用权。已经确定使用权的,由集体报经县级人民政府批准,注销其土地登记,土地由集体收回。

第六章 附 则

第五十三条 一宗地由两个以上单位或个人共同使用的,可确定为共有土地使用权。共有土地使用权面积可以在共有使用人之间分摊。

第五十四条 地面与空中、地面与地下立体交叉使用土地的(楼房除外),土地使用权确定给地面使用者,空中和地下可确定为他项权利。

平面交叉使用土地的,可以确定为共有土地使用权;也可以将土地使用权确定给主要用途或优先使用单位,次要和服从使用单位可确定为他项权利。

上述两款中的交叉用地,如属合法批准征收、划拨的,可按批准文件确定使用权,其他用地单位确定为他项权利。

第五十五条　依法划定的铁路、公路、河道、水利工程、军事设施、危险品生产和储存地、风景区等区域的管理和保护范围内的土地，其土地的所有权和使用权依照土地管理有关法规确定。但对上述范围内的土地的用途，可以根据有关的规定增加适当的限制条件。

第五十六条　土地所有权或使用权证明文件上的四至界线与实地一致，但实地面积与批准面积不一致的，按实地四至界线计算土地面积，确定土地的所有权或使用权。

第五十七条　他项权利依照法律或当事人约定设定。他项权利可以与土地所有权或使用权同时确定，也可在土地所有权或使用权确定之后增设。

第五十八条　各级人民政府或人民法院已依法处理的土地权属争议，按处理决定确定土地所有权或使用权。

第五十九条　本规定由国家土地管理局负责解释。

第六十条　本规定自1995年5月1日起施行。1989年7月5日国家土地管理局印发的《关于确定土地权属问题的若干意见》同时停止执行。

不动产登记资料查询暂行办法

1. 2018年3月2日国土资源部令第80号公布

2. 根据2019年7月24日自然资源部令第5号《关于废止和修改的第一批部门规章的决定》修正

第一章　总　　则

第一条　为了规范不动产登记资料查询活动，加强不动产登记资料管理、保护和利用，维护不动产交易安全，保护不动产权利人的合法权益，根据《中华人民共和国物权法》《不动产登记暂行条例》等法律法规，制定本办法。

第二条　本办法所称不动产登记资料，包括：

（一）不动产登记簿等不动产登记结果；

（二）不动产登记原始资料，包括不动产登记申请书、申请人身份材料、不动产权属来源、登记原因、不动产权籍调查成果等材料以及不动产登记机构审核材料。

不动产登记资料由不动产登记机构负责保存和管理。

第三条 县级以上人民政府不动产登记机构负责不动产登记资料查询管理工作。

第四条 不动产权利人、利害关系人可以依照本办法的规定，查询、复制不动产登记资料。

不动产权利人、利害关系人可以委托律师或者其他代理人查询、复制不动产登记资料。

第五条 不动产登记资料查询，遵循依法、便民、高效的原则。

第六条 不动产登记机构应当加强不动产登记信息化建设，以不动产登记信息管理基础平台为基础，通过运用互联网技术、设置自助查询终端、在相关场所设置登记信息查询端口等方式，为查询人提供便利。

第二章 一般规定

第七条 查询不动产登记资料，应当在不动产所在地的市、县人民政府不动产登记机构进行，但法律法规另有规定的除外。

查询人到非不动产所在地的不动产登记机构申请查询的，该机构应当告知其到相应的机构查询。

不动产登记机构应当提供必要的查询场地，并安排专门人员负责不动产登记资料的查询、复制和出具查询结果证明等工作。

申请查询不动产登记原始资料，应当优先调取数字化成果，确有需求和必要，可以调取纸质不动产登记原始资料。

第八条 不动产权利人、利害关系人申请查询不动产登记资料，应当提交查询申请书以及不动产权利人、利害关系人的身份证明材料。

查询申请书应当包括下列内容：

（一）查询主体；

（二）查询目的；

（三）查询内容；

（四）查询结果要求；

（五）提交的申请材料清单。

第九条 不动产权利人、利害关系人委托代理人代为申请查询不动产登记资料的，被委托人应当提交双方身份证明原件和授权委托书。

授权委托书中应当注明双方姓名或者名称、公民身份号码或者统一社会信用代码、委托事项、委托时限、法律义务、委托日期等内容，双方签字或者盖章。

代理人受委托查询、复制不动产登记资料的，其查询、复制范围由授权委托书确定。

第十条 符合查询条件，查询人需要出具不动产登记资料查询结果证明或者复制不动产登记资料的，不动产登记机构应当当场提供。因特殊原因不能当场提供的，应当在5个工作日内向查询人提供。

查询结果证明应当注明出具的时间，并加盖不动产登记机构查询专用章。

第十一条 有下列情形之一的，不动产登记机构不予查询，并出具不予查询告知书：

（一）查询人提交的申请材料不符合本办法规定的；

（二）申请查询的主体或者查询事项不符合本办法规定的；

（三）申请查询的目的不符合法律法规规定的；

（四）法律、行政法规规定的其他情形。

查询人对不动产登记机构出具的不予查询告知书不服的，可以依法申请行政复议或者提起行政诉讼。

第十二条 申请查询的不动产登记资料涉及国家秘密的，不动产登记机构应当按照保守国家秘密法等有关规定执行。

第十三条 不动产登记机构应当建立查询记录簿，做好查询记录工作，记录查询人、查询目的或者用途、查询时间以及复制不动产登记资料的种类、出具的查询结果证明情况等。

第三章 权利人查询

第十四条 不动产登记簿上记载的权利人可以查询本不动产登记结

果和本不动产登记原始资料。

第十五条 不动产权利人可以申请以下列索引信息查询不动产登记资料，但法律法规另有规定的除外：

（一）权利人的姓名或者名称、公民身份号码或者统一社会信用代码等特定主体身份信息；

（二）不动产具体坐落位置信息；

（三）不动产权属证书号；

（四）不动产单元号。

第十六条 不动产登记机构可以设置自助查询终端，为不动产权利人提供不动产登记结果查询服务。

自助查询终端应当具备验证相关身份证明以及出具查询结果证明的功能。

第十七条 继承人、受遗赠人因继承和受遗赠取得不动产权利的，适用本章关于不动产权利人查询的规定。

前款规定的继承人、受遗赠人查询不动产登记资料的，除提交本办法第八条规定的材料外，还应当提交被继承人或者遗赠人死亡证明、遗嘱或者遗赠抚养协议等可以证明继承或者遗赠行为发生的材料。

第十八条 清算组、破产管理人、财产代管人、监护人等依法有权管理和处分不动产权利的主体，参照本章规定查询相关不动产权利人的不动产登记资料。

依照本条规定查询不动产登记资料的，除提交本办法第八条规定的材料，还应当提交依法有权处分该不动产的材料。

第四章 利害关系人查询

第十九条 符合下列条件的利害关系人可以申请查询有利害关系的不动产登记结果：

（一）因买卖、互换、赠与、租赁、抵押不动产构成利害关系的；

（二）因不动产存在民事纠纷且已经提起诉讼、仲裁而构成利害关系的；

（三）法律法规规定的其他情形。

第二十条 不动产的利害关系人申请查询不动产登记结果的,除提交本办法第八条规定的材料外,还应当提交下列利害关系证明材料:

(一)因买卖、互换、赠与、租赁、抵押不动产构成利害关系的,提交买卖合同、互换合同、赠与合同、租赁合同、抵押合同;

(二)因不动产存在相关民事纠纷且已经提起诉讼或者仲裁而构成利害关系的,提交受理案件通知书、仲裁受理通知书。

第二十一条 有买卖、租赁、抵押不动产意向,或者拟就不动产提起诉讼或者仲裁等,但不能提供本办法第二十条规定的利害关系证明材料的,可以提交本办法第八条规定材料,查询相关不动产登记簿记载的下列信息:

(一)不动产的自然状况;

(二)不动产是否存在共有情形;

(三)不动产是否存在抵押权登记、预告登记或者异议登记情形;

(四)不动产是否存在查封登记或者其他限制处分的情形。

第二十二条 受本办法第二十一条规定的当事人委托的律师,还可以申请查询相关不动产登记簿记载的下列信息:

(一)申请验证所提供的被查询不动产权利主体名称与登记簿的记载是否一致;

(二)不动产的共有形式;

(三)要求办理查封登记或者限制处分机关的名称。

第二十三条 律师受当事人委托申请查询不动产登记资料的,除提交本办法第八条、第九条规定的材料外,还应当提交律师证和律师事务所出具的证明材料。

律师持人民法院的调查令申请查询不动产登记资料的,除提交本办法第八条规定的材料外,还应当提交律师证、律师事务所出具的证明材料以及人民法院的调查令。

第二十四条 不动产的利害关系人可以申请以下列索引信息查询不动产登记资料:

(一)不动产具体坐落位置;

（二）不动产权属证书号；

（三）不动产单元号。

每份申请书只能申请查询一个不动产登记单元。

第二十五条 不动产利害关系人及其委托代理人，按照本办法申请查询的，应当承诺不将查询获得的不动产登记资料、登记信息用于其他目的，不泄露查询获得的不动产登记资料、登记信息，并承担由此产生的法律后果。

第五章 登记资料保护

第二十六条 查询人查询、复制不动产登记资料的，不得将不动产登记资料带离指定场所，不得拆散、调换、抽取、撕毁、污损不动产登记资料，也不得损坏查询设备。

查询人有前款行为的，不动产登记机构有权禁止该查询人继续查询不动产登记资料，并可以拒绝为其出具查询结果证明。

第二十七条 已有电子介质，且符合下列情形之一的纸质不动产登记原始资料可以销毁：

（一）抵押权登记、地役权登记已经注销且自注销之日起满五年的；

（二）查封登记、预告登记、异议登记已经注销且自注销之日起满五年的。

第二十八条 符合本办法第二十七条规定销毁条件的不动产登记资料应当在不动产登记机构指定的场所销毁。

不动产登记机构应当建立纸质不动产登记资料销毁清册，详细记录被销毁的纸质不动产登记资料的名称、数量、时间、地点，负责销毁以及监督销毁的人员应当在清册上签名。

第六章 罚　　则

第二十九条 不动产登记机构及其工作人员违反本办法规定，有下列行为之一，对有关责任人员依法给予处分；涉嫌构成犯罪的，移送有关机关依法追究刑事责任：

（一）对符合查询、复制不动产登记资料条件的申请不予查询、

复制,对不符合查询、复制不动产登记资料条件的申请予以查询、复制的;

(二)擅自查询、复制不动产登记资料或者出具查询结果证明的;

(三)泄露不动产登记资料、登记信息的;

(四)利用不动产登记资料进行不正当活动的;

(五)未履行对不动产登记资料的安全保护义务,导致不动产登记资料、登记信息毁损、灭失或者被他人篡改,造成严重后果的。

第三十条 查询人违反本办法规定,有下列行为之一,构成违反治安管理行为的,移送公安机关依法给予治安管理处罚;涉嫌构成犯罪的,移送有关机关依法追究刑事责任:

(一)采用提供虚假材料等欺骗手段申请查询、复制不动产登记资料的;

(二)泄露不动产登记资料、登记信息的;

(三)遗失、拆散、调换、抽取、污损、撕毁不动产登记资料的;

(四)擅自将不动产登记资料带离查询场所、损坏查询设备的;

(五)因扰乱查询、复制秩序导致不动产登记机构受损失的;

(六)滥用查询结果证明的。

第七章 附 则

第三十一条 有关国家机关查询复制不动产登记资料以及国家机关之间共享不动产登记信息的具体办法另行规定。

第三十二条 《不动产登记暂行条例》实施前已经形成的土地、房屋、森林、林木、海域等登记资料,属于不动产登记资料。不动产登记机构应当依照本办法的规定提供查询。

第三十三条 公民、法人或者其他组织依据《中华人民共和国政府信息公开条例》,以申请政府信息公开的方式申请查询不动产登记资料的,有关自然资源主管部门应当告知其按照本办法的规定申请不动产登记资料查询。

第三十四条 本办法自公布之日起施行。2002 年 12 月 4 日国土资源部公布的《土地登记资料公开查询办法》(国土资源部令第 14 号)同时废止。

土地权属争议调查处理办法

1. 2003年1月3日国土资源部令第17号发布
2. 根据2010年11月30日国土资源部令第49号《国土资源部关于修改部分规章的决定》修正

第一条 为依法、公正、及时地做好土地权属争议的调查处理工作，保护当事人的合法权益，维护土地的社会主义公有制，根据《中华人民共和国土地管理法》，制定本办法。

第二条 本办法所称土地权属争议，是指土地所有权或者使用权归属争议。

第三条 调查处理土地权属争议，应当以法律、法规和土地管理规章为依据。从实际出发，尊重历史，面对现实。

第四条 县级以上国土资源行政主管部门负责土地权属争议案件（以下简称争议案件）的调查和调解工作；对需要依法作出处理决定的，拟定处理意见，报同级人民政府作出处理决定。

县级以上国土资源行政主管部门可以指定专门机构或者人员负责办理争议案件有关事宜。

第五条 个人之间、个人与单位之间、单位与单位之间发生的争议案件，由争议土地所在地的县级国土资源行政主管部门调查处理。

前款规定的个人之间、个人与单位之间发生的争议案件，可以根据当事人的申请，由乡级人民政府受理和处理。

第六条 设区的市、自治州国土资源行政主管部门调查处理下列争议案件：

一、跨县级行政区域的；

二、同级人民政府、上级国土资源行政主管部门交办或者有关部门转送的。

第七条 省、自治区、直辖市国土资源行政主管部门调查处理下列争议案件：

一、跨设区的市、自治州行政区域的；

二、争议一方为中央国家机关或者其直属单位，且涉及土地面积较大的；

三、争议一方为军队，且涉及土地面积较大的；

四、在本行政区域内有较大影响的；

五、同级人民政府、国土资源部交办或者有关部门转送的。

第八条 国土资源部调查处理下列争议案件：

一、国务院交办的；

二、在全国范围内有重大影响的。

第九条 当事人发生土地权属争议，经协商不能解决的，可以依法向县级以上人民政府或者乡级人民政府提出处理申请，也可以依照本办法第五、六、七、八条的规定，向有关的国土资源行政主管部门提出调查处理申请。

第十条 申请调查处理土地权属争议的，应当符合下列条件：

一、申请人与争议的土地有直接利害关系；

二、有明确的请求处理对象、具体的处理请求和事实根据。

第十一条 当事人申请调查处理土地权属争议，应当提交书面申请书和有关证据材料，并按照被申请人数提交副本。

申请书应当载明以下事项：

一、申请人和被申请人的姓名或者名称、地址、邮政编码、法定代表人姓名和职务；

二、请求的事项、事实和理由；

三、证人的姓名、工作单位、住址、邮政编码。

第十二条 当事人可以委托代理人代为申请土地权属争议的调查处理。委托代理人申请的，应当提交授权委托书。授权委托书应当写明委托事项和权限。

第十三条 对申请人提出的土地权属争议调查处理的申请，国土资源行政主管部门应当依照本办法第十条的规定进行审查，并在收到申请书之日起7个工作日内提出是否受理的意见。

认为应当受理的，在决定受理之日起5个工作日内将申请书副本发送被申请人。被申请人应当在接到申请书副本之日起30日内提交答辩书和有关证据材料。逾期不提交答辩书的，不影响案件的处理。

认为不应当受理的，应当及时拟定不予受理建议书，报同级人民政府作出不予受理决定。

当事人对不予受理决定不服的，可以依法申请行政复议或者提起行政诉讼。

同级人民政府、上级国土资源行政主管部门交办或者有关部门转办的争议案件，按照本条有关规定审查处理。

第十四条 下列案件不作为争议案件受理：

一、土地侵权案件；

二、行政区域边界争议案件；

三、土地违法案件；

四、农村土地承包经营权争议案件；

五、其他不作为土地权属争议的案件。

第十五条 国土资源行政主管部门决定受理后，应当及时指定承办人，对当事人争议的事实情况进行调查。

第十六条 承办人与争议案件有利害关系的，应当申请回避；当事人认为承办人与争议案件有利害关系的，有权请求该承办人回避。承办人是否回避，由受理案件的国土资源行政主管部门决定。

第十七条 承办人在调查处理土地权属争议过程中，可以向有关单位或者个人调查取证。被调查的单位或者个人应当协助，并如实提供有关证明材料。

第十八条 在调查处理土地权属争议过程中，国土资源行政主管部门认为有必要对争议的土地进行实地调查的，应当通知当事人及有关人员到现场。必要时，可以邀请有关部门派人协助调查。

第十九条 土地权属争议双方当事人对各自提出的事实和理由负有举证责任，应当及时向负责调查处理的国土资源行政主管部门提供有关证据材料。

第二十条　国土资源行政主管部门在调查处理争议案件时,应当审查双方当事人提供的下列证据材料:

一、人民政府颁发的确定土地权属的凭证;

二、人民政府或者主管部门批准征收、划拨、出让土地或者以其他方式批准使用土地的文件;

三、争议双方当事人依法达成的书面协议;

四、人民政府或者司法机关处理争议的文件或者附图;

五、其他有关证明文件。

第二十一条　对当事人提供的证据材料,国土资源行政主管部门应当查证属实,方可作为认定事实的根据。

第二十二条　在土地所有权和使用权争议解决之前,任何一方不得改变土地利用的现状。

第二十三条　国土资源行政主管部门对受理的争议案件,应当在查清事实、分清权属关系的基础上先行调解,促使当事人以协商方式达成协议。调解应当坚持自愿、合法的原则。

第二十四条　调解达成协议的,应当制作调解书。调解书应当载明以下内容:

一、当事人的姓名或者名称、法定代表人姓名、职务;

二、争议的主要事实;

三、协议内容及其他有关事项。

第二十五条　调解书经双方当事人签名或者盖章,由承办人署名并加盖国土资源行政主管部门的印章后生效。

生效的调解书具有法律效力,是土地登记的依据。

第二十六条　国土资源行政主管部门应当在调解书生效之日起 15 日内,依照民事诉讼法的有关规定,将调解书送达当事人,并同时抄报上一级国土资源行政主管部门。

第二十七条　调解未达成协议的,国土资源行政主管理部门应当及时提出调查处理意见,报同级人民政府作出处理决定。

第二十八条　国土资源行政主管部门应当自受理土地权属争议之日起 6 个月内提出调查处理意见。因情况复杂,在规定时间内不能提出调查处理意见的，经该国土资源行政主管部门的主要负责人批准，可以适当延长。

第二十九条 调查处理意见应当包括以下内容：

一、当事人的姓名或者名称、地址、法定代表人的姓名、职务；

二、争议的事实、理由和要求；

三、认定的事实和适用的法律、法规等依据；

四、拟定的处理结论。

第三十条 国土资源行政主管部门提出调查处理意见后，应当在5个工作日内报送同级人民政府，由人民政府下达处理决定。

国土资源行政主管部门的调查处理意见在报同级人民政府的同时，抄报上一级国土资源行政主管部门。

第三十一条 当事人对人民政府作出的处理决定不服的，可以依法申请行政复议或者提起行政诉讼。

在规定的时间内，当事人既不申请行政复议，也不提起行政诉讼，处理决定即发生法律效力。

生效的处理决定是土地登记的依据。

第三十二条 在土地权属争议调查处理过程中，国土资源行政主管部门的工作人员玩忽职守、滥用职权、徇私舞弊，构成犯罪的，依法追究刑事责任；不构成犯罪的，由其所在单位或者其上级机关依法给予行政处分。

第三十三条 乡级人民政府处理土地权属争议，参照本办法执行。

第三十四条 调查处理争议案件的文书格式，由国土资源部统一制定。

第三十五条 调查处理争议案件的费用，依照国家有关规定执行。

第三十六条 本办法自2003年3月1日起施行。1995年12月18日原国家土地管理局发布的《土地权属争议处理暂行办法》同时废止。

城市房地产权属档案管理办法

1. 2001年8月29日建设部令第101号发布
2. 自2001年12月1日起施行

第一章 总 则

第一条 为了加强城市房地产权属档案管理,保障房地产权利人的合法权益,有效保护和利用城市房地产权属档案,根据《中华人民共和国城市房地产管理法》、《中华人民共和国档案法》、《中华人民共和国档案法实施办法》等法律法规,制定本办法。

第二条 本办法适用于城市规划区国有土地范围内房地产权属档案的管理。

第三条 房地产权属档案是城市房地产行政主管部门在房地产权属登记、调查、测绘、权属转移、变更等房地产权属管理工作中直接形成的有保存价值的文字、图表、声像等不同形式的历史记录,是城市房地产权属登记管理工作的真实记录和重要依据,是城市建设档案的组成部分。

第四条 国务院建设行政主管部门负责全国城市房地产权属档案管理工作。

省、自治区人民政府建设行政主管部门负责本行政区域内的房地产权属档案的管理工作。

直辖市、市、县人民政府房地产行政主管部门负责本行政区域内的房地产权属档案的具体管理工作。

房地产权属档案管理业务上受同级城建档案管理部门的监督和指导。

第五条 市(县)人民政府房地产行政主管部门应当根据房地产权属档案管理工作的需要,建立房地产权属档案管理机构,配备专职档案管理人员,健全工作制度,配备必要的安全保护设施,确保房地产权属档案的完整、准确、安全和有效利用。

第六条 从事房地产权属档案管理的工作人员经过业务培训后,方可上岗。

第二章 房地产权属档案的收集、整理和归档

第七条 房地产权属登记管理部门应当建立健全房地产权属文件材料的收集、整理、归档制度。

第八条 下列文件材料属于房地产权属档案的归档范围:

一、房地产权利人、房地产权属登记确权、房地产权属转移及变更、设定他项权利等有关的证明和文件:

(一)房地产权利人(自然人或法人)的身份(资格)证明、法人代理人的身份证明、授权委托书等;

(二)建设工程规划许可证,建设用地规划许可证,土地使用权证书或者土地来源证明,房屋拆迁批件及补偿安置协议书,联建或者统建合同,翻改扩建及固定资产投资批准文件,房屋竣工验收有关材料等;

(三)房地产买卖合同书、房产继承书、房产赠与书、房产析产协议书、房产交换协议书、房地产调拨凭证、有关房产转移的上级批件、有关房产的判决、裁决、仲裁文书及公证文书等;

(四)设定房地产他项权利的有关合同、文件等。

二、房屋及其所占用的土地使用权权属界定位置图;房地产分幅平面图、分丘平面图、分层分户平面图等。

三、房地产产权登记工作中形成的各种文件材料,包括房产登记申请书、收件收据存根、权属变更登记表、房地产状况登记表、房地产勘测调查表、墙界表、房屋面积计算表、房地产登记审批表、房屋灭籍申请表、房地产税费收据存根等。

四、反映和记载房地产权属状况的信息资料,包括统计报表、摄影片、照片、录音带、录像带、缩微胶片、计算机软盘、光盘等。

五、其他有关房地产权属的文件资料,包括房地产权属冻结文件、房屋权属代管文件、历史形成的各种房地产权证、契证、账、册、表、卡等。

第九条 每件(宗)房地产权属登记工作完成后,权属登记人员应当及时将整理好的权属文件材料,经权属登记负责人审查后,送交房地产权属档案管理机构立卷归档。任何单位和个人都不得将房地产权属文件材料据为己有或者拒不归档。国家规定不得归档的材料,禁止归档。

第十条 归档的有关房地产权属的资料,应当是原件;原件已存城市建设档案馆或者经房地产管理部门批准认定的,可以是复印、复制件。复印、复制件应当由经办人与原件校对、签章,并注明校对日期及原件的存放处。

第十一条 归档的房地产权属资料,应当做到书写材料合乎标准、字迹工整、内容规范、图形清晰、数据准确、符合档案保护的要求。

第十二条 房地产权属档案管理机构应当按照档案管理的规定对归档的各种房地产权属档案材料进行验收,不符合要求的,不予归档。

第三章 房地产权属档案的管理

第十三条 房地产权属档案管理机构对归档的房地产权属文件材料应当及时进行登记、整理、分类编目、划分密级、编制检索工具。

第十四条 房地产权属档案应当以丘为单元建档。丘号的编定按照国家《房产测量规范》标准执行。

第十五条 房地产权属档案应当以房地产权利人(即权属单元)为宗立卷。卷内文件排列,应当按照房地产权属变化、产权文件形成时间及权属文件主次关系为序。

第十六条 房地产权属档案管理机构应当掌握房地产权属变化情况,及时补充有关权属档案材料,保持房地产权属档案与房地产权属现状的一致。

第十七条 房地产权属档案管理人员应当严格执行权属档案管理的有关规定,不得擅自修改房地产权属档案。确需变更和修改的,应当经房地产权属登记机关批准,按照规定程序进行。

第十八条 房地产权属档案应当妥善保存,定期检查和鉴定。对破损或者变质的档案,应当及时修复;档案毁损或者丢失,应当采取补救措施。未经批准,任何人不得以任何借口擅自销毁房地产权属档案。

第十九条 保管房地产权属档案应当配备符合设计规范的专用库房，并按照国家《档案库房技术管理暂行规定》实施管理。

第二十条 房地产权属档案管理应当逐步采用新技术、新设备，实现管理现代化。

第二十一条 房地产权属档案管理机构应当与城市建设档案管理机构密切联系，加强信息沟通，逐步实现档案信息共享。

第二十二条 房地产权属档案管理机构的隶属关系及档案管理人员发生变动，应当及时办理房地产权属档案的交接手续。

第二十三条 房屋自然灭失或者依法被拆除后，房地产权属档案管理机构应当自档案整理归档完毕之日起15日内书面通知城市建设档案馆。

第四章 房地产权属档案的利用

第二十四条 房地产权属档案管理机构应当充分利用现有的房地产权属档案，及时为房地产权属登记、房地产交易、房地产纠纷仲裁、物业管理、房屋拆迁、住房制度改革、城市规划、城市建设等各项工作提供服务。

第二十五条 房地产权属档案管理机构应当严格执行国家档案管理的保密规定，防止房地产权属档案的散失、泄密；定期对房地产权属档案的密级进行审查，根据有关规定，及时调整密级。

第二十六条 查阅、抄录和复制房地产权属档案材料应当履行审批手续，并登记备案。

涉及军事机密和其他保密的房地产权属档案，以及向境外团体和个人提供的房地产权属档案应当按照国家安全、保密等有关规定保管和利用。

第二十七条 向社会提供利用房地产权属档案，可以按照国家有关规定，实行有偿服务。

第五章 法律责任

第二十八条 有下列行为之一的，由县级以上人民政府房地产行政主管部门对直接负责的主管人员或者其他直接责任人员依法给予行

政处分;构成犯罪的,依法追究刑事责任:

(一)损毁、丢失房地产权属档案的;

(二)擅自提供、抄录、公布、销毁房地产权属档案的;

(三)涂改、伪造房地产权属档案的;

(四)擅自出卖或者转让房地产权属档案的;

(五)违反本办法第九条规定,不按照规定归档的;

(六)档案管理工作人员玩忽职守,造成房地产权属档案损失的。

第二十九条 违反《中华人民共和国档案法》、《中华人民共和国档案法实施办法》以及本办法的规定,造成房地产权属档案损失的,由县级以上人民政府房地产行政主管部门根据损失档案的价值,责令赔偿损失。

第三十条 有下列行为之一的,按照有关法律法规的规定处罚:

(一)在利用房地产权属档案的过程中,损毁、丢失、涂改、伪造房地产权属档案或者擅自提供、抄录、公布、销毁房地产权属档案的;

(二)企事业组织或者个人擅自出卖或者转让房地产权属档案的。

第六章 附 则

第三十一条 房地产权属档案管理机构的设置、编制、经费,房地产权属档案管理工作人员的职称、奖惩办法等参照国家档案管理的有关规定执行。

第三十二条 城市规划区集体土地范围内和城市规划区外土地上的房地产权属档案管理可以参照本办法执行。

第三十三条 各省、自治区人民政府建设行政主管部门、直辖市房地产行政主管部门可以根据本办法制定实施细则。

第三十四条 本办法由国务院建设行政主管部门负责解释。

第三十五条 本办法自 2001 年 12 月 1 日起施行。

最高人民法院关于审理房屋登记案件若干问题的规定

1. 2010年8月2日最高人民法院审判委员会第1491次会议通过
2. 2010年11月5日公布
3. 法释〔2010〕15号
4. 自2010年11月18日起施行

为正确审理房屋登记案件，根据《中华人民共和国物权法》、《中华人民共和国城市房地产管理法》、《中华人民共和国行政诉讼法》等有关法律规定，结合行政审判实际，制定本规定。

第一条 公民、法人或者其他组织对房屋登记机构的房屋登记行为以及与查询、复制登记资料等事项相关的行政行为或者相应的不作为不服，提起行政诉讼的，人民法院应当依法受理。

第二条 房屋登记机构根据人民法院、仲裁委员会的法律文书或者有权机关的协助执行通知书以及人民政府的征收决定办理的房屋登记行为，公民、法人或者其他组织不服提起行政诉讼的，人民法院不予受理，但公民、法人或者其他组织认为登记与有关文书内容不一致的除外。

房屋登记机构作出未改变登记内容的换发、补发权属证书、登记证明或者更新登记簿的行为，公民、法人或者其他组织不服提起行政诉讼的，人民法院不予受理。

房屋登记机构在行政诉讼法施行前作出的房屋登记行为，公民、法人或者其他组织不服提起行政诉讼的，人民法院不予受理。

第三条 公民、法人或者其他组织对房屋登记行为不服提起行政诉讼的，不受下列情形的影响：

（一）房屋灭失；

（二）房屋登记行为已被登记机构改变；

（三）生效法律文书将房屋权属证书、房屋登记簿或者房屋登记证明作为定案证据采用。

第四条 房屋登记机构为债务人办理房屋转移登记，债权人不服提起诉讼，符合下列情形之一的，人民法院应当依法受理：

（一）以房屋为标的物的债权已办理预告登记的；

（二）债权人为抵押权人且房屋转让未经其同意的；

（三）人民法院依债权人申请对房屋采取强制执行措施并已通知房屋登记机构的；

（四）房屋登记机构工作人员与债务人恶意串通的。

第五条 同一房屋多次转移登记，原房屋权利人、原利害关系人对首次转移登记行为提起行政诉讼的，人民法院应当依法受理。

原房屋权利人、原利害关系人对首次转移登记行为及后续转移登记行为一并提起行政诉讼的，人民法院应当依法受理；人民法院判决驳回原告就在先转移登记行为提出的诉讼请求，或者因保护善意第三人确认在先房屋登记行为违法的，应当裁定驳回原告对后续转移登记行为的起诉。

原房屋权利人、原利害关系人未就首次转移登记行为提起行政诉讼，对后续转移登记行为提起行政诉讼的，人民法院不予受理。

第六条 人民法院受理房屋登记行政案件后，应当通知没有起诉的下列利害关系人作为第三人参加行政诉讼：

（一）房屋登记簿上载明的权利人；

（二）被诉异议登记、更正登记、预告登记的权利人；

（三）人民法院能够确认的其他利害关系人。

第七条 房屋登记行政案件由房屋所在地人民法院管辖，但有下列情形之一的也可由被告所在地人民法院管辖：

（一）请求房屋登记机构履行房屋转移登记、查询、复制登记资料等职责的；

（二）对房屋登记机构收缴房产证行为提起行政诉讼的；

（三）对行政复议改变房屋登记行为提起行政诉讼的。

第八条 当事人以作为房屋登记行为基础的买卖、共有、赠与、抵押、婚姻、继承等民事法律关系无效或者应当撤销为由,对房屋登记行为提起行政诉讼的,人民法院应当告知当事人先行解决民事争议,民事争议处理期间不计算在行政诉讼起诉期限内;已经受理的,裁定中止诉讼。

第九条 被告对被诉房屋登记行为的合法性负举证责任。被告保管证据原件的,应当在法庭上出示。被告不保管原件的,应当提交与原件核对一致的复印件、复制件并作出说明。当事人对被告提交的上述证据提出异议的,应当提供相应的证据。

第十条 被诉房屋登记行为合法的,人民法院应当判决驳回原告的诉讼请求。

第十一条 被诉房屋登记行为涉及多个权利主体或者房屋可分,其中部分主体或者房屋的登记违法应予撤销的,可以判决部分撤销。

被诉房屋登记行为违法,但该行为已被登记机构改变的,判决确认被诉行为违法。

被诉房屋登记行为违法,但判决撤销将给公共利益造成重大损失或者房屋已为第三人善意取得的,判决确认被诉行为违法,不撤销登记行为。

第十二条 申请人提供虚假材料办理房屋登记,给原告造成损害,房屋登记机构未尽合理审慎职责的,应当根据其过错程度及其在损害发生中所起作用承担相应的赔偿责任。

第十三条 房屋登记机构工作人员与第三人恶意串通违法登记,侵犯原告合法权益的,房屋登记机构与第三人承担连带赔偿责任。

第十四条 最高人民法院以前所作的相关的司法解释,凡与本规定不一致的,以本规定为准。

农村集体土地上的房屋登记行政案件参照本规定。

五、纠 纷 处 理

自然资源执法监督规定

1．2018年1月2日国土资源部令第79号公布

2．根据2020年3月20日自然资源部令第6号《关于第二批废止和修改的部门规章的决定》修正

第一条 为了规范自然资源执法监督行为,依法履行自然资源执法监督职责,切实保护自然资源,维护公民、法人和其他组织的合法权益,根据《中华人民共和国土地管理法》、《中华人民共和国矿产资源法》等法律法规,制定本规定。

第二条 本规定所称自然资源执法监督,是指县级以上自然资源主管部门依照法定职权和程序,对公民、法人和其他组织违反自然资源法律法规的行为进行检查、制止和查处的行政执法活动。

第三条 自然资源执法监督,遵循依法、规范、严格、公正、文明的原则。

第四条 县级以上自然资源主管部门应当强化遥感监测、视频监控等科技和信息化手段的应用,明确执法工作技术支撑机构。可以通过购买社会服务等方式提升执法监督效能。

第五条 对在执法监督工作中认真履行职责,依法执行公务成绩显著的自然资源主管部门及其执法人员,由上级自然资源主管部门给予通报表扬。

第六条 任何单位和个人发现自然资源违法行为,有权向县级以上自然资源主管部门举报。接到举报的自然资源主管部门应当依法依规处理。

第七条 县级以上自然资源主管部门依照法律法规规定,履行下列执法监督职责：

（一）对执行和遵守自然资源法律法规的情况进行检查；

（二）对发现的违反自然资源法律法规的行为进行制止，责令限期改正；

（三）对涉嫌违反自然资源法律法规的行为进行调查；

（四）对违反自然资源法律法规的行为依法实施行政处罚和行政处理；

（五）对违反自然资源法律法规依法应当追究国家工作人员责任的，依照有关规定移送监察机关或者有关机关处理；

（六）对违反自然资源法律法规涉嫌犯罪的，将案件移送有关机关；

（七）法律法规规定的其他职责。

第八条 县级以上地方自然资源主管部门根据工作需要，可以委托自然资源执法监督队伍行使执法监督职权。具体职权范围由委托机关决定。

上级自然资源主管部门应当加强对下级自然资源主管部门行政执法行为的监督和指导。

第九条 县级以上地方自然资源主管部门应当加强与人民法院、人民检察院和公安机关的沟通和协作，依法配合有关机关查处涉嫌自然资源犯罪的行为。

第十条 从事自然资源执法监督的工作人员应当具备下列条件：

（一）具有较高的政治素质，忠于职守、秉公执法、清正廉明；

（二）熟悉自然资源法律法规和相关专业知识；

（三）取得执法证件。

第十一条 自然资源执法人员依法履行执法监督职责时，应当主动出示执法证件，并且不得少于2人。

第十二条 县级以上自然资源主管部门可以组织特邀自然资源监察专员参与自然资源执法监督活动，为自然资源执法监督工作提供意见和建议。

第十三条 市、县自然资源主管部门可以根据工作需要，聘任信息员、协管员,收集自然资源违法行为信息,协助及时发现自然资源违法行为。

第十四条 县级以上自然资源主管部门履行执法监督职责,依法可以采取下列措施:

(一)要求被检查的单位或者个人提供有关文件和资料,进行查阅或者予以复制;

(二)要求被检查的单位或者个人就有关问题作出说明,询问违法案件的当事人、嫌疑人和证人;

(三)进入被检查单位或者个人违法现场进行勘测、拍照、录音和摄像等;

(四)责令当事人停止正在实施的违法行为,限期改正;

(五)对当事人拒不停止违法行为的,应当将违法事实书面报告本级人民政府和上一级自然资源主管部门,也可以提请本级人民政府协调有关部门和单位采取相关措施;

(六)对涉嫌违反自然资源法律法规的单位和个人,依法暂停办理其与该行为有关的审批或者登记发证手续;

(七)对执法监督中发现有严重违反自然资源法律法规,自然资源管理秩序混乱,未积极采取措施消除违法状态的地区,其上级自然资源主管部门可以建议本级人民政府约谈该地区人民政府主要负责人;

(八)执法监督中发现有地区存在违反自然资源法律法规的苗头性或者倾向性问题,可以向该地区的人民政府或者自然资源主管部门进行反馈,提出执法监督建议;

(九)法律法规规定的其他措施。

第十五条 县级以上地方自然资源主管部门应当按照有关规定保障自然资源执法监督工作的经费、车辆、装备等必要条件,并为执法人员提供人身意外伤害保险等职业风险保障。

第十六条 市、县自然资源主管部门应当建立执法巡查、抽查制度,组织开展巡查、抽查活动,发现、报告和依法制止自然资源违法行为。

第十七条 自然资源部在全国部署开展自然资源卫片执法监督。

省级自然资源主管部门按照自然资源部的统一部署，组织所辖行政区域内的市、县自然资源主管部门开展自然资源卫片执法监督，并向自然资源部报告结果。

第十八条 省级以上自然资源主管部门实行自然资源违法案件挂牌督办和公开通报制度。

第十九条 对上级自然资源主管部门交办的自然资源违法案件，下级自然资源主管部门拖延办理的，上级自然资源主管部门可以发出督办通知，责令限期办理；必要时，可以派员督办或者挂牌督办。

第二十条 县级以上自然资源主管部门实行行政执法全过程记录制度。根据情况可以采取下列记录方式，实现全过程留痕和可回溯管理：

（一）将行政执法文书作为全过程记录的基本形式；

（二）对现场检查、随机抽查、调查取证、听证、行政强制、送达等容易引发争议的行政执法过程，进行音像记录；

（三）对直接涉及重大财产权益的现场执法活动和执法场所，进行音像记录；

（四）对重大、复杂、疑难的行政执法案件，进行音像记录；

（五）其他对当事人权利义务有重大影响的，进行音像记录。

第二十一条 县级以上自然资源主管部门实行重大行政执法决定法制审核制度。在作出重大行政处罚决定前，由该部门的法制工作机构对拟作出决定的合法性、适当性进行审核。未经法制审核或者审核未通过的，不得作出决定。

重大行政处罚决定，包括没收违法采出的矿产品，没收违法所得，没收违法建筑物，限期拆除违法建筑物，吊销勘查许可证或者采矿许可证、地质灾害防治单位资质、测绘资质等。

第二十二条 县级以上自然资源主管部门的执法监督机构提请法制审核的，应当提交以下材料：

（一）拟作出的处罚决定情况说明；

（二）案件调查报告；

（三）法律法规规章依据；

（四）相关的证据材料；

（五）需要提供的其他相关材料。

第二十三条 法制审核原则上采取书面审核的方式，审核以下内容：

（一）执法主体是否合法；

（二）是否超越本机关执法权限；

（三）违法定性是否准确；

（四）法律适用是否正确；

（五）程序是否合法；

（六）行政裁量权行使是否适当；

（七）行政执法文书是否完备规范；

（八）违法行为是否涉嫌犯罪、需要移送司法机关等；

（九）其他需要审核的内容。

第二十四条 县级以上自然资源主管部门的法制工作机构自收到送审材料之日起 5 个工作日内完成审核。情况复杂需要进一步调查研究的，可以适当延长，但延长期限不超过 10 个工作日。

经过审核，对拟作出的重大行政处罚决定符合本规定第二十八条的，法制工作机构出具通过法制审核的书面意见；对不符合规定的，不予通过法制审核。

第二十五条 县级以上自然资源主管部门实行行政执法公示制度。县级以上自然资源主管部门建立行政执法公示平台，依法及时向社会公开下列信息，接受社会公众监督：

（一）本部门执法查处的法律依据、管辖范围、工作流程、救济方式等相关规定；

（二）本部门自然资源执法证件持有人姓名、编号等信息；

（三）本部门作出的生效行政处罚决定和行政处理决定；

（四）本部门公开挂牌督办案件处理结果；

（五）本部门认为需要公开的其他执法监督事项。

第二十六条 有下列情形之一的，县级以上自然资源主管部门及其执法人员，应当采取相应处置措施，履行执法监督职责：

（一）对于下达《责令停止违法行为通知书》后制止无效的，及时报告本级人民政府和上一级自然资源主管部门；

（二）依法没收建筑物或者其他设施，没收后应当及时向有关部门移交；

（三）发现违法线索需要追究刑事责任的，应当依法向有关部门移送违法犯罪线索；

（四）依法申请人民法院强制执行，人民法院不予受理的，应当作出明确记录。

第二十七条　上级自然资源主管部门应当通过检查、抽查等方式，评议考核下级自然资源主管部门执法监督工作。

评议考核结果应当在适当范围内予以通报，并作为年度责任目标考核、评优、奖惩的重要依据，以及干部任用的重要参考。

评议考核不合格的，上级自然资源主管部门可以对其主要负责人进行约谈，责令限期整改。

第二十八条　县级以上自然资源主管部门实行错案责任追究制度。自然资源执法人员在查办自然资源违法案件过程中，因过错造成损害后果的，所在的自然资源主管部门应当予以纠正，并依照有关规定追究相关人员的过错责任。

第二十九条　县级以上自然资源主管部门及其执法人员有下列情形之一，致使公共利益或者公民、法人和其他组织的合法权益遭受重大损害的，应当依法给予处分：

（一）对发现的自然资源违法行为未依法制止的；

（二）应当依法立案查处，无正当理由，未依法立案查处的；

（三）已经立案查处，依法应当申请强制执行、移送有关机关追究责任，无正当理由，未依法申请强制执行、移送有关机关的。

第三十条　县级以上自然资源主管部门及其执法人员有下列情形之一的，应当依法给予处分；构成犯罪的，依法追究刑事责任：

（一）伪造、销毁、藏匿证据，造成严重后果的；

（二）篡改案件材料，造成严重后果的；

（三）不依法履行职责，致使案件调查、审核出现重大失误的；

（四）违反保密规定，向案件当事人泄露案情，造成严重后果的；

（五）越权干预案件调查处理，造成严重后果的；

（六）有其他徇私舞弊、玩忽职守、滥用职权行为的。

第三十一条　阻碍自然资源主管部门依法履行执法监督职责，对自然资源执法人员进行威胁、侮辱、殴打或者故意伤害，构成违反治安管理行为的，依法给予治安管理处罚；构成犯罪的，依法追究刑事责任。

第三十二条　本规定自2018年3月1日起施行。原国家土地管理局1995年6月12日发布的《土地监察暂行规定》同时废止。

违反土地管理规定行为处分办法

1．2008年5月9日监察部、人力资源和社会保障部、国土资源部令第15号公布
2．自2008年6月1日起施行

第一条　为了加强土地管理，惩处违反土地管理规定的行为，根据《中华人民共和国土地管理法》、《中华人民共和国行政监察法》、《中华人民共和国公务员法》、《行政机关公务员处分条例》及其他有关法律、行政法规，制定本办法。

第二条　有违反土地管理规定行为的单位，其负有责任的领导人员和直接责任人员，以及有违反土地管理规定行为的个人，应当承担纪律责任，属于下列人员的（以下统称有关责任人员），由任免机关或者监察机关按照管理权限依法给予处分：

（一）行政机关公务员；

（二）法律、法规授权的具有公共事务管理职能的事业单位中经批准参照《中华人民共和国公务员法》管理的工作人员；

（三）行政机关依法委托的组织中除工勤人员以外的工作人员；

（四）企业、事业单位中由行政机关任命的人员。

法律、行政法规、国务院决定和国务院监察机关、国务院人力资源和社会保障部门制定的处分规章对违反土地管理规定行为的处分另有规定的,从其规定。

第三条 有下列行为之一的,对县级以上地方人民政府主要领导人员和其他负有责任的领导人员,给予警告或者记过处分;情节较重的,给予记大过或者降级处分;情节严重的,给予撤职处分:

(一)土地管理秩序混乱,致使一年度内本行政区域违法占用耕地面积占新增建设用地占用耕地总面积的比例达到15%以上或者虽然未达到15%,但造成恶劣影响或者其他严重后果的;

(二)发生土地违法案件造成严重后果的;

(三)对违反土地管理规定行为不制止、不组织查处的;

(四)对违反土地管理规定行为隐瞒不报、压案不查的。

第四条 行政机关在土地审批和供应过程中不执行或者违反国家土地调控政策,有下列行为之一的,对有关责任人员,给予记大过处分;情节较重的,给予降级或者撤职处分;情节严重的,给予开除处分:

(一)对国务院明确要求暂停土地审批仍不停止审批的;

(二)对国务院明确禁止供地的项目提供建设用地的。

第五条 行政机关及其公务员违反土地管理规定,滥用职权,非法批准征收、占用土地的,对有关责任人员,给予记过或者记大过处分;情节较重的,给予降级或者撤职处分;情节严重的,给予开除处分。

有前款规定行为,且有徇私舞弊情节的,从重处分。

第六条 行政机关及其公务员有下列行为之一的,对有关责任人员,给予记过或者记大过处分;情节较重的,给予降级或者撤职处分;情节严重的,给予开除处分:

(一)不按照土地利用总体规划确定的用途批准用地的;

(二)通过调整土地利用总体规划,擅自改变基本农田位置,规避建设占用基本农田由国务院审批规定的;

(三)没有土地利用计划指标擅自批准用地的;

(四)没有新增建设占用农用地计划指标擅自批准农用地转用的;

(五)批准以"以租代征"等方式擅自占用农用地进行非农业建设的。

第七条 行政机关及其公务员有下列行为之一的,对有关责任人员,给予警告或者记过处分;情节较重的,给予记大过或者降级处分;情节严重的,给予撤职处分:

(一)违反法定条件,进行土地登记、颁发或者更换土地证书的;

(二)明知建设项目用地涉嫌违反土地管理规定,尚未依法处理,仍为其办理用地审批、颁发土地证书的;

(三)在未按照国家规定的标准足额收缴新增建设用地土地有偿使用费前,下发用地批准文件的;

(四)对符合规定的建设用地申请或者土地登记申请,无正当理由不予受理或者超过规定期限未予办理的;

(五)违反法定程序批准征收、占用土地的。

第八条 行政机关及其公务员违反土地管理规定,滥用职权,非法低价或者无偿出让国有建设用地使用权的,对有关责任人员,给予记过或者记大过处分;情节较重的,给予降级或者撤职处分;情节严重的,给予开除处分。

有前款规定行为,且有徇私舞弊情节的,从重处分。

第九条 行政机关及其公务员在国有建设用地使用权出让中,有下列行为之一的,对有关责任人员,给予警告或者记过处分;情节较重的,给予记大过或者降级处分;情节严重的,给予撤职处分:

(一)应当采取出让方式而采用划拨方式或者应当招标拍卖挂牌出让而协议出让国有建设用地使用权的;

(二)在国有建设用地使用权招标拍卖挂牌出让中,采取与投标人、竞买人恶意串通,故意设置不合理的条件限制或者排斥潜在的投标人、竞买人等方式,操纵中标人、竞得人的确定或者出让结果的;

(三)违反规定减免或者变相减免国有建设用地使用权出让金的;

（四）国有建设用地使用权出让合同签订后，擅自批准调整土地用途、容积率等土地使用条件的；

（五）其他违反规定出让国有建设用地使用权的行为。

第十条 未经批准或者采取欺骗手段骗取批准，非法占用土地的，对有关责任人员，给予警告、记过或者记大过处分；情节较重的，给予降级或者撤职处分；情节严重的，给予开除处分。

第十一条 买卖或者以其他形式非法转让土地的，对有关责任人员，给予警告、记过或者记大过处分；情节较重的，给予降级或者撤职处分；情节严重的，给予开除处分。

第十二条 行政机关侵占、截留、挪用被征收土地单位的征地补偿费用和其他有关费用的，对有关责任人员，给予记大过处分；情节较重的，给予降级或者撤职处分；情节严重的，给予开除处分。

第十三条 行政机关在征收土地过程中，有下列行为之一的，对有关责任人员，给予警告或者记过处分；情节较重的，给予记大过或者降级处分；情节严重的，给予撤职处分：

（一）批准低于法定标准的征地补偿方案的；

（二）未按规定落实社会保障费用而批准征地的；

（三）未按期足额支付征地补偿费用的。

第十四条 县级以上地方人民政府未按期缴纳新增建设用地土地有偿使用费的，责令限期缴纳；逾期仍不缴纳的，对有关责任人员，给予记大过处分；情节较重的，给予降级或者撤职处分；情节严重的，给予开除处分。

第十五条 行政机关及其公务员在办理农用地转用或者土地征收申报、报批等过程中，有谎报、瞒报用地位置、地类、面积等弄虚作假行为，造成不良后果的，对有关责任人员，给予记过或者记大过处分；情节较重的，给予降级或者撤职处分；情节严重的，给予开除处分。

第十六条 国土资源行政主管部门及其工作人员有下列行为之一的，对有关责任人员，给予记过或者记大过处分；情节较重的，给予降级或者撤职处分；情节严重的，给予开除处分：

（一）对违反土地管理规定行为按规定应报告而不报告的；

(二)对违反土地管理规定行为不制止、不依法查处的;

(三)在土地供应过程中,因严重不负责任,致使国家利益遭受损失的。

第十七条 有下列情形之一的,应当从重处分:

(一)致使土地遭受严重破坏的;

(二)造成财产严重损失的;

(三)影响群众生产、生活,造成恶劣影响或者其他严重后果的。

第十八条 有下列情形之一的,应当从轻处分:

(一)主动交代违反土地管理规定行为的;

(二)保持或者恢复土地原貌的;

(三)主动纠正违反土地管理规定行为,积极落实有关部门整改意见的;

(四)主动退还违法违纪所得或者侵占、挪用的征地补偿安置费等有关费用的;

(五)检举他人重大违反土地管理规定行为,经查证属实的。

主动交代违反土地管理规定行为,并主动采取措施有效避免或者挽回损失的,应当减轻处分。

第十九条 任免机关、监察机关和国土资源行政主管部门建立案件移送制度。

任免机关、监察机关查处的土地违法违纪案件,依法应当由国土资源行政主管部门给予行政处罚的,应当将有关案件材料移送国土资源行政主管部门。国土资源行政主管部门应当依法及时查处,并将处理结果书面告知任免机关、监察机关。

国土资源行政主管部门查处的土地违法案件,依法应当给予处分,且本部门无权处理的,应当在作出行政处罚决定或者其他处理决定后10日内将有关案件材料移送任免机关或者监察机关。任免机关或者监察机关应当依法及时查处,并将处理结果书面告知国土资源行政主管部门。

第二十条 任免机关、监察机关和国土资源行政主管部门移送案件时要做到事实清楚、证据齐全、程序合法、手续完备。

移送的案件材料应当包括以下内容：

（一）本单位有关领导或者主管单位同意移送的意见；

（二）案件的来源及立案材料；

（三）案件调查报告；

（四）有关证据材料；

（五）其他需要移送的材料。

第二十一条 任免机关、监察机关或者国土资源行政主管部门应当移送而不移送案件的，由其上一级机关责令其移送。

第二十二条 有违反土地管理规定行为，应当给予党纪处分的，移送党的纪律检查机关处理；涉嫌犯罪的，移送司法机关依法追究刑事责任。

第二十三条 本办法由监察部、人力资源和社会保障部、国土资源部负责解释。

第二十四条 本办法自2008年6月1日起施行。

重大土地问题实地核查办法

1. 2009年6月12日国家土地总督察办公室发布

2. 国土督办发〔2009〕16号

第一章 总 则

第一条 为切实履行国家土地督察职责，规范对重大土地问题的实地核查工作，提高国家土地督察机构快速反应和应急处置能力，根据《国务院办公厅关于建立国家土地督察制度有关问题的通知》的有关规定，结合国家土地督察实践，制定本办法。

第二条 本办法所称重大土地问题，是指领导批示、媒体曝光、群众信访和通过其他途径反映的土地违规违法性质严重、社会影响恶劣的问题。

本办法所称实地核查,是指国家土地督察机构履行土地督察职责,依照规定的权限和程序,对督察区域发生的重大土地问题进行现场检查、核实,提出处理意见并向国家土地总督察、副总督察作出报告的行为。

第三条 国家土地督察机构开展重大土地问题实地核查时,应当遵循以下原则:

(一)依法独立行使土地督察职权,不受其他行政机关、社会团体和个人的干涉;

(二)实事求是,依法依规,客观公正;

(三)不改变、不取代地方人民政府及其国土资源行政主管部门查处土地违规违法行为的职权;

(四)快速反应,亲临现场,查清事实,正确处置,及时报告。

第四条 对重大土地问题开展实地核查,由有关派驻地方的国家土地督察局(以下简称国家土地督察局)独立组织实施;必要时,也可由国家土地总督察办公室协调组织实施。

第五条 国家土地督察局应当根据土地督察工作总体要求和实际工作需要,建立和完善重大土地问题快速反应机制和应急工作预案,科学预防和有效应对相关土地突发事件。

第二章 核查事项、内容和标准

第六条 国家土地督察局应当对督察区域内发生的下列重大土地问题开展实地核查:

(一)中央领导批示的土地问题;

(二)国家土地总督察、副总督察批示的土地问题;

(三)有重要影响的新闻媒体报道反映的生地问题;

(四)群众信访举报的影响较大、性质恶劣的土地问题;

(五)其他应当进行实地核查的土地问题。

第七条 国家土地督察局开展重大土地问题实地核查时,应当核实查明以下内容:

(一)基本事实和用地情况;

(二)是否有违反土地管理法律法规和政策规定的行为;

（三）违反土地管理法律法规和政策的性质和情节；

（四）有关责任主体应负的责任；

（五）其他需要核查的情况。

第八条 重大土地问题实地核查应当达到以下标准：

（一）及时、快速进入现场并采取有效措施，防止事态扩大和恶化；

（二）对问题及相关情况核查内容清楚，证据确凿，定性准确；

（三）处理问题的依据适用正确，意见恰当；

（四）报告反馈迅速。

第三章 核查实施

第九条 国家土地督察局在开展重大土地问题实地核查前，应及时启动应急工作预案，成立工作组，对问题进行登记，收集相关信息和卷宗、图件资料，确定核查时间、路线、内容和标准，做好相关准备工作。

第十条 重大土地问题实地核查形式可分为公开或者不公开两种，具体实施时应当根据实际情况选择采用。

第十一条 国家土地督察局采取公开形式进行实地核查的，可以通知有关地方人民政府或者国土资源等行政主管部门予以配合。

第十二条 执行重大土地问题实地核查任务时，国家土地督察机构工作人员不得少于两人，并且应当出示表明工作身份的证件或者文件。

第十三条 实地核查可以选择采用以下方式进行，同时填制《重大土地问题实地核查工作记录》。

（一）现场踏勘；

（二）拍摄取证；

（三）走访群众，约见当事人，并制作谈话记录；

（四）与地方人民政府及有关部门座谈；

（五）调阅卷宗，查阅、复制有关材料；

（六）其他有效方式。

第十四条 国家土地督察局在开展重大土地问题实地核查时，发现土地违规违法行为属实且仍处于继续状态的，应当协调、督促地方人民政府或者国土资源部门及时采取有效措施，制止土地违规违法行为。

对涉及土地管理的大型群体性或者突发性事件等重大紧急问题，应当现场协调、督促地方人民政府或者国土资源部门立即采取有效措施，防止事态扩大和恶化。

第十五条 国家土地督察局应在获得重大土地问题信息后24小时内迅速启动实地核查，对涉及土地管理的大型群体性或者突发性事件等重大紧急问题，应及时向国家土地总督察、副总督察报告工作进展，并在5个工作日内完成核查工作；对其他重大土地问题，应在10个工作日内完成核查工作。

特殊情况下，经请示国家土地总督察、副总督察同意，可适当延长工作时限。国家土地总督察、副总督察另有要求的，按要求时限完成。

第四章 核查报告

第十六条 重大土地问题实地核查结束后，国家土地督察局应及时向国家土地总督察、副总督察作出书面报告。书面报告应包含下列内容：

（一）问题来源及基本情况；

（二）核查组织开展情况及查明的事实；

（三）现场督察处置的事项及效果；

（四）对问题性质的界定及责任认定；

（五）处理意见和建议；

（六）下一步的工作打算。

第十七条 国家土地督察局应当及时跟踪督察重大土地问题的处理进展和后续工作，并向国家土地总督察、副总督察报告。

第十八条 重大土地问题实地核查结束后，国家土地督察局应当对《重大土地问题实地核查工作记录》、核查报告以及相关材料进行归档或者建立电子档案备查。

第五章 工作纪律和责任

第十九条 负责实地核查的人员应严格遵守保密纪律，妥善保管核查资料，不得随意泄漏、扩散核查工作的内容和进展情况。未经审核同意，不得以个人或者单位名义就被核查重大土地问题的定性及处理发表意见。

第二十条 国家土地督察局开展重大土地问题实地核查工作中，不认真履行职责、监督检查不力，或者给督察工作造成不良影响的，应承担相应责任。

国土资源执法监察错案责任追究制度

1. 2000年12月29日国土资源部发布

2. 国土资发〔2000〕431号

第一条 为了规范国土资源执法监察行为，提高国土资源违法案件查处工作水平，维护公民、法人及其他组织的合法权益，制定本制度。

第二条 本制度所称错案，是指国土资源行政主管部门在查处国土资源违法案件过程中，由于其工作人员故意或者重大过失，致使案件处理错误，给案件当事人的合法权益造成损害或者造成不良社会影响的案件。

第三条 国土资源行政主管部门作出的行政处罚决定，因下列情形之一，被依法变更或者撤销的，应当追究直接负责的主管人员和其他直接责任人员的责任：

（一）没有法定的行政处罚依据；

（二）擅自改变行政处罚的种类和幅度；

（三）违反法定的行政处罚程序；

（四）主要事实不清、证据不足；

（五）其他情形。

第四条 在查处国土资源违法案件中，伪造、销毁、藏匿证据，更改案卷材料，或者提供虚假事实，造成错案的，追究直接责任人的责任。

第五条　在查处国土资源法案件中，不认真履行职责，致使案件调查、审核工作出现重大疏漏，造成错案的，追究直接责任人和其他有关责任人的责任。

第六条　在查处国土资源违法案件中，违反保密规定，向案件当事人通风报信，致使案件事实认定错误，造成错案的，追究直接责任人的责任。

第七条　国土资源行政主管部门的各级负责人违法批办与案件有关的事项，或者越权干预案件的调查、处理，造成错案的，应当追究其责任。

第八条　下级国土资源行政主管部门遵照上级国土资源行政主管部门对案件的处理意见作出行政处罚决定，造成错案的，追究上级国土资源行政主管部门直接负责的主管人员和其他直接责任人员的责任。

第九条　对案件定性或者处理表示并保留不同意见的监督检查人员不承担错案责任。

第十条　追究错案责任人的责任应当坚持有错必究、责罚相当、教育与惩戒相结合的原则。

对错案责任人，应根据其过错情节及造成危害的程度，采取通报批评、责令向当事人赔礼道歉、责令依法承担全部或者部分对当事人的赔偿费用、暂停执法监察工作或者收回执法监察证等处理措施。

依照国家法律、法规应当给予错案责任人行政处分的，给予行政处分；涉嫌犯罪的，移送司法机关依法处理。

第十一条　及时发现错误并主动纠正且未造成严重危害后果的，可以从轻或者减轻追究错案责任人的责任。

第十二条　错案责任人有下列情形之一的，应当从重或加重追究责任：

（一）有受贿、索贿等徇私舞弊情节的；

（二）对控告、检举、申请行政复议、提起行政诉讼的公民、法人或者其他组织打击报复的；

（三）干扰或阻碍错案追究工作的；

（四）一年内发生两次以上本制度所列过错行为的；

（五）其他应当从重或者加重追究责任的情形。

第十三条 各级国土资源行政主管部门负责本部门的错案责任追究工作。

第十四条 上级国土资源行政主管部门有权对下级国土资源行政主管部门的错案责任追究情况进行监督检查；有权责令发生错案的下级国土资源行政主管部门追究错案责任人的错案责任；可以直接或者参与对下级国土资源行政主管部门错案的调查，提出建议或者处理意见。必要时，可以对下级国土资源行政主管部门的错案追究情况予以通报批评。

自然资源听证规定

1. 2004年1月9日国土资源部令第22号发布

2. 根据2020年3月20日自然资源部令第6号《关于第二批废止和修改的部门规章的决定》修正

第一章 总 则

第一条 为了规范自然资源管理活动，促进依法行政，提高自然资源管理的科学性和民主性，保护公民、法人和其他组织的合法权益，根据有关法律、法规，制定本规定。

第二条 县级以上人民政府自然资源主管部门（以下简称主管部门）依职权或者依当事人的申请组织听证的，适用本规定。

第三条 听证由拟作出行政处罚、行政许可决定，制定规章和规范性文件、实施需报政府批准的事项的主管部门组织。

依照本规定具体办理听证事务的法制工作机构为听证机构；但实施需报政府批准的事项可以由其经办机构作为听证机构。

本规定所称需报政府批准的事项,是指依法由本级人民政府批准后生效但主要由主管部门具体负责实施的事项,包括拟定或者修改基准地价、组织编制或者修改国土空间规划和矿产资源规划、拟定或者修改区片综合地价、拟定拟征地项目的补偿标准和安置方案、拟定非农业建设占用永久基本农田方案等。

第四条 主管部门组织听证,应当遵循公开、公平、公正和便民的原则,充分听取公民、法人和其他组织的意见,保证其陈述意见、质证和申辩的权利。

依职权组织的听证,除涉及国家秘密外,以听证会形式公开举行,并接受社会监督;依当事人的申请组织的听证,除涉及国家秘密、商业秘密或者个人隐私外,听证公开举行。

第五条 法律、法规和规章规定应当听证的事项,当事人放弃听证权利或者因情况紧急须即时决定的,主管部门不组织听证。

第二章 听证的一般规定

第六条 听证参加人包括拟听证事项经办机构的指派人员、听证会代表、当事人及其代理人、证人、鉴定人、翻译等。

第七条 听证一般由一名听证员组织;必要时,可以由三或五名听证员组织。听证员由主管部门指定。

听证设听证主持人,在听证员中产生;但须是听证机构或者经办机构的有关负责人。

记录员由听证主持人指定,具体承担听证准备和听证记录工作。

拟听证事项的具体经办人员,不得作为听证员和记录员;但可以由经办机构办理听证事务的除外。

第八条 在听证开始前,记录员应当查明听证参加人的身份和到场情况,宣布听证纪律和听证会场有关注意事项。

第九条 听证会按下列程序进行:

(一)听证主持人宣布听证开始,介绍听证员、记录员,宣布听证事项和事由,告知听证参加人的权利和义务;

(二)拟听证事项的经办机构提出理由、依据和有关材料及意见;

（三）当事人进行质证、申辩，提出维护其合法权益的事实、理由和依据（听证会代表对拟听证事项的必要性、可行性以及具体内容发表意见和质询）；

（四）最后陈述；

（五）听证主持人宣布听证结束。

第十条 记录员应当将听证的全部活动记入笔录。听证笔录应当载明下列事项，并由听证员和记录员签名：

（一）听证事项名称；

（二）听证员和记录员的姓名、职务；

（三）听证参加人的基本情况；

（四）听证的时间、地点；

（五）听证公开情况；

（六）拟听证事项的理由、依据和有关材料；

（七）当事人或者听证会代表的观点、理由和依据；

（八）延期、中止或者终止的说明；

（九）听证主持人对听证活动中有关事项的处理情况；

（十）听证主持人认为的其他事项。

听证笔录经听证参加人确认无误或者补正后当场签字或者盖章；无正当理由又拒绝签字或者盖章的，记明情况附卷。

第十一条 公开举行的听证会，公民、法人或者其他组织可以申请参加旁听。

第三章 依职权听证的范围和程序

第十二条 有下列情形之一的，主管部门应当组织听证：

（一）拟定或者修改基准地价；

（二）编制或者修改国土空间规划和矿产资源规划；

（三）拟定或者修改区片综合地价。

有下列情形之一的，直接涉及公民、法人或者其他组织的重大利益的，主管部门根据需要组织听证：

（一）制定规章和规范性文件；

（二）主管部门规定的其他情形。

第十三条 主管部门对本规定第十二条规定的事项举行听证的,应当在举行听证会30日前,向社会公告听证会的时间、地点、内容和申请参加听证会须知。

第十四条 符合主管部门规定条件的公民、法人和其他组织,均可申请参加听证会,也可推选代表参加听证会。

主管部门根据拟听证事项与公民、法人和其他组织的申请情况,指定听证会代表;指定的听证会代表应当具有广泛性、代表性。

公民、法人和其他组织推选的代表,符合主管部门条件的,应当优先被指定为听证会代表。

第十五条 听证机构应当在举行听证会的10个工作日前将听证会材料送达听证会代表。

第十六条 听证会代表应当亲自参加听证,并有权对拟听证事项的必要性、可行性以及具体内容发表意见和质询,查阅听证纪要。

听证会代表应当忠于事实,实事求是地反映所代表的公民、法人和其他组织的意见,遵守听证纪律,保守国家秘密。

第十七条 听证机构应当在举行听证会后7个工作日内,根据听证笔录制作包括下列内容的听证纪要:

(一)听证会的基本情况;

(二)听证事项的说明;

(三)听证会代表的意见陈述;

(四)听证事项的意见分歧;

(五)对听证会意见的处理建议。

第十八条 主管部门应当参照听证纪要依法制定规章和规范性文件;在报批拟定或者修改的基准地价、编制或者修改的国土空间规划和矿产资源规划、拟定或者修改的区片综合地价时,应当附具听证纪要。

第四章 依申请听证的范围和程序

第十九条 有下列情形之一的,主管部门在报批之前,应当书面告知当事人有要求举行听证的权利:

(一)拟定拟征地项目的补偿标准和安置方案的;

(二)拟定非农业建设占用永久基本农田方案的。

有下列情形之一的,主管部门在作出决定之前,应当书面告知当事人有要求举行听证的权利:

(一)较大数额罚款、责令停止违法勘查或者违法开采行为、吊销勘查许可证或者采矿许可证等行政处罚的;

(二)国有土地使用权、探矿权、采矿权的许可直接涉及申请人与他人之间重大利益关系的;

(三)法律、法规或者规章规定的其他情形。

第二十条 当事人对本规定第十九条规定的事项要求听证的,主管部门应当组织听证。

第二十一条 当事人应当在告知后5个工作日内向听证机构提出书面申请,逾期未提出的,视为放弃听证;但行政处罚听证的时限为3个工作日。放弃听证的,应当书面记载。

第二十二条 当事人可以委托一至二名代理人参加听证,收集、提供相关材料和证据,进行质证和申辩。

第二十三条 听证的书面申请包括以下内容:

(一)当事人的姓名、地址(法人或者其他组织的名称、地址、法定代表人);

(二)申请听证的具体事项;

(三)申请听证的依据、理由。

申请听证的,应当同时提供相关材料。

第二十四条 听证机构收到听证的书面申请后,应当对申请材料进行审查;申请材料不齐备的,应当一次告知当事人补正。

有下列情形之一的,不予受理:

(一)提出申请的不是听证事项的当事人或者其代理人的;

(二)在告知后超过5个工作日提出听证的;

(三)其他不符合申请听证条件的。

不予受理的,主管部门应当书面告知当事人不予听证。

第二十五条 听证机构审核后,对符合听证条件的,应当制作《听证通知书》,并在听证的7个工作日前通知当事人和拟听证事项的经办机构。

《听证通知书》应当载明下列事项：

（一）听证的事由与依据；

（二）听证的时间、地点；

（三）听证员和记录员的姓名、职务；

（四）当事人、拟听证事项的经办机构的权利和义务；

（五）注意事项。

第二十六条 当事人在接到《听证通知书》后，应当准时到场；无正当理由不到场的，或者未经听证主持人允许中途退场的，视为放弃听证。放弃听证的，记入听证笔录。

第二十七条 拟听证事项的经办机构在接到《听证通知书》后，应当指派人员参加听证，不得放弃听证。

第二十八条 当事人认为听证员、记录员与拟听证事项有利害关系可能影响公正的，有权申请回避，并说明理由。

听证主持人的回避由主管部门决定。听证员、记录员的回避，由听证主持人决定。

第二十九条 有下列情形之一的，可以延期举行听证：

（一）因不可抗力的事由致使听证无法按期举行的；

（二）当事人申请延期，有正当理由的；

（三）可以延期的其他情形。

延期听证的，主管部门应当书面通知听证参加人。

第三十条 有下列情形之一的，中止听证：

（一）听证主持人认为听证过程中提出新的事实、理由和依据或者提出的事实有待调查核实的；

（二）申请听证的公民死亡、法人或者其他组织终止，尚未确定权利、义务承受人的；

（三）应当中止听证的其他情形。

中止听证的，主管部门应当书面通知听证参加人。

第三十一条 延期、中止听证的情形消失后，由主管部门决定恢复听证，并书面通知听证参加人。

第三十二条 有下列情形之一的,终止听证:

(一)有权申请听证的公民死亡,没有继承人,或者继承人放弃听证权利的;

(二)有权申请听证的法人或者其他组织终止,承受其权利的法人或者组织放弃听证权利的;

(三)当事人在听证过程中声明退出的;

(四)当事人在告知后明确放弃听证权利或者被视为放弃听证权利的;

(五)需要终止听证的其他情形。

第三十三条 主管部门应当根据听证笔录,作出行政许可决定,依法作出行政处罚决定;在报批拟定的拟征地项目的补偿标准和安置方案、非农业建设占用永久基本农田方案时,应当附具听证笔录。

第五章 法律责任

第三十四条 法律、法规和规章规定应当听证的事项,当事人要求听证而未组织的,对直接负责的主管人员和其他直接责任人员依法给予处分。

第三十五条 主管部门的拟听证事项经办机构指派人员、听证员、记录员在听证时玩忽职守、滥用职权、徇私舞弊的,依法给予处分;构成犯罪的,依法追究刑事责任。

第六章 附 则

第三十六条 组织听证不得向当事人收取或者变相收取任何费用。

组织听证所需经费列入主管部门预算。听证机构组织听证必需的场地、设备、工作条件,主管部门应当给予保障。

第三十七条 主管部门办理行政复议,受委托起草法律、法规或者政府规章草案时,组织听证的具体程序参照本规定执行。

第三十八条 本规定自 2004 年 5 月 1 日起施行。

自然资源行政处罚办法

1. 2014年5月7日国土资源部令第60号公布
2. 根据2020年3月20日自然资源部令第6号《关于第二批废止和修改的部门规章的决定》修正

第一章 总 则

第一条 为规范自然资源行政处罚的实施，保障和监督自然资源主管部门依法履行职责，保护自然人、法人或者其他组织的合法权益，根据《中华人民共和国行政处罚法》以及《中华人民共和国土地管理法》、《中华人民共和国矿产资源法》等自然资源管理法律法规，制定本办法。

第二条 县级以上自然资源主管部门依照法定职权和程序，对自然人、法人或者其他组织违反自然资源管理法律法规的行为实施行政处罚，适用本办法。

第三条 自然资源主管部门实施行政处罚，遵循公正、公开的原则，做到事实清楚，证据确凿，定性准确，依据正确，程序合法，处罚适当。

第四条 自然资源行政处罚包括：

（一）警告；
（二）罚款；
（三）没收违法所得、没收非法财物；
（四）限期拆除；
（五）吊销勘查许可证和采矿许可证；
（六）法律法规规定的其他行政处罚。

第二章 管 辖

第五条 自然资源违法案件由土地、矿产资源所在地的县级自然资源主管部门管辖，但法律法规以及本办法另有规定的除外。

第六条 省级、市级自然资源主管部门管辖本行政区域内重大、复杂和法律法规规定应当由其管辖的自然资源违法案件。

第七条 自然资源部管辖全国范围内重大、复杂和法律法规规定应当由其管辖的自然资源违法案件。

全国范围内重大、复杂的自然资源违法案件是指：

（一）国务院要求自然资源部管辖的自然资源违法案件；

（二）跨省级行政区域的自然资源违法案件；

（三）自然资源部认为应当由其管辖的其他自然资源违法案件。

第八条 有下列情形之一的，上级自然资源主管部门有权管辖下级自然资源主管部门管辖的案件：

（一）下级自然资源主管部门应当立案调查而不予立案调查的；

（二）案情复杂，情节恶劣，有重大影响的。

上级自然资源主管部门可以将本级管辖的案件交由下级自然资源主管部门管辖，但是法律法规规定应当由其管辖的除外。

第九条 有管辖权的自然资源主管部门由于特殊原因不能行使管辖权的，可以报请上一级自然资源主管部门指定管辖。

自然资源主管部门之间因管辖权发生争议的，报请共同的上一级自然资源主管部门指定管辖。

上一级自然资源主管部门应当在接到指定管辖申请之日起七个工作日内，作出管辖决定。

第十条 自然资源主管部门发现违法案件不属于本部门管辖的，应当移送有管辖权的自然资源主管部门或者其他部门。受移送的自然资源主管部门对管辖权有异议的，应当报请上一级自然资源主管部门指定管辖，不得再自行移送。

第三章 立案、调查和审理

第十一条 自然资源主管部门发现自然人、法人或者其他组织行为涉嫌违法的，应当及时核查。对正在实施的违法行为，应当依法及时下达《责令停止违法行为通知书》予以制止。

《责令停止违法行为通知书》应当记载下列内容：

（一）违法行为人的姓名或者名称；

（二）违法事实和依据；

（三）其他应当记载的事项。

第十二条 符合下列条件的，自然资源主管部门应当在十个工作日内予以立案：

（一）有明确的行为人；

（二）有违反自然资源管理法律法规的事实；

（三）依照自然资源管理法律法规应当追究法律责任；

（四）属于本部门管辖；

（五）违法行为没有超过追诉时效。

违法行为轻微并及时纠正，没有造成危害后果的，可以不予立案。

第十三条 立案后，自然资源主管部门应当指定案件承办人员，及时组织调查取证。调查取证时，案件调查人员应当不少于二人，并应当向被调查人出示执法证件。

第十四条 调查人员与案件有直接利害关系的，应当回避。

第十五条 自然资源主管部门进行调查取证，有权采取下列措施：

（一）要求被调查的单位或者个人提供有关文件和资料，并就与案件有关的问题作出说明；

（二）询问当事人以及相关人员，进入违法现场进行检查、勘测、拍照、录音、摄像，查阅和复印相关材料；

（三）依法可以采取的其他措施。

第十六条 当事人拒绝调查取证或者采取暴力、威胁的方式阻碍自然资源主管部门调查取证的，自然资源主管部门可以提请公安机关、检察机关、监察机关或者相关部门协助，并向本级人民政府或者上一级自然资源主管部门报告。

第十七条 依法取得并能够证明案件事实情况的书证、物证、视听资料、计算机数据、证人证言、当事人陈述、询问笔录、现场勘测笔录、鉴定结论、认定结论等，作为自然资源行政处罚的证据。

第十八条 调查人员应当收集、调取与案件有关的书证、物证、视听资料、计算机数据的原件、原物、原始载体；收集、调取原件、原物、原始载体确有困难的，可以收集、调取复印件、复制件、节录本、照片、录像等。声音资料应当附有该声音内容的文字记录。

第十九条 证人证言应当符合下列要求：

（一）注明证人的姓名、年龄、性别、职业、住址、联系方式等基本情况；

（二）有证人的签名，不能签名的，应当按手印或者盖章；

（三）注明出具日期；

（四）附有居民身份证复印件等证明证人身份的文件。

第二十条 当事人请求自行提供陈述材料的，应当准许。必要时，调查人员也可以要求当事人自行书写。当事人应当在其提供的陈述材料上签名、按手印或者盖章。

第二十一条 询问应当个别进行，并制作询问笔录。询问笔录应当记载询问的时间、地点和询问情况等。

第二十二条 现场勘测一般由案件调查人实施，也可以委托有资质的单位实施。现场勘测应当制作现场勘测笔录。

第二十三条 为查明事实，需要对案件中的有关问题进行检验鉴定的，自然资源主管部门可以委托具有相应资质的机构进行。

第二十四条 案件调查终结，案件承办人员应当提交调查报告。调查报告应当包括当事人的基本情况、违法事实以及法律依据、相关证据、违法性质、违法情节、违法后果，并提出依法应当不予行政处罚或者给予行政处罚以及给予何种行政处罚的处理意见。

涉及需要追究党纪、政纪或者刑事责任的，应当提出移送有权机关的建议。

第二十五条 自然资源主管部门在审理案件调查报告时，应当就下列事项进行审理：

（一）事实是否清楚、证据是否确凿；

（二）定性是否准确；

（三）适用法律是否正确；

（四）程序是否合法；

（五）拟定的处理意见是否适当。

经审理发现调查报告存在问题的，可以要求调查人员重新调查或者补充调查。

第四章　决　　定

第二十六条　审理结束后，自然资源主管部门根据不同情况，分别作出下列决定：

（一）违法事实清楚、证据确凿、依据正确、调查审理符合法定程序的，作出行政处罚决定；

（二）违法情节轻微、依法可以不给予行政处罚的，不予行政处罚；

（三）违法事实不成立的，不得给予行政处罚；

（四）违法行为涉及需要追究党纪、政纪或者刑事责任的，移送有权机关。

第二十七条　违法行为依法需要给予行政处罚的，自然资源主管部门应当制作《行政处罚告知书》，按照法律规定的方式，送达当事人。当事人有权进行陈述和申辩。陈述和申辩应当在收到《行政处罚告知书》后三个工作日内提出。口头形式提出的，案件承办人员应当制作笔录。

第二十八条　对拟给予较大数额罚款或者吊销勘查许可证、采矿许可证等行政处罚的，自然资源主管部门应当制作《行政处罚听证告知书》，按照法律规定的方式，送达当事人。当事人要求听证的，应当在收到《行政处罚听证告知书》后三个工作日内提出。

自然资源行政处罚听证适用《国土资源听证规定》。

第二十九条　当事人未在规定时间内陈述、申辩或者要求听证的，以及陈述、申辩或者听证中提出的事实、理由或者证据不成立的，自然资源主管部门应当依法制作《行政处罚决定书》，并按照法律规定的方式，送达当事人。

《行政处罚决定书》中应当包括行政处罚告知、当事人陈述、申辩或者听证的情况。

《行政处罚决定书》一经送达，即发生法律效力。当事人对行政处罚决定不服申请行政复议或者提起行政诉讼的，在行政复议或者行政诉讼期间，行政处罚决定不停止执行；法律另有规定的除外。

《行政处罚决定书》应当加盖作出处罚决定的自然资源主管部门的印章。

第三十条 法律法规规定的责令改正或者责令限期改正，可以与行政处罚决定一并作出，也可以在作出行政处罚决定之前单独作出。

第三十一条 当事人有两个以上自然资源违法行为的，自然资源主管部门可以制作一份《行政处罚决定书》，合并执行。《行政处罚决定书》应当明确对每个违法行为的处罚内容和合并执行的内容。

违法行为有两个以上当事人的，可以分别作出行政处罚决定，制作一式多份《行政处罚决定书》，分别送达当事人。行政处罚决定书应当明确给予每个当事人的处罚内容。

第三十二条 自然资源主管部门应当自立案之日起六十日内作出行政处罚决定。

案情复杂，不能在规定期限内作出行政处罚决定的，经本级自然资源主管部门负责人批准，可以适当延长，但延长期限不得超过三十日，案情特别复杂的除外。

第五章 执　　行

第三十三条 行政处罚决定生效后，当事人逾期不履行的，自然资源主管部门除采取法律法规规定的措施外，还可以采取以下措施：

（一）向本级人民政府和上一级自然资源主管部门报告；

（二）向当事人所在单位或者其上级主管部门通报；

（三）向社会公开通报；

（四）停止办理或者告知相关部门停止办理当事人与本案有关的许可、审批、登记等手续。

第三十四条 自然资源主管部门申请人民法院强制执行前，有充分理由认为被执行人可能逃避执行的，可以申请人民法院采取财产保全措施。

第三十五条 自然资源主管部门作出没收矿产品、建筑物或者其他设施的行政处罚决定后，应当在行政处罚决定生效后九十日内移交同级财政部门处理，或者拟订处置方案报本级人民政府批准后实施。法律法规另有规定的，从其规定。

第三十六条　自然资源主管部门申请人民法院强制执行前，应当催告当事人履行义务。

当事人在法定期限内不申请行政复议或者提起行政诉讼，又不履行的，自然资源主管部门可以自期限届满之日起三个月内，向土地、矿产资源所在地有管辖权的人民法院申请强制执行。

第三十七条　自然资源主管部门向人民法院申请强制执行，应当提供下列材料：

（一）《强制执行申请书》；

（二）《行政处罚决定书》及作出决定的事实、理由和依据；

（三）当事人的意见及催告情况；

（四）申请强制执行标的情况；

（五）法律法规规定的其他材料。

《强制执行申请书》应当加盖自然资源主管部门的印章。

第三十八条　符合下列条件之一的，经自然资源主管部门负责人批准，案件结案：

（一）执行完毕的；

（二）终结执行的；

（三）已经依法申请人民法院强制执行的；

（四）其他应当结案的情形。

涉及需要移送有关部门追究党纪、政纪或者刑事责任的，应当在结案前移送。

第六章　监督管理

第三十九条　自然资源主管部门应当通过定期或者不定期检查等方式，加强对下级自然资源主管部门实施行政处罚工作的监督，其中要将发现制止违法、依法履行行政处罚职责等情况作为监督检查的重点内容。

第四十条　自然资源主管部门应当建立重大违法案件公开通报制度，

将案情和处理结果向社会公开通报并接受社会监督。

第四十一条 自然资源主管部门应当建立重大违法案件挂牌督办制度，明确提出办理要求，公开督促下级自然资源主管部门限期办理并接受社会监督。

第四十二条 自然资源主管部门应当建立违法案件统计制度。下级自然资源主管部门应当定期将本行政区域内的违法形势分析、案件发生情况、查处情况等逐级上报。

第四十三条 自然资源主管部门应当建立自然资源违法案件错案追究制度。行政处罚决定错误并造成严重后果的，作出处罚决定的机关应当承担相应的责任。

第四十四条 自然资源主管部门应当配合有关部门加强对行政处罚实施过程中的社会稳定风险防控。

第七章 法律责任

第四十五条 县级以上自然资源主管部门直接负责的主管人员和其他直接责任人员，违反本办法规定，有下列情形之一，致使公民、法人或者其他组织的合法权益、公共利益和社会秩序遭受损害的，应当依法给予处分：

（一）对违法行为未依法制止的；

（二）应当依法立案查处，无正当理由未依法立案查处的；

（三）在制止以及查处违法案件中受阻，依照有关规定应当向本级人民政府或者上级自然资源主管部门报告而未报告的；

（四）应当依法进行行政处罚而未依法处罚的；

（五）应当依法申请强制执行、移送有关机关追究责任，而未依法申请强制执行、移送有关机关的；

（六）其他徇私枉法、滥用职权、玩忽职守的情形。

第八章 附 则

第四十六条 自然资源行政处罚法律文书格式，由自然资源部统一制定。

第四十七条 本办法自2014年7月1日起施行。原地质矿产部1993

年7月19日发布的《违反矿产资源法规行政处罚办法》和原国家土地管理局1995年12月18日发布的《土地违法案件查处办法》同时废止。

自然资源部政府信息公开工作规范

1. 2021年12月3日发布
2. 自然资办发〔2021〕66号

第一章 总 则

第一条 为推进和规范自然资源部(以下简称部)政府信息公开工作,保障公民、法人和其他组织依法获取政府信息,提高政府工作透明度,建设法治政府,充分发挥政府信息对人民群众生产、生活和经济社会活动的服务作用,依据《中华人民共和国政府信息公开条例》(以下简称《条例》)和有关法规、规定,结合部工作实际,制定本规范。

第二条 本规范适用于部机关各司局、派出机构以及经部委托的直属单位(以下简称司局和单位)办理部政府信息公开工作。各派出机构开展本行政机关政府信息公开工作,参照本规范。

第三条 本规范所称政府信息,是指各司局和单位以部名义在履行行政管理职能过程中制作或者获取的,以一定形式记录、保存的信息。

第四条 部政务公开领导小组负责领导部政府信息公开工作,审定相关制度,研究处理政府信息公开重大问题。

部政务公开领导小组办公室(以下简称部公开办,设在办公厅)负责组织协调、指导推进、监督检查部政府信息公开工作,具体职责是:

(一)组织制定部政府信息公开工作制度;

(二)组织编制部政府信息公开指南、部政府信息公开目录和部政府信息公开工作年度报告;

(三)督促检查各司局和单位做好政府信息主动公开以及维

护、更新等方面的工作；

（四）组织协调指导各司局和单位依法办理政府信息依申请公开工作；

（五）会同部保密办组织协调各司局和单位依法对拟公开的政府信息进行审查；

（六）与地方自然资源主管部门协调、会商有关政府信息公开工作；

（七）与部政府信息公开工作相关的其他职责。

办公厅政务公开处为部政府信息公开工作机构，承担部公开办日常具体工作。

第五条 按照“谁制作、谁公开，谁获取、谁公开，谁主办、谁负责”原则，各司局和单位为部政府信息公开主办单位，负责公开本司局和单位制作或者获取的政府信息，并对其具体行政行为负责。各司局和单位主要负责人为本司局和单位政府信息公开工作第一责任人。

第六条 部政府信息公开工作坚持以公开为常态、不公开为例外，遵循公正、公平、合法、便民的原则。各司局和单位应当积极推进政府信息公开工作，逐步增加政府信息公开的内容。

第七条 各司局和单位应当及时、准确地公开政府信息。

建立政府信息公开协调机制。各司局和单位拟公开政府信息涉及其他司局和单位或其他机关的，应当进行协商、确认，保证公开的政府信息准确一致。政府信息公开依照法律、行政法规和国家有关规定需要批准的，经批准予以公开。

发现影响或者可能影响社会稳定、扰乱社会经济和行业管理秩序的虚假或者不完整信息的，有关司局和单位应当根据职责及时发布准确的政府信息予以澄清。

第二章　公开的范围和主办单位

第八条 部公开政府信息，采取主动公开和依申请公开的方式。

部公开办组织编制、公布部政府信息公开指南和政府信息公开目录并及时更新。政府信息公开指南包括政府信息的分类、编排体系、获取方式和政府信息公开工作机构的名称、办公地址、办公时间、联系电话、互联网联系方式等内容。政府信息公开目录包括政府信息的索引、名称、内容概述、生成日期等内容。

第九条 根据《条例》规定和部职能,以下政府信息应当主动公开:

(一)自然资源管理有关行政法规、规章和规范性文件;

(二)机关职能、机构设置、办公地址、办公时间、联系方式、负责人姓名;

(三)全国国土空间规划以及部组织编制的其他规划;

(四)有关自然资源统计信息;

(五)部办理行政许可和其他对外管理服务事项的依据、条件、程序以及办理结果;

(六)部实施行政处罚、行政强制的依据、条件、程序以及认为具有一定社会影响的行政处罚决定;

(七)部年度财务预算、决算信息;

(八)部行政事业性收费的项目及其依据、标准;

(九)部政府集中采购项目的目录、标准及实施情况;

(十)地质灾害、海洋灾害应急预案以及其他与自然资源管理有关的突发公共事件应急预案、预报预警信息等;

(十一)部公务员招考的职位、名额、报考条件等事项以及录用结果;

(十二)《自然资源部政务公开基本目录》确定应当主动公开的其他政府信息;

(十三)法律、法规、规章和国家有关规定规定应当主动公开的其他政府信息。

法律、法规和国家有关规定对上述事项的公开权限另有规定的,从其规定。

第十条 不予公开政府信息范围:

(一)依法确定为国家秘密、工作秘密的政府信息,法律、行政法规禁止公开的政府信息,以及公开后可能危及国家安全、公共安全、经济安全和社会稳定的政府信息,不予公开。

(二)涉及商业秘密、个人隐私等公开会对第三方合法权益造成损害的政府信息,不得公开。但是,第三方同意公开或者不公开会对公共利益造成重大影响的,予以公开。

(三)内部事务信息,包括人事管理、后勤管理、内部工作流程等方面的信息,可以不予公开;在履行行政管理职能过程中形成的讨论记录、过程稿、磋商信函、请示报告等过程性信息和行政执法案卷信息,可以不予公开。法律、法规、规章规定上述信息应当公开的,从其规定。

第十一条 部政府信息公开按照以下方式确定主办单位:

(一)属于部制作或获取的政府信息,由具体制作或获取该政府信息的司局和单位主办;制作或获取政府信息涉及多个司局和单位的,由牵头司局和单位主办。

(二)不属于部制作或获取的政府信息,但属于自然资源行政管理职能范围的,按照监管职责确定主办单位。

(三)政府信息公开申请涉及多个司局和单位、难以确定主办单位的,由部公开办协调确定主办单位。

(四)政府信息公开申请内容不属于我部职责范围,或以政府信息公开申请的形式进行信访、投诉、举报等活动的,由部政府信息公开工作机构负责处理。

第十二条 建立政府信息公开审查机制。按照"先审查、后公开,谁公开、谁审查,一事一审"原则,在公开政府信息前,由主办单位依照《中华人民共和国保守国家秘密法》以及其他法律、法规和国家有关规定,对拟公开的政府信息进行审查。主办单位对拟公开的政府信息不能确定是否可以公开时,应当报部公开办、部保密办共同研究确定。

第十三条 建立政府信息管理动态调整机制。各司局和单位对不予公开的政府信息进行定期评估审查,对因情势变化可以公开的政府信息应当公开。

多个申请人就相同政府信息向部提出公开申请,且该政府信息属于可以公开的,由主办单位纳入主动公开范围。

申请人认为依申请公开的政府信息涉及公众利益调整、需要公众广泛知晓或者需要公众参与决策的,建议将该信息纳入主动公开范围的,主办单位经审核认为属于主动公开范围的,应当及时主动公开。

第三章 主动公开的程序和方式

第十四条 建立政府信息发布机制。部主动公开的政府信息通过部门户网站及政务新媒体、新闻发布会及中央和部属媒体、其他便于公众知晓的途径予以公开。部门户网站为政府信息公开第一平台,可根据需要同时采用多种途径予以公开。基础地理信息、自然资源领域可进行空间可视化表达的专题地理信息通过国家地理信息公共服务平台予以公开。

部规章、规范性文件要及时将正式印发件提供国务院公报。

第十五条 属于主动公开范围的政府信息,应当自该政府信息形成或者变更之日起20个工作日内及时公开。法律、法规对政府信息公开的期限另有规定的,从其规定。

政府信息标注具体时间的,以该时间为信息形成时间;政府信息未标注具体时间的,以审定时间为信息形成时间。

第十六条 政府信息是否公开及公开方式由制作或者获取该信息的司局和单位按以下规定确定:

(一)公文类政府信息,主办单位在起草文件时须标明主动公开、依申请公开或者不公开。确定为依申请公开或者不公开的,应当说明理由;确定为主动公开的,由主办单位在法定期限内予以公开。联合发文,由主办单位与联合发文单位共同确定是否公开及公开方式。

(二)公文以外的其他拟主动公开的政府信息,主办单位确定可以公开的,由主办单位负责人审定后予以公开;主办单位不能确定是否可以公开的,由主办单位提请部公开办组织研究确定是否予以公开,必要时报请部领导审定。

在部门户网站发布政府信息按照部门户网站有关管理规定办理。

第十七条 部门户网站按照全国政府信息公开工作主管部门的要求,建立统一的政府信息公开平台,集中发布主动公开的政府信息。政府信息公开平台应当具备信息检索、查阅、下载等功能。

第十八条 部政务大厅配备政府信息查阅设施、设备,为公民、法人和其他组织查阅、获取政府信息提供便利。

第四章 依申请公开的程序和方式

第十九条 公民、法人或者其他组织依法向我部申请获取政府信息的,由部政务大厅统一接收,有关司局和单位办理答复并提供相关政府信息。

(一)部政务大厅负责政府信息公开申请的接收、登记、形式审查、转办分送,告知书等相关文书的印发,申请材料、告知书等相关文书、凭证保存归档,对年度依申请公开情况进行统计分析;

(二)主办单位在规定期限内办理相关事项、拟定告知书等相关文书,提供相关政府信息;

第二十条 部政务大厅接收政府信息公开申请后,1 个工作日内对《条例》规定政府信息公开申请应当包括的要素进行审查:申请人的姓名或者名称、身份证明、联系方式;申请公开的政府信息的描述;获取信息的方式、途径等形式要求。

申请人当面提出申请时,采用书面形式确有困难的,经申请人口头提出,部政务大厅代为填写申请表。

第二十一条 部政务大厅对政府信息公开申请进行形式审查后,按以下情形分别处理:

(一)政府信息公开申请要素齐全的,部政务大厅予以登记,通过 OA 系统发送"办理单",转有关司局和单位办理答复。部政务大厅难以确定主办单位的,报部公开办确定主办单位。因申请内容不明确不能确定主办单位的,由部公开办作出补正通知书,自收到申请之日起 7 个工作日内向申请人发出;

(二)部依申请公开实行一次性补正。政府信息公开申请要素不全的,部政务大厅同时通过 OA 系统向部公开办或者主办单位就是否需要对申请公开的内容描述进行补正征求意见,部公开办或者主办单位应在 2 个工作日内反馈补正意见。逾期未反馈的,视为不需要补正。部政务大厅根据反馈意见起草补正通知书,经部公开办审核同意后,自收到申请之日起 7 个工作日内向申请人发出;

（三）政府信息公开申请内容过于繁杂并且涉及多个主办单位，经部公开办审核确有必要的，由部政务大厅按照“一事一申请”原则起草补正通知书，经部公开办审核同意后，自收到申请之日起7个工作日内向申请人发出。

第二十二条　政府信息公开申请要素齐全，主办单位认为政府信息公开申请内容不明确的，应当自部收到申请之日起5个工作日作出补正通知书，说明需要补正的事项并对申请人给予指导和释明，告知申请人15个工作日补正期限。补正通知书通过OA系统发送部政务大厅，由部政务大厅印制并自收到申请之日起7个工作日内向申请人发出。

答复期限自部收到补正的申请之日起计算。申请人无正当理由逾期不补正的，视为放弃申请，可以不再处理该政府信息公开申请。申请人拒绝补正，或补正后政府信息公开申请内容仍不明确的，可以书面告知申请人：因申请内容不明确，本机关无法处理。

第二十三条　对政府信息公开申请，可以按下列方式处理：

（一）一份政府信息公开申请包含多个事项，但内容清楚的，可以不作“一事一申请”补正，由部政务大厅拆分有关司局和单位分别办理答复。各答复要说明所针对的申请事项；

（二）对于同一申请人同时提出多份申请的，可以合并答复；

（三）对于多个申请人同时就同一事项分别提出申请的，可以合并答复，并将告知书等相关文书分别发送申请人。

第二十四条　部收到政府信息公开申请的时间，按照下列规定确定：

（一）申请人当面提交政府信息公开申请的，以提交之日为收到申请之日；

（二）申请人以邮寄方式提交政府信息公开申请的，以部签收之日为收到申请之日；以平常信函等无需签收的邮寄方式提交政府信息公开申请的，部政务大厅应当于收到申请的当日与申请人确认，确认之日为收到申请之日；

（三）申请人通过互联网渠道提交政府信息公开申请的，部政务大厅与申请人双方确认之日为收到申请之日。

（四）部政务大厅之外的其他司局和单位收到向部提出政府信

息公开申请的,应及时将申请及信封原件完整转交部政务大厅。部政务大厅收到转交的政府信息公开申请后,与申请人确认转交时间,启动政府信息公开处理程序,起算处理期限。

第二十五条 主办单位认为依申请公开的政府信息公开会损害第三方合法权益的,应当书面征求第三方的意见,并要求第三方自收到征求意见书之日起15个工作日提出意见。第三方逾期未提出意见的,由主办单位决定是否公开。第三方不同意公开且有合理理由的,不予公开。主办单位认为不公开可能对公共利益造成重大影响的,报部政务公开领导小组决定是否公开。部政务公开领导小组决定予以公开的,由主办单位将决定公开的政府信息内容和理由书面告知第三方。

第二十六条 申请公开的政府信息由我部牵头与其他单位共同制作,已经主动公开的,告知申请人获取该政府信息的方式、途径;未主动公开的,应当征求其他单位的意见,要求被征求意见单位自收到征求意见书之日起15个工作日内提出意见,逾期未提出意见的视为同意公开。

第二十七条 部收到政府信息公开申请,能够当场答复的,应当当场予以答复,并做好记录;不能当场答复的,应当自收到申请之日起20个工作日内予以答复(征求意见所需时间不计算在内);需要延长答复期限的,应当经政府信息公开工作机构负责人同意并告知申请人,延长的期限最长不得超过20个工作日。

第二十八条 部政务大厅收到政府信息公开申请,经审查要素齐全的,1个工作日内转有关司局和单位办理。

主办单位依据《条例》规定拟定告知书等相关文书,由本单位负责人审签,在“办理单”要求时限前,将政府信息公开文书稿及拟公开的政府信息材料一并提交部政务大厅。部政务大厅发现政府信息公开文书稿存在明显问题,可以说明原因并退回主办单位修改。部政务大厅根据主办单位提供的文书稿印制政府信息公开文书、加盖“自然资源部政府信息公开专用章”,在法定答复期限前按照申请人要求的形式提供申请人。

司局和单位认为转办的政府信息公开申请不应由本司局和单

位主办的,应在收到转办政府信息公开申请材料 2 个工作日内,向部公开办说明理由并提出应主办的司局和单位,经部公开办同意后,将政府信息公开申请材料退回部政务大厅。部政务大厅按照部公开办的意见重新转办该政府信息公开申请。

第二十九条 对政府信息公开申请,主办单位根据下列情况分别作出答复:

(一)所申请公开信息已经主动公开的,告知申请人获取该政府信息的方式、途径。申请人要求行政机关提供政府公报、报刊、书籍等公开出版物的,可以不予提供,告知获取的途径;

(二)所申请公开信息可以公开的,向申请人提供该政府信息,或者告知申请人获取该政府信息的方式、途径和时间;

(三)依据《条例》规定决定不予公开的,告知申请人不予公开并说明理由;

(四)经检索、查询没有所申请公开信息的,告知申请人该政府信息不存在;

(五)所申请公开信息不属于我部负责公开的,告知申请人并说明理由;能够确定负责公开该政府信息的行政机关的,告知申请人该行政机关的名称、联系方式;

(六)已就申请人提出的政府信息公开申请作出答复、申请人重复申请公开相同政府信息的,告知申请人不予重复处理;

(七)所申请公开信息属于工商、不动产登记资料等信息,有关法律、法规对信息的获取有特别规定的,告知申请人依照有关法律、法规的规定办理;

(八)申请公开的信息中含有不应当公开或者不属于政府信息的内容,但是能够作区分处理的,行政机关应当向申请人提供可以公开的政府信息内容,并对不予公开的内容说明理由;

第三十条 对以政府信息公开申请的形式进行其他诉求的,按以下方式处理:

(一)申请公开的信息不是现成信息,需要对现有的信息进行加工、分析(作区分处理除外)的,可以告知申请人不予提供,也可以视具体情况便民提供;

（二）申请人以政府信息公开申请的形式咨询问题、核实情况的，可以告知申请人申请内容不明确，要求进行补正。能答复的，可以直接答复；

（三）申请人以政府信息公开申请的形式进行信访、投诉、举报等活动，告知申请人不作为政府信息公开申请处理并可以告知通过相应渠道提出。

第三十一条 各类政府信息依申请公开文书应当统一格式、统一标题、统一依序编发文号、统一加盖“自然资源部政府信息公开专用章”。告知书应当具备以下要素：标题、文号、申请人姓名（名称）、申请内容、法律依据、处理决定、申请人复议诉讼的权利和期限、答复主体、答复日期及印章。

第三十二条 主办单位根据申请人的要求及保存政府信息的实际情况，确定提供政府信息的具体形式（包括纸质、电子文档等，不包括申请人提出的“盖骑缝章”“每页加盖印章”等形式），当面提供、邮政寄送或电子发送给申请人。按照申请人要求的形式提供政府信息，可能危及政府信息载体安全或者公开成本过高的，可以通过电子数据以及其他适当形式提供，或者安排申请人查阅、抄录相关政府信息。

安排申请人查阅相关材料，由主办单位按照有关规定办理档案借阅手续，在部政务大厅进行查阅。主办单位会同部保密办对查阅内容进行审查。主办单位对申请人查阅材料进行全程监督并提供服务，如申请人需对查阅材料进行复制、摘录、拍照，应执行国家和部有关规定。

第三十三条 部政务大厅审核、登记政府信息公开申请，或主办单位办理政府信息公开申请时，认为申请人申请公开政府信息的数量、频次明显超过合理范围，经部公开办同意，可以要求申请人说明理由。认为申请理由不合理的，经部公开办同意，告知申请人不予处理。认为申请理由合理的，转有关司局和单位办理。认为申请理由合理，但不能在规定期限内答复申请人的，可以确定延迟答复的合理期限并告知申请人。

第三十四条 公民、法人或者其他组织有证据证明我部提供的与其自身相关的政府信息记录不准确,要求我部更正的,由负责提供该政府信息的司局和单位进行审核。经审核属实,我部有权更正的,由负责提供该政府信息的司局和单位予以更正并告知申请人;不属于我部职能范围的,由负责提供该政府信息的司局和单位转送有权更正的行政机关处理并告知申请人,或者告知申请人向有权更正的行政机关提出更正申请。法律法规对申请更正政府信息另有规定的,由提供该政府信息的司局和单位告知申请人按照有关法律法规规定处理。

第三十五条 部依申请提供政府信息,不收取费用。但是,申请人申请公开政府信息的数量、频次明显超过合理范围的,可以收取信息处理费,具体标准执行国务院办公厅印发的《政府信息公开信息处理费管理办法》。

第五章 监督和保障

第三十六条 部建立健全政府信息公开工作考核制度、评议制度和责任追究制度,定期对政府信息公开工作进行考核、评议。

第三十七条 部公开办应当加强对政府信息公开工作的日常指导和监督检查,组织相关业务培训。

第三十八条 部公开办按照国务院办公厅政府信息与政务公开办公室制定内容和格式规范,组织编制政府信息公开工作年度报告,于每年1月31日前报送国务院办公厅政府信息与政务公开办公室,并在部门户网站向社会公布。各司局和单位按要求提供有关统计数据和材料。

第三十九条 公民、法人或者其他组织认为部在政府信息公开工作中侵犯其合法权益的,可以依法申请行政复议或者提起行政诉讼。部政府信息公开主办单位负责相关行政复议答复、行政诉讼应诉事宜。

第四十条 公民、法人和其他组织有权对部机关的政府信息公开工作进行监督,并提出批评和建议,部公开办应当及时妥善处理。

第六章 附 则

第四十一条 本规范由部公开办负责解释。

第四十二条 本规范自印发之日起施行。2014 年 8 月 22 日原国土资源部办公厅印发的《国土资源部政府信息公开工作规范》同时废止。

自然资源违法行为立案查处工作规程(试行)(节录)

1. 2022 年 9 月 23 日自然资源部发布
2. 自然资发〔2022〕165 号
3. 自 2022 年 11 月 1 日起施行

为规范自然资源违法行为立案查处工作,明确立案查处工作程序,提高执法查处水平,提升执法查处效能,根据《中华人民共和国土地管理法》《中华人民共和国矿产资源法》《中华人民共和国测绘法》《中华人民共和国城乡规划法》《中华人民共和国行政处罚法》《中华人民共和国行政强制法》等法律法规,制定本规程。

1 总则

1.1 适用范围

自然资源主管部门立案查处自然资源违法行为,适用本规程,法律法规另有规定的除外。

综合行政执法部门、乡镇人民政府、街道办事处等依法履行立案查处自然资源违法行为职责的,可以参照本规程。

1.2 自然资源违法行为立案查处的基本内容

自然资源违法行为立案查处,是指自然资源主管部门,依照法定职权和程序,对自然人、法人或者其他组织违反土地、矿产、测绘地理信息、国土空间规划法律法规的行为,进行调查处理,实施行政处罚或者行政处理的执法行为。

1.3 自然资源违法行为立案查处的原则与要求

自然资源违法行为立案查处,应当遵循严格、规范、公正、文明的原则,做到事实清楚、证据确凿、定性准确、依据正确、程序合法、处罚适当、文书规范。

1.4 自然资源违法行为立案查处的实施主体与分工

自然资源主管部门组织实施自然资源违法行为立案查处工作,具体工作依法由其执法工作机构和其他业务职能工作机构(以下统称承办机构)按照部门内部确定的职责分工承担。无明确职责分工的,执法工作机构主要承担未经审批的自然资源违法行为的立案查处,其他业务职能工作机构主要承担与其行政许可等密切相关违法行为的立案查处。

经依法书面委托的自然资源主管部门执法队伍(执法总队、支队、大队、中心等)可以在委托范围内,以委托部门的名义进行立案查处工作。

自然资源主管部门可以根据需要依法明确自然资源所、执法中队等承担相应的自然资源执法工作。

1.5 自然资源执法人员

自然资源执法人员应当熟悉土地、矿产、测绘地理信息、国土空间规划等法律法规,经过培训,考核合格,取得执法证件。

执法人员在自然资源违法行为立案查处过程中,应当主动出示执法证件,向当事人或者相关人员表明身份。

在自然资源违法行为立案查处过程中知悉的国家秘密、商业秘密或者个人隐私,执法人员应当依法予以保密。

1.6 自然资源违法行为立案查处的工作保障

自然资源主管部门应当加强与财政等相关部门的沟通协调,将执法工作经费纳入年度部门预算,提供车辆、记录仪等必要装备保障,并为执法人员提供人身意外伤害保险等职业风险保障。

自然资源主管部门可以根据执法工作需要,统筹多方技术力量,或者采取购买第三方服务等方式,加强执法工作技术保障;可以聘请执法工作辅助人员,加强执法工作人力资源保障;充分利用信息化手段,加强执法工作的信息化建设,提升执法查处效能。

1.7 自然资源违法行为立案查处的基本流程

(1)立案

(2)调查取证

(3)案情分析与调查报告起草

(4)案件审理

(5)重大执法决定法制审核

(6)作出处理决定(行政处罚决定或者行政处理决定)

(7)执行

(8)结案

(9)立卷归档

涉及需要移送公安、纪检监察、任免机关追究刑事责任、党纪政务责任的,应当依照有关规定移送。

1.8 规范行使行政处罚裁量权

自然资源主管部门应当规范行使行政处罚裁量权。省级自然资源主管部门应当依据法律法规规定的违法行为和相应法律责任,结合当地社会经济发展的实际情况,依法制定行政处罚裁量基准,细化量化本地区自然资源行政处罚的裁量范围、种类、幅度等并向社会公布。市(地)级、县级自然资源主管部门可以根据省级行政处罚裁量基准制定实施细则。

省级自然资源主管部门可以根据实际情况,制定并公布轻微违法行为依法不予行政处罚清单。

1.9 全面落实行政执法"三项制度"

自然资源主管部门应当全面落实行政执法公示制度、执法全过程记录制度和重大执法决定法制审核制度(统称行政执法"三项制度")的相关规定。

1.10 补充说明

地方自然资源主管部门可以依据本规程制定实施细则或者补充规定,报上一级自然资源主管部门备案。

在国土空间规划实施前,继续执行经依法批准的土地利用总体规划和城乡规划。在国土空间规划实施后,按照国土空间规划执行。

行政处理案件的立案查处程序适用本规程。

2 立案

2.1 案件管辖

2.1.1 地域管辖

自然资源违法案件由自然资源违法行为发生地的自然资源主管部门管辖,法律、行政法规、部门规章另有规定的,从其规定。

土地、矿产、国土空间规划违法案件一般由不动产所在地的自然资源主管部门管辖;测绘地理信息违法案件一般由单位注册地、办公场所所在地、个人户籍所在地的自然资源主管部门管辖。

两个以上自然资源主管部门都有管辖权的,由最先立案的自然资源主管部门管辖。

2.1.2 级别管辖

县级自然资源主管部门管辖本行政区域内发生的自然资源违法案件。

市级、省级自然资源主管部门管辖本行政区域内重大、复杂和法律法规规定应当由其管辖的自然资源违法案件。

自然资源部管辖全国范围内重大、复杂和法律法规规定应当由其管辖的自然资源违法案件。

有下列情形之一的,上级自然资源主管部门有权管辖下级自然资源主管部门管辖的案件:

(1)下级自然资源主管部门应当立案调查而不予立案调查的;

(2)案情复杂,情节恶劣,有重大影响的。

必要时,上级自然资源主管部门可以将本级管辖的案件交由下级自然资源主管部门立案调查,但是法律法规规定应当由其管辖的除外。

2.1.3 指定管辖

有管辖权的自然资源主管部门由于特殊原因不能行使管辖权的,可以报请上一级自然资源主管部门指定管辖;自然资源主管部门之间因管辖权发生争议的,报请共同的上一级自然资源主管部门指定管辖。上一级自然资源主管部门应当在接到指定管辖申请之日起七个工作日内,作出管辖决定。

自然资源主管部门与其他部门之间因管辖权发生争议,经协商无法达成一致意见的,应当报请本级人民政府指定管辖。

2.1.4　移送管辖

自然资源主管部门发现违法行为不属于本级或者本部门管辖的,应当填报《案件管辖移送书》,移送有管辖权的自然资源主管部门或者其他部门。受移送的自然资源主管部门对管辖权有异议的,应当报请上一级自然资源主管部门指定管辖,不得再自行移送。

2.2　核查与制止

核查人员应当按照要求及时核查涉嫌自然资源违法行为,核查后根据是否符合立案条件,提出立案或者不予立案的建议。

2.2.1　核查的主要内容

(1)涉嫌违法当事人的基本情况;

(2)涉嫌违法的基本事实;

(3)违反自然资源法律法规的情况;

(4)是否属于本级本部门管辖。

核查过程中,可以采取现场勘验、摄像、拍照、询问、复印资料等方式收集相关材料。

2.2.2　违法行为制止

经核查存在自然资源违法行为,执法人员应当向违法当事人宣传自然资源法律法规和政策,告知其行为违法及可能承担的法律责任,采取措施予以制止。

2.2.2.1　责令停止违法行为

对正在实施的违法行为,自然资源主管部门应当依法及时下达《责令停止违法行为通知书》。

《责令停止违法行为通知书》应当记载下列内容:

(1)违法行为人的姓名或者名称;

(2)简要违法事实和法律依据;

(3)其他应当记载的事项。

2.2.2.2 其他制止措施

对自然资源违法行为书面制止无效、当事人拒不停止违法行为的，自然资源主管部门应当及时将违法事实书面报告本级人民政府和上一级自然资源主管部门；可以根据情况将涉嫌违法的事实及制止违法行为的情况抄告发展改革、城乡建设、农业农村、电力、金融、市场监管等部门，提请相关部门按照共同责任机制等要求履行部门职责，采取联合执法等措施，共同制止违法行为。

2.3 立案条件

符合下列条件的，自然资源主管部门应当予以立案：

(1)有明确的行为人；

(2)有违反自然资源法律法规的事实；

(3)依照自然资源法律法规应当追究法律责任；

(4)属于本级本部门管辖；

(5)违法行为没有超过追诉时效。

2.4 立案呈批

核查后，应当根据立案或者不予立案的建议填写《立案(不予立案)呈批表》，报自然资源主管部门负责人审批。符合立案条件的，自然资源主管部门应当在十个工作日内予以立案。

《立案(不予立案)呈批表》应当载明案件来源、当事人基本情况、涉嫌违法事实、相关建议等内容。必要时，一并提出暂停办理与案件相关的自然资源审批、登记等手续的建议。

2.5 案由

案由应当结合违法行为具体情况确定，一般表述为“违法主体+违法行为类型或者情形+行为结果”。其中，违法主体应当使用全称或者规范简称，违法行为类型或者情形可参照本规程附录，无行为结果可以不表述。

2.6 确定承办人员

批准立案后，承办机构应当确定具有行政执法资格的执法人员作为案件承办人员，承办人员不得少于二人。

承办人员具体组织实施案件调查取证，起草相关法律文书，提出处理建议，撰写案件调查报告等。

2.7 回避

承办人员与案件有直接利害关系或者有其他关系可能影响公正执法的，应当主动申请回避。当事人认为承办人员与案件有直接利害关系或者有其他关系可能影响公正执法的，可以申请承办人员回避。

承办人员主动申请回避的，由承办机构负责人决定；当事人提出回避申请或者涉及承办机构负责人的回避，由自然资源主管部门负责人决定。决定回避的，应当对之前的调查行为是否有效一并决定。决定回避前，被要求回避的承办人员不停止对案件的调查。

其他与案件有直接利害关系或者有其他关系可能影响公正执法的人员，不得参与案件的调查、讨论、审理、重大执法决定法制审核和决定。

3 调查取证

承办人员应当对违法事实进行调查，并收集相关证据。调查取证时，不得少于二人，并应当主动向被调查人出示执法证件。

3.1 调查措施

3.1.1 一般调查措施

调查取证时，承办人员依法有权采取下列措施：

(1)下达《接受调查通知书》，要求被调查的单位或者个人提供有关文件和资料，并就与案件有关的问题作出说明；

(2)询问当事人以及相关人员，进入违法现场进行检查、勘验、拍照、录音、摄像，查阅和复印相关材料；

(3)责令当事人停止违法行为，限期改正；

(4)根据需要可以对有关证据先行登记保存；

(5)对涉嫌自然资源违法的单位或者个人，在调查期间暂停办理与该违法案件相关的审批、登记等手续；

(6)责令涉嫌土地违法的单位或者个人在调查期间不得变卖、转移与案件有关的财物，对可能被转移、销毁、隐匿或者篡改的文件、资料予以封存；

(7)查封、扣押与涉嫌测绘违法行为直接相关的设备、工具、原材料、测绘成果、地图产品等；

(8)责令停止城乡规划违法建设，当事人不停止的，申请县级以上地方人民政府责成有关部门查封施工现场；

(9)可以采取的其他措施。

3.1.2 调查遇阻措施

被调查人拒绝、逃避调查取证或者采取暴力、威胁等方式阻碍调查取证时，依法可以采取下列措施：

(1)商请当事人所在单位或者违法行为发生地所在基层组织协助调查；

(2)向本级人民政府或者上一级自然资源主管部门报告；

(3)提请公安、检察、监察等相关部门协助；

(4)其他措施。

3.2 调查实施与证据收集

3.2.1 调查前期准备

(1)研究确定调查的主要内容、方法、步骤及拟收集的证据清单等；

(2)收集内业资料；

(3)准备调查装备、设备；

(4)准备其他材料。

3.2.2 证据种类

(1)书证；

(2)物证；

(3)视听资料；

(4)电子数据；

(5)证人证言；

(6)当事人的陈述；

(7)询问笔录；

(8)现场勘验笔录；

(9)认定意见、鉴定意见；

(10)其他。

3.2.3 证据范围

3.2.3.1 土地违法案件证据范围

(1)当事人身份证明材料；

(2)询问笔录；

(3)地类及权属证明材料；

(4)土地利用现状图、土地利用总体规划图、国家永久基本农田数据库等；

(5)现场勘验材料，包括现场勘验笔录、勘测定界图、勘测报告等；

(6)违法地块现状材料，包括现场照片、视听资料等；

(7)土地来源材料，包括预审、先行用地、临时用地、土地征收、农用地转用、供地等相关审批材料、设施农用地备案材料、土地取得协议或者合同、骗取批准的证明材料等；

(8)项目立项、规划、环评、建设等审批材料；

(9)破坏耕地等农用地涉嫌犯罪的相关认定意见、鉴定意见材料；

(10)违法转让的证明材料，包括转让协议、实际交付价款凭证、土地已实际交付证明材料、违法所得认定材料；

(11)违法批地的证明材料，包括批准用地的文件、协议、会议纪要、记录等；

(12)需要收集的其他证据材料。

3.2.3.2 矿产违法案件证据范围

(1)当事人身份证明材料；

(2)询问笔录；

(3)勘查、开采等审批登记相关材料；

(4)证明矿产品种类、开采量、价格等的材料；

(5)违法所得证据及认定材料，包括生产记录、销售凭据等；

(6)违法勘查、开采等证明材料，包括现场勘验笔录、现场照片、视听资料等；

(7)违法转让(出租、承包)矿产资源、矿业权的证明材料,包括协议、转让价款凭证、往来账目等；

(8)违法采矿、破坏性采矿涉嫌犯罪的相关认定意见、鉴定意见；

(9)需要收集的其他证据材料。

地质灾害、矿山环境等违法案件参照上述证据范围要求收集相关证据材料。

3.2.3.3　测绘地理信息违法案件证据范围

(1)当事人身份证明材料；

(2)询问笔录；

(3)资质证书、资格证书、相关行政许可或者审批等材料；

(4)现场勘验材料,包括现场勘验笔录、照片、相关数据、视听资料等；

(5)相关项目、人员用工等合同或者协议性文件材料；

(6)相关交易凭据、账簿、登记台账及其他有关文件材料；

(7)测绘资料、成果、地图、附着地图图形物品、图件和电子数据等材料；

(8)测绘相关设施、设备、工具、原材料等；

(9)弄虚作假、伪造、欺骗、冒用、以其他人名义执业等材料；

(10)相关审查意见、检验或者检测报告以及专家结论等材料；

(11)需要收集的其他证据材料。

3.2.3.4　国土空间规划违法案件证据范围

(1)当事人身份证明材料；

(2)询问笔录；

(3)土地权属证明材料；

(4)项目立项、土地、规划、环评、建设等审批材料；

(5)现场勘验材料,包括现场勘验笔录、勘测定界图、勘测报告等；

(6)违法项目现状材料,包括现场照片、视听资料、设计文本、施工图纸、竣工测量报告等;

(7)国土空间规划编制单位资质等级许可文件及项目承揽合同、编制成果等;

(8)规划审批部门关于项目规划情况的认定意见材料;

(9)项目施工合同、建设工程造价认定意见材料;

(10)违法收入证明材料;

(11)违法审批的证明材料,包括规划审批的文件、协议、会议纪要、记录等;

(12)需要收集的其他证据材料。

3.2.4 证据要求

3.2.4.1 书证、物证

书证和物证为原件原物的,制作证据交接单,注明证据名称(品名)、编号(型号)、数量等内容。经核对无误后,双方签字,一式二份,各持一份。

书证为复印件的,应当由保管书证原件的单位或者个人在复印件上注明出处和"本复印件与原件一致"等字样,签名、盖章,并签署时间。单项书证较多的,加盖骑缝章。

收集物证原物确有困难的,可以收集与原物核对无误的复制件或者证明该物证的照片、录像等其他证据。

3.2.4.2 视听资料、电子数据

录音、录像、计算机数据等视听资料、电子数据应当符合下列要求:

(1)收集视听资料、电子数据的原始载体。收集原始载体确有困难的,可以收集复制件;

(2)收集视听资料、电子数据,应当制作笔录,记录案由、对象、内容,收集的时间、地点、方法、过程,并附清单,注明类别、文件格式等,由承办人员和视听资料、电子数据持有人(提供人)签名或者盖章;持有人(提供人)无法签名或者拒绝签名的,应当在笔录中注明,由见证人签名或者盖章。有条件的,可以对相关活动进行录像；

(3)声音资料应当附有该声音内容的文字记录。

3.2.4.3 证人证言

证人证言应当符合下列要求：

(1)写明证人的姓名、年龄、性别、职业、住址、联系方式等基本情况；

(2)有与案件相关的事实；

(3)有证人签名，证人不能签名的，应当按手印或者盖章；

(4)注明出具日期；

(5)附有身份证复印件等证明证人身份的文件。

3.2.4.4 当事人的陈述

当事人请求自行提供陈述材料的，应当准许。必要时，承办人员也可以要求当事人自行书写。当事人应当在其提供的陈述材料上签名、按手印或者盖章。

3.2.4.5 询问笔录

对当事人、证人等询问时，应当个别进行，并制作《询问笔录》。《询问笔录》包括基本情况和询问记录等内容。

基本情况包括：询问时间、询问地点、询问人、记录人、被询问人基本信息等。

询问记录包括：询问告知情况、案件相关事实和被询问人补充内容。

(1)询问开始时，承办人员应当表明身份，出示执法证件，核实被询问人身份，并告知被询问人诚实作证和配合调查的法律义务，隐瞒事实、作伪证的法律责任以及申请承办人员回避的权利。

(2)案件相关事实包括：时间、地点、原貌与现状、地类、面积、权属、矿种、采出量、违法所得、实施主体、实施目的、实施过程、后果、相关手续办理情况、其他单位或者部门处理情况、相关资料保存情况以及其他需要询问的内容。

询问结束，应当将《询问笔录》交被询问人核对。被询问人阅读有困难的，应当向其宣读。笔录如有差错、遗漏，应当允许被询问人更正或者补充，涂改部分应当由被询问人按手印。经核对无误后，由被询问人在《询问笔录》上逐页签名、按手印，在尾页空白处写明“以上笔录经本人核对无异议”等被询问人认可性语言，签署姓名和时间，并按手印。《询问笔录》应当注明总页数和页码。

被询问人拒绝签名的，承办人员应当在《询问笔录》中注明。有其他见证人在场的，可以由见证人签名。

询问时，在文字记录的同时，根据需要可以在告知被询问人后录音、录像。

3.2.4.6 现场勘验笔录

现场勘验应当告知当事人参加。当事人拒绝参加的，不影响现场勘验进行，但可以邀请案件发生地村(居)委会等基层组织相关人员作为见证人参加。必要时，可以采取拍照、录像等方式记录现场勘验情况。

现场勘验应当制作《现场勘验笔录》。《现场勘验笔录》应当记载当事人、案由、勘验内容、勘验时间、勘验地点、勘验人、勘验情况等内容，并附勘测图。《现场勘验笔录》应当由勘验人员、承办人员、当事人或者见证人签名。当事人拒绝签名或者不能签名的，应当注明原因。

委托有关机构进行鉴定的，被委托的鉴定机构不得单独进行现场勘验。

3.2.4.7 认定意见、鉴定意见

涉及耕地破坏程度认定或者鉴定的，由市(地)级或省级自然资源主管部门组织实施，根据实际情况出具认定意见；也可委托具有法定资质的机构出具鉴定意见；没有具有法定资质的机构的，可以委托其他具备条件的机构出具鉴定意见。

涉及违法开采的矿产品价值认定的，根据销赃数额认定；无销赃数额，销赃数额难以查证或者根据销赃数额认定明显不合理的，根据矿产品价格和数量认定。矿产品价格和数量难以确定的，依据价格认证机构和省级以上自然资源主管部门出具的报告，并结合其他证据作出认定意见。

涉及测绘地理信息违法行为认定的，由市（地）级以上自然资源主管部门组织实施，根据需要出具认定意见，也可以委托有关机构出具鉴定意见。

3.2.5 证据先行登记保存

调查中发现证据可能灭失或者以后难以取得的情况下，经自然资源主管部门负责人批准，可以先行登记保存。证据先行登记保存期间，任何人不得销毁或者转移证据。

证据先行登记保存，应当制作《证据先行登记保存通知书》，附具《证据保存清单》，向当事人下达。制作《证据保存清单》，应当有当事人在场，当事人不在场可以邀请其他见证人参加，并由当事人或者见证人核对，确定无误后签字。

先行登记保存的证据，可以交由当事人自己保存，也可以由自然资源主管部门或者其指定单位保存。证据在原地保存可能妨害公共秩序、公共安全或者对证据保存不利的，也可以异地保存。

自然资源主管部门应当自发出《证据先行登记保存通知书》之日起七个工作日内，根据情况分别作出如下处理决定，向当事人下达《先行登记保存证据处理通知书》：

（1）采取记录、复制、复印、拍照、录像等方式收集证据；

（2）送交具有资质的专门机构进行鉴定、认定等；

（3）违法事实不成立的，解除证据先行登记保存；

（4）其他应当作出的决定。

3.3 行政强制措施

经自然资源主管部门负责人批准，自然资源主管部门可以依法查封、扣押与涉嫌违法测绘行为直接相关的设备、工具、原材料、测绘成果资料等；可以依法查封、扣押涉嫌违法的地图、附着地图图形的产品以及用于实施地图违法行为的设备、工具、原材料等。

3.3.1 一般规定

查封、扣押等直接涉及重大财产权益的行政强制措施应当全程音像记录。承办人员应当主动出示执法证件，通知当事人到场，当场告知当事人采取行政强制措施的理由、依据以及当事人依法享有的权利、救济途径,听取当事人的陈述和申辩,制作现场笔录,并由当事人和承办人员签名或者盖章,当事人拒绝的,在笔录中予以注明。当事人不到场的,邀请见证人到场,由见证人和承办人员在现场笔录上签名或者盖章。

情况紧急,需要当场实施行政强制措施的,承办人员应当在24小时内向自然资源主管部门负责人报告,并补办批准手续。自然资源主管部门负责人认为不应当采取行政强制措施的,应当立即解除。

3.3.2 审查决定

实施查封、扣押,应当填写《行政强制措施事项审批表》,经自然资源主管部门负责人批准,制作《行政强制措施决定书》,附具《物品清单》,向当事人下达。制作《物品清单》应当有当事人在场,当事人不在场可以邀请其他见证人参加,并由当事人或者见证人核对,确定无误后签字。对查封的设施或者财物,可以委托第三人保管,第三人不得损毁或者擅自转移、处置。

3.3.3 强制措施处理

采取查封、扣押措施后,应当及时查清事实,自发出《行政强制措施决定书》之日起三十日内作出处理决定,情况复杂的,经自然资源主管部门负责人批准,可以延长,但是延长期限不得超过三十日。对违法事实清楚,依法应当没收的非法财物予以没收;应当解除查封、扣押的,作出解除查封、扣押的决定。

对物品需要进行检测、检验、检疫或者技术鉴定的,查封、扣押期限不包括检测、检验、检疫或者技术鉴定期限。

3.4 调查中止

因不可抗力、意外事件或者其他情形,致使案件暂时无法调查的,承办人员应当填写《中止调查决定呈批表》,报自然资源主管部门负责人批准后,中止调查。案件中止调查的情形消除后,应当及时恢复调查。

3.5 调查终止

有下列情形之一的,承办人员应当填写《终止调查决定呈批表》并提出处理建议，报自然资源主管部门负责人批准后，终止调查。

(1)调查过程中，发现违法事实不成立的；

(2)违法行为已过行政处罚追诉时效的；

(3)不属本部门管辖，需要向其他部门移送的；

(4)因不可抗力致使案件无法调查处理的；

(5)需要终止调查的其他情形。

4 案情分析与调查报告起草

在调查取证的基础上，承办人员应当对收集的证据、案件事实进行认定，确定违法的性质和法律适用，研究提出处理建议，并起草调查报告。

4.1 证据认定

4.1.1 证据审查

承办人员应当对证据的真实性、关联性和合法性进行审查。

(1)真实性审查主要审查证据是否为原件、原物，复制件、复制品是否符合要求等；

(2)关联性审查主要审查证据与案件的待证事实之间是否具有内在的联系，证据之间能否互相支撑形成证据链等；

(3)合法性审查主要审查证据取得程序及相关手续是否合法等。

4.1.2 证据的证明效力认定

认定各类证据的证明效力应当遵循以下原则：

(1)国家机关以及其他职能部门依职权制作的公文文书优于其他书证；

(2)认定意见、鉴定意见、现场勘验笔录、档案材料以及经过公证或者登记的书证优于其他书证、视听资料和证人证言；

(3)原件、原物优于复制件、复制品；

(4)法定鉴定部门的鉴定意见优于其他鉴定部门的鉴定意见；

(5)原始证据优于传来证据；

(6)其他证人证言优于与当事人有亲属关系或者其他密切关系的证人提供的对该当事人有利的证言;

(7)数个种类不同、内容一致的证据优于一个孤立的证据。

4.1.3 辅助证据

下列证据不能单独作为认定案件事实的依据,但可以作为辅助证据。

(1)未成年人的证言;

(2)与当事人有亲属关系或者其他密切关系的证人所作的对该当事人有利的证言,或者与当事人有不利关系的证人所作的对该当事人不利的证言;

(3)难以识别是否经过修改的视听资料;

(4)无法与原件、原物核对的复制件或者复制品;

(5)其他不能单独作为定案依据的证据材料。

4.2 事实认定

4.2.1 违法责任主体认定

违法责任主体应当是实施违法行为并且能够独立承担法律责任的自然人、法人或者其他组织。

(1)当事人是自然人的,该自然人为违法责任主体。

(2)当事人是法人的(企业法人、机关法人、事业单位法人、社会团体法人、农村经济组织法人、合作经济组织法人、基层群众性自治组织法人等),该法人为违法责任主体;不具有独立法人资格的分公司、内设机构、派出机构、临时机构等实施违法行为的,设立该分公司、内设机构、派出机构、临时机构的法人为违法责任主体。

(3)当事人是其他组织的,能够独立承担法律责任的,该组织为违法责任主体;不能独立承担法律责任的,创办该组织的单位或者个人为违法责任主体。

(4)受委托或者雇佣的自然人、法人或者其他组织在受委托或者雇佣的工作范围内,实施自然资源违法行为,并且能够证明委托或者雇佣关系及委托或者雇佣工作范围的,应当认定委托人或者雇佣人为违法责任主体。

(5)同一违法行为有两个以上当事人的,应当认定为共同违法责任主体。

4.2.2 违法用地占用地类认定

判定违法用地占用地类,应当将违法用地的界址范围或者勘测定界坐标数据套合到违法用地行为发生时最新或者上一年度土地利用现状图或者土地利用现状数据库及国家永久基本农田数据库上,对照标示的现状地类进行判定。违法用地发生时,该用地已经批准转为建设用地的,应当按照建设用地判定。

承办机构可以提请自然资源调查监测管理工作机构进行认定。

4.2.3 是否符合土地利用总体规划的认定

判定违法用地是否符合土地利用总体规划,应当将违法用地的界址范围(或者界址坐标)与违法用地行为发生时乡(镇)土地利用总体规划纸质图件(或者数据库矢量图件)套合比对、对照,将项目名称与土地利用总体规划文本对照。

与乡(镇)土地利用总体规划纸质图件(或者数据库矢量图件)进行套合比对,违法用地位于规划城乡建设允许建设区或属于规划建设用地地类的,应当判定为符合土地利用总体规划;与乡(镇)土地利用总体规划纸质图件(或者数据库矢量图件)进行对照,违法用地位于土地利用总体规划确定的交通廊道内、独立工矿用地区域的,应当判定为符合土地利用总体规划;与土地利用总体规划文本进行对照,用地项目已列入土地利用总体规划重点建设项目清单的,应当判定为符合土地利用总体规划。

在作出处罚决定前,土地利用总体规划依法作出了重大调整,违法用地的规划土地用途发生重大变更的,可以按照从轻原则判定是否符合土地利用总体规划。

承办机构可以提请自然资源规划管理工作机构进行认定。

4.2.4 占用永久基本农田的认定

判定违法用地是否占用永久基本农田或者原基本农田,应当根据违法行为发生的时间,将违法用地的界址范围(或者界址坐标）与国家永久基本农田数据库或者乡（镇）土地利用总体规划纸质图件（或者数据库矢量图件）进行套合比对，对照所标示的永久基本农田保护地块范围进行判定。

违法行为发生在永久基本农田划定（2017 年 6 月）之前的，违法用地位于土地利用总体规划图上标示的原基本农田保护地块范围的，应当判定为占用原基本农田。但已列入土地利用总体规划确定的交通廊道或者已列入土地利用总体规划重点建设项目清单的民生、环保等特殊项目，在未超出规划多划原基本农田面积额度的前提下，占用规划多划的原基本农田时，按照占用一般耕地进行判定，不视为占用原基本农田。

违法行为发生在永久基本农田划定（2017 年 6 月）之后的，应将违法用地界址范围（或者界址坐标）与国家永久基本农田数据库进行套合比对，经套合显示所涉地块为永久基本农田的，应当认定为占用永久基本农田。

承办机构可以提请自然资源规划管理和耕地保护工作机构进行认定。

4.2.5　违法开采矿产品价值认定

违法开采矿产品的价值认定，根据违法所得（销赃数额）直接确定。无违法所得、违法所得难以查证或者违法所得认定明显不合理的，可以根据矿产品数量和价格确定。

违法开采矿产品的数量认定，可以采取计重或者测算体积等方式得出。对于找不到现场堆放的矿产品的，可以通过测量采空区计算或者通过查阅违法当事人销售矿产品的相关台账计算。案情复杂，难以认定的，可以依照省级以上自然资源主管部门出具的违法采出矿产品数量的认定报告确定。

违法开采矿产品的价格认定，按照价格认证机构出具的关于违法采出的矿产品价格的认定报告确定，也可以参照违法行为发生时当地合法矿山企业同类矿产品的销售价格予以认定。

4.2.6　城乡规划违法建设中尚可采取改正措施情形的认定

《中华人民共和国城乡规划法》规定的违法建设，下列情形构成尚可采取改正措施：

(1)取得建设工程规划许可证，但未按建设工程规划许可证的规定进行建设，在限期内采取局部拆除等整改措施，能够使建设工程符合建设工程规划许可证要求的；

(2)未取得建设工程规划许可证即开工建设，但已取得城乡规划主管部门的建设工程设计方案审核决定，且建设内容符合或采取局部拆除等整改措施后能够符合审核决定要求的；

(3)其他可以采取改正措施的情形。

4.2.7 城乡规划违法建设中涉及工程造价罚款基数的认定

对《中华人民共和国城乡规划法》规定的违法建设行为处以罚款，应当以新建、扩建、改建的存在违反城乡规划事实的建筑物、构筑物违法部分造价作为罚款基数。

已经完成竣工结算的违法建设，应当以竣工结算价作为罚款基数；尚未完成竣工结算的违法建设，可以根据工程已完工部分的施工合同价确定罚款基数；未依法签订施工合同或者当事人提供的施工合同价明显低于市场价格的，应当委托有资质的造价咨询机构评估确定。

4.2.8 违法所得、违法收入的认定

4.2.8.1 违法转让土地使用权的违法所得的认定

依法取得的土地使用权违法转让的，当事人依法取得土地使用权的成本和对土地的合法投入，不作为违法所得认定；违法取得的土地使用权违法转让的，违法所得为当事人转让全部所得。

转让全部所得数额按照转让合同及交易凭据所列价款确定。没有转让合同及交易凭据、当事人拒不提供或者提供的转让合同及交易凭据所列价款明显不符合实际的，可以按照评估价认定。

对土地的合法投入包括土地开发、新建建筑物和构筑物的建设投入等，但是违法新建建筑物和构筑物的建设投入除外。

4.2.8.2 矿产违法所得的认定

无证开采和越界开采的，违法所得数额应当按照销售凭据确定；没有销售凭据的，价值按照已经销售或者已经利用的违法采出矿产品的数量和价格认定。

买卖、出租或者以其他方式转让矿产资源的,违法所得数额应当为买卖、出租或者以其他方式转让的全部所得。

违法转让矿业权的,违法所得为转让矿业权全部所得。

4.2.8.3 测绘地理信息违法所得的认定

违法从事测绘地理信息活动、生产、销售商品或者提供服务的,其合法成本与投入不作为违法所得认定。

4.2.8.4 城乡规划违法收入的认定

按照新建、扩建、改建的存在违反城乡规划事实的建筑物、构筑物违法部分出售所得价款计算;未出售或者出售所得价款明显低于同类房地产市场价格的,应当委托有资质的房地产评估机构评估确定。

4.3 法律适用和处理建议

承办人员应当依据调查掌握的证据和认定的违法事实,确定违法的性质和适用的法律法规,对照行政处罚裁量基准,研究提出处理建议。

自然资源违法行为主要类型、法律依据与法律责任见附录 A、附录 B、附录 C、附录 D。

4.3.1 不予处罚

违法行为轻微并及时改正,没有造成危害后果的,不予行政处罚。初次违法且危害后果轻微并及时改正的,可以不予行政处罚。

当事人有证据足以证明没有主观过错的,不予行政处罚。法律、行政法规另有规定的,从其规定。

对当事人的违法行为依法不予行政处罚的,自然资源主管部门应当对当事人进行教育。

4.3.2 从轻或者减轻处罚

有下列情形之一的,应当从轻或者减轻处罚:

(1)行政处罚决定下达前,主动消除或者减轻违法行为危害后果的;

(2)受他人胁迫或者诱骗实施违法行为的;

(3)主动供述自然资源主管部门尚未掌握的违法行为的;

(4)配合自然资源主管部门查处违法行为有立功表现的;

(5)法律、法规、规章规定其他应当从轻或者减轻的情形。

4.3.3　提出处理建议

承办人员应当在证据认定和事实认定的基础上,严格依照法律法规的规定,综合考虑历史遗留建筑物处置等有关文件要求,提出处理建议:

(1)事实清楚、证据确凿、属于本级本部门管辖的,应当提出明确的处理建议。其中,对于依法应当给予行政处罚的,根据情节轻重及具体情况,按照本地区行政处罚裁量基准,提出给予行政处罚的建议,并明确行政处罚的具体内容;对依法可以不予行政处罚的,提出不予行政处罚的建议,并明确不予行政处罚的理由;对于单位、个人违法批准征收、使用土地或者违法批准勘查、开采矿产资源等行为,应当提出确认相关批准文件、协议、纪要、批示等无效及撤销批准文件、废止违法内容、依法收回土地等建议;

(2)依法需要追究当事人及有关责任人员党纪政务责任的,应当提出将问题线索向纪检监察、任免机关移送建议;

(3)涉嫌犯罪,依法需要追究刑事责任的,应当提出将案件向公安、监察机关移送的建议;

(4)经批准终止调查的,应当提出撤案或者结案的建议。对于违法事实不成立、违法行为已过行政处罚追诉时效的,建议撤案;对不属本部门管辖、因不可抗力致使案件无法调查处理的,建议结案;

(5)其他处理建议。

4.4　调查报告起草

案件调查结束后,承办人员应当起草《违法案件调查报告》。

《违法案件调查报告》包括首部、正文、尾部和证据清单。

4.4.1　首部

首部应当包括案由、承办机构、承办人员、调查时间、当事人基本情况等内容。

4.4.2 正文

正文应当包括调查情况、基本事实、案件定性、责任认定、处理建议等。

4.4.2.1 调查情况

简要介绍案件来源,立案及调查工作开展情况。

4.4.2.2 基本事实

基本事实应当包括违法行为当事人、发生时间、地点、违法事实及造成的后果。叙述一般应当按照事件发生的时间顺序客观、全面、真实地反映案情,要注意重点,详细表述主要情节、证据和关联关系。对可能影响量罚的不予处罚、从轻或者减轻处罚的事实,应当作出具体说明。有中止调查的,应当记录中止调查的原因、中止时间、恢复时间。

(1)土地违法案件基本要素:违法主体、违法行为发生、发现、制止及立案查处的时间、用地及建设情况、占用地类、规划用途、相关审批情况、征地补偿安置标准、程序、支付情况等;

(2)矿产违法案件基本要素:违法主体、勘查开采地点、勘查开采时间、矿区范围、勘查开采方式、矿种、数量、矿产品价值、违法所得、认定意见、鉴定意见、已批准勘查、开采以及登记发证情况等;

(3)测绘地理信息违法案件基本要素:违法主体、违法行为及认定、违法行为发生、发现、制止及立案查处的时间、认定意见、鉴定意见、资质资格证书、地图违法图件数量、违法所得认定、互联网地图、测绘成果资料及电子地图等;

(4)国土空间规划违法案件基本要素:违法主体、违法行为发生、发现、制止及立案查处的时间、规划审批及建设情况、项目规划用途、相关立项审批情况、施工合同及造价情况、违法收入情况等。

4.4.2.3 案件定性

认定调查发现存在的主要问题,对案件的法律适用进行分析,明确认定当事人违法的法律依据以及违反的具体法律法规,提出认定违法行为性质的结论。

4.4.2.4 处理建议

根据法律法规的有关规定，认定相关责任，结合违法事实、性质、情节、社会危害程度以及是否主动消除违法行为后果等因素，对照行政处罚裁量基准，提出处理建议。

4.4.3 尾部

承办人员签名，并注明时间。

4.4.4 证据清单

列明案件调查报告涉及的证据。清单所列证据作为调查报告的附件。

5 案件审理

5.1 审理基本要求

承办人员提交《违法案件调查报告》后，承办机构应当组织审理人员对案件调查报告和证据等相关材料进行审理。审理人员不能为同一案件的承办人员。

5.2 审理内容

审理内容包括：

(1)是否符合立案条件；

(2)违法主体是否认定准确；

(3)事实是否清楚，证据是否合法、确实、充分；

(4)定性是否准确，理由是否充分；

(5)适用法律法规是否正确；

(6)程序是否合法；

(7)拟定的处理建议是否适当，行政处罚是否符合裁量基准；

(8)其他需要审理的内容和事项。

5.3 审理方式

案件审理应当由承办机构负责人或者其指定的审理人员负责组织，采用书面或者会议方式进行审理，提出审理意见。

5.4 审理程序

(1)承办人员提交案件调查报告和证据等相关材料，并作出说明；

(2)审理人员进行审理,就有关问题提问;

(3)承办人员解答问题,进行补充说明;

(4)审理人员形成审理意见,制作《违法案件审理记录》。

5.5 审理意见

根据审理情况,分别提出以下审理意见:

(1)违法主体认定准确、事实清楚、证据合法确实充分、定性准确、适用法律正确、程序合法、处理建议适当的,同意处理建议;

(2)有下列情形之一的,应当提出明确的修改、纠正意见,要求承办人员重新调查或者补充调查:

①不符合立案条件的;

②违法主体认定不准确的;

③案件事实不清楚,证据不确实充分的;

④定性不准确,理由不充分的;

⑤适用法律法规不正确的;

⑥程序不合法的;

⑦处理建议不适当、行政处罚不符合裁量基准的。

承办人员应当按照审理意见进行修改、纠正,并重新提请审理。

承办人员对审理意见有异议的,可以提出理由,连同调查报告、审理意见及证据等相关材料报自然资源主管部门负责人决定。

6 重大执法决定法制审核

在作出重大执法决定前,自然资源主管部门法制机构应当对重大执法决定的法定权限、法律依据、法定程序等的合法性进行审核。审核通过的,出具《重大执法决定法制审核意见书》;审核不通过的,承办机构应当根据法制机构提出的意见办理。涉及需要补充完善的应当补充完善后,视情况经审理后,提交法制机构重新审核。

自然资源重大执法决定法制审核程序和要求,按照《自然资源部关于印发〈关于全面推行行政执法公示制度执法全过程记录制度重大执法决定法制审核制度的实施方案〉的通知》相关规定执行。

7 处理决定

7.1 作出处理决定

案件经审理、重大执法决定法制审核,通过后,承办人员应当填写《违法案件处理决定呈批表》,附具《违法案件调查报告》《违法案件审理记录》《重大执法决定法制审核意见书》,报自然资源主管部门负责人审查,根据不同情况,分别作出如下处理决定:

(1)确有应当予以行政处罚的违法行为的,根据情节轻重及具体情况,作出行政处罚决定;

(2)对于单位、个人违法批准征收、使用土地或者违法批准勘查、开采矿产资源,应当根据情节轻重及具体情况,作出行政处理决定;

(3)违法行为轻微,依法可以不予行政处罚的,作出不予行政处罚决定,予以结案;

(4)不属于本部门管辖的,移送有管辖权的机关,予以结案;

(5)因不可抗力终止调查的,予以结案;

(6)对于违法事实不成立、违法行为已过行政处罚追诉时效的,予以撤案;

(7)依法需要追究当事人及有关责任人党纪政务责任的,移送纪检监察、任免机关;

(8)涉嫌犯罪,依法需要追究刑事责任的,移送公安、监察机关。

对情节复杂或者重大违法行为给予行政处罚,自然资源主管部门负责人应当集体讨论决定。

7.2 实施处理决定

(1)决定给予行政处罚的,按照本规程 8 的规定办理;

(2)决定给予行政处理的,参照本规程 8 的有关规定办理。应当明确违法批准征收、使用土地,违法批准勘查、开采矿产资源等相关文件无效,提出撤销批准文件、废止违法内容、依法收回土地等具体要求和追究党纪政务责任的建议。有关当事人拒不归还

土地的,以违法占用土地论处;

(3)决定撤销案件的,填写《撤销立案决定呈批表》,报自然资源主管部门负责人批准后,予以撤案;

(4)决定不予行政处罚的,填写《违法案件处理决定呈批表》,报自然资源主管部门负责人批准后,予以结案;

(5)决定移送案件的,按照本规程 11 的规定办理;

(6)决定结案的,按照本规程 12 的规定办理。

8 行政处罚

8.1 自然资源行政处罚的种类

自然资源行政处罚主要包括:

(1)警告、通报批评;

(2)罚款;

(3)没收违法所得、没收非法财物;

(4)吊销勘查许可证、采矿许可证;

(5)暂扣测绘资质证书、降低测绘资质等级、吊销测绘资质证书;

(6)降低城乡规划资质等级、吊销城乡规划资质证书;

(7)停业整顿;

(8)法律、行政法规规定的其他行政处罚。

8.2 告知

作出行政处罚之前,自然资源主管部门应当制作《行政处罚告知书》,按照本规程 9 规定的方式,送达当事人,当事人有权进行陈述和申辩。

《行政处罚告知书》应当载明作出行政处罚的事实、理由、依据和处罚、处理内容,并告知当事人依法享有的陈述和申辩权利。陈述和申辩应当由当事人在收到《行政处罚告知书》后五个工作日内提出。口头形式提出的,应当制作笔录。

自然资源主管部门对当事人提出的事实、理由和证据应当进行复核。当事人提出的事实、理由或者证据成立的,应当予以采纳。

自然资源主管部门不得因当事人的申辩而加重处罚。

8.3 听证

自然资源主管部门在作出以下行政处罚决定前，应当制作《行政处罚听证告知书》，按照本规程9规定的方式，送达当事人。听证告知和处罚告知可以一并下达或者合并下达。

(1)较大数额罚款；

(2)没收违法用地上的新建建筑物和其他设施；

(3)没收较大数额违法所得、没收较大价值非法财物；

(4)限期拆除违法用地上的新建建筑物和其他设施，恢复原状；

(5)暂扣资质证书、降低资质等级、吊销资质证书、许可证件；

(6)责令停业整顿；

(7)法律法规规定的其他情形。

《行政处罚听证告知书》应当载明作出行政处罚的事实、理由、依据和处罚内容，并告知当事人有要求举行听证的权利。

当事人要求听证的，应当在收到《行政处罚听证告知书》后五个工作日内，提出书面申请，口头形式提出的，应当制作笔录。

听证应当制作《听证笔录》，听证结束后，自然资源主管部门应当根据《听证笔录》，区分不同情况作出处理决定。

自然资源行政处罚听证适用相关法律法规的规定及《自然资源听证规定》。

8.4 行政处罚决定

当事人未在规定时间内陈述、申辩、要求听证的，或者陈述、申辩、听证中提出的事实、理由或者证据不成立的，自然资源主管部门应当进行书面记录并依法制作《行政处罚决定书》；陈述、申辩或者听证中提出的事实、理由或者证据成立，需要修改拟作出的处理决定的，自然资源主管部门应当按照本规程7.1的规定，调整或者重新作出处理决定，依法制作《行政处罚决定书》。《行政处罚决定书》应当按照本规程9规定的方式送达当事人。

法律法规规定的责令改正或者责令限期改正，可以与行政处罚决定一并作出,也可以在作出行政处罚决定之前单独作出。

8.4.1 《行政处罚决定书》的内容

(1)自然资源主管部门名称、文书标题及文号;

(2)当事人的姓名或者名称、地址等基本情况;

(3)违反法律、法规、规章的事实和证据;

(4)告知、听证的情况;

(5)行政处罚的具体依据和内容;

(6)履行方式和期限;

(7)不服行政处罚决定,申请行政复议或者提起行政诉讼的途径和期限;

(8)拒不执行行政处罚决定的法律后果;

(9)作出决定的日期及印章。

8.4.2 制作《行政处罚决定书》的注意事项

(1)《行政处罚决定书》应当由具有行政处罚权的自然资源主管部门制作并加盖其印章,派出机构、内设机构不能以自己的名义制作。

(2)认定的违法事实应当客观真实,明确违法行为的性质。列举的证据应当全面具体,充分支撑所认定的违法事实。有从轻或者减轻情节的,应当一并说明。

(3)行政处罚前的告知、听证情况应当包括告知、听证程序的履行情况和当事人意见采纳情况。

(4)行政处罚的依据应当结合具体违法事实,分别说明定性和处罚适用的具体法律条款;引用法律条款应当根据条、款、项、目的顺序写明。

(5)行政处罚的内容应当明确、具体,有明确的履行方式和期限。例如:

①责令退还、交还违法占用土地的,应当写明退还、交还土地的对象、范围、期限等。

②责令当事人限期履行的,应当写明履行的具体内容和期限。责令限期改正的,应当表述为“责令限××日内改正××行为”;责令

限期拆除、恢复土地原状的,应当写明拆除地上建筑物和其他设施的范围、内容,恢复场地平整或者耕地种植条件,并明确履行的具体期限;责令停业整顿的,应当写明停业整顿的具体期限。

③责令缴纳复垦费、处以罚款、没收违法所得的,应当写明违法所得的金额和币种、交款的期限、指定银行或者电子支付系统账户等。

④没收地上建筑物和其他设施的,应当写明没收建筑物的范围、内容等。

⑤吊销勘查许可证、采矿许可证的,应当写明矿业权人、勘查许可证或者采矿许可证的证号等。

⑥暂扣测绘资质证书、降低测绘资质等级、吊销测绘资质证书的,应当写明资质证书的证号、等级,暂扣具体期限等;

⑦降低城乡规划资质等级、吊销城乡规划资质证书的,应当写明资质证书的证号、等级等;

⑧没收矿产品的,应当写明矿产品的种类、数量和堆放地点等。

(6)申请行政复议或者提起行政诉讼的途径和期限,应当具体明确。当事人申请行政复议的时限为自收到《行政处罚决定书》之日起六十日内,复议机关一般为作出行政处罚决定的本级人民政府或者上一级自然资源主管部门。当事人提起行政诉讼的时限为自收到《行政处罚决定书》之日起六个月内。对依据《中华人民共和国土地管理法》作出责令限期拆除处罚决定不服的,提起行政诉讼的时限为自收到《行政处罚决定书》之日起十五日内,诉讼机关为有管辖权的人民法院。

(7)当事人有两个以上自然资源违法行为的,自然资源主管部门可以制作一份《行政处罚决定书》,合并执行。《行政处罚决定书》中应当明确对每个违法行为的处罚内容和合并执行的内容。

(8)自然资源违法行为有两个以上当事人的,可以分别作出行政处罚决定,制作一式多份《行政处罚决定书》,分别送达当事人。

(9)有条件的地方,可以使用说理式《行政处罚决定书》。

8.5 作出行政处罚决定的期限

作出行政处罚决定的期限为立案之日起九十日内。案情复杂不能在规定期限内作出行政处罚决定的,报本级自然资源主管部门负责人批准,可以适当延长,但延长期限原则上不超过三十日,案情特别复杂的除外。

立案查处过程中不计入前款期限的情形,依照相关法律法规的规定执行。

8.6 行政处罚决定公示

具有一定社会影响的自然资源行政处罚决定应当依法公开。行政处罚决定生效后,自然资源主管部门应当在七个工作日内将相关信息在门户网站等平台公开,督促违法当事人自觉履行,接受社会监督。

涉及国家秘密,法律、行政法规禁止公开,以及公开后可能危及国家安全、公共安全、经济安全、社会稳定的,不予公开。

涉及商业秘密、个人隐私等公开会对第三方合法权益造成损害的政府信息,不得公开。但是,第三方同意公开或者自然资源主管部门认为不公开会对公共利益造成重大影响的,予以公开。

涉及国家秘密、商业秘密、个人隐私等不宜公开的信息,依法确需公开的,要作适当处理后公开。

已公开的行政处罚决定被依法撤销、确认违法或者要求重新作出的,应当及时从公示信息平台撤下原决定信息。发现公开的行政执法信息不准确的,要及时予以更正。

9 送达

自然资源法律文书作出后,应当及时送达当事人,并制作《法律文书送达回证》,送达人应当为两人以上。

自然资源法律文书一经送达,即发生法律效力。

自然资源法律文书应当采用直接送达方式。直接送达有困难的,可以采用留置送达、委托送达、传真或者电子信息送达、委托或者邮寄送达、转交送达和公告送达等方式。

9.1 直接送达

直接送达的应当直接送交受送达人。受送达人是自然人的，本人不在交其同住成年家属签收；受送达人是法人或者其他组织的，应当由法人的法定代表人、其他组织的主要负责人或者该法人、组织负责收件的人签收；受送达人有代理人的，可以送交其代理人签收；受送达人已向自然资源主管部门指定代收人的，送交代收人签收。

送达回证上签收的日期为送达日期。

9.2 留置送达

受送达人或者其同住成年家属拒绝接收法律文书的，送达人可以邀请有关基层组织或者所在单位的代表到场，说明情况，在送达回证上记明拒收事由和日期，由送达人、见证人签名或者盖章，把法律文书留在受送达人的住所或者张贴在违法用地现场，并采用拍照、录像等方式记录送达过程，即视为送达。

影像中应当体现送达文书内容、明确的送达日期、当事人住所等现场情况。送达回证上记明的日期为送达日期。

9.3 传真或者电子信息送达

经受送达人同意并签订《送达地址确认书》的，可以采用传真、电子邮件、手机信息等方式，将《行政处罚决定书》等法律文书送达当事人。传真、电子邮件、手机信息等到达当事人特定系统的日期为送达日期。

9.4 委托或者邮寄送达

直接送达法律文书有困难的，可以委托其他自然资源主管部门或者其他机关代为送达，或者邮寄送达。

委托送达，以受送达人在送达回证上签收的日期为送达日期。邮寄送达，应当附有送达回证，回执上注明的收件日期与送达回证上注明的收件日期不一致的，或者送达回证没有寄回的，以回执上注明的收件日期为送达日期。

通过邮寄送达的，应当取得受送达人签订的《送达地址确认书》，受送达人拒绝签订《送达地址确认书》的除外。

9.5 转交送达

当事人是军人的，通过其所在部队团以上单位的政治机关转交；当事人被监禁的，通过其所在监所转交；当事人被采取强制性教育措施的，通过其所在强制性教育机构转交，以在送达回证上的签收日期，为送达日期。

9.6 公告送达

当事人下落不明或者上述方式无法送达的，公告送达。公告送达，可以在当地主要媒体上予以公告或者在本部门公告栏、当事人所在基层组织公告栏、当事人住所地等地张贴公告并拍照，并在本部门或者本系统门户网站上公告。

自发出公告之日起，经过三十日，即视为送达。公告送达，应当在案卷中记明原因和经过，并应保存公告的有关材料。

10 执行

10.1 当事人履行

当事人收到行政处罚决定后，应当在行政处罚决定规定的期限内自行履行。

10.2 催告履行

自然资源主管部门申请人民法院强制执行前，应当制作《履行行政处罚决定催告书》送达当事人，催告其履行义务。

10.3 申请人民法院强制执行

《履行行政处罚决定催告书》送达十个工作日后，当事人仍未履行行政处罚决定的，自然资源主管部门可以向有管辖权的人民法院申请强制执行。

当事人在法定期限内不申请行政复议或者提起行政诉讼，又不履行行政处罚决定的，自然资源主管部门可以自期限届满之日起三个月内，申请人民法院强制执行。

自然资源主管部门对土地违法行为依法作出责令限期拆除的行政处罚决定后，当事人拒不履行，需要申请人民法院强制执行的，按照《自然资源部办公厅关于印发〈申请人民法院强制执行流程图〉的通知》执行。

10.3.1 申请人民法院强制执行程序

申请人民法院强制执行，应当填写《强制执行申请书》，由自然资源主管部门负责人签名，加盖自然资源主管部门印章，注明日期，并附下列材料：

(1)《行政处罚决定书》及作出决定的事实、理由和依据；

(2)当事人意见及催告情况；

(3)申请强制执行标的情况；

(4)法律法规规定的其他材料。

递交《强制执行申请书》时，应当取得人民法院接收人员签字或者盖章的回执；接收人员拒收或者拒绝签字、盖章的，应当记录申请书是否递交、拒收或者拒签情形。

人民法院裁定不予受理强制执行申请或者受理后裁定不予执行，自然资源主管部门对裁定有异议的，可以自收到裁定之日起十五日内向上一级人民法院申请复议；对裁定无异议或者有异议但经复议维持原裁定的，自然资源主管部门应当纠正存在的问题。

10.3.2 财产保全

自然资源主管部门申请人民法院强制执行前，有充分理由认为被执行人可能逃避执行的，可以依法申请人民法院采取财产保全措施。

10.3.3 协作配合

自然资源主管部门应当加强与人民法院的协作配合，申请人民法院强制执行时，严格按照“法院裁定准予执行、政府组织实施、法院到场监督”的拆除违法用地地上建筑物强制执行机制执行。

自然资源主管部门应当积极配合同级检察机关探索自然资源执法领域行政非诉执行监督工作。在行政非诉执行受理、审查、执行等环节，发现人民法院应受理不受理、怠于执行、不规范执行、不送达文书等线索，及时移交同级检察机关开展行政非诉执行监督。

10.4 申请人民政府强制执行

依据《中华人民共和国城乡规划法》作出限期拆除的决定后，当事人逾期不拆除的，自然资源主管部门应当及时书面申请建设工程所在地县级以上地方人民政府责成有关部门强制拆除。

10.5 督促履行

行政处罚决定生效后，当事人逾期不履行的，自然资源主管部门除采取法律法规规定的措施外，还可以采取以下措施督促其履行：

（1）向本级人民政府和上一级自然资源主管部门报告；

（2）向当事人所在单位或者其上级主管部门抄送；

（3）停止办理或者告知相关部门停止办理当事人与本案有关的许可、审批、登记等手续。

10.6 执行要求

（1）给予没收违法所得、罚款处罚的，罚没款足额缴入指定的银行或者电子支付系统账户，并取得缴款凭证。

当事人确有经济困难，需要延期或者分期缴纳罚款的，当事人应当提出申请，报自然资源主管部门主管负责人批准后，可以暂缓或者分期缴纳，且不再计收加处罚款。

（2）给予拆除新建建筑物和其他设施、恢复土地原状处罚的，新建建筑物和其他设施已拆除，建筑垃圾已清理运出违法占地现场，恢复场地平整，涉及耕地的要恢复种植条件。

（3）给予没收新建建筑物和其他设施、矿产品等实物处罚的，作出行政处罚决定的自然资源主管部门填写《非法财物移交书》，连同《行政处罚决定书》移交县级以上人民政府或者其指定的部门处理。涉及没收新建建筑物和其他设施的，应当于九十日内交由本级人民政府或者其指定的部门依法管理和处置，可以根据情况决定拆除或保留。

（4）责令退还、交还土地的，将土地退还、交还至土地权利人或者管理人。

（5）责令限期履行义务，治理、改正、采取补救措施的，当事人在限定期限内履行义务、改正违法行为或者达到治理要求、采取相应的补救措施。

(6)给予吊销勘查许可证、采矿许可证处罚的,由颁发许可证的自然资源主管部门予以吊销,并公告。

(7)给予降低资质等级、吊销资质证书处罚的,由颁发资质的自然资源主管部门予以降级、吊销,并公告。

(8)给予行政处理的,撤销或者废止违法批准征收、使用土地,违法批准勘查、开采矿产资源的相关文件,依法收回土地,将责任人涉嫌违纪、违法、犯罪情况依法进行移送。

当事人对行政处罚决定不服申请行政复议或者提起行政诉讼的,在行政复议或者行政诉讼期间,行政处罚决定不停止执行,法律另有规定的除外。

10.7 终结执行

有下列情形之一的,终结执行:

(1)自然人死亡,无遗产可供执行,又无义务承受人的;

(2)法人或者其他组织终止,无财产可供执行,又无义务承受人的;

(3)执行标的灭失的;

(4)据以执行的行政处罚决定被撤销的;

(5)需要终结执行的其他情形。

10.8 执行记录

自然资源主管部门应当根据执行情况制作《行政处罚决定执行记录》。

《行政处罚决定执行记录》中应当载明案由、当事人、行政处罚事项、行政处罚内容的执行方式、执行结果等情况。其中,申请人民法院强制执行的,应当记录申请、受理、裁定执行情况等。

11 移送

自然资源主管部门在查处违法行为过程中,发现违法行为涉嫌犯罪依法应当追究刑事责任的,或者当事人及有关责任人员违法违纪应当追究党纪政务责任的,应当依照有关规定移送有关机关。

11.1 移送公安机关

11.1.1 移送情形

自然资源主管部门在依法立案查处违法行为过程中，发现单位或者个人违法转让倒卖土地使用权、违法占用农用地、违法采矿、破坏性采矿、损毁测量标志等行为，达到刑事追诉标准、涉嫌非职务犯罪的，在调查终结后，应当依法及时将案件移送公安机关。

11.1.2 移送程序

(1)依法需要移送公安机关追究刑事责任的，承办人员应当制作《违法案件处理决定呈批表》，提出移送公安机关的建议。

(2)自然资源主管部门负责人收到《违法案件处理决定呈批表》后，应当在三个工作日内作出是否批准移送的决定。决定不移送的，应当写明不予批准的理由。

(3)决定移送公安机关的，应当制作《涉嫌犯罪案件移送书》，附具案件调查报告、涉案物品清单、认定意见、鉴定意见及其他有关涉嫌犯罪的材料，在移送决定批准后二十四小时内办理移送手续。自然资源主管部门在移送案件时已经作出行政处罚决定的，应当同时移送《行政处罚决定书》和作出行政处罚决定的证据材料。

(4)公安机关对移送的案件决定不予立案，自然资源主管部门有异议的，可以在收到不予立案通知之日起三个工作日内，提请作出决定的公安机关复议，也可以建议检察机关依法进行立案监督。

(5)移送时，自然资源主管部门未作出行政处罚决定，违法状态仍未消除的，自然资源主管部门应当依法作出行政处罚，其中，人民法院判决已给予罚金处罚的，不再给予罚款的行政处罚。

11.2 移送纪检监察、任免机关

11.2.1 移送情形

自然资源主管部门在依法立案查处违法行为过程中，发现下列问题线索，本部门无权处理，应当及时移送纪检监察机关：

(1)党员涉嫌违犯党纪,依照《中国共产党纪律处分条例》《中国共产党纪律检查机关监督执纪工作规则》等有关规定,应当由纪检机关处置的;

(2)监察对象涉嫌职务违法,有违法批准、占用土地、违法低价出让国有土地使用权、违法批矿等行为,依照《中华人民共和国监察法》和政务处分有关规定,应当由监察机关调查处置的;

(3)监察对象涉嫌职务犯罪,有违法批准、占用土地、违法低价出让国有土地使用权以及其他贪污贿赂、渎职等行为,依照《中华人民共和国监察法》《中华人民共和国刑法》以及监察机关管辖的有关规定,应当由监察机关调查处置的。

自然资源主管部门认定党员和监察对象存在其他违法犯罪问题,依照《中国共产党纪律处分条例》《中华人民共和国监察法》和政务处分有关规定,应当由纪检监察机关给予党纪处分、政务处分的,参照对涉嫌违法犯罪党员作出纪律处分工作的有关规定及时向纪检监察机关通报,并提供相关材料。

11.2.2 移送程序

(1)需要移送纪检监察、任免机关追究责任的,承办人员应当制作《违法案件处理决定呈批表》,提出移送纪检监察、任免机关的建议。

(2)自然资源主管部门负责人收到《违法案件处理决定呈批表》后,应当作出是否批准移送的决定。决定不移送的,应当写明不予批准的理由。

(3)决定移送的,应当在作出行政处罚决定后十五个工作日内,制作《问题线索移送书》,附具案件来源及立案材料、案件调查报告、处罚或者处理决定、有关证据材料及其他需要移送的材料。确有特殊情况不能在规定时间内移送的,应当在特殊情况消除后十个工作日内移送。

11.3 移送送达回证

自然资源主管部门向有关机关移送案件,应当制作《法律文书送达回证》。受送达人接受移送的案件材料,并在送达回证上签字、盖章。受送达人拒收或者拒签的，送达人详细填写送达回证中的拒收、拒签的情况和理由。

12 结案

12.1 结案条件

符合下列条件之一的，可以结案：

(1)案件已经移送管辖的；

(2)终止调查的；

(3)决定不予行政处罚的；

(4)行政处罚决定执行完毕的；

(5)行政处罚决定终结执行的；

(6)已经依法申请人民法院或者人民政府强制执行的；

涉及需要移送有关部门追究刑事责任、党纪政务责任的，结案前应当已经依法移送。

12.2 结案呈批

符合结案条件的，承办人员应当填写《结案呈批表》，报自然资源主管部门负责人批准后结案。

《结案呈批表》应当载明案由、立案时间、立案编号、调查时间、当事人、主要违法事实、执行情况、相关建议等内容。

对终止调查或者终结执行但地上违法新建建筑物或者其它设施尚未处置的，结案呈批时，可以建议将有关情况报告或者函告地上违法新建建筑物或者其他设施所在地政府，由其依法妥善处置。

12.3 后续工作

结案后，有关部门开展与本案相关的强制执行、刑事责任、党纪政务责任追究等工作，需要自然资源主管部门配合的，自然资源主管部门应当予以配合。

13 立卷归档

承办人员应当将办案过程中形成的全部材料，及时整理装订成卷，并按照规定归档。

13.1 归档材料

卷宗内的归档材料应当包括：

(1)封面、目录;

(2)案件来源材料;

(3)责令停止违法行为通知书、责令改正违法行为通知书;

(4)立案(不予立案)呈批表;

(5)证据材料;

(6)调查报告;

(7)审理记录;

(8)重大执法决定法制审核意见;

(9)案件处理决定呈批表;

(10)行政处罚告知书;

(11)当事人陈述申辩材料、复核意见书;

(12)行政处罚听证告知书、听证通知书、听证笔录等;

(13)行政处罚决定书或者行政处理决定;

(14)党纪政务处分决定、问题线索移送书、刑事判决书、涉嫌犯罪案件移送书、案件管辖移送书;

(15)履行处罚决定催告书;

(16)强制执行申请书、申请送达情况记录;

(17)行政处罚决定执行记录、罚没收据、缴纳相关费用收据、暂缓或者分期缴纳罚款的审批材料、吊销许可证件公告、非法财物移交书、非法财物清单、撤销批准文件的决定及相关材料;

(18)经行政复议机关复议的应当附具行政复议决定书、经人民法院审理的应当附具人民法院裁判文书副本;

(19)案件结案呈批表;

(20)有关法律文书送达回证;

(21)其他需要归档的材料。

13.2 归档要求

(1)所有归档的材料,应当合法、完整、真实、准确,文字清楚,日期完备。应当保证归档材料之间的有机联系,同一案件形成的档案应当作为一个整体统一归档,不得分散归档,案卷较厚的可分卷归档。案卷应当标注总页码和分页码,加盖档号章。

(2)卷内各类材料的排列,应当按照结论、决定、裁决性文件在前,依据性材料在后的原则,即批复在前、请示在后,正文在前、附件在后,印件在前、草稿在后的顺序组卷。

(3)案卷资料归档应当按照档案管理要求统一归档保存或者交本部门档案室保存。

14 监督与责任追究

14.1 监督

自然资源主管部门应当通过定期或者不定期检查等方式,加强对本级和下级自然资源主管部门实施立案查处工作的监督,及时发现、纠正存在的问题。

自然资源主管部门发现作出的行政处罚有错误的,应当主动改正。

自然资源主管部门应当建立违法案件错案追究制度。行政处罚决定错误并造成严重后果的,作出处罚决定的机关应当承担相应的责任。

自然资源主管部门应当建立重大违法案件挂牌督办制度,明确提出办理要求,公开督促下级自然资源主管部门限期办理并接受社会监督。

自然资源主管部门应当建立重大违法案件公开通报制度,将案情和处理结果向社会公开通报并接受社会监督。

自然资源主管部门应当建立执法查处案卷评查制度,按照相关程序和标准组织开展案卷评查工作,定期内部通报评查工作情况。

自然资源主管部门应当建立违法案件统计制度。下级自然资源主管部门应当定期将本行政区域内的违法形势分析、案件发生情况、查处情况等逐级上报。

14.2 责任追究

自然资源执法人员应当在法定权限范围内依照法定程序行使职权,做到严格规范公正文明执法,不得玩忽职守、超越职权、滥用职权。依法履行法定职责受法律保护,非因法定事由、非经法定程序,不受处分。因故意或者重大过失,不履行或者违法履行行政执法职责,造成危害后果或者不良影响的,应当依法承担责任。

14.2.1 追责情形

有下列情形之一,且造成危害后果或者不良影响的,应当追究责任:

(1)应当依法立案查处,无正当理由未依法立案查处的;

(2)在制止以及查处违法案件中受阻,依照有关规定应当向本级人民政府或者上级自然资源主管部门报告而未报告的;

(3)应当予以制止、处罚的违法行为不予制止、处罚,致使公民、法人或者其他组织的合法权益或者公共利益、社会秩序遭受损害的;

(4)应当依法申请强制执行或者移送有权机关追究党纪政务或者刑事责任,而未依法申请强制执行、移送有权机关的;

(5)使用或损毁查封、扣押的财物对当事人造成损失的;

(6)违法实施行政强制措施,给公民人身或者财产造成损害、给法人或者其他组织造成损失的;

(7)法律法规规定的其他应当追究责任的情形。

14.2.2 不予追究责任情形

具有下列情形之一的,可以不予追究责任:

(1)因行政执法依据不明确,致使行政执法行为出现偏差的,但故意违法的除外;

(2)执法人员已经依法下达责令停止违法行为通知书,制止无效后按规定报告本级人民政府和上级自然资源主管部门,仍未能制止违法行为的;

(3)执法人员已经依法作出、送达行政处罚决定,并按照规定催告执行、申请人民法院强制执行,但因相关部门、当事人的原因导致违法状态持续的;

(4)因行政相对人的隐瞒、造假等行为,致使自然资源主管部门及其执法人员无法作出正确行政执法行为的;

（5）依据认定意见、鉴定意见、勘验报告等作出错误行政执法决定，且已按规定履行审查职责的；

（6）对违法或者不当的行政处罚或者行政强制决定，在案件审理、集体讨论时明确提出了反对意见，或者出具了书面反对意见的；

（7）依法不予追究责任的其他情形。

15 附则

15.1 期间

期间以时、日、月、年计算。期间开始的时和日不计算在期间内。工作日不包括法定节假日。

期间届满的最后一日是节假日的，以节假日后的第一日为期间届满的日期。期间不包括在途时间。法律文书在期满前交邮的，不算过期。

15.2 数量关系的规范

本规程中的“以上”“以下”“内”“前”，均包括本数；“后”不包括本数。

15.3 行政处罚追诉时效

自然资源违法行为在两年内未被发现的，不再给予行政处罚。法律另有规定的除外。

前款规定的期限，从违法行为发生之日起计算；违法行为有连续或者继续状态的，从行为终了之日起计算。

违法占用土地的行为恢复原状前，违法建设行为违反城乡规划的事实存续期间，应视为具有继续状态；破坏耕地的违法行为是否具有连续或继续状态，应根据案件的具体情况区别对待。

15.4 法律竞合处理

同一个违法行为违反两个以上自然资源法律法规，自然资源主管部门均有权进行行政处罚的，可以制作一份《行政处罚决定书》，多个行政处罚合并执行。

15.5 责令类法律责任

法律法规规定的责令退还土地、责令交还土地、责令限期改正或者治理等责令类法律责任，可以与行政处罚决定一并作出，也可以在作出行政处罚决定之前单独作出。

15.6　文书编号

自然资源主管部门应当根据立案查处工作实际，建立并规范本辖区违法案件法律文书的编号规则。

15.7　解释机关

本规程由自然资源部负责解释。

中华人民共和国政府信息公开条例

1. 2007年4月5日国务院令第492号公布
2. 2019年4月3日国务院令第711号修订
3. 自2019年5月15日起施行

第一章　总　　则

第一条　为了保障公民、法人和其他组织依法获取政府信息，提高政府工作的透明度，建设法治政府，充分发挥政府信息对人民群众生产、生活和经济社会活动的服务作用，制定本条例。

第二条　本条例所称政府信息，是指行政机关在履行行政管理职能过程中制作或者获取的，以一定形式记录、保存的信息。

第三条　各级人民政府应当加强对政府信息公开工作的组织领导。

国务院办公厅是全国政府信息公开工作的主管部门，负责推进、指导、协调、监督全国的政府信息公开工作。

县级以上地方人民政府办公厅（室）是本行政区域的政府信息公开工作主管部门，负责推进、指导、协调、监督本行政区域的政府信息公开工作。

实行垂直领导的部门的办公厅（室）主管本系统的政府信息公开工作。

第四条　各级人民政府及县级以上人民政府部门应当建立健全本行

政机关的政府信息公开工作制度,并指定机构(以下统称政府信息公开工作机构)负责本行政机关政府信息公开的日常工作。

政府信息公开工作机构的具体职能是:

(一)办理本行政机关的政府信息公开事宜;

(二)维护和更新本行政机关公开的政府信息;

(三)组织编制本行政机关的政府信息公开指南、政府信息公开目录和政府信息公开工作年度报告;

(四)组织开展对拟公开政府信息的审查;

(五)本行政机关规定的与政府信息公开有关的其他职能。

第五条 行政机关公开政府信息,应当坚持以公开为常态、不公开为例外,遵循公正、公平、合法、便民的原则。

第六条 行政机关应当及时、准确地公开政府信息。

行政机关发现影响或者可能影响社会稳定、扰乱社会和经济管理秩序的虚假或者不完整信息的,应当发布准确的政府信息予以澄清。

第七条 各级人民政府应当积极推进政府信息公开工作,逐步增加政府信息公开的内容。

第八条 各级人民政府应当加强政府信息资源的规范化、标准化、信息化管理,加强互联网政府信息公开平台建设,推进政府信息公开平台与政务服务平台融合,提高政府信息公开在线办理水平。

第九条 公民、法人和其他组织有权对行政机关的政府信息公开工作进行监督,并提出批评和建议。

第二章 公开的主体和范围

第十条 行政机关制作的政府信息,由制作该政府信息的行政机关负责公开。行政机关从公民、法人和其他组织获取的政府信息,由保存该政府信息的行政机关负责公开;行政机关获取的其他行政机关的政府信息,由制作或者最初获取该政府信息的行政机关负责公开。法律、法规对政府信息公开的权限另有规定的,从其规定。

行政机关设立的派出机构、内设机构依照法律、法规对外以自己名义履行行政管理职能的,可以由该派出机构、内设机构负责与所履行行政管理职能有关的政府信息公开工作。

两个以上行政机关共同制作的政府信息，由牵头制作的行政机关负责公开。

第十一条　行政机关应当建立健全政府信息公开协调机制。行政机关公开政府信息涉及其他机关的，应当与有关机关协商、确认，保证行政机关公开的政府信息准确一致。

行政机关公开政府信息依照法律、行政法规和国家有关规定需要批准的，经批准予以公开。

第十二条　行政机关编制、公布的政府信息公开指南和政府信息公开目录应当及时更新。

政府信息公开指南包括政府信息的分类、编排体系、获取方式和政府信息公开工作机构的名称、办公地址、办公时间、联系电话、传真号码、互联网联系方式等内容。

政府信息公开目录包括政府信息的索引、名称、内容概述、生成日期等内容。

第十三条　除本条例第十四条、第十五条、第十六条规定的政府信息外，政府信息应当公开。

行政机关公开政府信息，采取主动公开和依申请公开的方式。

第十四条　依法确定为国家秘密的政府信息，法律、行政法规禁止公开的政府信息，以及公开后可能危及国家安全、公共安全、经济安全、社会稳定的政府信息，不予公开。

第十五条　涉及商业秘密、个人隐私等公开会对第三方合法权益造成损害的政府信息，行政机关不得公开。但是，第三方同意公开或者行政机关认为不公开会对公共利益造成重大影响的，予以公开。

第十六条　行政机关的内部事务信息，包括人事管理、后勤管理、内部工作流程等方面的信息，可以不予公开。

行政机关在履行行政管理职能过程中形成的讨论记录、过程稿、磋商信函、请示报告等过程性信息以及行政执法案卷信息，可以不予公开。法律、法规、规章规定上述信息应当公开的，从其规定。

第十七条　行政机关应当建立健全政府信息公开审查机制，明确审查的程序和责任。

行政机关应当依照《中华人民共和国保守国家秘密法》以及其他法律、法规和国家有关规定对拟公开的政府信息进行审查。

行政机关不能确定政府信息是否可以公开的,应当依照法律、法规和国家有关规定报有关主管部门或者保密行政管理部门确定。

第十八条 行政机关应当建立健全政府信息管理动态调整机制,对本行政机关不予公开的政府信息进行定期评估审查,对因情势变化可以公开的政府信息应当公开。

第三章 主动公开

第十九条 对涉及公众利益调整、需要公众广泛知晓或者需要公众参与决策的政府信息,行政机关应当主动公开。

第二十条 行政机关应当依照本条例第十九条的规定,主动公开本行政机关的下列政府信息:

(一)行政法规、规章和规范性文件;

(二)机关职能、机构设置、办公地址、办公时间、联系方式、负责人姓名;

(三)国民经济和社会发展规划、专项规划、区域规划及相关政策;

(四)国民经济和社会发展统计信息;

(五)办理行政许可和其他对外管理服务事项的依据、条件、程序以及办理结果;

(六)实施行政处罚、行政强制的依据、条件、程序以及本行政机关认为具有一定社会影响的行政处罚决定;

(七)财政预算、决算信息;

(八)行政事业性收费项目及其依据、标准;

(九)政府集中采购项目的目录、标准及实施情况;

(十)重大建设项目的批准和实施情况;

(十一)扶贫、教育、医疗、社会保障、促进就业等方面的政策、措施及其实施情况;

(十二)突发公共事件的应急预案、预警信息及应对情况;

（十三）环境保护、公共卫生、安全生产、食品药品、产品质量的监督检查情况；

（十四）公务员招考的职位、名额、报考条件等事项以及录用结果；

（十五）法律、法规、规章和国家有关规定规定应当主动公开的其他政府信息。

第二十一条 除本条例第二十条规定的政府信息外，设区的市级、县级人民政府及其部门还应当根据本地方的具体情况，主动公开涉及市政建设、公共服务、公益事业、土地征收、房屋征收、治安管理、社会救助等方面的政府信息；乡（镇）人民政府还应当根据本地方的具体情况，主动公开贯彻落实农业农村政策、农田水利工程建设运营、农村土地承包经营权流转、宅基地使用情况审核、土地征收、房屋征收、筹资筹劳、社会救助等方面的政府信息。

第二十二条 行政机关应当依照本条例第二十条、第二十一条的规定，确定主动公开政府信息的具体内容，并按照上级行政机关的部署，不断增加主动公开的内容。

第二十三条 行政机关应当建立健全政府信息发布机制，将主动公开的政府信息通过政府公报、政府网站或者其他互联网政务媒体、新闻发布会以及报刊、广播、电视等途径予以公开。

第二十四条 各级人民政府应当加强依托政府门户网站公开政府信息的工作，利用统一的政府信息公开平台集中发布主动公开的政府信息。政府信息公开平台应当具备信息检索、查阅、下载等功能。

第二十五条 各级人民政府应当在国家档案馆、公共图书馆、政务服务场所设置政府信息查阅场所，并配备相应的设施、设备，为公民、法人和其他组织获取政府信息提供便利。

行政机关可以根据需要设立公共查阅室、资料索取点、信息公告栏、电子信息屏等场所、设施，公开政府信息。

行政机关应当及时向国家档案馆、公共图书馆提供主动公开的政府信息。

第二十六条 属于主动公开范围的政府信息，应当自该政府信息形成或者变更之日起20个工作日内及时公开。法律、法规对政府信息公开的期限另有规定的,从其规定。

第四章　依申请公开

第二十七条　除行政机关主动公开的政府信息外,公民、法人或者其他组织可以向地方各级人民政府、对外以自己名义履行行政管理职能的县级以上人民政府部门(含本条例第十条第二款规定的派出机构、内设机构)申请获取相关政府信息。

第二十八条　本条例第二十七条规定的行政机关应当建立完善政府信息公开申请渠道,为申请人依法申请获取政府信息提供便利。

第二十九条　公民、法人或者其他组织申请获取政府信息的,应当向行政机关的政府信息公开工作机构提出,并采用包括信件、数据电文在内的书面形式;采用书面形式确有困难的,申请人可以口头提出,由受理该申请的政府信息公开工作机构代为填写政府信息公开申请。

政府信息公开申请应当包括下列内容:

(一)申请人的姓名或者名称、身份证明、联系方式;

(二)申请公开的政府信息的名称、文号或者便于行政机关查询的其他特征性描述;

(三)申请公开的政府信息的形式要求,包括获取信息的方式、途径。

第三十条　政府信息公开申请内容不明确的,行政机关应当给予指导和释明,并自收到申请之日起7个工作日内一次性告知申请人作出补正,说明需要补正的事项和合理的补正期限。答复期限自行政机关收到补正的申请之日起计算。申请人无正当理由逾期不补正的,视为放弃申请,行政机关不再处理该政府信息公开申请。

第三十一条　行政机关收到政府信息公开申请的时间,按照下列规定确定:

(一)申请人当面提交政府信息公开申请的,以提交之日为收到申请之日;

(二)申请人以邮寄方式提交政府信息公开申请的,以行政机关签收之日为收到申请之日；以平常信函等无需签收的邮寄方式提交政府信息公开申请的，政府信息公开工作机构应当于收到申请的当日与申请人确认，确认之日为收到申请之日；

（三）申请人通过互联网渠道或者政府信息公开工作机构的传真提交政府信息公开申请的，以双方确认之日为收到申请之日。

第三十二条　依申请公开的政府信息公开会损害第三方合法权益的，行政机关应当书面征求第三方的意见。第三方应当自收到征求意见书之日起15个工作日内提出意见。第三方逾期未提出意见的，由行政机关依照本条例的规定决定是否公开。第三方不同意公开且有合理理由的，行政机关不予公开。行政机关认为不公开可能对公共利益造成重大影响的，可以决定予以公开，并将决定公开的政府信息内容和理由书面告知第三方。

第三十三条　行政机关收到政府信息公开申请，能够当场答复的，应当当场予以答复。

行政机关不能当场答复的，应当自收到申请之日起20个工作日内予以答复；需要延长答复期限的，应当经政府信息公开工作机构负责人同意并告知申请人，延长的期限最长不得超过20个工作日。

行政机关征求第三方和其他机关意见所需时间不计算在前款规定的期限内。

第三十四条　申请公开的政府信息由两个以上行政机关共同制作的，牵头制作的行政机关收到政府信息公开申请后可以征求相关行政机关的意见，被征求意见机关应当自收到征求意见书之日起15个工作日内提出意见，逾期未提出意见的视为同意公开。

第三十五条　申请人申请公开政府信息的数量、频次明显超过合理范围，行政机关可以要求申请人说明理由。行政机关认为申请理由不合理的，告知申请人不予处理；行政机关认为申请理由合理，但是无法在本条例第三十三条规定的期限内答复申请人的，可以确定延迟答复的合理期限并告知申请人。

第三十六条　对政府信息公开申请，行政机关根据下列情况分别作出答复：

（一）所申请公开信息已经主动公开的，告知申请人获取该政府信息的方式、途径；

（二）所申请公开信息可以公开的，向申请人提供该政府信息，或者告知申请人获取该政府信息的方式、途径和时间；

（三）行政机关依据本条例的规定决定不予公开的，告知申请人不予公开并说明理由；

（四）经检索没有所申请公开信息的，告知申请人该政府信息不存在；

（五）所申请公开信息不属于本行政机关负责公开的，告知申请人并说明理由；能够确定负责公开该政府信息的行政机关的，告知申请人该行政机关的名称、联系方式；

（六）行政机关已就申请人提出的政府信息公开申请作出答复、申请人重复申请公开相同政府信息的，告知申请人不予重复处理；

（七）所申请公开信息属于工商、不动产登记资料等信息，有关法律、行政法规对信息的获取有特别规定的，告知申请人依照有关法律、行政法规的规定办理。

第三十七条 申请公开的信息中含有不应当公开或者不属于政府信息的内容，但是能够作区分处理的，行政机关应当向申请人提供可以公开的政府信息内容，并对不予公开的内容说明理由。

第三十八条 行政机关向申请人提供的信息，应当是已制作或者获取的政府信息。除依照本条例第三十七条的规定能够作区分处理的外，需要行政机关对现有政府信息进行加工、分析的，行政机关可以不予提供。

第三十九条 申请人以政府信息公开申请的形式进行信访、投诉、举报等活动，行政机关应当告知申请人不作为政府信息公开申请处理并可以告知通过相应渠道提出。

申请人提出的申请内容为要求行政机关提供政府公报、报刊、书籍等公开出版物的，行政机关可以告知获取的途径。

第四十条 行政机关依申请公开政府信息，应当根据申请人的要求及行政机关保存政府信息的实际情况，确定提供政府信息的具体形式；按照申请人要求的形式提供政府信息，可能危及政府信息载体安全或者公开成本过高的，可以通过电子数据以及其他适当形式提供，或者安排申请人查阅、抄录相关政府信息。

第四十一条 公民、法人或者其他组织有证据证明行政机关提供的与其自身相关的政府信息记录不准确的，可以要求行政机关更正。有权更正的行政机关审核属实的，应当予以更正并告知申请人；不属于本行政机关职能范围的，行政机关可以转送有权更正的行政机关处理并告知申请人，或者告知申请人向有权更正的行政机关提出。

第四十二条 行政机关依申请提供政府信息，不收取费用。但是，申请人申请公开政府信息的数量、频次明显超过合理范围的，行政机关可以收取信息处理费。

行政机关收取信息处理费的具体办法由国务院价格主管部门会同国务院财政部门、全国政府信息公开工作主管部门制定。

第四十三条 申请公开政府信息的公民存在阅读困难或者视听障碍的，行政机关应当为其提供必要的帮助。

第四十四条 多个申请人就相同政府信息向同一行政机关提出公开申请，且该政府信息属于可以公开的，行政机关可以纳入主动公开的范围。

对行政机关依申请公开的政府信息，申请人认为涉及公众利益调整、需要公众广泛知晓或者需要公众参与决策的，可以建议行政机关将该信息纳入主动公开的范围。行政机关经审核认为属于主动公开范围的，应当及时主动公开。

第四十五条 行政机关应当建立健全政府信息公开申请登记、审核、办理、答复、归档的工作制度，加强工作规范。

第五章 监督和保障

第四十六条 各级人民政府应当建立健全政府信息公开工作考核制度、社会评议制度和责任追究制度，定期对政府信息公开工作进行考核、评议。

第四十七条 政府信息公开工作主管部门应当加强对政府信息公开工作的日常指导和监督检查,对行政机关未按照要求开展政府信息公开工作的,予以督促整改或者通报批评;需要对负有责任的领导人员和直接责任人员追究责任的,依法向有权机关提出处理建议。

公民、法人或者其他组织认为行政机关未按照要求主动公开政府信息或者对政府信息公开申请不依法答复处理的,可以向政府信息公开工作主管部门提出。政府信息公开工作主管部门查证属实的,应当予以督促整改或者通报批评。

第四十八条 政府信息公开工作主管部门应当对行政机关的政府信息公开工作人员定期进行培训。

第四十九条 县级以上人民政府部门应当在每年 1 月 31 日前向本级政府信息公开工作主管部门提交本行政机关上一年度政府信息公开工作年度报告并向社会公布。

县级以上地方人民政府的政府信息公开工作主管部门应当在每年 3 月 31 日前向社会公布本级政府上一年度政府信息公开工作年度报告。

第五十条 政府信息公开工作年度报告应当包括下列内容:

(一)行政机关主动公开政府信息的情况;

(二)行政机关收到和处理政府信息公开申请的情况;

(三)因政府信息公开工作被申请行政复议、提起行政诉讼的情况;

(四)政府信息公开工作存在的主要问题及改进情况,各级人民政府的政府信息公开工作年度报告还应当包括工作考核、社会评议和责任追究结果情况;

(五)其他需要报告的事项。

全国政府信息公开工作主管部门应当公布政府信息公开工作年度报告统一格式,并适时更新。

第五十一条 公民、法人或者其他组织认为行政机关在政府信息公开工作中侵犯其合法权益的,可以向上一级行政机关或者政府信息公开工作主管部门投诉、举报,也可以依法申请行政复议或者提起行政诉讼。

第五十二条 行政机关违反本条例的规定,未建立健全政府信息公开有关制度、机制的,由上一级行政机关责令改正;情节严重的,对负有责任的领导人员和直接责任人员依法给予处分。

第五十三条 行政机关违反本条例的规定,有下列情形之一的,由上一级行政机关责令改正;情节严重的,对负有责任的领导人员和直接责任人员依法给予处分;构成犯罪的,依法追究刑事责任:

(一)不依法履行政府信息公开职能;

(二)不及时更新公开的政府信息内容、政府信息公开指南和政府信息公开目录;

(三)违反本条例规定的其他情形。

第六章 附　　则

第五十四条 法律、法规授权的具有管理公共事务职能的组织公开政府信息的活动,适用本条例。

第五十五条 教育、卫生健康、供水、供电、供气、供热、环境保护、公共交通等与人民群众利益密切相关的公共企事业单位,公开在提供社会公共服务过程中制作、获取的信息,依照相关法律、法规和国务院有关主管部门或者机构的规定执行。全国政府信息公开工作主管部门根据实际需要可以制定专门的规定。

前款规定的公共企事业单位未依照相关法律、法规和国务院有关主管部门或者机构的规定公开在提供社会公共服务过程中制作、获取的信息,公民、法人或者其他组织可以向有关主管部门或者机构申诉,接受申诉的部门或者机构应当及时调查处理并将处理结果告知申诉人。

第五十六条 本条例自 2019 年 5 月 15 日起施行。

中华人民共和国行政复议法

1. 1999 年 4 月 29 日第九届全国人民代表大会常务委员会第九次会议通过
2. 根据 2009 年 8 月 27 日第十一届全国人民代表大会常务委员会第十次会议《关于修改部分法律的决定》第一次修正
3. 根据 2017 年 9 月 1 日第十二届全国人民代表大会常务委员会第二十九次会议《关于修改〈中华人民共和国法官法〉等八部法律的决定》第二次修正
4. 2023 年 9 月 1 日第十四届全国人民代表大会常务委员会第五次会议修订

目　　录

第一章　总　　则

第一条　【立法目的和立法依据】为了防止和纠正违法的或者不当的

行政行为，保护公民、法人和其他组织的合法权益，监督和保障行政机关依法行使职权，发挥行政复议化解行政争议的主渠道作用，推进法治政府建设，根据宪法，制定本法。

第二条 【适用范围】公民、法人或者其他组织认为行政机关的行政行为侵犯其合法权益，向行政复议机关提出行政复议申请，行政复议机关办理行政复议案件，适用本法。

前款所称行政行为，包括法律、法规、规章授权的组织的行政行为。

第三条 【行政复议工作的原则】行政复议工作坚持中国共产党的领导。

行政复议机关履行行政复议职责，应当遵循合法、公正、公开、高效、便民、为民的原则，坚持有错必纠，保障法律、法规的正确实施。

第四条 【行政复议机构及职责】县级以上各级人民政府以及其他依照本法履行行政复议职责的行政机关是行政复议机关。

行政复议机关办理行政复议事项的机构是行政复议机构。行政复议机构同时组织办理行政复议机关的行政应诉事项。

行政复议机关应当加强行政复议工作，支持和保障行政复议机构依法履行职责。上级行政复议机构对下级行政复议机构的行政复议工作进行指导、监督。

国务院行政复议机构可以发布行政复议指导性案例。

第五条 【调解】行政复议机关办理行政复议案件，可以进行调解。

调解应当遵循合法、自愿的原则，不得损害国家利益、社会公共利益和他人合法权益，不得违反法律、法规的强制性规定。

第六条 【行政复议人员队伍建设和管理】国家建立专业化、职业化行政复议人员队伍。

行政复议机构中初次从事行政复议工作的人员，应当通过国家统一法律职业资格考试取得法律职业资格，并参加统一职前培训。

国务院行政复议机构应当会同有关部门制定行政复议人员工作规范，加强对行政复议人员的业务考核和管理。

第七条 【行政复议机构和人员的保障措施】行政复议机关应当确保行政复议机构的人员配备与所承担的工作任务相适应，提高行政复议人员专业素质，根据工作需要保障办案场所、装备等设施。县级以上各级人民政府应当将行政复议工作经费列入本级预算。

第八条 【信息化建设】行政复议机关应当加强信息化建设，运用现代信息技术，方便公民、法人或者其他组织申请、参加行政复议，提高工作质量和效率。

第九条 【行政复议激励措施】对在行政复议工作中做出显著成绩的单位和个人，按照国家有关规定给予表彰和奖励。

第十条 【对复议决定不服提起诉讼】公民、法人或者其他组织对行政复议决定不服的，可以依照《中华人民共和国行政诉讼法》的规定向人民法院提起行政诉讼，但是法律规定行政复议决定为最终裁决的除外。

第二章 行政复议申请

第一节 行政复议范围

第十一条 【复议范围】有下列情形之一的，公民、法人或者其他组织可以依照本法申请行政复议：

（一）对行政机关作出的行政处罚决定不服；

（二）对行政机关作出的行政强制措施、行政强制执行决定不服；

（三）申请行政许可，行政机关拒绝或者在法定期限内不予答复，或者对行政机关作出的有关行政许可的其他决定不服；

（四）对行政机关作出的确认自然资源的所有权或者使用权的决定不服；

（五）对行政机关作出的征收征用决定及其补偿决定不服；

（六）对行政机关作出的赔偿决定或者不予赔偿决定不服；

（七）对行政机关作出的不予受理工伤认定申请的决定或者工伤认定结论不服；

（八）认为行政机关侵犯其经营自主权或者农村土地承包经营权、农村土地经营权；

（九）认为行政机关滥用行政权力排除或者限制竞争；

（十）认为行政机关违法集资、摊派费用或者违法要求履行其他义务；

（十一）申请行政机关履行保护人身权利、财产权利、受教育权利等合法权益的法定职责，行政机关拒绝履行、未依法履行或者不予答复；

（十二）申请行政机关依法给付抚恤金、社会保险待遇或者最低生活保障等社会保障，行政机关没有依法给付；

（十三）认为行政机关不依法订立、不依法履行、未按照约定履行或者违法变更、解除政府特许经营协议、土地房屋征收补偿协议等行政协议；

（十四）认为行政机关在政府信息公开工作中侵犯其合法权益；

（十五）认为行政机关的其他行政行为侵犯其合法权益。

第十二条　【复议范围的排除】下列事项不属于行政复议范围：

（一）国防、外交等国家行为；

（二）行政法规、规章或者行政机关制定、发布的具有普遍约束力的决定、命令等规范性文件；

（三）行政机关对行政机关工作人员的奖惩、任免等决定；

（四）行政机关对民事纠纷作出的调解。

第十三条　【规范性文件申请附带审查】公民、法人或者其他组织认为行政机关的行政行为所依据的下列规范性文件不合法，在对行政行为申请行政复议时，可以一并向行政复议机关提出对该规范性文件的附带审查申请：

（一）国务院部门的规范性文件；

（二）县级以上地方各级人民政府及其工作部门的规范性文件；

（三）乡、镇人民政府的规范性文件；

（四）法律、法规、规章授权的组织的规范性文件。

前款所列规范性文件不含规章。规章的审查依照法律、行政法规办理。

第二节 行政复议参加人

第十四条 【复议申请人】依照本法申请行政复议的公民、法人或者其他组织是申请人。

有权申请行政复议的公民死亡的，其近亲属可以申请行政复议。有权申请行政复议的法人或者其他组织终止的，其权利义务承受人可以申请行政复议。

有权申请行政复议的公民为无民事行为能力人或者限制民事行为能力人的，其法定代理人可以代为申请行政复议。

第十五条 【复议代表人】同一行政复议案件申请人人数众多的，可以由申请人推选代表人参加行政复议。

代表人参加行政复议的行为对其所代表的申请人发生效力，但是代表人变更行政复议请求、撤回行政复议申请、承认第三人请求的，应当经被代表的申请人同意。

第十六条 【复议第三人】申请人以外的同被申请行政复议的行政行为或者行政复议案件处理结果有利害关系的公民、法人或者其他组织，可以作为第三人申请参加行政复议，或者由行政复议机构通知其作为第三人参加行政复议。

第三人不参加行政复议，不影响行政复议案件的审理。

第十七条 【复议代理人】申请人、第三人可以委托一至二名律师、基层法律服务工作者或者其他代理人代为参加行政复议。

申请人、第三人委托代理人的，应当向行政复议机构提交授权委托书、委托人及被委托人的身份证明文件。授权委托书应当载明委托事项、权限和期限。申请人、第三人变更或者解除代理人权限的，应当书面告知行政复议机构。

第十八条 【法律援助】符合法律援助条件的行政复议申请人申请法律援助的，法律援助机构应当依法为其提供法律援助。

第十九条 【被申请人】公民、法人或者其他组织对行政行为不服申请行政复议的，作出行政行为的行政机关或者法律、法规、规章授权的组织是被申请人。

两个以上行政机关以共同的名义作出同一行政行为的，共同作出行政行为的行政机关是被申请人。

行政机关委托的组织作出行政行为的，委托的行政机关是被申请人。

作出行政行为的行政机关被撤销或者职权变更的，继续行使其职权的行政机关是被申请人。

第三节　申请的提出

第二十条　【申请复议的期限】公民、法人或者其他组织认为行政行为侵犯其合法权益的，可以自知道或者应当知道该行政行为之日起六十日内提出行政复议申请；但是法律规定的申请期限超过六十日的除外。

因不可抗力或者其他正当理由耽误法定申请期限的，申请期限自障碍消除之日起继续计算。

行政机关作出行政行为时，未告知公民、法人或者其他组织申请行政复议的权利、行政复议机关和申请期限的，申请期限自公民、法人或者其他组织知道或者应当知道申请行政复议的权利、行政复议机关和申请期限之日起计算，但是自知道或者应当知道行政行为内容之日起最长不得超过一年。

第二十一条　【最长复议期限】因不动产提出的行政复议申请自行政行为作出之日起超过二十年，其他行政复议申请自行政行为作出之日起超过五年的，行政复议机关不予受理。

第二十二条　【复议申请方式】申请人申请行政复议，可以书面申请；书面申请有困难的，也可以口头申请。

书面申请的，可以通过邮寄或者行政复议机关指定的互联网渠道等方式提交行政复议申请书，也可以当面提交行政复议申请书。行政机关通过互联网渠道送达行政行为决定书的，应当同时提供提交行政复议申请书的互联网渠道。

口头申请的，行政复议机关应当当场记录申请人的基本情况、行政复议请求、申请行政复议的主要事实、理由和时间。

申请人对两个以上行政行为不服的，应当分别申请行政复议。

第二十三条 【复议前置】有下列情形之一的，申请人应当先向行政复议机关申请行政复议，对行政复议决定不服的，可以再依法向人民法院提起行政诉讼：

（一）对当场作出的行政处罚决定不服；

（二）对行政机关作出的侵犯其已经依法取得的自然资源的所有权或者使用权的决定不服；

（三）认为行政机关存在本法第十一条规定的未履行法定职责情形；

（四）申请政府信息公开，行政机关不予公开；

（五）法律、行政法规规定应当先向行政复议机关申请行政复议的其他情形。

对前款规定的情形，行政机关在作出行政行为时应当告知公民、法人或者其他组织先向行政复议机关申请行政复议。

第四节 行政复议管辖

第二十四条 【县级以上地方各级人民政府的复议管辖范围】县级以上地方各级人民政府管辖下列行政复议案件：

（一）对本级人民政府工作部门作出的行政行为不服的；

（二）对下一级人民政府作出的行政行为不服的；

（三）对本级人民政府依法设立的派出机关作出的行政行为不服的；

（四）对本级人民政府或者其工作部门管理的法律、法规、规章授权的组织作出的行政行为不服的。

除前款规定外，省、自治区、直辖市人民政府同时管辖对本机关作出的行政行为不服的行政复议案件。

省、自治区人民政府依法设立的派出机关参照设区的市级人民政府的职责权限，管辖相关行政复议案件。

对县级以上地方各级人民政府工作部门依法设立的派出机构依照法律、法规、规章规定，以派出机构的名义作出的行政行为不服的行政复议案件，由本级人民政府管辖；其中，对直辖市、设区的市人民政府工作部门按照行政区划设立的派出机构作出的行政行为不服的,也可以由其所在地的人民政府管辖。

第二十五条 【国务院部门的复议管辖范围】国务院部门管辖下列行政复议案件:

(一)对本部门作出的行政行为不服的;

(二)对本部门依法设立的派出机构依照法律、行政法规、部门规章规定,以派出机构的名义作出的行政行为不服的;

(三)对本部门管理的法律、行政法规、部门规章授权的组织作出的行政行为不服的。

第二十六条 【对省部级机关作出行政复议决定不服的救济途径】对省、自治区、直辖市人民政府依照本法第二十四条第二款的规定、国务院部门依照本法第二十五条第一项的规定作出的行政复议决定不服的,可以向人民法院提起行政诉讼;也可以向国务院申请裁决,国务院依照本法的规定作出最终裁决。

第二十七条 【对垂直机关、税务和国家安全机关行政行为不服的管辖】对海关、金融、外汇管理等实行垂直领导的行政机关、税务和国家安全机关的行政行为不服的,向上一级主管部门申请行政复议。

第二十八条 【对地方人民政府司法行政部门行政行为不服的复议】对履行行政复议机构职责的地方人民政府司法行政部门的行政行为不服的,可以向本级人民政府申请行政复议,也可以向上一级司法行政部门申请行政复议。

第二十九条 【复议和诉讼的选择】公民、法人或者其他组织申请行政复议,行政复议机关已经依法受理的,在行政复议期间不得向人民法院提起行政诉讼。

公民、法人或者其他组织向人民法院提起行政诉讼,人民法院已经依法受理的,不得申请行政复议。

第三章 行政复议受理

第三十条 【受理条件及审查】行政复议机关收到行政复议申请后,应当在五日内进行审查。对符合下列规定的,行政复议机关应当予以受理:

(一)有明确的申请人和符合本法规定的被申请人;

（二）申请人与被申请行政复议的行政行为有利害关系；

（三）有具体的行政复议请求和理由；

（四）在法定申请期限内提出；

（五）属于本法规定的行政复议范围；

（六）属于本机关的管辖范围；

（七）行政复议机关未受理过该申请人就同一行政行为提出的行政复议申请，并且人民法院未受理过该申请人就同一行政行为提起的行政诉讼。

对不符合前款规定的行政复议申请，行政复议机关应当在审查期限内决定不予受理并说明理由；不属于本机关管辖的，还应当在不予受理决定中告知申请人有管辖权的行政复议机关。

行政复议申请的审查期限届满，行政复议机关未作出不予受理决定的，审查期限届满之日起视为受理。

第三十一条 【申请材料补正】行政复议申请材料不齐全或者表述不清楚，无法判断行政复议申请是否符合本法第三十条第一款规定的，行政复议机关应当自收到申请之日起五日内书面通知申请人补正。补正通知应当一次性载明需要补正的事项。

申请人应当自收到补正通知之日起十日内提交补正材料。有正当理由不能按期补正的，行政复议机关可以延长合理的补正期限。无正当理由逾期不补正的，视为申请人放弃行政复议申请，并记录在案。

行政复议机关收到补正材料后，依照本法第三十条的规定处理。

第三十二条 【对当场作出或者依据电子技术监控设备记录的违法事实作出的行政处罚决定不服的行政复议申请】对当场作出或者依据电子技术监控设备记录的违法事实作出的行政处罚决定不服申请行政复议的，可以通过作出行政处罚决定的行政机关提交行政复议申请。

行政机关收到行政复议申请后，应当及时处理；认为需要维持行政处罚决定的，应当自收到行政复议申请之日起五日内转送行政复议机关。

第三十三条 【驳回复议申请】行政复议机关受理行政复议申请后，发现该行政复议申请不符合本法第三十条第一款规定的，应当决定驳回申请并说明理由。

第三十四条 【对复议前置案件不服提起行政诉讼】法律、行政法规规定应当先向行政复议机关申请行政复议、对行政复议决定不服再向人民法院提起行政诉讼的，行政复议机关决定不予受理、驳回申请或者受理后超过行政复议期限不作答复的，公民、法人或者其他组织可以自收到决定书之日起或者行政复议期限届满之日起十五日内，依法向人民法院提起行政诉讼。

第三十五条 【上级行政机关直接受理和责令纠正】公民、法人或者其他组织依法提出行政复议申请，行政复议机关无正当理由不予受理、驳回申请或者受理后超过行政复议期限不作答复的，申请人有权向上级行政机关反映，上级行政机关应当责令其纠正；必要时，上级行政复议机关可以直接受理。

第四章 行政复议审理

第一节 一般规定

第三十六条 【行政复议审理程序及保密规定】行政复议机关受理行政复议申请后，依照本法适用普通程序或者简易程序进行审理。行政复议机构应当指定行政复议人员负责办理行政复议案件。

行政复议人员对办理行政复议案件过程中知悉的国家秘密、商业秘密和个人隐私，应当予以保密。

第三十七条 【行政复议案件审理依据】行政复议机关依照法律、法规、规章审理行政复议案件。

行政复议机关审理民族自治地方的行政复议案件，同时依照该民族自治地方的自治条例和单行条例。

第三十八条 【行政复议案件的提级管辖】上级行政复议机关根据需要，可以审理下级行政复议机关管辖的行政复议案件。

下级行政复议机关对其管辖的行政复议案件，认为需要由上级行政复议机关审理的，可以报请上级行政复议机关决定。

第三十九条 【行政复议中止】行政复议期间有下列情形之一的，行政复议中止：

（一）作为申请人的公民死亡，其近亲属尚未确定是否参加行政复议；

（二）作为申请人的公民丧失参加行政复议的行为能力，尚未确定法定代理人参加行政复议；

（三）作为申请人的公民下落不明；

（四）作为申请人的法人或者其他组织终止，尚未确定权利义务承受人；

（五）申请人、被申请人因不可抗力或者其他正当理由，不能参加行政复议；

（六）依照本法规定进行调解、和解，申请人和被申请人同意中止；

（七）行政复议案件涉及的法律适用问题需要有权机关作出解释或者确认；

（八）行政复议案件审理需要以其他案件的审理结果为依据，而其他案件尚未审结；

（九）有本法第五十六条或者第五十七条规定的情形；

（十）需要中止行政复议的其他情形。

行政复议中止的原因消除后，应当及时恢复行政复议案件的审理。

行政复议机关中止、恢复行政复议案件的审理，应当书面告知当事人。

第四十条 【行政复议机关无正当理由中止复议的处理】行政复议期间，行政复议机关无正当理由中止行政复议的，上级行政机关应当责令其恢复审理。

第四十一条 【行政复议终止】行政复议期间有下列情形之一的，行政复议机关决定终止行政复议：

（一）申请人撤回行政复议申请，行政复议机构准予撤回；

（二）作为申请人的公民死亡，没有近亲属或者其近亲属放弃行政复议权利；

（三）作为申请人的法人或者其他组织终止，没有权利义务承受人或者其权利义务承受人放弃行政复议权利；

（四）申请人对行政拘留或者限制人身自由的行政强制措施不服申请行政复议后，因同一违法行为涉嫌犯罪，被采取刑事强制措施；

（五）依照本法第三十九条第一款第一项、第二项、第四项的规定中止行政复议满六十日，行政复议中止的原因仍未消除。

第四十二条　【行政复议不停止执行及例外情形】行政复议期间行政行为不停止执行；但是有下列情形之一的，应当停止执行：

（一）被申请人认为需要停止执行；

（二）行政复议机关认为需要停止执行；

（三）申请人、第三人申请停止执行，行政复议机关认为其要求合理，决定停止执行；

（四）法律、法规、规章规定停止执行的其他情形。

第二节　行政复议证据

第四十三条　【行政复议证据种类】行政复议证据包括：

（一）书证；

（二）物证；

（三）视听资料；

（四）电子数据；

（五）证人证言；

（六）当事人的陈述；

（七）鉴定意见；

（八）勘验笔录、现场笔录。

以上证据经行政复议机构审查属实，才能作为认定行政复议案件事实的根据。

第四十四条　【举证责任分配】被申请人对其作出的行政行为的合法性、适当性负有举证责任。

有下列情形之一的，申请人应当提供证据：

（一）认为被申请人不履行法定职责的，提供曾经要求被申请人履行法定职责的证据，但是被申请人应当依职权主动履行法定职责或者申请人因正当理由不能提供的除外；

（二）提出行政赔偿请求的，提供受行政行为侵害而造成损害的证据，但是因被申请人原因导致申请人无法举证的，由被申请人承担举证责任；

（三）法律、法规规定需要申请人提供证据的其他情形。

第四十五条　【行政复议机关的调查取证权】行政复议机关有权向有关单位和个人调查取证，查阅、复制、调取有关文件和资料，向有关人员进行询问。

调查取证时，行政复议人员不得少于两人，并应当出示行政复议工作证件。

被调查取证的单位和个人应当积极配合行政复议人员的工作，不得拒绝或者阻挠。

第四十六条　【被申请人不得自行取证与例外】行政复议期间，被申请人不得自行向申请人和其他有关单位或者个人收集证据；自行收集的证据不作为认定行政行为合法性、适当性的依据。

行政复议期间，申请人或者第三人提出被申请行政复议的行政行为作出时没有提出的理由或者证据的，经行政复议机构同意，被申请人可以补充证据。

第四十七条　【申请人、第三人的查阅权】行政复议期间，申请人、第三人及其委托代理人可以按照规定查阅、复制被申请人提出的书面答复、作出行政行为的证据、依据和其他有关材料，除涉及国家秘密、商业秘密、个人隐私或者可能危及国家安全、公共安全、社会稳定的情形外，行政复议机构应当同意。

第三节　普通程序

第四十八条　【行政复议申请的发送与被申请人的答复和举证】行政复议机构应当自行政复议申请受理之日起七日内，将行政复议申请书副本或者行政复议申请笔录复印件发送被申请人。被申请人应当自收到行政复议申请书副本或者行政复议申请笔录复印件之日起十日内，提出书面答复，并提交作出行政行为的证据、依据和其他有关材料。

第四十九条 【当面审与书面审】适用普通程序审理的行政复议案件，行政复议机构应当当面或者通过互联网、电话等方式听取当事人的意见，并将听取的意见记录在案。因当事人原因不能听取意见的，可以书面审理。

第五十条 【行政复议听证程序】审理重大、疑难、复杂的行政复议案件，行政复议机构应当组织听证。

行政复议机构认为有必要听证，或者申请人请求听证的，行政复议机构可以组织听证。

听证由一名行政复议人员任主持人，两名以上行政复议人员任听证员，一名记录员制作听证笔录。

第五十一条 【行政复议听证规则】行政复议机构组织听证的，应当于举行听证的五日前将听证的时间、地点和拟听证事项书面通知当事人。

申请人无正当理由拒不参加听证的，视为放弃听证权利。

被申请人的负责人应当参加听证。不能参加的，应当说明理由并委托相应的工作人员参加听证。

第五十二条 【行政复议委员会】县级以上各级人民政府应当建立相关政府部门、专家、学者等参与的行政复议委员会，为办理行政复议案件提供咨询意见，并就行政复议工作中的重大事项和共性问题研究提出意见。行政复议委员会的组成和开展工作的具体办法，由国务院行政复议机构制定。

审理行政复议案件涉及下列情形之一的，行政复议机构应当提请行政复议委员会提出咨询意见：

（一）案情重大、疑难、复杂；

（二）专业性、技术性较强；

（三）本法第二十四条第二款规定的行政复议案件；

（四）行政复议机构认为有必要。

行政复议机构应当记录行政复议委员会的咨询意见。

第四节 简易程序

第五十三条 【行政复议简易程序的适用范围】行政复议机关审理下列行政复议案件，认为事实清楚、权利义务关系明确、争议不大的，可以适用简易程序：

（一）被申请行政复议的行政行为是当场作出；

（二）被申请行政复议的行政行为是警告或者通报批评；

（三）案件涉及款额三千元以下；

（四）属于政府信息公开案件。

除前款规定以外的行政复议案件，当事人各方同意适用简易程序的，可以适用简易程序。

第五十四条 【简易程序的程序性要求】适用简易程序审理的行政复议案件，行政复议机构应当自受理行政复议申请之日起三日内，将行政复议申请书副本或者行政复议申请笔录复印件发送被申请人。被申请人应当自收到行政复议申请书副本或者行政复议申请笔录复印件之日起五日内，提出书面答复，并提交作出行政行为的证据、依据和其他有关材料。

适用简易程序审理的行政复议案件，可以书面审理。

第五十五条 【简易程序与普通程序的转换】适用简易程序审理的行政复议案件，行政复议机构认为不宜适用简易程序的，经行政复议机构的负责人批准，可以转为普通程序审理。

第五节 行政复议附带审查

第五十六条 【行政复议机关对规范性文件的处理】申请人依照本法第十三条的规定提出对有关规范性文件的附带审查申请，行政复议机关有权处理的，应当在三十日内依法处理；无权处理的，应当在七日内转送有权处理的行政机关依法处理。

第五十七条 【行政复议机关依据合法性对行政行为的审查处理】行政复议机关在对被申请人作出的行政行为进行审查时，认为其依据不合法，本机关有权处理的，应当在三十日内依法处理；无权处理的，应当在七日内转送有权处理的国家机关依法处理。

第五十八条 【行政复议机关处理有关规范性文件或者行政行为依

据的程序】行政复议机关依照本法第五十六条、第五十七条的规定有权处理有关规范性文件或者依据的，行政复议机构应当自行政复议中止之日起三日内，书面通知规范性文件或者依据的制定机关就相关条款的合法性提出书面答复。制定机关应当自收到书面通知之日起十日内提交书面答复及相关材料。

行政复议机构认为必要时，可以要求规范性文件或者依据的制定机关当面说明理由，制定机关应当配合。

第五十九条　【行政复议机关对规范性文件的审查处理】行政复议机关依照本法第五十六条、第五十七条的规定有权处理有关规范性文件或者依据，认为相关条款合法的，在行政复议决定书中一并告知；认为相关条款超越权限或者违反上位法的，决定停止该条款的执行，并责令制定机关予以纠正。

第六十条　【接受转送机关对转送文件的审查处理】依照本法第五十六条、第五十七条的规定接受转送的行政机关、国家机关应当自收到转送之日起六十日内，将处理意见回复转送的行政复议机关。

第五章　行政复议决定

第六十一条　【行政复议决定的作出程序】行政复议机关依照本法审理行政复议案件，由行政复议机构对行政行为进行审查，提出意见，经行政复议机关的负责人同意或者集体讨论通过后，以行政复议机关的名义作出行政复议决定。

经过听证的行政复议案件，行政复议机关应当根据听证笔录、审查认定的事实和证据，依照本法作出行政复议决定。

提请行政复议委员会提出咨询意见的行政复议案件，行政复议机关应当将咨询意见作为作出行政复议决定的重要参考依据。

第六十二条　【行政复议决定的作出期限】适用普通程序审理的行政复议案件，行政复议机关应当自受理申请之日起六十日内作出行政复议决定；但是法律规定的行政复议期限少于六十日的除外。情况复杂，不能在规定期限内作出行政复议决定的，经行政复议机构的负责人批准，可以适当延长，并书面告知当事人；但是延长期限最多不得超过三十日。

适用简易程序审理的行政复议案件，行政复议机关应当自受理申请之日起三十日内作出行政复议决定。

第六十三条　【变更决定】行政行为有下列情形之一的，行政复议机关决定变更该行政行为：

（一）事实清楚，证据确凿，适用依据正确，程序合法，但是内容不适当；

（二）事实清楚，证据确凿，程序合法，但是未正确适用依据；

（三）事实不清、证据不足，经行政复议机关查清事实和证据。

行政复议机关不得作出对申请人更为不利的变更决定，但是第三人提出相反请求的除外。

第六十四条　【撤销或者部分撤销决定】行政行为有下列情形之一的，行政复议机关决定撤销或者部分撤销该行政行为，并可以责令被申请人在一定期限内重新作出行政行为：

（一）主要事实不清、证据不足；

（二）违反法定程序；

（三）适用的依据不合法；

（四）超越职权或者滥用职权。

行政复议机关责令被申请人重新作出行政行为的，被申请人不得以同一事实和理由作出与被申请行政复议的行政行为相同或者基本相同的行政行为，但是行政复议机关以违反法定程序为由决定撤销或者部分撤销的除外。

第六十五条　【确认违法决定】行政行为有下列情形之一的，行政复议机关不撤销该行政行为，但是确认该行政行为违法：

（一）依法应予撤销，但是撤销会给国家利益、社会公共利益造成重大损害；

（二）程序轻微违法，但是对申请人权利不产生实际影响。

行政行为有下列情形之一，不需要撤销或者责令履行的，行政复议机关确认该行政行为违法：

（一）行政行为违法，但是不具有可撤销内容；

（二）被申请人改变原违法行政行为，申请人仍要求撤销或者确认该行政行为违法；

（三）被申请人不履行或者拖延履行法定职责，责令履行没有意义。

第六十六条　【限期履行职责】被申请人不履行法定职责的，行政复议机关决定被申请人在一定期限内履行。

第六十七条　【确认无效决定】行政行为有实施主体不具有行政主体资格或者没有依据等重大且明显违法情形，申请人申请确认行政行为无效的，行政复议机关确认该行政行为无效。

第六十八条　【维持决定】行政行为认定事实清楚，证据确凿，适用依据正确，程序合法，内容适当的，行政复议机关决定维持该行政行为。

第六十九条　【驳回行政复议申请决定】行政复议机关受理申请人认为被申请人不履行法定职责的行政复议申请后，发现被申请人没有相应法定职责或者在受理前已经履行法定职责的，决定驳回申请人的行政复议请求。

第七十条　【举证不能的法律后果】被申请人不按照本法第四十八条、第五十四条的规定提出书面答复、提交作出行政行为的证据、依据和其他有关材料的，视为该行政行为没有证据、依据，行政复议机关决定撤销、部分撤销该行政行为，确认该行政行为违法、无效或者决定被申请人在一定期限内履行，但是行政行为涉及第三人合法权益，第三人提供证据的除外。

第七十一条　【行政协议履行及补偿决定】被申请人不依法订立、不依法履行、未按照约定履行或者违法变更、解除行政协议的，行政复议机关决定被申请人承担依法订立、继续履行、采取补救措施或者赔偿损失等责任。

被申请人变更、解除行政协议合法，但是未依法给予补偿或者补偿不合理的，行政复议机关决定被申请人依法给予合理补偿。

第七十二条　【行政赔偿决定】申请人在申请行政复议时一并提出行政赔偿请求，行政复议机关对依照《中华人民共和国国家赔偿法》的有关规定应当不予赔偿的，在作出行政复议决定时，应当同时决定驳回行政赔偿请求；对符合《中华人民共和国国家赔偿法》的有关规定应当给予赔偿的，在决定撤销或者部分撤销、变更行政行为或者确认行政行为违法、无效时，应当同时决定被申请人依法给予赔偿；确认行政行为违法的，还可以同时责令被申请人采取补救措施。

申请人在申请行政复议时没有提出行政赔偿请求的，行政复议机关在依法决定撤销或者部分撤销、变更罚款，撤销或者部分撤销违法集资、没收财物、征收征用、摊派费用以及对财产的查封、扣押、冻结等行政行为时，应当同时责令被申请人返还财产，解除对财产的查封、扣押、冻结措施，或者赔偿相应的价款。

第七十三条　【行政复议调解】当事人经调解达成协议的，行政复议机关应当制作行政复议调解书，经各方当事人签字或者签章，并加盖行政复议机关印章，即具有法律效力。

调解未达成协议或者调解书生效前一方反悔的，行政复议机关应当依法审查或者及时作出行政复议决定。

第七十四条　【行政复议和解与撤回申请】当事人在行政复议决定作出前可以自愿达成和解，和解内容不得损害国家利益、社会公共利益和他人合法权益，不得违反法律、法规的强制性规定。

当事人达成和解后，由申请人向行政复议机构撤回行政复议申请。行政复议机构准予撤回行政复议申请、行政复议机关决定终止行政复议的，申请人不得再以同一事实和理由提出行政复议申请。但是，申请人能够证明撤回行政复议申请违背其真实意愿的除外。

第七十五条　【行政复议决定书】行政复议机关作出行政复议决定，应当制作行政复议决定书，并加盖行政复议机关印章。

行政复议决定书一经送达，即发生法律效力。

第七十六条　【行政复议意见书】行政复议机关在办理行政复议案件过程中，发现被申请人或者其他下级行政机关的有关行政行为违法或者不当的，可以向其制发行政复议意见书。有关机关应当自收到行政复议意见书之日起六十日内，将纠正相关违法或者不当行政行为的情况报送行政复议机关。

第七十七条　【复议决定书、调解书、意见书的履行】被申请人应当履行行政复议决定书、调解书、意见书。

被申请人不履行或者无正当理由拖延履行行政复议决定书、调解书、意见书的，行政复议机关或者有关上级行政机关应当责令其限期履行，并可以约谈被申请人的有关负责人或者予以通报批评。

第七十八条　【不履行复议决定书、调解书的强制执行】申请人、第三人逾期不起诉又不履行行政复议决定书、调解书的，或者不履行最终裁决的行政复议决定的，按照下列规定分别处理：

（一）维持行政行为的行政复议决定书，由作出行政行为的行政机关依法强制执行，或者申请人民法院强制执行；

（二）变更行政行为的行政复议决定书，由行政复议机关依法强制执行，或者申请人民法院强制执行；

（三）行政复议调解书，由行政复议机关依法强制执行，或者申请人民法院强制执行。

第七十九条　【行政复议决定书公开与复议决定、意见书抄告】行政复议机关根据被申请行政复议的行政行为的公开情况，按照国家有关规定将行政复议决定书向社会公开。

县级以上地方各级人民政府办理以本级人民政府工作部门为被申请人的行政复议案件，应当将发生法律效力的行政复议决定书、意见书同时抄告被申请人的上一级主管部门。

第六章　法 律 责 任

第八十条　【复议机关不依法履行职责的处分】行政复议机关不依照本法规定履行行政复议职责，对负有责任的领导人员和直接责任人员依法给予警告、记过、记大过的处分；经有权监督的机关督促仍不改正或者造成严重后果的，依法给予降级、撤职、开除的处分。

第八十一条　【渎职、失职行为的法律责任】行政复议机关工作人员在行政复议活动中，徇私舞弊或者有其他渎职、失职行为的，依法给予警告、记过、记大过的处分；情节严重的，依法给予降级、撤职、开除的处分；构成犯罪的，依法追究刑事责任。

第八十二条　【被申请人不提出书面答复、不提交有关材料、干扰破坏行政复议活动的法律责任】被申请人违反本法规定，不提出书面答复或者不提交作出行政行为的证据、依据和其他有关材料，或者阻挠、变相阻挠公民、法人或者其他组织依法申请行政复议的，对负有责任的领导人员和直接责任人员依法给予警告、记过、记大过的处分；进行报复陷害的，依法给予降级、撤职、开除的处分；构成犯罪的，依法追究刑事责任。

第八十三条 【被申请人不履行、拖延履行复议决定、调解书、意见书的法律责任】被申请人不履行或者无正当理由拖延履行行政复议决定书、调解书、意见书的，对负有责任的领导人员和直接责任人员依法给予警告、记过、记大过的处分；经责令履行仍拒不履行的，依法给予降级、撤职、开除的处分。

第八十四条 【拒绝、阻挠调查取证的法律责任】拒绝、阻挠行政复议人员调查取证，故意扰乱行政复议工作秩序的，依法给予处分、治安管理处罚；构成犯罪的，依法追究刑事责任。

第八十五条 【行政复议机关移送违法事实材料】行政机关及其工作人员违反本法规定的，行政复议机关可以向监察机关或者公职人员任免机关、单位移送有关人员违法的事实材料，接受移送的监察机关或者公职人员任免机关、单位应当依法处理。

第八十六条 【职务违法犯罪问题线索的移送】行政复议机关在办理行政复议案件过程中，发现公职人员涉嫌贪污贿赂、失职渎职等职务违法或者职务犯罪的问题线索，应当依照有关规定移送监察机关，由监察机关依法调查处置。

第七章 附 则

第八十七条 【行政复议不收费原则】行政复议机关受理行政复议申请，不得向申请人收取任何费用。

第八十八条 【期间计算和文书送达】行政复议期间的计算和行政复议文书的送达，本法没有规定的，依照《中华人民共和国民事诉讼法》关于期间、送达的规定执行。

本法关于行政复议期间有关“三日”、“五日”、“七日”、“十日”的规定是指工作日，不含法定休假日。

第八十九条 【外国人、无国籍人、外国组织的法律适用】外国人、无国籍人、外国组织在中华人民共和国境内申请行政复议，适用本法。

第九十条　【施行时间】本法自2024年1月1日起施行。

中华人民共和国行政复议法实施条例

1. 2007年5月29日国务院令第499号公布
2. 自2007年8月1日起施行

第一章　总　　则

第一条　为了进一步发挥行政复议制度在解决行政争议、建设法治政府、构建社会主义和谐社会中的作用,根据《中华人民共和国行政复议法》(以下简称行政复议法),制定本条例。

第二条　各级行政复议机关应当认真履行行政复议职责,领导并支持本机关负责法制工作的机构(以下简称行政复议机构)依法办理行政复议事项,并依照有关规定配备、充实、调剂专职行政复议人员,保证行政复议机构的办案能力与工作任务相适应。

第三条　行政复议机构除应当依照行政复议法第三条的规定履行职责外,还应当履行下列职责:

(一)依照行政复议法第十八条的规定转送有关行政复议申请;

(二)办理行政复议法第二十九条规定的行政赔偿等事项;

(三)按照职责权限,督促行政复议申请的受理和行政复议决定的履行;

(四)办理行政复议、行政应诉案件统计和重大行政复议决定备案事项;

(五)办理或者组织办理未经行政复议直接提起行政诉讼的行政应诉事项;

(六)研究行政复议工作中发现的问题,及时向有关机关提出改进建议,重大问题及时向行政复议机关报告。

第四条　专职行政复议人员应当具备与履行行政复议职责相适应的

品行、专业知识和业务能力,并取得相应资格。具体办法由国务院法制机构会同国务院有关部门规定。

第二章 行政复议申请

第一节 申 请 人

第五条 依照行政复议法和本条例的规定申请行政复议的公民、法人或者其他组织为申请人。

第六条 合伙企业申请行政复议的,应当以核准登记的企业为申请人,由执行合伙事务的合伙人代表该企业参加行政复议;其他合伙组织申请行政复议的,由合伙人共同申请行政复议。

前款规定以外的不具备法人资格的其他组织申请行政复议的,由该组织的主要负责人代表该组织参加行政复议;没有主要负责人的,由共同推选的其他成员代表该组织参加行政复议。

第七条 股份制企业的股东大会、股东代表大会、董事会认为行政机关作出的具体行政行为侵犯企业合法权益的,可以以企业的名义申请行政复议。

第八条 同一行政复议案件申请人超过 5 人的,推选 1 至 5 名代表参加行政复议。

第九条 行政复议期间,行政复议机构认为申请人以外的公民、法人或者其他组织与被审查的具体行政行为有利害关系的,可以通知其作为第三人参加行政复议。

行政复议期间,申请人以外的公民、法人或者其他组织与被审查的具体行政行为有利害关系的,可以向行政复议机构申请作为第三人参加行政复议。

第三人不参加行政复议,不影响行政复议案件的审理。

第十条 申请人、第三人可以委托 1 至 2 名代理人参加行政复议。申请人、第三人委托代理人的,应当向行政复议机构提交授权委托书。授权委托书应当载明委托事项、权限和期限。公民在特殊情况下无法书面委托的,可以口头委托。口头委托的,行政复议机构应当核实并记录在卷。申请人、第三人解除或者变更委托的,应当书面报告行政复议机构。

第二节 被申请人

第十一条 公民、法人或者其他组织对行政机关的具体行政行为不服,依照行政复议法和本条例的规定申请行政复议的,作出该具体行政行为的行政机关为被申请人。

第十二条 行政机关与法律、法规授权的组织以共同的名义作出具体行政行为的,行政机关和法律、法规授权的组织为共同被申请人。

行政机关与其他组织以共同名义作出具体行政行为的,行政机关为被申请人。

第十三条 下级行政机关依照法律、法规、规章规定,经上级行政机关批准作出具体行政行为的,批准机关为被申请人。

第十四条 行政机关设立的派出机构、内设机构或者其他组织,未经法律、法规授权,对外以自己名义作出具体行政行为的,该行政机关为被申请人。

第三节 行政复议申请期限

第十五条 行政复议法第九条第一款规定的行政复议申请期限的计算,依照下列规定办理:

(一)当场作出具体行政行为的,自具体行政行为作出之日起计算;

(二)载明具体行政行为的法律文书直接送达的,自受送达人签收之日起计算;

(三)载明具体行政行为的法律文书邮寄送达的,自受送达人在邮件签收单上签收之日起计算;没有邮件签收单的,自受送达人在送达回执上签名之日起计算;

(四)具体行政行为依法通过公告形式告知受送达人的,自公告规定的期限届满之日起计算;

(五)行政机关作出具体行政行为时未告知公民、法人或者其他组织,事后补充告知的,自该公民、法人或者其他组织收到行政机关补充告知的通知之日起计算;

(六)被申请人能够证明公民、法人或者其他组织知道具体行政行为的,自证据材料证明其知道具体行政行为之日起计算。

行政机关作出具体行政行为，依法应当向有关公民、法人或者其他组织送达法律文书而未送达的，视为该公民、法人或者其他组织不知道该具体行政行为。

第十六条 公民、法人或者其他组织依照行政复议法第六条第（八）项、第（九）项、第（十）项的规定申请行政机关履行法定职责，行政机关未履行的，行政复议申请期限依照下列规定计算：

（一）有履行期限规定的，自履行期限届满之日起计算；

（二）没有履行期限规定的，自行政机关收到申请满60日起计算。

公民、法人或者其他组织在紧急情况下请求行政机关履行保护人身权、财产权的法定职责，行政机关不履行的，行政复议申请期限不受前款规定的限制。

第十七条 行政机关作出的具体行政行为对公民、法人或者其他组织的权利、义务可能产生不利影响的，应当告知其申请行政复议的权利、行政复议机关和行政复议申请期限。

第四节　行政复议申请的提出

第十八条 申请人书面申请行政复议的，可以采取当面递交、邮寄或者传真等方式提出行政复议申请。

有条件的行政复议机构可以接受以电子邮件形式提出的行政复议申请。

第十九条 申请人书面申请行政复议的，应当在行政复议申请书中载明下列事项：

（一）申请人的基本情况，包括：公民的姓名、性别、年龄、身份证号码、工作单位、住所、邮政编码；法人或者其他组织的名称、住所、邮政编码和法定代表人或者主要负责人的姓名、职务；

（二）被申请人的名称；

（三）行政复议请求、申请行政复议的主要事实和理由；

（四）申请人的签名或者盖章；

（五）申请行政复议的日期。

第二十条 申请人口头申请行政复议的，行政复议机构应当依照本条例第十九条规定的事项,当场制作行政复议申请笔录交申请人核对或者向申请人宣读,并由申请人签字确认。

第二十一条 有下列情形之一的,申请人应当提供证明材料:

（一）认为被申请人不履行法定职责的,提供曾经要求被申请人履行法定职责而被申请人未履行的证明材料;

（二）申请行政复议时一并提出行政赔偿请求的,提供受具体行政行为侵害而造成损害的证明材料;

（三）法律、法规规定需要申请人提供证据材料的其他情形。

第二十二条 申请人提出行政复议申请时错列被申请人的,行政复议机构应当告知申请人变更被申请人。

第二十三条 申请人对两个以上国务院部门共同作出的具体行政行为不服的,依照行政复议法第十四条的规定,可以向其中任何一个国务院部门提出行政复议申请,由作出具体行政行为的国务院部门共同作出行政复议决定。

第二十四条 申请人对经国务院批准实行省以下垂直领导的部门作出的具体行政行为不服的,可以选择向该部门的本级人民政府或者上一级主管部门申请行政复议;省、自治区、直辖市另有规定的,依照省、自治区、直辖市的规定办理。

第二十五条 申请人依照行政复议法第三十条第二款的规定申请行政复议的,应当向省、自治区、直辖市人民政府提出行政复议申请。

第二十六条 依照行政复议法第七条的规定,申请人认为具体行政行为所依据的规定不合法的,可以在对具体行政行为申请行政复议的同时一并提出对该规定的审查申请;申请人在对具体行政行为提出行政复议申请时尚不知道该具体行政行为所依据的规定的,可以在行政复议机关作出行政复议决定前向行政复议机关提出对该规定的审查申请。

第三章 行政复议受理

第二十七条 公民、法人或者其他组织认为行政机关的具体行政行为侵犯其合法权益提出行政复议申请,除不符合行政复议法和本条例规定的申请条件的,行政复议机关必须受理。

第二十八条 行政复议申请符合下列规定的,应当予以受理:

(一)有明确的申请人和符合规定的被申请人;

(二)申请人与具体行政行为有利害关系;

(三)有具体的行政复议请求和理由;

(四)在法定申请期限内提出;

(五)属于行政复议法规定的行政复议范围;

(六)属于收到行政复议申请的行政复议机构的职责范围;

(七)其他行政复议机关尚未受理同一行政复议申请,人民法院尚未受理同一主体就同一事实提起的行政诉讼。

第二十九条 行政复议申请材料不齐全或者表述不清楚的,行政复议机构可以自收到该行政复议申请之日起 5 日内书面通知申请人补正。补正通知应当载明需要补正的事项和合理的补正期限。无正当理由逾期不补正的,视为申请人放弃行政复议申请。补正申请材料所用时间不计入行政复议审理期限。

第三十条 申请人就同一事项向两个或者两个以上有权受理的行政机关申请行政复议的,由最先收到行政复议申请的行政机关受理;同时收到行政复议申请的,由收到行政复议申请的行政机关在 10 日内协商确定;协商不成的,由其共同上一级行政机关在 10 日内指定受理机关。协商确定或者指定受理机关所用时间不计入行政复议审理期限。

第三十一条 依照行政复议法第二十条的规定,上级行政机关认为行政复议机关不予受理行政复议申请的理由不成立的,可以先行督促其受理;经督促仍不受理的,应当责令其限期受理,必要时也可以直接受理;认为行政复议申请不符合法定受理条件的,应当告知申请人。

第四章 行政复议决定

第三十二条 行政复议机构审理行政复议案件,应当由 2 名以上行政复议人员参加。

第三十三条 行政复议机构认为必要时,可以实地调查核实证据;对重大、复杂的案件,申请人提出要求或者行政复议机构认为必要时,可以采取听证的方式审理。

第三十四条　行政复议人员向有关组织和人员调查取证时，可以查阅、复制、调取有关文件和资料，向有关人员进行询问。

调查取证时，行政复议人员不得少于2人，并应当向当事人或者有关人员出示证件。被调查单位和人员应当配合行政复议人员的工作，不得拒绝或者阻挠。

需要现场勘验的，现场勘验所用时间不计入行政复议审理期限。

第三十五条　行政复议机关应当为申请人、第三人查阅有关材料提供必要条件。

第三十六条　依照行政复议法第十四条的规定申请原级行政复议的案件，由原承办具体行政行为有关事项的部门或者机构提出书面答复，并提交作出具体行政行为的证据、依据和其他有关材料。

第三十七条　行政复议期间涉及专门事项需要鉴定的，当事人可以自行委托鉴定机构进行鉴定，也可以申请行政复议机构委托鉴定机构进行鉴定。鉴定费用由当事人承担。鉴定所用时间不计入行政复议审理期限。

第三十八条　申请人在行政复议决定作出前自愿撤回行政复议申请的，经行政复议机构同意，可以撤回。

申请人撤回行政复议申请的，不得再以同一事实和理由提出行政复议申请。但是，申请人能够证明撤回行政复议申请违背其真实意思表示的除外。

第三十九条　行政复议期间被申请人改变原具体行政行为的，不影响行政复议案件的审理。但是，申请人依法撤回行政复议申请的除外。

第四十条　公民、法人或者其他组织对行政机关行使法律、法规规定的自由裁量权作出的具体行政行为不服申请行政复议，申请人与被申请人在行政复议决定作出前自愿达成和解的，应当向行政复议机构提交书面和解协议；和解内容不损害社会公共利益和他人合法权益的，行政复议机构应当准许。

第四十一条 行政复议期间有下列情形之一,影响行政复议案件审理的,行政复议中止:

(一)作为申请人的自然人死亡,其近亲属尚未确定是否参加行政复议的;

(二)作为申请人的自然人丧失参加行政复议的能力,尚未确定法定代理人参加行政复议的;

(三)作为申请人的法人或者其他组织终止,尚未确定权利义务承受人的;

(四)作为申请人的自然人下落不明或者被宣告失踪的;

(五)申请人、被申请人因不可抗力,不能参加行政复议的;

(六)案件涉及法律适用问题,需要有权机关作出解释或者确认的;

(七)案件审理需要以其他案件的审理结果为依据,而其他案件尚未审结的;

(八)其他需要中止行政复议的情形。

行政复议中止的原因消除后,应当及时恢复行政复议案件的审理。

行政复议机构中止、恢复行政复议案件的审理,应当告知有关当事人。

第四十二条 行政复议期间有下列情形之一的,行政复议终止:

(一)申请人要求撤回行政复议申请,行政复议机构准予撤回的;

(二)作为申请人的自然人死亡,没有近亲属或者其近亲属放弃行政复议权利的;

(三)作为申请人的法人或者其他组织终止,其权利义务的承受人放弃行政复议权利的;

(四)申请人与被申请人依照本条例第四十条的规定,经行政复议机构准许达成和解的;

(五)申请人对行政拘留或者限制人身自由的行政强制措施不服申请行政复议后,因申请人同一违法行为涉嫌犯罪,该行政拘留或者限制人身自由的行政强制措施变更为刑事拘留的。

依照本条例第四十一条第一款第(一)项、第(二)项、第(三)项规定中止行政复议,满60日行政复议中止的原因仍未消除的,行政复议终止。

第四十三条 依照行政复议法第二十八条第一款第(一)项规定,具体行政行为认定事实清楚,证据确凿,适用依据正确,程序合法,内容适当的,行政复议机关应当决定维持。

第四十四条 依照行政复议法第二十八条第一款第(二)项规定,被申请人不履行法定职责的,行政复议机关应当决定其在一定期限内履行法定职责。

第四十五条 具体行政行为有行政复议法第二十八条第一款第(三)项规定情形之一的,行政复议机关应当决定撤销、变更该具体行政行为或者确认该具体行政行为违法;决定撤销该具体行政行为或者确认该具体行政行为违法的,可以责令被申请人在一定期限内重新作出具体行政行为。

第四十六条 被申请人未依照行政复议法第二十三条的规定提出书面答复、提交当初作出具体行政行为的证据、依据和其他有关材料的,视为该具体行政行为没有证据、依据,行政复议机关应当决定撤销该具体行政行为。

第四十七条 具体行政行为有下列情形之一,行政复议机关可以决定变更:

(一)认定事实清楚,证据确凿,程序合法,但是明显不当或者适用依据错误的;

(二)认定事实不清,证据不足,但是经行政复议机关审理查明事实清楚,证据确凿的。

第四十八条 有下列情形之一的,行政复议机关应当决定驳回行政复议申请:

(一)申请人认为行政机关不履行法定职责申请行政复议,行政复议机关受理后发现该行政机关没有相应法定职责或者在受理前已经履行法定职责的;

（二）受理行政复议申请后，发现该行政复议申请不符合行政复议法和本条例规定的受理条件的。

上级行政机关认为行政复议机关驳回行政复议申请的理由不成立的，应当责令其恢复审理。

第四十九条 行政复议机关依照行政复议法第二十八条的规定责令被申请人重新作出具体行政行为的，被申请人应当在法律、法规、规章规定的期限内重新作出具体行政行为；法律、法规、规章未规定期限的，重新作出具体行政行为的期限为60日。

公民、法人或者其他组织对被申请人重新作出的具体行政行为不服，可以依法申请行政复议或者提起行政诉讼。

第五十条 有下列情形之一的，行政复议机关可以按照自愿、合法的原则进行调解：

（一）公民、法人或者其他组织对行政机关行使法律、法规规定的自由裁量权作出的具体行政行为不服申请行政复议的；

（二）当事人之间的行政赔偿或者行政补偿纠纷。

当事人经调解达成协议的，行政复议机关应当制作行政复议调解书。调解书应当载明行政复议请求、事实、理由和调解结果，并加盖行政复议机关印章。行政复议调解书经双方当事人签字，即具有法律效力。

调解未达成协议或者调解书生效前一方反悔的，行政复议机关应当及时作出行政复议决定。

第五十一条 行政复议机关在申请人的行政复议请求范围内，不得作出对申请人更为不利的行政复议决定。

第五十二条 第三人逾期不起诉又不履行行政复议决定的，依照行政复议法第三十三条的规定处理。

第五章 行政复议指导和监督

第五十三条 行政复议机关应当加强对行政复议工作的领导。

行政复议机构在本级行政复议机关的领导下，按照职责权限对行政复议工作进行督促、指导。

第五十四条 县级以上各级人民政府应当加强对所属工作部门和下

级人民政府履行行政复议职责的监督。

行政复议机关应当加强对其行政复议机构履行行政复议职责的监督。

第五十五条 县级以上地方各级人民政府应当建立健全行政复议工作责任制,将行政复议工作纳入本级政府目标责任制。

第五十六条 县级以上地方各级人民政府应当按照职责权限,通过定期组织检查、抽查等方式,对所属工作部门和下级人民政府行政复议工作进行检查,并及时向有关方面反馈检查结果。

第五十七条 行政复议期间行政复议机关发现被申请人或者其他下级行政机关的相关行政行为违法或者需要做好善后工作的,可以制作行政复议意见书。有关机关应当自收到行政复议意见书之日起60日内将纠正相关行政违法行为或者做好善后工作的情况通报行政复议机构。

行政复议期间行政复议机构发现法律、法规、规章实施中带有普遍性的问题,可以制作行政复议建议书,向有关机关提出完善制度和改进行政执法的建议。

第五十八条 县级以上各级人民政府行政复议机构应当定期向本级人民政府提交行政复议工作状况分析报告。

第五十九条 下级行政复议机关应当及时将重大行政复议决定报上级行政复议机关备案。

第六十条 各级行政复议机构应当定期组织对行政复议人员进行业务培训,提高行政复议人员的专业素质。

第六十一条 各级行政复议机关应当定期总结行政复议工作,对在行政复议工作中做出显著成绩的单位和个人,依照有关规定给予表彰和奖励。

第六章 法律责任

第六十二条 被申请人在规定期限内未按照行政复议决定的要求重新作出具体行政行为,或者违反规定重新作出具体行政行为的,依照行政复议法第三十七条的规定追究法律责任。

第六十三条 拒绝或者阻挠行政复议人员调查取证、查阅、复制、调取有关文件和资料的，对有关责任人员依法给予处分或者治安处罚；构成犯罪的，依法追究刑事责任。

第六十四条 行政复议机关或者行政复议机构不履行行政复议法和本条例规定的行政复议职责，经有权监督的行政机关督促仍不改正的，对直接负责的主管人员和其他直接责任人员依法给予警告、记过、记大过的处分；造成严重后果的，依法给予降级、撤职、开除的处分。

第六十五条 行政机关及其工作人员违反行政复议法和本条例规定的，行政复议机构可以向人事、监察部门提出对有关责任人员的处分建议，也可以将有关人员违法的事实材料直接转送人事、监察部门处理；接受转送的人事、监察部门应当依法处理，并将处理结果通报转送的行政复议机构。

第七章　附　　则

第六十六条 本条例自2007年8月1日起施行。

国务院法制办公室关于依法做好征地补偿安置争议行政复议工作的通知

1. 2011年5月18日发布
2. 国法〔2011〕35号

各省、自治区、直辖市人民政府法制办公室：

近年来，一些地方因不服市、县人民政府征地补偿、安置方案引发的行政争议有所增多，部分争议未能得到依法及时处理，影响了社会和谐稳定。为了进一步依法做好征地补偿安置争议的行政复议工作，经征求全国人大常委会法工委和最高人民法院的意见，并报国务院领导同意，现通知如下：

一、《中华人民共和国农村土地承包经营纠纷调解仲裁法》第二条第二款规定，“因征收集体所有的土地及其补偿发生的纠纷，不属于农村土地承包仲裁委员会的受理范围,可以通过行政复议或者诉讼等方式解决”。《中华人民共和国行政复议法》第十三条第一款规定,“对地方各级人民政府的具体行政行为不服的,向上一级地方人民政府申请行政复议”;第四十二条规定,“本法施行前公布的法律有关行政复议的规定与本法的规定不一致的,以本法的规定为准”。《中华人民共和国行政复议法实施条例》第十三条规定,“下级行政机关依照法律、法规、规章规定,经上级行政机关批准作出具体行政行为的,批准机关为被申请人”。依照上述规定,被征地集体经济组织和农民对有关市、县人民政府批准的征地补偿、安置方案不服要求裁决的,应当依照行政复议法律、法规的规定向上一级地方人民政府提出申请。

二、有关地方人民政府应当采取有效措施,积极受理、依法审理、公正裁决征地补偿安置争议行政复议案件,及时化解行政争议,切实维护社会和谐稳定。

自然资源行政复议规定

1. 2019 年 7 月 19 日自然资源部令第 3 号发布

2. 自 2019 年 9 月 1 日起施行

第一条　为规范自然资源行政复议工作,及时高效化解自然资源行政争议,保护公民、法人和其他组织的合法权益,推进自然资源法治建设,根据《中华人民共和国行政复议法》和《中华人民共和国行政复议法实施条例》,制定本规定。

第二条　县级以上自然资源主管部门依法办理行政复议案件,履行行政复议决定,指导和监督行政复议工作,适用本规定。

第三条　自然资源部对全国自然资源行政复议工作进行指导和监督。

上级自然资源主管部门对下级自然资源主管部门的行政复议工作进行指导和监督。

第四条 本规定所称行政复议机关，是指依据法律法规规定履行行政复议职责的自然资源主管部门。

本规定所称行政复议机构，是指自然资源主管部门的法治工作机构。

行政复议机关可以委托所属事业单位承担有关行政复议的事务性工作。

第五条 行政复议机关可以根据工作需要设立行政复议委员会，审议重大、复杂、疑难的行政复议案件，研究行政复议工作中的重大问题。

第六条 行政复议工作人员应当具备与履行职责相适应的政治素质、法治素养和业务能力，忠于宪法和法律，清正廉洁，恪尽职守。

初次从事行政复议的人员，应当通过国家统一法律职业资格考试取得法律职业资格。

第七条 行政复议机关应当依照有关规定配备专职行政复议人员，并定期组织培训，保障其每年参加专业培训的时间不少于三十六个学时。

行政复议机关应当保障行政复议工作经费、装备和其他必要的工作条件。

第八条 行政复议机关应当定期对行政复议工作情况、行政复议决定履行情况以及典型案例等进行统计、分析、通报，并将有关情况向上一级自然资源主管部门报告。

行政复议机关应当建立行政复议信息管理系统，提高案件办理、卷宗管理、统计分析、便民服务的信息化水平。

第九条 县级以上自然资源主管部门应当将行政复议工作情况纳入本部门考核内容，考核结果作为评价领导班子、评先表彰、干部使用的重要依据。

第十条 行政复议机构统一受理行政复议申请。

行政复议机关的其他机构收到行政复议申请的，应当自收到之日起 1 个工作日内将申请材料转送行政复议机构。

行政复议机构应当对收到的行政复议申请进行登记。

第十一条 行政复议机构收到申请人提出的批评、意见、建议、控告、检举、投诉等信访请求的,应当将相关材料转交信访纪检等工作机构处理,告知申请人并做好记录。

第十二条 行政复议机构认为行政复议申请材料不齐全、表述不清楚或者不符合法定形式的,应当自收到该行政复议申请书之日起5个工作日内,一次性书面通知申请人补正。

补正通知书应当载明下列事项:

(一)需要更改、补充的具体内容;

(二)需要补正的材料、证据;

(三)合理的补正期限;

(四)无正当理由逾期未补正的法律后果。

无正当理由逾期未提交补正材料的,视为申请人放弃行政复议申请。补正申请材料所用时间不计入复议审理期限。

第十三条 有下列情形之一的,行政复议机关不予受理:

(一)未按照本规定第十二条规定的补正通知要求提供补正材料的;

(二)对下级自然资源主管部门作出的行政复议决定或者行政复议告知不服,申请行政复议的;

(三)其他不符合法定受理条件的。

对同一申请人以基本相同的事实和理由重复提出同一行政复议申请的,行政复议机关不再重复受理。

第十四条 对政府信息公开答复不服申请行政复议,有下列情形之一,被申请人已经履行法定告知义务或者说明理由的,行政复议机关可以驳回行政复议申请:

(一)要求提供已经主动公开的政府信息,或者要求公开申请人已经知晓的政府信息,自然资源主管部门依法作出处理、答复的;

(二)要求自然资源主管部门制作、搜集政府信息和对已有政府信息进行汇总、分析、加工等,自然资源主管部门依法作出处理、答复的;

(三)申请人以政府信息公开申请的形式进行信访、投诉、举报等活动，自然资源主管部门告知申请人不作为政府信息公开申请处理的；

（四）申请人的政府信息公开申请符合《中华人民共和国政府信息公开条例》第三十六条第三、五、六、七项规定，自然资源主管部门依法作出处理、答复的；

（五）法律法规规定的其他情形。

符合前款规定情形的，行政复议机关可以不要求被申请人提供书面答复及证据、依据。

第十五条 对投诉、举报、检举和反映问题等事项的处理不服申请行政复议的，属于下列情形之一，自然资源主管部门已经将处理情况予以告知，且告知行为未对申请人的实体权利义务产生不利影响的，行政复议机关可以不予受理或者受理审查后驳回行政复议申请：

（一）信访处理意见、复查意见、复核意见，或者未履行信访法定职责的行为；

（二）履行内部层级监督职责作出的处理、答复，或者未履行该职责的行为；

（三）对明显不具有事务、地域或者级别管辖权的投诉举报事项作出的处理、答复，或者未作处理、答复的行为；

（四）未设定申请人权利义务的重复处理行为、说明性告知行为及过程性行为。

第十六条 行政复议机构应当自受理行政复议申请之日起 7 个工作日内，向被申请人发出答复通知书，并将行政复议申请书副本或者申请笔录复印件一并发送被申请人。

第十七条 行政复议机构认为申请人以外的公民、法人或者其他组织与被复议的行政行为有利害关系的，可以通知其作为第三人参加行政复议。

申请人以外的公民、法人或者其他组织也可以向行政复议机构提出申请，并提交有利害关系的证明材料，经审查同意后作为第三人参加行政复议。

第十八条 自然资源部为被申请人的，由行政行为的承办机构提出书面答复，报分管部领导审定。

地方自然资源主管部门为被申请人的，由行政行为的承办机构提出书面答复，报本部门负责人签发，并加盖本部门印章。

难以确定行政复议答复承办机构的，由本部门行政复议机构确定。承办机构有异议的，由行政复议机构报本部门负责人确定。

行政行为的承办机构应当指定1至2名代理人参加行政复议。

第十九条 被申请人应当提交行政复议答复书及作出原行政行为的证据、依据和其他有关材料，并对其提交的证据材料分类编号，对证据材料的来源、证明对象和内容作简要说明。涉及国家秘密的，应当作出明确标识。

被申请人未按期提交行政复议答复书及证据材料的，视为原行政行为没有证据、依据，行政复议机关应当作出撤销该行政行为的行政复议决定。

第二十条 被申请人应当自收到答复通知书之日起10日内，提交行政复议答复书。

行政复议答复书应当载明下列事项：

（一）被申请人的名称、地址、法定代表人的姓名、职务；

（二）委托代理人的姓名、单位、职务、联系方式；

（三）作出行政行为的事实和有关证据；

（四）作出行政行为所依据的法律、法规、规章和规范性文件的具体条款和内容；

（五）对申请人复议请求的意见和理由；

（六）作出答复的日期。

第二十一条 行政复议机关应当为申请人、第三人及其代理人查阅行政复议案卷材料提供必要的便利条件。

申请人、第三人申请查阅行政复议案卷材料的，应当出示身份证件；代理人申请查阅行政复议案卷材料的，应当出示身份证件及授权委托书。申请人、第三人及其代理人查阅行政复议案卷材料时，行政复议机构工作人员应当在场。

第二十二条 对受理的行政复议案件，行政复议机构可以根据案件审理的需要，征求本行政复议机关相关机构的意见。

相关机构应当按照本机构职责范围，按期对行政复议案件提出明确意见，并说明理由。

第二十三条 行政复议案件以书面审理为主。必要时，行政复议机构可以采取实地调查、审查会、听证会、专家论证等方式审理行政复议案件。

重大、复杂、疑难的行政复议案件，行政复议机构应当提请行政复议委员会审议。

第二十四条 申请人对自然资源主管部门作出的同一行政行为或者内容基本相同的行政行为，提出多个行政复议申请的，行政复议机构可以合并审理。

已经作出过行政复议决定，其他申请人以基本相同的事实和理由，对同一行政行为再次提出行政复议申请的，行政复议机构可以简化审理程序。

第二十五条 行政复议期间有下列情形之一的，行政复议中止：

（一）双方当事人书面提出协商解决申请，行政复议机构认为有利于实质性解决纠纷，维护申请人合法权益的；

（二）申请人不以保护自身合法权益为目的，反复提起行政复议申请，扰乱复议机关行政管理秩序的；

（三）法律法规规定需要中止审理的其他情形。

属于前款第一项规定情形的，双方当事人应当明确协商解决的期限。期限届满未能协商解决的，案件恢复审理。

属于前款第二项规定情形，情节严重的，行政复议机关应当及时向有关国家机关通报。

行政复议机构中止行政复议案件审理的，应当书面通知当事人，并告知中止原因；行政复议中止的原因消除后，应当及时恢复行政复议案件的审理。

第二十六条 行政复议机关作出行政复议决定，应当制作行政复议决定书。

行政复议决定书应当符合法律法规的规定,并加盖行政复议机关的印章或者行政复议专用章。

行政复议决定书应当载明申请人不服行政复议决定的法律救济途径和期限。

第二十七条 被复议行政行为的处理结果正确,且不损害申请人的实体权利,但在事实认定、引用依据、证据提交方面有轻微错误的,行政复议机关可以作出驳回复议申请或者维持原行政行为的决定,但应当在行政复议决定书中对被申请人予以指正。

被申请人应当在收到行政复议决定书之日起 60 日内,向行政复议机关作出书面说明,并报告改正情况。

第二十八条 行政行为被行政复议机关撤销、变更、确认违法的,或者行政复议机关责令履行法定职责的,行政行为的承办机构应当适时制作行政复议决定分析报告,向本机关负责人报告,并抄送法治工作机构。

第二十九条 行政复议机关在行政复议过程中,发现被申请人相关行政行为的合法性存在问题,或者需要做好善后工作的,应当制发行政复议意见书,向被申请人指出存在的问题,提出整改要求。

被申请人应当责成行政行为的承办机构在收到行政复议意见书之日起 60 日内完成整改工作,并将整改情况书面报告行政复议机关。

被申请人拒不整改或者整改不符合要求,情节严重的,行政复议机关应当报请有关国家机关依法处理。

行政复议期间,行政复议机构发现法律、法规、规章实施中带有普遍性的问题,可以制作行政复议建议书,向有关机关提出完善制度和改进行政执法的建议。相关机关应当及时向行政复议机构反馈落实情况。

第三十条 有下列情形之一,在整改期限内拒不整改或整改不符合要求的,上级自然资源主管部门可以约谈下级自然资源主管部门负责人,通报有关地方人民政府:

(一)不依法履行行政复议职责,故意将行政复议案件上交的;

（二）反复发生群体性行政复议案件的；

（三）同类行政复议案件反复发生，未采取措施解决的；

（四）逾期不履行行政复议决定、不反馈行政复议意见书和建议书的；

（五）提交虚假证据材料的；

（六）其他事项需要约谈的。

第三十一条 行政复议机关应当将行政复议申请受理情况等信息在本机关门户网站、官方微信等媒体上向社会公开。

推行行政复议决定书网上公开，加强社会对行政复议决定履行情况的监督。

第三十二条 被申请人应当在法定期限内履行生效的行政复议决定，并在履行行政复议决定后30日内将履行情况及相关法律文书送达情况书面报告行政复议机关。

第三十三条 行政复议决定履行期满，被申请人不履行行政复议决定的，申请人可以向行政复议机关提出责令履行申请。

第三十四条 行政复议机关收到责令履行申请书，应当向被申请人进行调查或者核实，依照下列规定办理：

（一）被申请人已经履行行政复议决定，并将履行情况相关法律文书送达申请人的，应当联系申请人予以确认，并做好记录；

（二）被申请人已经履行行政复议决定，但尚未将履行情况相关法律文书送达申请人的，应当督促被申请人将相关法律文书送达申请人；

（三）被申请人逾期未履行行政复议决定的，应当责令被申请人在规定的期限内履行。被申请人拒不履行的，行政复议机关可以将有关材料移送纪检监察机关。

属于本条第一款第二项规定情形的，被申请人应当将相关法律文书送达情况及时报告行政复议机关。

属于本条第一款第三项规定情形的，被申请人应当在收到书面通知之日起30日内履行完毕，并书面报告行政复议机关。被申请人认为没有条件履行的，应当说明理由并提供相关证据、依据。

第三十五条 有下列情形之一，行政复议机关可以决定被申请人中止履行行政复议决定：

（一）有新的事实和证据，足以影响行政复议决定履行的；

（二）行政复议决定履行需要以其他案件的审理结果为依据，而其他案件尚未审结的；

（三）被申请人与申请人达成中止履行协议，双方提出中止履行申请的；

（四）因不可抗力等其他原因需要中止履行的。

本条前款第三项规定的中止履行协议不得损害国家利益、社会公共利益和他人的合法权益。

第三十六条 决定中止履行行政复议决定的，行政复议机关应当向当事人发出行政复议决定中止履行通知书。

行政复议决定中止履行通知书应当载明中止履行的理由和法律依据。中止履行期间，不计算在履行期限内。

中止履行的情形消除后，行政复议机关应当向当事人发出行政复议决定恢复履行通知书。

第三十七条 经审查，被申请人不履行行政复议决定的理由不成立的，行政复议机关应当作出责令履行行政复议决定通知书，并送达被申请人。

第三十八条 被责令重新作出行政行为的，被申请人不得以同一事实和理由作出与原行政行为相同或者基本相同的行为，因违反法定程序被责令重新作出行政行为的除外。

第三十九条 行政复议机关工作人员违反本规定，有下列情形之一，情节严重的，对直接负责的责任人员依法给予处分：

（一）未登记行政复议申请，导致记录不全或者遗漏的；

（二）未按时将行政复议申请转交行政复议机构的；

（三）未保障行政复议当事人、代理人阅卷权的；

（四）未妥善保管案卷材料，或者未按要求将行政复议案卷归档，导致案卷不全或者遗失的；

（五）未对收到的责令履行申请书进行调查核实的；

（六）未履行行政复议职责，导致矛盾上交或者激化的。

第四十条 被申请人及其工作人员违反本规定，有下列情形之一，情节严重的，对直接负责的责任人员依法给予处分：

（一）不提出行政复议答复或者无正当理由逾期答复的；

（二）不提交作出原行政行为的证据、依据和其他有关材料的；

（三）不配合行政复议机关开展行政复议案件审理工作的；

（四）不配合行政复议机关调查核实行政复议决定履行情况的；

（五）不履行或者无正当理由拖延履行行政复议决定的；

（六）不与行政复议机关在共同应诉工作中沟通、配合，导致不良后果的；

（七）对收到的行政复议意见书无正当理由，不予书面答复或者逾期作出答复的。

第四十一条 行政复议案件审结后，案件承办机构应当及时将案件材料立卷归档。

第四十二条 申请人对国家林业和草原局行政行为不服的，应当向国家林业和草原局提起行政复议。

申请人对地方林业和草原主管部门的行政行为不服，选择向其上一级主管部门申请行政复议的，应当向上一级林业和草原主管部门提起行政复议。

自然资源主管部门对不属于本机关受理的行政复议申请，能够明确属于同级林业和草原主管部门职责范围的，应当将该申请转送同级林业和草原主管部门，并告知申请人。

第四十三条 本规定自2019年9月1日起施行。原国土资源部2017年11月21日发布的《国土资源行政复议规定》（国土资源部令第76号）同时废止。

中华人民共和国行政诉讼法

1. 1989年4月4日第七届全国人民代表大会第二次会议通过
2. 根据2014年11月1日第十二届全国人民代表大会常务委员会第十一次会议《关于修改〈中华人民共和国行政诉讼法〉的决定》第一次修正
3. 根据2017年6月27日第十二届全国人民代表大会常务委员会第二十八次会议《关于修改〈中华人民共和国民事诉讼法〉和〈中华人民共和国行政诉讼法〉的决定》第二次修正

目　　录

第一章　总　　则

第一条　【立法目的】为保证人民法院公正、及时审理行政案件，解决行政争议，保护公民、法人和其他组织的合法权益，监督行政机关依法行使职权,根据宪法,制定本法。

第二条 **【诉权】**公民、法人或者其他组织认为行政机关和行政机关工作人员的行政行为侵犯其合法权益,有权依照本法向人民法院提起诉讼。

前款所称行政行为,包括法律、法规、规章授权的组织作出的行政行为。

第三条 **【权利与义务】**人民法院应当保障公民、法人和其他组织的起诉权利,对应当受理的行政案件依法受理。

行政机关及其工作人员不得干预、阻碍人民法院受理行政案件。

被诉行政机关负责人应当出庭应诉。不能出庭的,应当委托行政机关相应的工作人员出庭。

第四条 **【独立行使审判权】**人民法院依法对行政案件独立行使审判权,不受行政机关、社会团体和个人的干涉。

人民法院设行政审判庭,审理行政案件。

第五条 **【以事实为根据,以法律为准绳原则】**人民法院审理行政案件,以事实为根据,以法律为准绳。

第六条 **【合法性审查原则】**人民法院审理行政案件,对行政行为是否合法进行审查。

第七条 **【合议、回避、公开审判和两审终审原则】**人民法院审理行政案件,依法实行合议、回避、公开审判和两审终审制度。

第八条 **【法律地位平等原则】**当事人在行政诉讼中的法律地位平等。

第九条 **【本民族语言文字原则】**各民族公民都有用本民族语言、文字进行行政诉讼的权利。

在少数民族聚居或者多民族共同居住的地区,人民法院应当用当地民族通用的语言、文字进行审理和发布法律文书。

人民法院应当对不通晓当地民族通用的语言、文字的诉讼参与人提供翻译。

第十条 **【辩论原则】**当事人在行政诉讼中有权进行辩论。

第十一条 **【法律监督原则】**人民检察院有权对行政诉讼实行法律监督。

第二章 受案范围

第十二条 **【行政诉讼受案范围】**人民法院受理公民、法人或者其他组织提起的下列诉讼：

（一）对行政拘留、暂扣或者吊销许可证和执照、责令停产停业、没收违法所得、没收非法财物、罚款、警告等行政处罚不服的；

（二）对限制人身自由或者对财产的查封、扣押、冻结等行政强制措施和行政强制执行不服的；

（三）申请行政许可，行政机关拒绝或者在法定期限内不予答复，或者对行政机关作出的有关行政许可的其他决定不服的；

（四）对行政机关作出的关于确认土地、矿藏、水流、森林、山岭、草原、荒地、滩涂、海域等自然资源的所有权或者使用权的决定不服的；

（五）对征收、征用决定及其补偿决定不服的；

（六）申请行政机关履行保护人身权、财产权等合法权益的法定职责，行政机关拒绝履行或者不予答复的；

（七）认为行政机关侵犯其经营自主权或者农村土地承包经营权、农村土地经营权的；

（八）认为行政机关滥用行政权力排除或者限制竞争的；

（九）认为行政机关违法集资、摊派费用或者违法要求履行其他义务的；

（十）认为行政机关没有依法支付抚恤金、最低生活保障待遇或者社会保险待遇的；

（十一）认为行政机关不依法履行、未按照约定履行或者违法变更、解除政府特许经营协议、土地房屋征收补偿协议等协议的；

（十二）认为行政机关侵犯其他人身权、财产权等合法权益的。

除前款规定外，人民法院受理法律、法规规定可以提起诉讼的其他行政案件。

第十三条 **【受案范围的排除】**人民法院不受理公民、法人或者其他组织对下列事项提起的诉讼：

（一）国防、外交等国家行为；

（二）行政法规、规章或者行政机关制定、发布的具有普遍约束力的决定、命令；

（三）行政机关对行政机关工作人员的奖惩、任免等决定；

（四）法律规定由行政机关最终裁决的行政行为。

第三章　管　　辖

第十四条　【基层人民法院管辖第一审行政案件】基层人民法院管辖第一审行政案件。

第十五条　【中级人民法院管辖的第一审行政案件】中级人民法院管辖下列第一审行政案件：

（一）对国务院部门或者县级以上地方人民政府所作的行政行为提起诉讼的案件；

（二）海关处理的案件；

（三）本辖区内重大、复杂的案件；

（四）其他法律规定由中级人民法院管辖的案件。

第十六条　【高级人民法院管辖的第一审行政案件】高级人民法院管辖本辖区内重大、复杂的第一审行政案件。

第十七条　【最高人民法院管辖的第一审行政案件】最高人民法院管辖全国范围内重大、复杂的第一审行政案件。

第十八条　【一般地域管辖和法院跨行政区域管辖】行政案件由最初作出行政行为的行政机关所在地人民法院管辖。经复议的案件，也可以由复议机关所在地人民法院管辖。

经最高人民法院批准，高级人民法院可以根据审判工作的实际情况，确定若干人民法院跨行政区域管辖行政案件。

第十九条　【限制人身自由行政案件的管辖】对限制人身自由的行政强制措施不服提起的诉讼，由被告所在地或者原告所在地人民法院管辖。

第二十条　【不动产行政案件的管辖】因不动产提起的行政诉讼，由不动产所在地人民法院管辖。

第二十一条 【选择管辖】两个以上人民法院都有管辖权的案件，原告可以选择其中一个人民法院提起诉讼。原告向两个以上有管辖权的人民法院提起诉讼的，由最先立案的人民法院管辖。

第二十二条 【移送管辖】人民法院发现受理的案件不属于本院管辖的，应当移送有管辖权的人民法院，受移送的人民法院应当受理。受移送的人民法院认为受移送的案件按照规定不属于本院管辖的，应当报请上级人民法院指定管辖，不得再自行移送。

第二十三条 【指定管辖】有管辖权的人民法院由于特殊原因不能行使管辖权的，由上级人民法院指定管辖。

人民法院对管辖权发生争议，由争议双方协商解决。协商不成的，报它们的共同上级人民法院指定管辖。

第二十四条 【管辖权转移】上级人民法院有权审理下级人民法院管辖的第一审行政案件。

下级人民法院对其管辖的第一审行政案件，认为需要由上级人民法院审理或者指定管辖的，可以报请上级人民法院决定。

第四章 诉讼参加人

第二十五条 【原告资格】行政行为的相对人以及其他与行政行为有利害关系的公民、法人或者其他组织，有权提起诉讼。

有权提起诉讼的公民死亡，其近亲属可以提起诉讼。

有权提起诉讼的法人或者其他组织终止，承受其权利的法人或者其他组织可以提起诉讼。

人民检察院在履行职责中发现生态环境和资源保护、食品药品安全、国有财产保护、国有土地使用权出让等领域负有监督管理职责的行政机关违法行使职权或者不作为，致使国家利益或者社会公共利益受到侵害的，应当向行政机关提出检察建议，督促其依法履行职责。行政机关不依法履行职责的，人民检察院依法向人民法院提起诉讼。

第二十六条 【被告资格】公民、法人或者其他组织直接向人民法院提起诉讼的，作出行政行为的行政机关是被告。

经复议的案件，复议机关决定维持原行政行为的，作出原行政行为的行政机关和复议机关是共同被告;复议机关改变原行政行为的,复议机关是被告。

复议机关在法定期限内未作出复议决定,公民、法人或者其他组织起诉原行政行为的,作出原行政行为的行政机关是被告;起诉复议机关不作为的,复议机关是被告。

两个以上行政机关作出同一行政行为的,共同作出行政行为的行政机关是共同被告。

行政机关委托的组织所作的行政行为,委托的行政机关是被告。

行政机关被撤销或者职权变更的,继续行使其职权的行政机关是被告。

第二十七条　【共同诉讼】当事人一方或者双方为二人以上,因同一行政行为发生的行政案件,或者因同类行政行为发生的行政案件、人民法院认为可以合并审理并经当事人同意的,为共同诉讼。

第二十八条　【代表人诉讼】当事人一方人数众多的共同诉讼,可以由当事人推选代表人进行诉讼。代表人的诉讼行为对其所代表的当事人发生效力,但代表人变更、放弃诉讼请求或者承认对方当事人的诉讼请求,应当经被代表的当事人同意。

第二十九条　【诉讼第三人】公民、法人或者其他组织同被诉行政行为有利害关系但没有提起诉讼,或者同案件处理结果有利害关系的,可以作为第三人申请参加诉讼,或者由人民法院通知参加诉讼。

人民法院判决第三人承担义务或者减损第三人权益的,第三人有权依法提起上诉。

第三十条　【法定代理人】没有诉讼行为能力的公民,由其法定代理人代为诉讼。法定代理人互相推诿代理责任的,由人民法院指定其中一人代为诉讼。

第三十一条　【委托代理人】当事人、法定代理人,可以委托一至二人作为诉讼代理人。

下列人员可以被委托为诉讼代理人:

(一)律师、基层法律服务工作者;

（二）当事人的近亲属或者工作人员；

（三）当事人所在社区、单位以及有关社会团体推荐的公民。

第三十二条　【当事人及诉讼代理人权利】代理诉讼的律师，有权按照规定查阅、复制本案有关材料，有权向有关组织和公民调查，收集与本案有关的证据。对涉及国家秘密、商业秘密和个人隐私的材料，应当依照法律规定保密。

当事人和其他诉讼代理人有权按照规定查阅、复制本案庭审材料，但涉及国家秘密、商业秘密和个人隐私的内容除外。

第五章　证　　据

第三十三条　【证据种类】证据包括：

（一）书证；

（二）物证；

（三）视听资料；

（四）电子数据；

（五）证人证言；

（六）当事人的陈述；

（七）鉴定意见；

（八）勘验笔录、现场笔录。

以上证据经法庭审查属实，才能作为认定案件事实的根据。

第三十四条　【被告举证责任】被告对作出的行政行为负有举证责任，应当提供作出该行政行为的证据和所依据的规范性文件。

被告不提供或者无正当理由逾期提供证据，视为没有相应证据。但是，被诉行政行为涉及第三人合法权益，第三人提供证据的除外。

第三十五条　【行政机关收集证据的限制】在诉讼过程中，被告及其诉讼代理人不得自行向原告、第三人和证人收集证据。

第三十六条　【被告延期提供证据和补充证据】被告在作出行政行为时已经收集了证据，但因不可抗力等正当事由不能提供的，经人民法院准许，可以延期提供。

原告或者第三人提出了其在行政处理程序中没有提出的理由

或者证据的,经人民法院准许,被告可以补充证据。

第三十七条 【原告可以提供证据】原告可以提供证明行政行为违法的证据。原告提供的证据不成立的,不免除被告的举证责任。

第三十八条 【原告举证责任】在起诉被告不履行法定职责的案件中,原告应当提供其向被告提出申请的证据。但有下列情形之一的除外:

(一)被告应当依职权主动履行法定职责的;

(二)原告因正当理由不能提供证据的。

在行政赔偿、补偿的案件中,原告应当对行政行为造成的损害提供证据。因被告的原因导致原告无法举证的,由被告承担举证责任。

第三十九条 【法院要求当事人提供或者补充证据】人民法院有权要求当事人提供或者补充证据。

第四十条 【法院调取证据】人民法院有权向有关行政机关以及其他组织、公民调取证据。但是,不得为证明行政行为的合法性调取被告作出行政行为时未收集的证据。

第四十一条 【申请法院调取证据】与本案有关的下列证据,原告或者第三人不能自行收集的,可以申请人民法院调取:

(一)由国家机关保存而须由人民法院调取的证据;

(二)涉及国家秘密、商业秘密和个人隐私的证据;

(三)确因客观原因不能自行收集的其他证据。

第四十二条 【证据保全】在证据可能灭失或者以后难以取得的情况下,诉讼参加人可以向人民法院申请保全证据,人民法院也可以主动采取保全措施。

第四十三条 【证据适用规则】证据应当在法庭上出示,并由当事人互相质证。对涉及国家秘密、商业秘密和个人隐私的证据,不得在公开开庭时出示。

人民法院应当按照法定程序,全面、客观地审查核实证据。对未采纳的证据应当在裁判文书中说明理由。

以非法手段取得的证据,不得作为认定案件事实的根据。

第六章　起诉和受理

第四十四条　【行政复议与行政诉讼的关系】对属于人民法院受案范围的行政案件，公民、法人或者其他组织可以先向行政机关申请复议，对复议决定不服的，再向人民法院提起诉讼；也可以直接向人民法院提起诉讼。

法律、法规规定应当先向行政机关申请复议，对复议决定不服再向人民法院提起诉讼的，依照法律、法规的规定。

第四十五条　【经行政复议的起诉期限】公民、法人或者其他组织不服复议决定的，可以在收到复议决定书之日起十五日内向人民法院提起诉讼。复议机关逾期不作决定的，申请人可以在复议期满之日起十五日内向人民法院提起诉讼。法律另有规定的除外。

第四十六条　【起诉期限】公民、法人或者其他组织直接向人民法院提起诉讼的，应当自知道或者应当知道作出行政行为之日起六个月内提出。法律另有规定的除外。

因不动产提起诉讼的案件自行政行为作出之日起超过二十年，其他案件自行政行为作出之日起超过五年提起诉讼的，人民法院不予受理。

第四十七条　【行政机关不履行法定职责的起诉期限】公民、法人或者其他组织申请行政机关履行保护其人身权、财产权等合法权益的法定职责，行政机关在接到申请之日起两个月内不履行的，公民、法人或者其他组织可以向人民法院提起诉讼。法律、法规对行政机关履行职责的期限另有规定的，从其规定。

公民、法人或者其他组织在紧急情况下请求行政机关履行保护其人身权、财产权等合法权益的法定职责，行政机关不履行的，提起诉讼不受前款规定期限的限制。

第四十八条　【起诉期限的扣除和延长】公民、法人或者其他组织因不可抗力或者其他不属于其自身的原因耽误起诉期限的，被耽误的时间不计算在起诉期限内。

公民、法人或者其他组织因前款规定以外的其他特殊情况耽误起诉期限的，在障碍消除后十日内，可以申请延长期限，是否准许由人民法院决定。

第四十九条 【起诉条件】提起诉讼应当符合下列条件：

（一）原告是符合本法第二十五条规定的公民、法人或者其他组织；

（二）有明确的被告；

（三）有具体的诉讼请求和事实根据；

（四）属于人民法院受案范围和受诉人民法院管辖。

第五十条 【起诉方式】起诉应当向人民法院递交起诉状，并按照被告人数提出副本。

书写起诉状确有困难的，可以口头起诉，由人民法院记入笔录，出具注明日期的书面凭证，并告知对方当事人。

第五十一条 【登记立案】人民法院在接到起诉状时对符合本法规定的起诉条件的，应当登记立案。

对当场不能判定是否符合本法规定的起诉条件的，应当接收起诉状，出具注明收到日期的书面凭证，并在七日内决定是否立案。不符合起诉条件的，作出不予立案的裁定。裁定书应当载明不予立案的理由。原告对裁定不服的，可以提起上诉。

起诉状内容欠缺或者有其他错误的，应当给予指导和释明，并一次性告知当事人需要补正的内容。不得未经指导和释明即以起诉不符合条件为由不接收起诉状。

对于不接收起诉状、接收起诉状后不出具书面凭证，以及不一次性告知当事人需要补正的起诉状内容的，当事人可以向上级人民法院投诉，上级人民法院应当责令改正，并对直接负责的主管人员和其他直接责任人员依法给予处分。

第五十二条 【法院不立案的救济】人民法院既不立案，又不作出不予立案裁定的，当事人可以向上一级人民法院起诉。上一级人民法院认为符合起诉条件的，应当立案、审理，也可以指定其他下级人民法院立案、审理。

第五十三条 【规范性文件的附带审查】公民、法人或者其他组织认为行政行为所依据的国务院部门和地方人民政府及其部门制定的规范性文件不合法，在对行政行为提起诉讼时，可以一并请求对该规范性文件进行审查。

前款规定的规范性文件不含规章。

第七章 审理和判决

第一节 一般规定

第五十四条 【公开审理原则】人民法院公开审理行政案件，但涉及国家秘密、个人隐私和法律另有规定的除外。

涉及商业秘密的案件，当事人申请不公开审理的，可以不公开审理。

第五十五条 【回避】当事人认为审判人员与本案有利害关系或者有其他关系可能影响公正审判，有权申请审判人员回避。

审判人员认为自己与本案有利害关系或者有其他关系，应当申请回避。

前两款规定，适用于书记员、翻译人员、鉴定人、勘验人。

院长担任审判长时的回避，由审判委员会决定；审判人员的回避，由院长决定；其他人员的回避，由审判长决定。当事人对决定不服的，可以申请复议一次。

第五十六条 【诉讼不停止执行及例外】诉讼期间，不停止行政行为的执行。但有下列情形之一的，裁定停止执行：

（一）被告认为需要停止执行的；

（二）原告或者利害关系人申请停止执行，人民法院认为该行政行为的执行会造成难以弥补的损失，并且停止执行不损害国家利益、社会公共利益的；

（三）人民法院认为该行政行为的执行会给国家利益、社会公共利益造成重大损害的；

（四）法律、法规规定停止执行的。

当事人对停止执行或者不停止执行的裁定不服的，可以申请复议一次。

第五十七条 【先予执行】人民法院对起诉行政机关没有依法支付抚恤金、最低生活保障金和工伤、医疗社会保险金的案件，权利义务关系明确、不先予执行将严重影响原告生活的，可以根据原告的申请，裁定先予执行。

当事人对先予执行裁定不服的，可以申请复议一次。复议期间不停止裁定的执行。

第五十八条 【拒不到庭或中途退庭的法律后果】经人民法院传票传唤，原告无正当理由拒不到庭，或者未经法庭许可中途退庭的，可以按照撤诉处理；被告无正当理由拒不到庭，或者未经法庭许可中途退庭的，可以缺席判决。

第五十九条 【妨害行政诉讼强制措施】诉讼参与人或者其他人有下列行为之一的，人民法院可以根据情节轻重，予以训诫、责令具结悔过或者处一万元以下的罚款、十五日以下的拘留；构成犯罪的，依法追究刑事责任：

（一）有义务协助调查、执行的人，对人民法院的协助调查决定、协助执行通知书，无故推拖、拒绝或者妨碍调查、执行的；

（二）伪造、隐藏、毁灭证据或者提供虚假证明材料，妨碍人民法院审理案件的；

（三）指使、贿买、胁迫他人作伪证或者威胁、阻止证人作证的；

（四）隐藏、转移、变卖、毁损已被查封、扣押、冻结的财产的；

（五）以欺骗、胁迫等非法手段使原告撤诉的；

（六）以暴力、威胁或者其他方法阻碍人民法院工作人员执行职务，或者以哄闹、冲击法庭等方法扰乱人民法院工作秩序的；

（七）对人民法院审判人员或者其他工作人员、诉讼参与人、协助调查和执行的人员恐吓、侮辱、诽谤、诬陷、殴打、围攻或者打击报复的。

人民法院对有前款规定的行为之一的单位，可以对其主要负责人或者直接责任人员依照前款规定予以罚款、拘留；构成犯罪的，依法追究刑事责任。

罚款、拘留须经人民法院院长批准。当事人不服的，可以向上一级人民法院申请复议一次。复议期间不停止执行。

第六十条 【调解】人民法院审理行政案件，不适用调解。但是，行政赔偿、补偿以及行政机关行使法律、法规规定的自由裁量权的案件可以调解。

调解应当遵循自愿、合法原则，不得损害国家利益、社会公共利益和他人合法权益。

第六十一条 【民事争议和行政争议交叉】在涉及行政许可、登记、征收、征用和行政机关对民事争议所作的裁决的行政诉讼中，当事人申请一并解决相关民事争议的，人民法院可以一并审理。

在行政诉讼中，人民法院认为行政案件的审理需以民事诉讼的裁判为依据的，可以裁定中止行政诉讼。

第六十二条 【撤诉】人民法院对行政案件宣告判决或者裁定前，原告申请撤诉的，或者被告改变其所作的行政行为，原告同意并申请撤诉的，是否准许，由人民法院裁定。

第六十三条 【审理依据】人民法院审理行政案件，以法律和行政法规、地方性法规为依据。地方性法规适用于本行政区域内发生的行政案件。

人民法院审理民族自治地方的行政案件，并以该民族自治地方的自治条例和单行条例为依据。

人民法院审理行政案件，参照规章。

第六十四条 【规范性文件审查和处理】人民法院在审理行政案件中，经审查认为本法第五十三条规定的规范性文件不合法的，不作为认定行政行为合法的依据，并向制定机关提出处理建议。

第六十五条 【裁判文书公开】人民法院应当公开发生法律效力的判决书、裁定书，供公众查阅，但涉及国家秘密、商业秘密和个人隐私的内容除外。

第六十六条 【有关行政机关工作人员和被告的处理】人民法院在审理行政案件中，认为行政机关的主管人员、直接责任人员违法违纪的，应当将有关材料移送监察机关、该行政机关或者其上一级行政机关；认为有犯罪行为的，应当将有关材料移送公安、检察机关。

人民法院对被告经传票传唤无正当理由拒不到庭，或者未经法庭许可中途退庭的，可以将被告拒不到庭或者中途退庭的情况予以公告,并可以向监察机关或者被告的上一级行政机关提出依法给予其主要负责人或者直接责任人员处分的司法建议。

第二节 第一审普通程序

第六十七条 【发送起诉状和提出答辩状】人民法院应当在立案之日起五日内,将起诉状副本发送被告。被告应当在收到起诉状副本之日起十五日内向人民法院提交作出行政行为的证据和所依据的规范性文件,并提出答辩状。人民法院应当在收到答辩状之日起五日内,将答辩状副本发送原告。

被告不提出答辩状的,不影响人民法院审理。

第六十八条 【审判组织形式】人民法院审理行政案件,由审判员组成合议庭,或者由审判员、陪审员组成合议庭。合议庭的成员,应当是三人以上的单数。

第六十九条 【驳回原告诉讼请求判决】行政行为证据确凿,适用法律、法规正确,符合法定程序的,或者原告申请被告履行法定职责或者给付义务理由不成立的,人民法院判决驳回原告的诉讼请求。

第七十条 【撤销判决和重作判决】行政行为有下列情形之一的,人民法院判决撤销或者部分撤销,并可以判决被告重新作出行政行为:

(一)主要证据不足的;

(二)适用法律、法规错误的;

(三)违反法定程序的;

(四)超越职权的;

(五)滥用职权的;

(六)明显不当的。

第七十一条 【重作判决对被告的限制】人民法院判决被告重新作出行政行为的,被告不得以同一的事实和理由作出与原行政行为基本相同的行政行为。

第七十二条 【履行判决】人民法院经过审理,查明被告不履行法定职责的,判决被告在一定期限内履行。

第七十三条 【给付判决】人民法院经过审理,查明被告依法负有给付义务的,判决被告履行给付义务。

第七十四条　【确认违法判决】行政行为有下列情形之一的,人民法院判决确认违法,但不撤销行政行为:

（一）行政行为依法应当撤销,但撤销会给国家利益、社会公共利益造成重大损害的;

（二）行政行为程序轻微违法,但对原告权利不产生实际影响的。

行政行为有下列情形之一,不需要撤销或者判决履行的,人民法院判决确认违法:

（一）行政行为违法,但不具有可撤销内容的;

（二）被告改变原违法行政行为,原告仍要求确认原行政行为违法的;

（三）被告不履行或者拖延履行法定职责,判决履行没有意义的。

第七十五条　【确认无效判决】行政行为有实施主体不具有行政主体资格或者没有依据等重大且明显违法情形,原告申请确认行政行为无效的,人民法院判决确认无效。

第七十六条　【确认违法和无效判决的补充规定】人民法院判决确认违法或者无效的,可以同时判决责令被告采取补救措施;给原告造成损失的,依法判决被告承担赔偿责任。

第七十七条　【变更判决】行政处罚明显不当,或者其他行政行为涉及对款额的确定、认定确有错误的,人民法院可以判决变更。

人民法院判决变更,不得加重原告的义务或者减损原告的权益。但利害关系人同为原告,且诉讼请求相反的除外。

第七十八条　【行政协议履行及补偿判决】被告不依法履行、未按照约定履行或者违法变更、解除本法第十二条第一款第十一项规定的协议的,人民法院判决被告承担继续履行、采取补救措施或者赔偿损失等责任。

被告变更、解除本法第十二条第一款第十一项规定的协议合法,但未依法给予补偿的,人民法院判决给予补偿。

第七十九条 【复议决定和原行政行为一并裁判】复议机关与作出原行政行为的行政机关为共同被告的案件,人民法院应当对复议决定和原行政行为一并作出裁判。

第八十条 【公开宣判】人民法院对公开审理和不公开审理的案件,一律公开宣告判决。

当庭宣判的,应当在十日内发送判决书;定期宣判的,宣判后立即发给判决书。

宣告判决时,必须告知当事人上诉权利、上诉期限和上诉的人民法院。

第八十一条 【第一审审限】人民法院应当在立案之日起六个月内作出第一审判决。有特殊情况需要延长的,由高级人民法院批准,高级人民法院审理第一审案件需要延长的,由最高人民法院批准。

第三节 简易程序

第八十二条 【简易程序适用情形】人民法院审理下列第一审行政案件,认为事实清楚、权利义务关系明确、争议不大的,可以适用简易程序:

(一)被诉行政行为是依法当场作出的;

(二)案件涉及款额二千元以下的;

(三)属于政府信息公开案件的。

除前款规定以外的第一审行政案件,当事人各方同意适用简易程序的,可以适用简易程序。

发回重审、按照审判监督程序再审的案件不适用简易程序。

第八十三条 【简易程序的审判组织形式和审限】适用简易程序审理的行政案件,由审判员一人独任审理,并应当在立案之日起四十五日内审结。

第八十四条 【简易程序与普通程序的转换】人民法院在审理过程中,发现案件不宜适用简易程序的,裁定转为普通程序。

第四节 第二审程序

第八十五条 【上诉】当事人不服人民法院第一审判决的,有权在判决书送达之日起十五日内向上一级人民法院提起上诉。当事人不服人民法院第一审裁定的,有权在裁定书送达之日起十日内向上一级人民法院提起上诉。逾期不提起上诉的,人民法院的第一审判决或者裁定发生法律效力。

第八十六条 【二审审理方式】人民法院对上诉案件,应当组成合议庭,开庭审理。经过阅卷、调查和询问当事人,对没有提出新的事实、证据或者理由,合议庭认为不需要开庭审理的,也可以不开庭审理。

第八十七条 【二审审查范围】人民法院审理上诉案件,应当对原审人民法院的判决、裁定和被诉行政行为进行全面审查。

第八十八条 【二审审限】人民法院审理上诉案件,应当在收到上诉状之日起三个月内作出终审判决。有特殊情况需要延长的,由高级人民法院批准,高级人民法院审理上诉案件需要延长的,由最高人民法院批准。

第八十九条 【二审裁判】人民法院审理上诉案件,按照下列情形,分别处理:

(一)原判决、裁定认定事实清楚,适用法律、法规正确的,判决或者裁定驳回上诉,维持原判决、裁定;

(二)原判决、裁定认定事实错误或者适用法律、法规错误的,依法改判、撤销或者变更;

(三)原判决认定基本事实不清、证据不足的,发回原审人民法院重审,或者查清事实后改判;

(四)原判决遗漏当事人或者违法缺席判决等严重违反法定程序的,裁定撤销原判决,发回原审人民法院重审。

原审人民法院对发回重审的案件作出判决后,当事人提起上诉的,第二审人民法院不得再次发回重审。

人民法院审理上诉案件,需要改变原审判决的,应当同时对被诉行政行为作出判决。

第五节 审判监督程序

第九十条 【当事人申请再审】当事人对已经发生法律效力的判决、裁定，认为确有错误的，可以向上一级人民法院申请再审，但判决、裁定不停止执行。

第九十一条 【再审事由】当事人的申请符合下列情形之一的，人民法院应当再审：

（一）不予立案或者驳回起诉确有错误的；

（二）有新的证据，足以推翻原判决、裁定的；

（三）原判决、裁定认定事实的主要证据不足、未经质证或者系伪造的；

（四）原判决、裁定适用法律、法规确有错误的；

（五）违反法律规定的诉讼程序，可能影响公正审判的；

（六）原判决、裁定遗漏诉讼请求的；

（七）据以作出原判决、裁定的法律文书被撤销或者变更的；

（八）审判人员在审理该案件时有贪污受贿、徇私舞弊、枉法裁判行为的。

第九十二条 【人民法院依职权再审】各级人民法院院长对本院已经发生法律效力的判决、裁定，发现有本法第九十一条规定情形之一，或者发现调解违反自愿原则或者调解书内容违法，认为需要再审的，应当提交审判委员会讨论决定。

最高人民法院对地方各级人民法院已经发生法律效力的判决、裁定，上级人民法院对下级人民法院已经发生法律效力的判决、裁定，发现有本法第九十一条规定情形之一，或者发现调解违反自愿原则或者调解书内容违法的，有权提审或者指令下级人民法院再审。

第九十三条 【抗诉和检察建议】最高人民检察院对各级人民法院已经发生法律效力的判决、裁定，上级人民检察院对下级人民法院已经发生法律效力的判决、裁定，发现有本法第九十一条规定情形之一,或者发现调解书损害国家利益、社会公共利益的,应当提出抗诉。

地方各级人民检察院对同级人民法院已经发生法律效力的判决、裁定,发现有本法第九十一条规定情形之一,或者发现调解书损害国家利益、社会公共利益的,可以向同级人民法院提出检察建议,并报上级人民检察院备案;也可以提请上级人民检察院向同级人民法院提出抗诉。

各级人民检察院对审判监督程序以外的其他审判程序中审判人员的违法行为,有权向同级人民法院提出检察建议。

第八章 执　　行

第九十四条 【生效裁判和调解书的执行】当事人必须履行人民法院发生法律效力的判决、裁定、调解书。

第九十五条 【申请强制执行和执行管辖】公民、法人或者其他组织拒绝履行判决、裁定、调解书的,行政机关或者第三人可以向第一审人民法院申请强制执行,或者由行政机关依法强制执行。

第九十六条 【对行政机关拒绝履行的执行措施】行政机关拒绝履行判决、裁定、调解书的,第一审人民法院可以采取下列措施:

(一)对应当归还的罚款或者应当给付的款额,通知银行从该行政机关的账户内划拨;

(二)在规定期限内不履行的,从期满之日起,对该行政机关负责人按日处五十元至一百元的罚款;

(三)将行政机关拒绝履行的情况予以公告;

(四)向监察机关或者该行政机关的上一级行政机关提出司法建议。接受司法建议的机关,根据有关规定进行处理,并将处理情况告知人民法院;

(五)拒不履行判决、裁定、调解书,社会影响恶劣的,可以对该行政机关直接负责的主管人员和其他直接责任人员予以拘留;情节严重,构成犯罪的,依法追究刑事责任。

第九十七条 【非诉执行】公民、法人或者其他组织对行政行为在法定期限内不提起诉讼又不履行的,行政机关可以申请人民法院强制执行,或者依法强制执行。

第九章 涉外行政诉讼

第九十八条 【涉外行政诉讼的法律适用原则】外国人、无国籍人、外国组织在中华人民共和国进行行政诉讼,适用本法。法律另有规定的除外。

第九十九条 【同等与对等原则】外国人、无国籍人、外国组织在中华人民共和国进行行政诉讼,同中华人民共和国公民、组织有同等的诉讼权利和义务。

外国法院对中华人民共和国公民、组织的行政诉讼权利加以限制的,人民法院对该国公民、组织的行政诉讼权利,实行对等原则。

第一百条 【中国律师代理】外国人、无国籍人、外国组织在中华人民共和国进行行政诉讼,委托律师代理诉讼的,应当委托中华人民共和国律师机构的律师。

第十章 附 则

第一百零一条 【适用民事诉讼法规定】人民法院审理行政案件,关于期间、送达、财产保全、开庭审理、调解、中止诉讼、终结诉讼、简易程序、执行等,以及人民检察院对行政案件受理、审理、裁判、执行的监督,本法没有规定的,适用《中华人民共和国民事诉讼法》的相关规定。

第一百零二条 【诉讼费用】人民法院审理行政案件,应当收取诉讼费用。诉讼费用由败诉方承担,双方都有责任的由双方分担。收取诉讼费用的具体办法另行规定。

第一百零三条 【施行日期】本法自 1990 年 10 月 1 日起施行。

最高人民法院关于适用《中华人民共和国行政诉讼法》的解释

1. 2017年11月13日最高人民法院审判委员会第1726次会议通过
2. 2018年2月6日公布
3. 法释〔2018〕1号
4. 自2018年2月8日起施行

为正确适用《中华人民共和国行政诉讼法》(以下简称行政诉讼法),结合人民法院行政审判工作实际,制定本解释。

一、受案范围

第一条 公民、法人或者其他组织对行政机关及其工作人员的行政行为不服,依法提起诉讼的,属于人民法院行政诉讼的受案范围。

下列行为不属于人民法院行政诉讼的受案范围:

(一)公安、国家安全等机关依照刑事诉讼法的明确授权实施的行为;

(二)调解行为以及法律规定的仲裁行为;

(三)行政指导行为;

(四)驳回当事人对行政行为提起申诉的重复处理行为;

(五)行政机关作出的不产生外部法律效力的行为;

(六)行政机关为作出行政行为而实施的准备、论证、研究、层报、咨询等过程性行为;

(七)行政机关根据人民法院的生效裁判、协助执行通知书作出的执行行为,但行政机关扩大执行范围或者采取违法方式实施的除外;

(八)上级行政机关基于内部层级监督关系对下级行政机关作出的听取报告、执法检查、督促履责等行为;

(九)行政机关针对信访事项作出的登记、受理、交办、转送、复

查、复核意见等行为;

（十）对公民、法人或者其他组织权利义务不产生实际影响的行为。

第二条 行政诉讼法第十三条第一项规定的“国家行为”,是指国务院、中央军事委员会、国防部、外交部等根据宪法和法律的授权,以国家的名义实施的有关国防和外交事务的行为,以及经宪法和法律授权的国家机关宣布紧急状态等行为。

行政诉讼法第十三条第二项规定的“具有普遍约束力的决定、命令”,是指行政机关针对不特定对象发布的能反复适用的规范性文件。

行政诉讼法第十三条第三项规定的“对行政机关工作人员的奖惩、任免等决定”,是指行政机关作出的涉及行政机关工作人员公务员权利义务的决定。

行政诉讼法第十三条第四项规定的“法律规定由行政机关最终裁决的行政行为”中的“法律”,是指全国人民代表大会及其常务委员会制定、通过的规范性文件。

二、管　　辖

第三条 各级人民法院行政审判庭审理行政案件和审查行政机关申请执行其行政行为的案件。

专门人民法院、人民法庭不审理行政案件,也不审查和执行行政机关申请执行其行政行为的案件。铁路运输法院等专门人民法院审理行政案件,应当执行行政诉讼法第十八条第二款的规定。

第四条 立案后,受诉人民法院的管辖权不受当事人住所地改变、追加被告等事实和法律状态变更的影响。

第五条 有下列情形之一的,属于行政诉讼法第十五条第三项规定的“本辖区内重大、复杂的案件”:

（一）社会影响重大的共同诉讼案件;

（二）涉外或者涉及香港特别行政区、澳门特别行政区、台湾地区的案件;

（三）其他重大、复杂案件。

第六条 当事人以案件重大复杂为由,认为有管辖权的基层人民法院不宜行使管辖权或者根据行政诉讼法第五十二条的规定,向中级人民法院起诉,中级人民法院应当根据不同情况在七日内分别作出以下处理:

(一)决定自行审理;

(二)指定本辖区其他基层人民法院管辖;

(三)书面告知当事人向有管辖权的基层人民法院起诉。

第七条 基层人民法院对其管辖的第一审行政案件,认为需要由中级人民法院审理或者指定管辖的,可以报请中级人民法院决定。中级人民法院应当根据不同情况在七日内分别作出以下处理:

(一)决定自行审理;

(二)指定本辖区其他基层人民法院管辖;

(三)决定由报请的人民法院审理。

第八条 行政诉讼法第十九条规定的"原告所在地",包括原告的户籍所在地、经常居住地和被限制人身自由地。

对行政机关基于同一事实,既采取限制公民人身自由的行政强制措施,又采取其他行政强制措施或者行政处罚不服的,由被告所在地或者原告所在地的人民法院管辖。

第九条 行政诉讼法第二十条规定的"因不动产提起的行政诉讼"是指因行政行为导致不动产物权变动而提起的诉讼。

不动产已登记的,以不动产登记簿记载的所在地为不动产所在地;不动产未登记的,以不动产实际所在地为不动产所在地。

第十条 人民法院受理案件后,被告提出管辖异议的,应当在收到起诉状副本之日起十五日内提出。

对当事人提出的管辖异议,人民法院应当进行审查。异议成立的,裁定将案件移送有管辖权的人民法院;异议不成立的,裁定驳回。

人民法院对管辖异议审查后确定有管辖权的,不因当事人增加或者变更诉讼请求等改变管辖,但违反级别管辖、专属管辖规定的除外。

第十一条 有下列情形之一的,人民法院不予审查:

(一)人民法院发回重审或者按第一审程序再审的案件,当事人提出管辖异议的;

(二)当事人在第一审程序中未按照法律规定的期限和形式提出管辖异议,在第二审程序中提出的。

三、诉讼参加人

第十二条 有下列情形之一的,属于行政诉讼法第二十五条第一款规定的"与行政行为有利害关系":

(一)被诉的行政行为涉及其相邻权或者公平竞争权的;

(二)在行政复议等行政程序中被追加为第三人的;

(三)要求行政机关依法追究加害人法律责任的;

(四)撤销或者变更行政行为涉及其合法权益的;

(五)为维护自身合法权益向行政机关投诉,具有处理投诉职责的行政机关作出或者未作出处理的;

(六)其他与行政行为有利害关系的情形。

第十三条 债权人以行政机关对债务人所作的行政行为损害债权实现为由提起行政诉讼的,人民法院应当告知其就民事争议提起民事诉讼,但行政机关作出行政行为时依法应予保护或者应予考虑的除外。

第十四条 行政诉讼法第二十五条第二款规定的"近亲属",包括配偶、父母、子女、兄弟姐妹、祖父母、外祖父母、孙子女、外孙子女和其他具有扶养、赡养关系的亲属。

公民因被限制人身自由而不能提起诉讼的,其近亲属可以依其口头或者书面委托以该公民的名义提起诉讼。近亲属起诉时无法与被限制人身自由的公民取得联系,近亲属可以先行起诉,并在诉讼中补充提交委托证明。

第十五条 合伙企业向人民法院提起诉讼的,应当以核准登记的字号为原告。未依法登记领取营业执照的个人合伙的全体合伙人为共同原告;全体合伙人可以推选代表人,被推选的代表人,应当由全体合伙人出具推选书。

个体工商户向人民法院提起诉讼的，以营业执照上登记的经营者为原告。有字号的，以营业执照上登记的字号为原告，并应当注明该字号经营者的基本信息。

第十六条 股份制企业的股东大会、股东会、董事会等认为行政机关作出的行政行为侵犯企业经营自主权的，可以企业名义提起诉讼。

联营企业、中外合资或者合作企业的联营、合资、合作各方，认为联营、合资、合作企业权益或者自己一方合法权益受行政行为侵害的，可以自己的名义提起诉讼。

非国有企业被行政机关注销、撤销、合并、强令兼并、出售、分立或者改变企业隶属关系的，该企业或者其法定代表人可以提起诉讼。

第十七条 事业单位、社会团体、基金会、社会服务机构等非营利法人的出资人、设立人认为行政行为损害法人合法权益的，可以自己的名义提起诉讼。

第十八条 业主委员会对于行政机关作出的涉及业主共有利益的行政行为，可以自己的名义提起诉讼。

业主委员会不起诉的，专有部分占建筑物总面积过半数或者占总户数过半数的业主可以提起诉讼。

第十九条 当事人不服经上级行政机关批准的行政行为，向人民法院提起诉讼的，以在对外发生法律效力的文书上署名的机关为被告。

第二十条 行政机关组建并赋予行政管理职能但不具有独立承担法律责任能力的机构，以自己的名义作出行政行为，当事人不服提起诉讼的，应当以组建该机构的行政机关为被告。

法律、法规或者规章授权行使行政职权的行政机关内设机构、派出机构或者其他组织，超出法定授权范围实施行政行为，当事人不服提起诉讼的，应当以实施该行为的机构或者组织为被告。

没有法律、法规或者规章规定，行政机关授权其内设机构、派出机构或者其他组织行使行政职权的，属于行政诉讼法第二十六条规定的委托。当事人不服提起诉讼的，应当以该行政机关为被告。

第二十一条 当事人对由国务院、省级人民政府批准设立的开发区管理机构作出的行政行为不服提起诉讼的，以该开发区管理机构为被告；对由国务院、省级人民政府批准设立的开发区管理机构所属职能部门作出的行政行为不服提起诉讼的，以其职能部门为被告；对其他开发区管理机构所属职能部门作出的行政行为不服提起诉讼的，以开发区管理机构为被告；开发区管理机构没有行政主体资格的，以设立该机构的地方人民政府为被告。

第二十二条 行政诉讼法第二十六条第二款规定的"复议机关改变原行政行为"，是指复议机关改变原行政行为的处理结果。复议机关改变原行政行为所认定的主要事实和证据、改变原行政行为所适用的规范依据，但未改变原行政行为处理结果的，视为复议机关维持原行政行为。

复议机关确认原行政行为无效，属于改变原行政行为。

复议机关确认原行政行为违法，属于改变原行政行为，但复议机关以违反法定程序为由确认原行政行为违法的除外。

第二十三条 行政机关被撤销或者职权变更，没有继续行使其职权的行政机关的，以其所属的人民政府为被告；实行垂直领导的，以垂直领导的上一级行政机关为被告。

第二十四条 当事人对村民委员会或者居民委员会依据法律、法规、规章的授权履行行政管理职责的行为不服提起诉讼的，以村民委员会或者居民委员会为被告。

当事人对村民委员会、居民委员会受行政机关委托作出的行为不服提起诉讼的，以委托的行政机关为被告。

当事人对高等学校等事业单位以及律师协会、注册会计师协会等行业协会依据法律、法规、规章的授权实施的行政行为不服提起诉讼的，以该事业单位、行业协会为被告。

当事人对高等学校等事业单位以及律师协会、注册会计师协会等行业协会受行政机关委托作出的行为不服提起诉讼的，以委托的行政机关为被告。

第二十五条 市、县级人民政府确定的房屋征收部门组织实施房屋征收与补偿工作过程中作出行政行为，被征收人不服提起诉讼的，以房屋征收部门为被告。

征收实施单位受房屋征收部门委托，在委托范围内从事的行为，被征收人不服提起诉讼的，应当以房屋征收部门为被告。

第二十六条 原告所起诉的被告不适格，人民法院应当告知原告变更被告；原告不同意变更的，裁定驳回起诉。

应当追加被告而原告不同意追加的，人民法院应当通知其以第三人的身份参加诉讼，但行政复议机关作共同被告的除外。

第二十七条 必须共同进行诉讼的当事人没有参加诉讼的，人民法院应当依法通知其参加；当事人也可以向人民法院申请参加。

人民法院应当对当事人提出的申请进行审查，申请理由不成立的，裁定驳回；申请理由成立的，书面通知其参加诉讼。

前款所称的必须共同进行诉讼，是指按照行政诉讼法第二十七条的规定，当事人一方或者双方为两人以上，因同一行政行为发生行政争议，人民法院必须合并审理的诉讼。

第二十八条 人民法院追加共同诉讼的当事人时，应当通知其他当事人。应当追加的原告，已明确表示放弃实体权利的，可不予追加；既不愿意参加诉讼，又不放弃实体权利的，应追加为第三人，其不参加诉讼，不能阻碍人民法院对案件的审理和裁判。

第二十九条 行政诉讼法第二十八条规定的“人数众多”，一般指十人以上。

根据行政诉讼法第二十八条的规定，当事人一方人数众多的，由当事人推选代表人。当事人推选不出的，可以由人民法院在起诉的当事人中指定代表人。

行政诉讼法第二十八条规定的代表人为二至五人。代表人可以委托一至二人作为诉讼代理人。

第三十条 行政机关的同一行政行为涉及两个以上利害关系人，其中一部分利害关系人对行政行为不服提起诉讼，人民法院应当通知没有起诉的其他利害关系人作为第三人参加诉讼。

与行政案件处理结果有利害关系的第三人，可以申请参加诉讼，或者由人民法院通知其参加诉讼。人民法院判决其承担义务或者减损其权益的第三人,有权提出上诉或者申请再审。

行政诉讼法第二十九条规定的第三人,因不能归责于本人的事由未参加诉讼,但有证据证明发生法律效力的判决、裁定、调解书损害其合法权益的,可以依照行政诉讼法第九十条的规定,自知道或者应当知道其合法权益受到损害之日起六个月内,向上一级人民法院申请再审。

第三十一条 当事人委托诉讼代理人,应当向人民法院提交由委托人签名或者盖章的授权委托书。委托书应当载明委托事项和具体权限。公民在特殊情况下无法书面委托的,也可以由他人代书,并由自己捺印等方式确认,人民法院应当核实并记录在卷;被诉行政机关或者其他有义务协助的机关拒绝人民法院向被限制人身自由的公民核实的,视为委托成立。当事人解除或者变更委托的,应当书面报告人民法院。

第三十二条 依照行政诉讼法第三十一条第二款第二项规定,与当事人有合法劳动人事关系的职工,可以当事人工作人员的名义作为诉讼代理人。以当事人的工作人员身份参加诉讼活动,应当提交以下证据之一加以证明:

(一)缴纳社会保险记录凭证;

(二)领取工资凭证;

(三)其他能够证明其为当事人工作人员身份的证据。

第三十三条 根据行政诉讼法第三十一条第二款第三项规定,有关社会团体推荐公民担任诉讼代理人的,应当符合下列条件:

(一)社会团体属于依法登记设立或者依法免予登记设立的非营利性法人组织;

(二)被代理人属于该社会团体的成员,或者当事人一方住所地位于该社会团体的活动地域;

(三)代理事务属于该社会团体章程载明的业务范围;

(四)被推荐的公民是该社会团体的负责人或者与该社会团体有合法劳动人事关系的工作人员。

专利代理人经中华全国专利代理人协会推荐,可以在专利行政案件中担任诉讼代理人。

四、证　　据

第三十四条　根据行政诉讼法第三十六条第一款的规定，被告申请延期提供证据的，应当在收到起诉状副本之日起十五日内以书面方式向人民法院提出。人民法院准许延期提供的，被告应当在正当事由消除后十五日内提供证据。逾期提供的，视为被诉行政行为没有相应的证据。

第三十五条　原告或者第三人应当在开庭审理前或者人民法院指定的交换证据清单之日提供证据。因正当事由申请延期提供证据的，经人民法院准许，可以在法庭调查中提供。逾期提供证据的，人民法院应当责令其说明理由；拒不说明理由或者理由不成立的，视为放弃举证权利。

原告或者第三人在第一审程序中无正当事由未提供而在第二审程序中提供的证据，人民法院不予接纳。

第三十六条　当事人申请延长举证期限，应当在举证期限届满前向人民法院提出书面申请。

申请理由成立的，人民法院应当准许，适当延长举证期限，并通知其他当事人。申请理由不成立的，人民法院不予准许，并通知申请人。

第三十七条　根据行政诉讼法第三十九条的规定，对当事人无争议，但涉及国家利益、公共利益或者他人合法权益的事实，人民法院可以责令当事人提供或者补充有关证据。

第三十八条　对于案情比较复杂或者证据数量较多的案件，人民法院可以组织当事人在开庭前向对方出示或者交换证据，并将交换证据清单的情况记录在卷。

当事人在庭前证据交换过程中没有争议并记录在卷的证据，经审判人员在庭审中说明后，可以作为认定案件事实的依据。

第三十九条　当事人申请调查收集证据，但该证据与待证事实无关联、对证明待证事实无意义或者其他无调查收集必要的，人民法院不予准许。

第四十条 人民法院在证人出庭作证前应当告知其如实作证的义务以及作伪证的法律后果。

证人因履行出庭作证义务而支出的交通、住宿、就餐等必要费用以及误工损失,由败诉一方当事人承担。

第四十一条 有下列情形之一,原告或者第三人要求相关行政执法人员出庭说明的,人民法院可以准许:

(一)对现场笔录的合法性或者真实性有异议的;

(二)对扣押财产的品种或者数量有异议的;

(三)对检验的物品取样或者保管有异议的;

(四)对行政执法人员身份的合法性有异议的;

(五)需要出庭说明的其他情形。

第四十二条 能够反映案件真实情况、与待证事实相关联、来源和形式符合法律规定的证据,应当作为认定案件事实的根据。

第四十三条 有下列情形之一的,属于行政诉讼法第四十三条第三款规定的“以非法手段取得的证据”:

(一)严重违反法定程序收集的证据材料;

(二)以违反法律强制性规定的手段获取且侵害他人合法权益的证据材料;

(三)以利诱、欺诈、胁迫、暴力等手段获取的证据材料。

第四十四条 人民法院认为有必要的,可以要求当事人本人或者行政机关执法人员到庭,就案件有关事实接受询问。在询问之前,可以要求其签署保证书。

保证书应当载明据实陈述、如有虚假陈述愿意接受处罚等内容。当事人或者行政机关执法人员应当在保证书上签名或者捺印。

负有举证责任的当事人拒绝到庭、拒绝接受询问或者拒绝签署保证书,待证事实又欠缺其他证据加以佐证的,人民法院对其主张的事实不予认定。

第四十五条 被告有证据证明其在行政程序中依照法定程序要求原告或者第三人提供证据,原告或者第三人依法应当提供而没有提供,在诉讼程序中提供的证据,人民法院一般不予采纳。

第四十六条 原告或者第三人确有证据证明被告持有的证据对原告或者第三人有利的,可以在开庭审理前书面申请人民法院责令行政机关提交。

申请理由成立的,人民法院应当责令行政机关提交,因提交证据所产生的费用,由申请人预付。行政机关无正当理由拒不提交的,人民法院可以推定原告或者第三人基于该证据主张的事实成立。

持有证据的当事人以妨碍对方当事人使用为目的,毁灭有关证据或者实施其他致使证据不能使用行为的,人民法院可以推定对方当事人基于该证据主张的事实成立,并可依照行政诉讼法第五十九条规定处理。

第四十七条 根据行政诉讼法第三十八条第二款的规定,在行政赔偿、补偿案件中,因被告的原因导致原告无法就损害情况举证的,应当由被告就该损害情况承担举证责任。

对于各方主张损失的价值无法认定的,应当由负有举证责任的一方当事人申请鉴定,但法律、法规、规章规定行政机关在作出行政行为时依法应当评估或者鉴定的除外;负有举证责任的当事人拒绝申请鉴定的,由其承担不利的法律后果。

当事人的损失因客观原因无法鉴定的,人民法院应当结合当事人的主张和在案证据,遵循法官职业道德,运用逻辑推理和生活经验、生活常识等,酌情确定赔偿数额。

五、期间、送达

第四十八条 期间包括法定期间和人民法院指定的期间。

期间以时、日、月、年计算。期间开始的时和日,不计算在期间内。

期间届满的最后一日是节假日的,以节假日后的第一日为期间届满的日期。

期间不包括在途时间,诉讼文书在期满前交邮的,视为在期限内发送。

第四十九条 行政诉讼法第五十一条第二款规定的立案期限,因起诉状内容欠缺或者有其他错误通知原告限期补正的,从补正后递交人民法院的次日起算。由上级人民法院转交下级人民法院立案的案件,从受诉人民法院收到起诉状的次日起算。

第五十条 行政诉讼法第八十一条、第八十三条、第八十八条规定的审理期限,是指从立案之日起至裁判宣告、调解书送达之日止的期间,但公告期间、鉴定期间、调解期间、中止诉讼期间、审理当事人提出的管辖异议以及处理人民法院之间的管辖争议期间不应计算在内。

再审案件按照第一审程序或者第二审程序审理的,适用行政诉讼法第八十一条、第八十八条规定的审理期限。审理期限自再审立案的次日起算。

基层人民法院申请延长审理期限,应当直接报请高级人民法院批准,同时报中级人民法院备案。

第五十一条 人民法院可以要求当事人签署送达地址确认书,当事人确认的送达地址为人民法院法律文书的送达地址。

当事人同意电子送达的,应当提供并确认传真号、电子信箱等电子送达地址。

当事人送达地址发生变更的,应当及时书面告知受理案件的人民法院;未及时告知的,人民法院按原地址送达,视为依法送达。

人民法院可以通过国家邮政机构以法院专递方式进行送达。

第五十二条 人民法院可以在当事人住所地以外向当事人直接送达诉讼文书。当事人拒绝签署送达回证的,采用拍照、录像等方式记录送达过程即视为送达。审判人员、书记员应当在送达回证上注明送达情况并签名。

六、起诉与受理

第五十三条 人民法院对符合起诉条件的案件应当立案,依法保障当事人行使诉讼权利。

对当事人依法提起的诉讼,人民法院应当根据行政诉讼法第五十一条的规定接收起诉状。能够判断符合起诉条件的,应当当场登记立案;当场不能判断是否符合起诉条件的,应当在接收起诉状后七日内决定是否立案；七日内仍不能作出判断的，应当先予立案。

第五十四条 依照行政诉讼法第四十九条的规定，公民、法人或者其他组织提起诉讼时应当提交以下起诉材料：

（一）原告的身份证明材料以及有效联系方式；

（二）被诉行政行为或者不作为存在的材料；

（三）原告与被诉行政行为具有利害关系的材料；

（四）人民法院认为需要提交的其他材料。

由法定代理人或者委托代理人代为起诉的，还应当在起诉状中写明或者在口头起诉时向人民法院说明法定代理人或者委托代理人的基本情况，并提交法定代理人或者委托代理人的身份证明和代理权限证明等材料。

第五十五条 依照行政诉讼法第五十一条的规定，人民法院应当就起诉状内容和材料是否完备以及是否符合行政诉讼法规定的起诉条件进行审查。

起诉状内容或者材料欠缺的，人民法院应当给予指导和释明，并一次性全面告知当事人需要补正的内容、补充的材料及期限。在指定期限内补正并符合起诉条件的，应当登记立案。当事人拒绝补正或者经补正仍不符合起诉条件的，退回诉状并记录在册；坚持起诉的，裁定不予立案，并载明不予立案的理由。

第五十六条 法律、法规规定应当先申请复议，公民、法人或者其他组织未申请复议直接提起诉讼的，人民法院裁定不予立案。

依照行政诉讼法第四十五条的规定，复议机关不受理复议申请或者在法定期限内不作出复议决定，公民、法人或者其他组织不服，依法向人民法院提起诉讼的，人民法院应当依法立案。

第五十七条 法律、法规未规定行政复议为提起行政诉讼必经程序，公民、法人或者其他组织既提起诉讼又申请行政复议的，由先立案的机关管辖；同时立案的，由公民、法人或者其他组织选择。公民、法人或者其他组织已经申请行政复议，在法定复议期间内又向人民法院提起诉讼的，人民法院裁定不予立案。

第五十八条 法律、法规未规定行政复议为提起行政诉讼必经程序，公民、法人或者其他组织向复议机关申请行政复议后，又经复议机关同意撤回复议申请，在法定起诉期限内对原行政行为提起诉讼的，人民法院应当依法立案。

第五十九条 公民、法人或者其他组织向复议机关申请行政复议后，复议机关作出维持决定的，应当以复议机关和原行为机关为共同被告，并以复议决定送达时间确定起诉期限。

第六十条 人民法院裁定准许原告撤诉后，原告以同一事实和理由重新起诉的，人民法院不予立案。

准予撤诉的裁定确有错误，原告申请再审的，人民法院应当通过审判监督程序撤销原准予撤诉的裁定，重新对案件进行审理。

第六十一条 原告或者上诉人未按规定的期限预交案件受理费，又不提出缓交、减交、免交申请，或者提出申请未获批准的，按自动撤诉处理。在按撤诉处理后，原告或者上诉人在法定期限内再次起诉或者上诉，并依法解决诉讼费预交问题的，人民法院应予立案。

第六十二条 人民法院判决撤销行政机关的行政行为后，公民、法人或者其他组织对行政机关重新作出的行政行为不服向人民法院起诉的，人民法院应当依法立案。

第六十三条 行政机关作出行政行为时，没有制作或者没有送达法律文书，公民、法人或者其他组织只要能证明行政行为存在，并在法定期限内起诉的，人民法院应当依法立案。

第六十四条 行政机关作出行政行为时，未告知公民、法人或者其他组织起诉期限的，起诉期限从公民、法人或者其他组织知道或者应当知道起诉期限之日起计算，但从知道或者应当知道行政行为内容之日起最长不得超过一年。

复议决定未告知公民、法人或者其他组织起诉期限的，适用前款规定。

第六十五条 公民、法人或者其他组织不知道行政机关作出的行政行为内容的，其起诉期限从知道或者应当知道该行政行为内容之日起计算，但最长不得超过行政诉讼法第四十六条第二款规定的起诉期限。

第六十六条 公民、法人或者其他组织依照行政诉讼法第四十七条第一款的规定，对行政机关不履行法定职责提起诉讼的，应当在行政机关履行法定职责期限届满之日起六个月内提出。

第六十七条 原告提供被告的名称等信息足以使被告与其他行政机关相区别的，可以认定为行政诉讼法第四十九条第二项规定的“有明确的被告”。

起诉状列写被告信息不足以认定明确的被告的，人民法院可以告知原告补正；原告补正后仍不能确定明确的被告的，人民法院裁定不予立案。

第六十八条 行政诉讼法第四十九条第三项规定的“有具体的诉讼请求”是指：

（一）请求判决撤销或者变更行政行为；

（二）请求判决行政机关履行特定法定职责或者给付义务；

（三）请求判决确认行政行为违法；

（四）请求判决确认行政行为无效；

（五）请求判决行政机关予以赔偿或者补偿；

（六）请求解决行政协议争议；

（七）请求一并审查规章以下规范性文件；

（八）请求一并解决相关民事争议；

（九）其他诉讼请求。

当事人单独或者一并提起行政赔偿、补偿诉讼的，应当有具体的赔偿、补偿事项以及数额；请求一并审查规章以下规范性文件的，应当提供明确的文件名称或者审查对象；请求一并解决相关民事争议的，应当有具体的民事诉讼请求。

当事人未能正确表达诉讼请求的，人民法院应当要求其明确诉讼请求。

第六十九条 有下列情形之一，已经立案的，应当裁定驳回起诉：

（一）不符合行政诉讼法第四十九条规定的；

（二）超过法定起诉期限且无行政诉讼法第四十八条规定情形的；

（三）错列被告且拒绝变更的；

（四）未按照法律规定由法定代理人、指定代理人、代表人为诉讼行为的；

（五）未按照法律、法规规定先向行政机关申请复议的；

（六）重复起诉的；

（七）撤回起诉后无正当理由再行起诉的；

（八）行政行为对其合法权益明显不产生实际影响的；

（九）诉讼标的已为生效裁判或者调解书所羁束的；

（十）其他不符合法定起诉条件的情形。

前款所列情形可以补正或者更正的，人民法院应当指定期间责令补正或者更正；在指定期间已经补正或者更正的，应当依法审理。

人民法院经过阅卷、调查或者询问当事人，认为不需要开庭审理的，可以迳行裁定驳回起诉。

第七十条 起诉状副本送达被告后，原告提出新的诉讼请求的，人民法院不予准许，但有正当理由的除外。

七、审理与判决

第七十一条 人民法院适用普通程序审理案件，应当在开庭三日前用传票传唤当事人。对证人、鉴定人、勘验人、翻译人员，应当用通知书通知其到庭。当事人或者其他诉讼参与人在外地的，应当留有必要的在途时间。

第七十二条 有下列情形之一的，可以延期开庭审理：

（一）应当到庭的当事人和其他诉讼参与人有正当理由没有到庭的；

（二）当事人临时提出回避申请且无法及时作出决定的；

（三）需要通知新的证人到庭，调取新的证据，重新鉴定、勘验，或者需要补充调查的；

（四）其他应当延期的情形。

第七十三条 根据行政诉讼法第二十七条的规定，有下列情形之一的，人民法院可以决定合并审理：

（一）两个以上行政机关分别对同一事实作出行政行为，公民、法人或者其他组织不服向同一人民法院起诉的；

（二）行政机关就同一事实对若干公民、法人或者其他组织分别作出行政行为，公民、法人或者其他组织不服分别向同一人民法院起诉的；

（三）在诉讼过程中，被告对原告作出新的行政行为，原告不服向同一人民法院起诉的；

（四）人民法院认为可以合并审理的其他情形。

第七十四条 当事人申请回避，应当说明理由，在案件开始审理时提出；回避事由在案件开始审理后知道的，应当在法庭辩论终结前提出。

被申请回避的人员，在人民法院作出是否回避的决定前，应当暂停参与本案的工作，但案件需要采取紧急措施的除外。

对当事人提出的回避申请，人民法院应当在三日内以口头或者书面形式作出决定。对当事人提出的明显不属于法定回避事由的申请，法庭可以依法当庭驳回。

申请人对驳回回避申请决定不服的，可以向作出决定的人民法院申请复议一次。复议期间，被申请回避的人员不停止参与本案的工作。对申请人的复议申请，人民法院应当在三日内作出复议决定，并通知复议申请人。

第七十五条 在一个审判程序中参与过本案审判工作的审判人员，不得再参与该案其他程序的审判。

发回重审的案件，在一审法院作出裁判后又进入第二审程序的，原第二审程序中合议庭组成人员不受前款规定的限制。

第七十六条 人民法院对于因一方当事人的行为或者其他原因，可能使行政行为或者人民法院生效裁判不能或者难以执行的案件，根据对方当事人的申请，可以裁定对其财产进行保全、责令其作出一定行为或者禁止其作出一定行为；当事人没有提出申请的，人民法院在必要时也可以裁定采取上述保全措施。

人民法院采取保全措施，可以责令申请人提供担保；申请人不提供担保的，裁定驳回申请。

人民法院接受申请后，对情况紧急的，必须在四十八小时内作出裁定；裁定采取保全措施的，应当立即开始执行。

当事人对保全的裁定不服的，可以申请复议；复议期间不停止裁定的执行。

第七十七条 利害关系人因情况紧急，不立即申请保全将会使其合法权益受到难以弥补的损害的，可以在提起诉讼前向被保全财产所在地、被申请人住所地或者对案件有管辖权的人民法院申请采取保全措施。申请人应当提供担保，不提供担保的，裁定驳回申请。

人民法院接受申请后，必须在四十八小时内作出裁定；裁定采取保全措施的，应当立即开始执行。

申请人在人民法院采取保全措施后三十日内不依法提起诉讼的，人民法院应当解除保全。

当事人对保全的裁定不服的，可以申请复议；复议期间不停止裁定的执行。

第七十八条 保全限于请求的范围，或者与本案有关的财物。

财产保全采取查封、扣押、冻结或者法律规定的其他方法。人民法院保全财产后，应当立即通知被保全人。

财产已被查封、冻结的，不得重复查封、冻结。

涉及财产的案件，被申请人提供担保的，人民法院应当裁定解除保全。

申请有错误的，申请人应当赔偿被申请人因保全所遭受的损失。

第七十九条 原告或者上诉人申请撤诉，人民法院裁定不予准许的，原告或者上诉人经传票传唤无正当理由拒不到庭，或者未经法庭许可中途退庭的，人民法院可以缺席判决。

第三人经传票传唤无正当理由拒不到庭，或者未经法庭许可中途退庭的，不发生阻止案件审理的效果。

根据行政诉讼法第五十八条的规定，被告经传票传唤无正当理由拒不到庭，或者未经法庭许可中途退庭的，人民法院可以按期开庭或者继续开庭审理，对到庭的当事人诉讼请求、双方的诉辩理由以及已经提交的证据及其他诉讼材料进行审理后,依法缺席判决。

第八十条 原告或者上诉人在庭审中明确拒绝陈述或者以其他方式拒绝陈述,导致庭审无法进行,经法庭释明法律后果后仍不陈述意见的,视为放弃陈述权利,由其承担不利的法律后果。

当事人申请撤诉或者依法可以按撤诉处理的案件,当事人有违反法律的行为需要依法处理的,人民法院可以不准许撤诉或者不按撤诉处理。

法庭辩论终结后原告申请撤诉,人民法院可以准许,但涉及到国家利益和社会公共利益的除外。

第八十一条 被告在一审期间改变被诉行政行为的,应当书面告知人民法院。

原告或者第三人对改变后的行政行为不服提起诉讼的,人民法院应当就改变后的行政行为进行审理。

被告改变原违法行政行为,原告仍要求确认原行政行为违法的,人民法院应当依法作出确认判决。

原告起诉被告不作为,在诉讼中被告作出行政行为,原告不撤诉的,人民法院应当就不作为依法作出确认判决。

第八十二条 当事人之间恶意串通,企图通过诉讼等方式侵害国家利益、社会公共利益或者他人合法权益的,人民法院应当裁定驳回起诉或者判决驳回其请求,并根据情节轻重予以罚款、拘留;构成犯罪的,依法追究刑事责任。

第八十三条 行政诉讼法第五十九条规定的罚款、拘留可以单独适用,也可以合并适用。

对同一妨害行政诉讼行为的罚款、拘留不得连续适用。发生新的妨害行政诉讼行为的,人民法院可以重新予以罚款、拘留。

第八十四条 人民法院审理行政诉讼法第六十条第一款规定的行政案件,认为法律关系明确、事实清楚,在征得当事人双方同意后,可以迳行调解。

第八十五条 调解达成协议,人民法院应当制作调解书。调解书应当写明诉讼请求、案件的事实和调解结果。

调解书由审判人员、书记员署名,加盖人民法院印章,送达双方当事人。

调解书经双方当事人签收后,即具有法律效力。调解书生效日期根据最后收到调解书的当事人签收的日期确定。

第八十六条 人民法院审理行政案件,调解过程不公开,但当事人同意公开的除外。

经人民法院准许,第三人可以参加调解。人民法院认为有必要的,可以通知第三人参加调解。

调解协议内容不公开,但为保护国家利益、社会公共利益、他人合法权益,人民法院认为确有必要公开的除外。

当事人一方或者双方不愿调解、调解未达成协议的,人民法院应当及时判决。

当事人自行和解或者调解达成协议后,请求人民法院按照和解协议或者调解协议的内容制作判决书的,人民法院不予准许。

第八十七条 在诉讼过程中,有下列情形之一的,中止诉讼:

(一)原告死亡,须等待其近亲属表明是否参加诉讼的;

(二)原告丧失诉讼行为能力,尚未确定法定代理人的;

(三)作为一方当事人的行政机关、法人或者其他组织终止,尚未确定权利义务承受人的;

(四)一方当事人因不可抗力的事由不能参加诉讼的;

(五)案件涉及法律适用问题,需要送请有权机关作出解释或者确认的;

(六)案件的审判须以相关民事、刑事或者其他行政案件的审理结果为依据,而相关案件尚未审结的;

(七)其他应当中止诉讼的情形。

中止诉讼的原因消除后,恢复诉讼。

第八十八条 在诉讼过程中,有下列情形之一的,终结诉讼:

(一)原告死亡,没有近亲属或者近亲属放弃诉讼权利的;

(二)作为原告的法人或者其他组织终止后,其权利义务的承受人放弃诉讼权利的。

因本解释第八十七条第一款第一、二、三项原因中止诉讼满九十日仍无人继续诉讼的，裁定终结诉讼，但有特殊情况的除外。

第八十九条 复议决定改变原行政行为错误，人民法院判决撤销复议决定时，可以一并责令复议机关重新作出复议决定或者判决恢复原行政行为的法律效力。

第九十条 人民法院判决被告重新作出行政行为，被告重新作出的行政行为与原行政行为的结果相同，但主要事实或者主要理由有改变的，不属于行政诉讼法第七十一条规定的情形。

人民法院以违反法定程序为由，判决撤销被诉行政行为的，行政机关重新作出行政行为不受行政诉讼法第七十一条规定的限制。

行政机关以同一事实和理由重新作出与原行政行为基本相同的行政行为，人民法院应当根据行政诉讼法第七十条、第七十一条的规定判决撤销或者部分撤销，并根据行政诉讼法第九十六条的规定处理。

第九十一条 原告请求被告履行法定职责的理由成立，被告违法拒绝履行或者无正当理由逾期不予答复的，人民法院可以根据行政诉讼法第七十二条的规定，判决被告在一定期限内依法履行原告请求的法定职责；尚需被告调查或者裁量的，应当判决被告针对原告的请求重新作出处理。

第九十二条 原告申请被告依法履行支付抚恤金、最低生活保障待遇或者社会保险待遇等给付义务的理由成立，被告依法负有给付义务而拒绝或者拖延履行义务的，人民法院可以根据行政诉讼法第七十三条的规定，判决被告在一定期限内履行相应的给付义务。

第九十三条 原告请求被告履行法定职责或者依法履行支付抚恤金、最低生活保障待遇或者社会保险待遇等给付义务，原告未先向行政机关提出申请的，人民法院裁定驳回起诉。

人民法院经审理认为原告所请求履行的法定职责或者给付义务明显不属于行政机关权限范围的，可以裁定驳回起诉。

第九十四条 公民、法人或者其他组织起诉请求撤销行政行为，人民法院经审查认为行政行为无效的，应当作出确认无效的判决。

公民、法人或者其他组织起诉请求确认行政行为无效,人民法院审查认为行政行为不属于无效情形,经释明,原告请求撤销行政行为的,应当继续审理并依法作出相应判决;原告请求撤销行政行为但超过法定起诉期限的,裁定驳回起诉;原告拒绝变更诉讼请求的,判决驳回其诉讼请求。

第九十五条 人民法院经审理认为被诉行政行为违法或者无效,可能给原告造成损失,经释明,原告请求一并解决行政赔偿争议的,人民法院可以就赔偿事项进行调解;调解不成的,应当一并判决。人民法院也可以告知其就赔偿事项另行提起诉讼。

第九十六条 有下列情形之一,且对原告依法享有的听证、陈述、申辩等重要程序性权利不产生实质损害的,属于行政诉讼法第七十四条第一款第二项规定的"程序轻微违法":

(一)处理期限轻微违法;

(二)通知、送达等程序轻微违法;

(三)其他程序轻微违法的情形。

第九十七条 原告或者第三人的损失系由其自身过错和行政机关的违法行政行为共同造成的,人民法院应当依据各方行为与损害结果之间有无因果关系以及在损害发生和结果中作用力的大小,确定行政机关相应的赔偿责任。

第九十八条 因行政机关不履行、拖延履行法定职责,致使公民、法人或者其他组织的合法权益遭受损害的,人民法院应当判决行政机关承担行政赔偿责任。在确定赔偿数额时,应当考虑该不履行、拖延履行法定职责的行为在损害发生过程和结果中所起的作用等因素。

第九十九条 有下列情形之一的,属于行政诉讼法第七十五条规定的"重大且明显违法":

(一)行政行为实施主体不具有行政主体资格;

(二)减损权利或者增加义务的行政行为没有法律规范依据;

(三)行政行为的内容客观上不可能实施;

(四)其他重大且明显违法的情形。

第一百条 人民法院审理行政案件,适用最高人民法院司法解释的,应当在裁判文书中援引。

人民法院审理行政案件,可以在裁判文书中引用合法有效的规章及其他规范性文件。

第一百零一条 裁定适用于下列范围:

(一)不予立案;

(二)驳回起诉;

(三)管辖异议;

(四)终结诉讼;

(五)中止诉讼;

(六)移送或者指定管辖;

(七)诉讼期间停止行政行为的执行或者驳回停止执行的申请;

(八)财产保全;

(九)先予执行;

(十)准许或者不准许撤诉;

(十一)补正裁判文书中的笔误;

(十二)中止或者终结执行;

(十三)提审、指令再审或者发回重审;

(十四)准许或者不准许执行行政机关的行政行为;

(十五)其他需要裁定的事项。

对第一、二、三项裁定,当事人可以上诉。

裁定书应当写明裁定结果和作出该裁定的理由。裁定书由审判人员、书记员署名,加盖人民法院印章。口头裁定的,记入笔录。

第一百零二条 行政诉讼法第八十二条规定的行政案件中的"事实清楚",是指当事人对争议的事实陈述基本一致,并能提供相应的证据,无须人民法院调查收集证据即可查明事实;"权利义务关系明确",是指行政法律关系中权利和义务能够明确区分;"争议不大",是指当事人对行政行为的合法性、责任承担等没有实质分歧。

第一百零三条 适用简易程序审理的行政案件,人民法院可以用口头通知、电话、短信、传真、电子邮件等简便方式传唤当事人、通知证人、送达裁判文书以外的诉讼文书。

以简便方式送达的开庭通知,未经当事人确认或者没有其他证据证明当事人已经收到的,人民法院不得缺席判决。

第一百零四条 适用简易程序案件的举证期限由人民法院确定,也可以由当事人协商一致并经人民法院准许,但不得超过十五日。被告要求书面答辩的,人民法院可以确定合理的答辩期间。

人民法院应当将举证期限和开庭日期告知双方当事人,并向当事人说明逾期举证以及拒不到庭的法律后果,由双方当事人在笔录和开庭传票的送达回证上签名或者捺印。

当事人双方均表示同意立即开庭或者缩短举证期限、答辩期间的,人民法院可以立即开庭审理或者确定近期开庭。

第一百零五条 人民法院发现案情复杂,需要转为普通程序审理的,应当在审理期限届满前作出裁定并将合议庭组成人员及相关事项书面通知双方当事人。

案件转为普通程序审理的,审理期限自人民法院立案之日起计算。

第一百零六条 当事人就已经提起诉讼的事项在诉讼过程中或者裁判生效后再次起诉,同时具有下列情形的,构成重复起诉:

(一)后诉与前诉的当事人相同;

(二)后诉与前诉的诉讼标的相同;

(三)后诉与前诉的诉讼请求相同,或者后诉的诉讼请求被前诉裁判所包含。

第一百零七条 第一审人民法院作出判决和裁定后,当事人均提起上诉的,上诉各方均为上诉人。

诉讼当事人中的一部分人提出上诉,没有提出上诉的对方当事人为被上诉人,其他当事人依原审诉讼地位列明。

第一百零八条 当事人提出上诉,应当按照其他当事人或者诉讼代表人的人数提出上诉状副本。

原审人民法院收到上诉状,应当在五日内将上诉状副本发送其他当事人,对方当事人应当在收到上诉状副本之日起十五日内提出答辩状。

原审人民法院应当在收到答辩状之日起五日内将副本发送上诉人。对方当事人不提出答辩状的,不影响人民法院审理。

原审人民法院收到上诉状、答辩状,应当在五日内连同全部案卷和证据,报送第二审人民法院;已经预收的诉讼费用,一并报送。

第一百零九条　第二审人民法院经审理认为原审人民法院不予立案或者驳回起诉的裁定确有错误且当事人的起诉符合起诉条件的,应当裁定撤销原审人民法院的裁定,指令原审人民法院依法立案或者继续审理。

第二审人民法院裁定发回原审人民法院重新审理的行政案件,原审人民法院应当另行组成合议庭进行审理。

原审判决遗漏了必须参加诉讼的当事人或者诉讼请求的,第二审人民法院应当裁定撤销原审判决,发回重审。

原审判决遗漏行政赔偿请求,第二审人民法院经审查认为依法不应当予以赔偿的,应当判决驳回行政赔偿请求。

原审判决遗漏行政赔偿请求,第二审人民法院经审理认为依法应当予以赔偿的,在确认被诉行政行为违法的同时,可以就行政赔偿问题进行调解;调解不成的,应当就行政赔偿部分发回重审。

当事人在第二审期间提出行政赔偿请求的,第二审人民法院可以进行调解;调解不成的,应当告知当事人另行起诉。

第一百一十条　当事人向上一级人民法院申请再审,应当在判决、裁定或者调解书发生法律效力后六个月内提出。有下列情形之一的,自知道或者应当知道之日起六个月内提出:

(一)有新的证据,足以推翻原判决、裁定的;

(二)原判决、裁定认定事实的主要证据是伪造的;

(三)据以作出原判决、裁定的法律文书被撤销或者变更的;

(四)审判人员审理该案件时有贪污受贿、徇私舞弊、枉法裁判行为的。

第一百一十一条　当事人申请再审的,应当提交再审申请书等材料。人民法院认为有必要的,可以自收到再审申请书之日起五日内将再审申请书副本发送对方当事人。对方当事人应当自收到再审申请书副本之日起十五日内提交书面意见。人民法院可以要求申请人和对方当事人补充有关材料,询问有关事项。

第一百一十二条 人民法院应当自再审申请案件立案之日起六个月内审查,有特殊情况需要延长的,由本院院长批准。

第一百一十三条 人民法院根据审查再审申请案件的需要决定是否询问当事人;新的证据可能推翻原判决、裁定的,人民法院应当询问当事人。

第一百一十四条 审查再审申请期间,被申请人及原审其他当事人依法提出再审申请的,人民法院应当将其列为再审申请人,对其再审事由一并审查,审查期限重新计算。经审查,其中一方再审申请人主张的再审事由成立的,应当裁定再审。各方再审申请人主张的再审事由均不成立的,一并裁定驳回再审申请。

第一百一十五条 审查再审申请期间,再审申请人申请人民法院委托鉴定、勘验的,人民法院不予准许。

审查再审申请期间,再审申请人撤回再审申请的,是否准许,由人民法院裁定。

再审申请人经传票传唤,无正当理由拒不接受询问的,按撤回再审申请处理。

人民法院准许撤回再审申请或者按撤回再审申请处理后,再审申请人再次申请再审的,不予立案,但有行政诉讼法第九十一条第二项、第三项、第七项、第八项规定情形,自知道或者应当知道之日起六个月内提出的除外。

第一百一十六条 当事人主张的再审事由成立,且符合行政诉讼法和本解释规定的申请再审条件的,人民法院应当裁定再审。

当事人主张的再审事由不成立,或者当事人申请再审超过法定申请再审期限、超出法定再审事由范围等不符合行政诉讼法和本解释规定的申请再审条件的,人民法院应当裁定驳回再审申请。

第一百一十七条 有下列情形之一的,当事人可以向人民检察院申请抗诉或者检察建议:

（一）人民法院驳回再审申请的；

（二）人民法院逾期未对再审申请作出裁定的；

（三）再审判决、裁定有明显错误的。

人民法院基于抗诉或者检察建议作出再审判决、裁定后，当事人申请再审的，人民法院不予立案。

第一百一十八条 按照审判监督程序决定再审的案件，裁定中止原判决、裁定、调解书的执行，但支付抚恤金、最低生活保障费或者社会保险待遇的案件，可以不中止执行。

上级人民法院决定提审或者指令下级人民法院再审的，应当作出裁定，裁定应当写明中止原判决的执行；情况紧急的，可以将中止执行的裁定口头通知负责执行的人民法院或者作出生效判决、裁定的人民法院，但应当在口头通知后十日内发出裁定书。

第一百一十九条 人民法院按照审判监督程序再审的案件，发生法律效力的判决、裁定是由第一审法院作出的，按照第一审程序审理，所作的判决、裁定，当事人可以上诉；发生法律效力的判决、裁定是由第二审法院作出的，按照第二审程序审理，所作的判决、裁定，是发生法律效力的判决、裁定；上级人民法院按照审判监督程序提审的，按照第二审程序审理，所作的判决、裁定是发生法律效力的判决、裁定。

人民法院审理再审案件，应当另行组成合议庭。

第一百二十条 人民法院审理再审案件应当围绕再审请求和被诉行政行为合法性进行。当事人的再审请求超出原审诉讼请求，符合另案诉讼条件的，告知当事人可以另行起诉。

被申请人及原审其他当事人在庭审辩论结束前提出的再审请求，符合本解释规定的申请期限的，人民法院应当一并审理。

人民法院经再审，发现已经发生法律效力的判决、裁定损害国家利益、社会公共利益、他人合法权益的，应当一并审理。

第一百二十一条 再审审理期间，有下列情形之一的，裁定终结再审程序：

（一）再审申请人在再审期间撤回再审请求，人民法院准许的；

（二）再审申请人经传票传唤，无正当理由拒不到庭的，或者未经法庭许可中途退庭，按撤回再审请求处理的；

（三）人民检察院撤回抗诉的；

（四）其他应当终结再审程序的情形。

因人民检察院提出抗诉裁定再审的案件，申请抗诉的当事人有前款规定的情形，且不损害国家利益、社会公共利益或者他人合法权益的，人民法院裁定终结再审程序。

再审程序终结后，人民法院裁定中止执行的原生效判决自动恢复执行。

第一百二十二条 人民法院审理再审案件，认为原生效判决、裁定确有错误，在撤销原生效判决或者裁定的同时，可以对生效判决、裁定的内容作出相应裁判，也可以裁定撤销生效判决或者裁定，发回作出生效判决、裁定的人民法院重新审理。

第一百二十三条 人民法院审理二审案件和再审案件，对原审法院立案、不予立案或者驳回起诉错误的，应当分别情况作如下处理：

（一）第一审人民法院作出实体判决后，第二审人民法院认为不应当立案的，在撤销第一审人民法院判决的同时，可以迳行驳回起诉；

（二）第二审人民法院维持第一审人民法院不予立案裁定错误的，再审法院应当撤销第一审、第二审人民法院裁定，指令第一审人民法院受理；

（三）第二审人民法院维持第一审人民法院驳回起诉裁定错误的，再审法院应当撤销第一审、第二审人民法院裁定，指令第一审人民法院审理。

第一百二十四条 人民检察院提出抗诉的案件，接受抗诉的人民法院应当自收到抗诉书之日起三十日内作出再审的裁定；有行政诉讼法第九十一条第二、三项规定情形之一的，可以指令下一级人民法院再审，但经该下一级人民法院再审过的除外。

人民法院在审查抗诉材料期间，当事人之间已经达成和解协议的，人民法院可以建议人民检察院撤回抗诉。

第一百二十五条 人民检察院提出抗诉的案件，人民法院再审开庭时，应当在开庭三日前通知人民检察院派员出庭。

第一百二十六条 人民法院收到再审检察建议后，应当组成合议庭，在三个月内进行审查，发现原判决、裁定、调解书确有错误，需要再审的，依照行政诉讼法第九十二条规定裁定再审，并通知当事人；经审查，决定不予再审的，应当书面回复人民检察院。

第一百二十七条 人民法院审理因人民检察院抗诉或者检察建议裁定再审的案件，不受此前已经作出的驳回当事人再审申请裁定的限制。

八、行政机关负责人出庭应诉

第一百二十八条 行政诉讼法第三条第三款规定的行政机关负责人，包括行政机关的正职、副职负责人以及其他参与分管的负责人。

行政机关负责人出庭应诉的，可以另行委托一至二名诉讼代理人。行政机关负责人不能出庭的，应当委托行政机关相应的工作人员出庭，不得仅委托律师出庭。

第一百二十九条 涉及重大公共利益、社会高度关注或者可能引发群体性事件等案件以及人民法院书面建议行政机关负责人出庭的案件，被诉行政机关负责人应当出庭。

被诉行政机关负责人出庭应诉的，应当在当事人及其诉讼代理人基本情况、案件由来部分予以列明。

行政机关负责人有正当理由不能出庭应诉的，应当向人民法院提交情况说明，并加盖行政机关印章或者由该机关主要负责人签字认可。

行政机关拒绝说明理由的，不发生阻止案件审理的效果，人民法院可以向监察机关、上一级行政机关提出司法建议。

第一百三十条 行政诉讼法第三条第三款规定的“行政机关相应的工作人员”，包括该行政机关具有国家行政编制身份的工作人员以及其他依法履行公职的人员。

被诉行政行为是地方人民政府作出的，地方人民政府法制工作机构的工作人员，以及被诉行政行为具体承办机关工作人员，可以视为被诉人民政府相应的工作人员。

第一百三十一条 行政机关负责人出庭应诉的，应当向人民法院提交能够证明该行政机关负责人职务的材料。

行政机关委托相应的工作人员出庭应诉的，应当向人民法院提交加盖行政机关印章的授权委托书，并载明工作人员的姓名、职务和代理权限。

第一百三十二条 行政机关负责人和行政机关相应的工作人员均不出庭，仅委托律师出庭的或者人民法院书面建议行政机关负责人出庭应诉，行政机关负责人不出庭应诉的，人民法院应当记录在案和在裁判文书中载明，并可以建议有关机关依法作出处理。

九、复议机关作共同被告

第一百三十三条 行政诉讼法第二十六条第二款规定的“复议机关决定维持原行政行为”，包括复议机关驳回复议申请或者复议请求的情形，但以复议申请不符合受理条件为由驳回的除外。

第一百三十四条 复议机关决定维持原行政行为的，作出原行政行为的行政机关和复议机关是共同被告。原告只起诉作出原行政行为的行政机关或者复议机关的，人民法院应当告知原告追加被告。原告不同意追加的，人民法院应当将另一机关列为共同被告。

行政复议决定既有维持原行政行为内容，又有改变原行政行为内容或者不予受理申请内容的，作出原行政行为的行政机关和复议机关为共同被告。

复议机关作共同被告的案件，以作出原行政行为的行政机关确定案件的级别管辖。

第一百三十五条 复议机关决定维持原行政行为的，人民法院应当在审查原行政行为合法性的同时，一并审查复议决定的合法性。

作出原行政行为的行政机关和复议机关对原行政行为合法性共同承担举证责任，可以由其中一个机关实施举证行为。复议机关对复议决定的合法性承担举证责任。

复议机关作共同被告的案件，复议机关在复议程序中依法收集和补充的证据，可以作为人民法院认定复议决定和原行政行为合法的依据。

第一百三十六条 人民法院对原行政行为作出判决的同时，应当对复议决定一并作出相应判决。

人民法院依职权追加作出原行政行为的行政机关或者复议机关为共同被告的，对原行政行为或者复议决定可以作出相应判决。

人民法院判决撤销原行政行为和复议决定的，可以判决作出原行政行为的行政机关重新作出行政行为。

人民法院判决作出原行政行为的行政机关履行法定职责或者给付义务的，应当同时判决撤销复议决定。

原行政行为合法、复议决定违法的，人民法院可以判决撤销复议决定或者确认复议决定违法，同时判决驳回原告针对原行政行为的诉讼请求。

原行政行为被撤销、确认违法或者无效，给原告造成损失的，应当由作出原行政行为的行政机关承担赔偿责任；因复议决定加重损害的，由复议机关对加重部分承担赔偿责任。

原行政行为不符合复议或者诉讼受案范围等受理条件，复议机关作出维持决定的，人民法院应当裁定一并驳回对原行政行为和复议决定的起诉。

十、相关民事争议的一并审理

第一百三十七条 公民、法人或者其他组织请求一并审理行政诉讼法第六十一条规定的相关民事争议，应当在第一审开庭审理前提出；有正当理由的，也可以在法庭调查中提出。

第一百三十八条 人民法院决定在行政诉讼中一并审理相关民事争议，或者案件当事人一致同意相关民事争议在行政诉讼中一并解决，人民法院准许的，由受理行政案件的人民法院管辖。

公民、法人或者其他组织请求一并审理相关民事争议，人民法院经审查发现行政案件已经超过起诉期限，民事案件尚未立案的，告知当事人另行提起民事诉讼；民事案件已经立案的，由原审判组织继续审理。

人民法院在审理行政案件中发现民事争议为解决行政争议的

基础,当事人没有请求人民法院一并审理相关民事争议的,人民法院应当告知当事人依法申请一并解决民事争议。当事人就民事争议另行提起民事诉讼并已立案的,人民法院应当中止行政诉讼的审理。民事争议处理期间不计算在行政诉讼审理期限内。

第一百三十九条 有下列情形之一的,人民法院应当作出不予准许一并审理民事争议的决定,并告知当事人可以依法通过其他渠道主张权利:

(一)法律规定应当由行政机关先行处理的;

(二)违反民事诉讼法专属管辖规定或者协议管辖约定的;

(三)约定仲裁或者已经提起民事诉讼的;

(四)其他不宜一并审理民事争议的情形。

对不予准许的决定可以申请复议一次。

第一百四十条 人民法院在行政诉讼中一并审理相关民事争议的,民事争议应当单独立案,由同一审判组织审理。

人民法院审理行政机关对民事争议所作裁决的案件,一并审理民事争议的,不另行立案。

第一百四十一条 人民法院一并审理相关民事争议,适用民事法律规范的相关规定,法律另有规定的除外。

当事人在调解中对民事权益的处分,不能作为审查被诉行政行为合法性的根据。

第一百四十二条 对行政争议和民事争议应当分别裁判。

当事人仅对行政裁判或者民事裁判提出上诉的,未上诉的裁判在上诉期满后即发生法律效力。第一审人民法院应当将全部案卷一并移送第二审人民法院,由行政审判庭审理。第二审人民法院发现未上诉的生效裁判确有错误的,应当按照审判监督程序再审。

第一百四十三条 行政诉讼原告在宣判前申请撤诉的,是否准许由人民法院裁定。人民法院裁定准许行政诉讼原告撤诉,但其对已经提起的一并审理相关民事争议不撤诉的,人民法院应当继续审理。

第一百四十四条 人民法院一并审理相关民事争议,应当按行政案件、民事案件的标准分别收取诉讼费用。

十一、规范性文件的一并审查

第一百四十五条 公民、法人或者其他组织在对行政行为提起诉讼时一并请求对所依据的规范性文件审查的，由行政行为案件管辖法院一并审查。

第一百四十六条 公民、法人或者其他组织请求人民法院一并审查行政诉讼法第五十三条规定的规范性文件，应当在第一审开庭审理前提出；有正当理由的，也可以在法庭调查中提出。

第一百四十七条 人民法院在对规范性文件审查过程中，发现规范性文件可能不合法的，应当听取规范性文件制定机关的意见。

制定机关申请出庭陈述意见的，人民法院应当准许。

行政机关未陈述意见或者未提供相关证明材料的，不能阻止人民法院对规范性文件进行审查。

第一百四十八条 人民法院对规范性文件进行一并审查时，可以从规范性文件制定机关是否超越权限或者违反法定程序、作出行政行为所依据的条款以及相关条款等方面进行。

有下列情形之一的，属于行政诉讼法第六十四条规定的“规范性文件不合法”：

（一）超越制定机关的法定职权或者超越法律、法规、规章的授权范围的；

（二）与法律、法规、规章等上位法的规定相抵触的；

（三）没有法律、法规、规章依据，违法增加公民、法人和其他组织义务或者减损公民、法人和其他组织合法权益的；

（四）未履行法定批准程序、公开发布程序，严重违反制定程序的；

（五）其他违反法律、法规以及规章规定的情形。

第一百四十九条 人民法院经审查认为行政行为所依据的规范性文件合法的，应当作为认定行政行为合法的依据；经审查认为规范性文件不合法的，不作为人民法院认定行政行为合法的依据，并在裁判理由中予以阐明。作出生效裁判的人民法院应当向规范性文件的制定机关提出处理建议，并可以抄送制定机关的同级人民政府、上一级行政机关、监察机关以及规范性文件的备案机关。

规范性文件不合法的,人民法院可以在裁判生效之日起三个月内,向规范性文件制定机关提出修改或者废止该规范性文件的司法建议。

规范性文件由多个部门联合制定的,人民法院可以向该规范性文件的主办机关或者共同上一级行政机关发送司法建议。

接收司法建议的行政机关应当在收到司法建议之日起六十日内予以书面答复。情况紧急的,人民法院可以建议制定机关或者其上一级行政机关立即停止执行该规范性文件。

第一百五十条 人民法院认为规范性文件不合法的,应当在裁判生效后报送上一级人民法院进行备案。涉及国务院部门、省级行政机关制定的规范性文件,司法建议还应当分别层报最高人民法院、高级人民法院备案。

第一百五十一条 各级人民法院院长对本院已经发生法律效力的判决、裁定,发现规范性文件合法性认定错误,认为需要再审的,应当提交审判委员会讨论。

最高人民法院对地方各级人民法院已经发生法律效力的判决、裁定,上级人民法院对下级人民法院已经发生法律效力的判决、裁定,发现规范性文件合法性认定错误的,有权提审或者指令下级人民法院再审。

十二、执　　行

第一百五十二条 对发生法律效力的行政判决书、行政裁定书、行政赔偿判决书和行政调解书,负有义务的一方当事人拒绝履行的,对方当事人可以依法申请人民法院强制执行。

人民法院判决行政机关履行行政赔偿、行政补偿或者其他行政给付义务,行政机关拒不履行的,对方当事人可以依法向法院申请强制执行。

第一百五十三条 申请执行的期限为二年。申请执行时效的中止、中断,适用法律有关规定。

申请执行的期限从法律文书规定的履行期间最后一日起计算;

法律文书规定分期履行的,从规定的每次履行期间的最后一日起计算;法律文书中没有规定履行期限的,从该法律文书送达当事人之日起计算。

逾期申请的,除有正当理由外,人民法院不予受理。

第一百五十四条 发生法律效力的行政判决书、行政裁定书、行政赔偿判决书和行政调解书,由第一审人民法院执行。

第一审人民法院认为情况特殊,需要由第二审人民法院执行的,可以报请第二审人民法院执行;第二审人民法院可以决定由其执行,也可以决定由第一审人民法院执行。

第一百五十五条 行政机关根据行政诉讼法第九十七条的规定申请执行其行政行为,应当具备以下条件:

(一)行政行为依法可以由人民法院执行;

(二)行政行为已经生效并具有可执行内容;

(三)申请人是作出该行政行为的行政机关或者法律、法规、规章授权的组织;

(四)被申请人是该行政行为所确定的义务人;

(五)被申请人在行政行为确定的期限内或者行政机关催告期限内未履行义务;

(六)申请人在法定期限内提出申请;

(七)被申请执行的行政案件属于受理执行申请的人民法院管辖。

行政机关申请人民法院执行,应当提交行政强制法第五十五条规定的相关材料。

人民法院对符合条件的申请,应当在五日内立案受理,并通知申请人;对不符合条件的申请,应当裁定不予受理。行政机关对不予受理裁定有异议,在十五日内向上一级人民法院申请复议的,上一级人民法院应当在收到复议申请之日起十五日内作出裁定。

第一百五十六条 没有强制执行权的行政机关申请人民法院强制执行其行政行为,应当自被执行人的法定起诉期限届满之日起三个月内提出。逾期申请的,除有正当理由外,人民法院不予受理。

第一百五十七条 行政机关申请人民法院强制执行其行政行为的，由申请人所在地的基层人民法院受理；执行对象为不动产的，由不动产所在地的基层人民法院受理。

基层人民法院认为执行确有困难的，可以报请上级人民法院执行；上级人民法院可以决定由其执行，也可以决定由下级人民法院执行。

第一百五十八条 行政机关根据法律的授权对平等主体之间民事争议作出裁决后，当事人在法定期限内不起诉又不履行，作出裁决的行政机关在申请执行的期限内未申请人民法院强制执行的，生效行政裁决确定的权利人或者其继承人、权利承受人在六个月内可以申请人民法院强制执行。

享有权利的公民、法人或者其他组织申请人民法院强制执行生效行政裁决，参照行政机关申请人民法院强制执行行政行为的规定。

第一百五十九条 行政机关或者行政行为确定的权利人申请人民法院强制执行前，有充分理由认为被执行人可能逃避执行的，可以申请人民法院采取财产保全措施。后者申请强制执行的，应当提供相应的财产担保。

第一百六十条 人民法院受理行政机关申请执行其行政行为的案件后，应当在七日内由行政审判庭对行政行为的合法性进行审查，并作出是否准予执行的裁定。

人民法院在作出裁定前发现行政行为明显违法并损害被执行人合法权益的，应当听取被执行人和行政机关的意见，并自受理之日起三十日内作出是否准予执行的裁定。

需要采取强制执行措施的，由本院负责强制执行非诉行政行为的机构执行。

第一百六十一条 被申请执行的行政行为有下列情形之一的，人民法院应当裁定不准予执行：

（一）实施主体不具有行政主体资格的；

（二）明显缺乏事实根据的；

（三）明显缺乏法律、法规依据的；

(四)其他明显违法并损害被执行人合法权益的情形。

行政机关对不准予执行的裁定有异议,在十五日内向上一级人民法院申请复议的,上一级人民法院应当在收到复议申请之日起三十日内作出裁定。

十三、附　则

第一百六十二条　公民、法人或者其他组织对2015年5月1日之前作出的行政行为提起诉讼,请求确认行政行为无效的,人民法院不予立案。

第一百六十三条　本解释自2018年2月8日起施行。

本解释施行后,《最高人民法院关于执行〈中华人民共和国行政诉讼法〉若干问题的解释》(法释〔2000〕8号)、《最高人民法院关于适用〈中华人民共和国行政诉讼法〉若干问题的解释》(法释〔2015〕9号)同时废止。最高人民法院以前发布的司法解释与本解释不一致的,不再适用。

自然资源行政应诉规定

1. 2019年7月19日自然资源部令第4号公布
2. 自2019年9月1日起施行

第一条　为规范自然资源行政应诉工作,保护公民、法人和其他组织的合法权益,推进自然资源法治建设,根据《中华人民共和国行政诉讼法》和国务院有关规定,结合自然资源管理工作实际,制定本规定。

第二条　自然资源主管部门依法参加行政诉讼活动,适用本规定。

第三条　上级自然资源主管部门应当加强对下级自然资源主管部门行政应诉工作的指导和监督。

第四条　自然资源主管部门的法治工作机构负责组织、协调和指导本部门的行政应诉工作。

自然资源主管部门作出被诉行政行为的工作机构为应诉承办机构，负责承办相应的行政应诉工作。

第五条 自然资源主管部门应当积极支持人民法院依法受理和审理行政诉讼案件，依法履行出庭应诉职责，尊重并执行人民法院生效裁判，自觉接受司法监督。

第六条 自然资源主管部门应当根据行政应诉工作需要，配备、充实工作人员，保障工作经费、装备和其他必要的工作条件，保证行政应诉人员、机构和能力与工作任务相适应。

第七条 自然资源主管部门应当建立行政应诉学习培训制度，开展集中培训、旁听庭审和案例研讨等活动，提高工作人员的行政应诉能力。

第八条 自然资源主管部门应当定期统计和分析行政应诉情况，总结行政应诉中发现的普遍性问题和重点案件，并在本部门内部或者向下级自然资源主管部门通报，督促其改进管理、完善制度。

第九条 自然资源主管部门的法治工作机构负责统一登记人民法院行政案件应诉通知书、裁判文书等。其他工作机构应当于收到的当日转交法治工作机构进行登记。

第十条 自然资源主管部门可以根据应诉工作的需要，聘请律师或者安排公职律师办理自然资源行政诉讼案件。

第十一条 自然资源主管部门应当积极配合检察机关开展公益诉讼工作。

第十二条 自然资源主管部门可以委托所属事业单位承担有关行政应诉的事务性工作。

第十三条 共同应诉案件中，自然资源主管部门可以通过人民法院远程在线应诉平台出庭应诉，也可以委托下一级自然资源主管部门出庭应诉。

第十四条 自然资源主管部门应当依照下列规定确定应诉承办机构，并将应诉通知书及相关材料转交应诉承办机构办理：

（一）被诉的行政行为未经复议的，作出该行政行为的业务工作机构为应诉承办机构；

(二)被诉的行政行为经复议维持的,作出该行政行为的业务工作机构和法治工作机构为应诉承办机构。业务工作机构负责对原行政行为的合法性进行举证和答辩,法治工作机构负责对复议决定的合法性进行举证和答辩;

(三)被诉的行政行为经复议改变的,办理行政复议事项的法治工作机构为应诉承办机构,业务工作机构协助办理。

经自然资源主管部门负责人同意,应诉承办机构可以通知与被诉行政行为有关的其他工作机构参与应诉工作。

确定应诉承办机构有争议的,由法治工作机构提出处理意见,报请自然资源主管部门负责人确定。

第十五条 因行政复议机关维持原行政行为被共同提起诉讼的,自然资源主管部门的应诉承办机构应当与立案的人民法院联系,并及时与行政复议机关的应诉承办机构沟通。

第十六条 应诉承办机构应当按照人民法院应诉通知书的要求,及时收集整理作出被诉行政行为的证据、依据以及其他有关材料,拟订答辩状,确定应诉承办人员,并制作法定代表人身份证明和授权委托书。

应诉承办机构根据需要,可以提请法治工作机构组织有关机构、单位、法律顾问等对复杂案件进行会商。

第十七条 应诉承办机构应当将答辩状及证据、依据等相关材料提交自然资源主管部门负责人审查批准。

答辩状、法定代表人身份证明、授权委托书应当加盖自然资源主管部门的印章,授权委托书还应当加盖法定代表人签名章或者由法定代表人签字。

第十八条 应诉承办机构应当自自然资源主管部门收到人民法院应诉通知书之日起15日内,按照人民法院的要求将答辩状、证据、依据等相关材料提交立案的人民法院。因不可抗力等正当事由导致证据不能按时提供的,应当向人民法院提出申请,经准许后可以延期提供。

证据、依据等相关材料涉及国家秘密、商业秘密或者个人隐私的，应诉承办机构应当作出明确标注和说明，安排工作人员当面提交给人民法院，由人民法院指定的人员签收。

第十九条 应诉承办机构认为需要向人民法院申请阅卷的，可以向人民法院提出申请，并按照规定查阅、复制卷宗材料。

第二十条 应诉承办机构收到应诉通知书后，认为能够采取解释说明、补充完善相关行政程序、积极履行法定职责等措施化解行政争议的，应当及时提出具体措施的建议，必要时应当经本部门负责人同意，与人民法院、原告沟通协商，但不得采取欺骗、胁迫等手段迫使原告撤诉。

应诉承办机构为化解行政争议所采取的措施，不得损害国家利益、社会公共利益和他人合法权益，不得违反法律法规的规定。

第二十一条 人民法院建议调解的行政争议，应诉承办机构应当提出协调解决方案，经自然资源主管部门负责人批准后，配合人民法院与当事人进行沟通协调。

第二十二条 符合下列情形之一的，自然资源主管部门负责人应当出庭应诉：

（一）涉及重大公共利益、社会高度关注或者可能引发群体性事件，负责人出庭更有利于化解争议的案件；

（二）上级自然资源主管部门建议或者同级人民政府要求负责人出庭应诉的案件；

（三）人民法院书面建议负责人出庭应诉的案件；

（四）其他对自然资源管理可能产生重大影响的案件。

符合前款规定的，应诉承办机构应当及时提出负责人出庭应诉的具体建议。自然资源主管部门负责人确实无法出庭的，应当指定其他工作人员出庭应诉，并按照人民法院的要求，在开庭审理前向人民法院作出书面说明。

第二十三条 符合下列情形之一的，应诉承办机构负责人应当出庭应诉：

（一）自然资源主管部门负责人要求应诉承办机构负责人出庭的案件；

（二）自然资源主管部门提起上诉或者申请再审的案件；

（三）其他对本机构业务执法标准可能产生重大影响的案件。

第二十四条 出庭应诉人员应当按时到庭。未经法庭许可，不得中途退庭。确因特殊情况不能按时出庭的，应当提前告知人民法院并说明事由，经法院许可申请延期。

第二十五条 出庭应诉人员应当根据人民法院的要求参加庭审活动，遵守司法程序和法庭纪律，尊重审判人员和其他诉讼参加人。

第二十六条 庭审结束后需要补充答辩意见和相关材料的，应诉承办机构应当在人民法院要求的期限内提供。

第二十七条 应诉承办机构应当对人民法院裁判文书进行认真研究，认为依法应当提起上诉、申请再审的，经自然资源主管部门负责人批准后，应当在法定期限内向有管辖权的人民法院提交上诉状或者再审申请书，并将上诉状或者再审申请书抄送法治工作机构。

行政复议决定维持原行政行为的，作出原行政行为的自然资源主管部门或者行政复议机关认为应当提起上诉、申请再审的，双方应当进行协商。

第二十八条 自然资源主管部门决定不提起上诉、申请再审的，应诉承办机构应当于人民法院裁判文书生效之日起 10 日内，将裁判结果及分析情况向本部门负责人报告，同时抄送法治工作机构。因同一原因导致多个案件收到相同裁判结果的，可以合并报告。

自然资源部作出原行政行为的业务工作机构和行政复议机构共同应诉的，由作出原行政行为的业务工作机构负责报告；因行政复议程序导致败诉的，由行政复议机构负责报告。

第二十九条 二审案件、再审案件由原承办一审案件、二审案件的应诉承办机构负责承办行政应诉工作。

第三十条 人民法院的裁判文书需要履行的，应诉承办机构应当按照法律规定的期限履行。重大、疑难、复杂案件应当自判决、裁定和调解书生效之日起 10 日内提出履行的意见，报经本部门负责人批准后组织实施，并在判决、裁定和调解书生效之日起 30 日内，向负责人报告履行情况，同时抄送法治工作机构。

依法提出再审申请的，应诉承办机构应当就履行的意见与相关人民法院进行沟通。

第三十一条 人民法院依法判决自然资源主管部门承担赔偿责任的，应诉承办机构应当会同相关机构依照法律法规和国家有关规定制定赔偿方案，经本部门负责人批准后，办理支付赔偿费用手续。

第三十二条 需要缴纳诉讼费用的，由应诉承办机构会同相关机构办理。

第三十三条 自然资源主管部门收到人民法院提出的司法建议后，应诉承办机构应当组织研究落实，提出具体措施、意见和建议，对存在的违法或者不当的行政行为进行整改，并将有关情况及时向人民法院反馈。涉及多个应诉承办机构的，由法治工作机构牵头，组织应诉承办机构研究落实。

第三十四条 自然资源主管部门收到人民法院对本部门制发的规范性文件的处理建议的，应当组织研究，并于60日内向人民法院反馈处理意见。发现该规范性文件与法律法规规章的规定相抵触的，应当及时废止该规范性文件，并向社会公开。

第三十五条 县级以上自然资源主管部门应当将行政应诉工作情况纳入本部门考核内容，考核结果作为评价领导班子、评先表彰、干部使用的重要依据。

应诉承办机构负责人和地方自然资源主管部门负责人进行年度述职时，应当报告履行出庭应诉职责情况。

第三十六条 自然资源主管部门工作人员违反本规定，有下列情形之一，情节严重的，对直接负责的责任人员依法予以处分：

（一）收到人民法院的法律文书后未及时处理或者转交的；

（二）不按照本规定提交证据、依据及其他相关材料，履行答辩、举证等法定义务的；

（三）无正当理由不出庭应诉，也不委托相应的工作人员出庭的；

（四）出庭应诉人员无正当理由未按时出庭或者未经法院许可中途退庭的；

（五）拒绝履行或者无正当理由拖延履行人民法院发生法律效

力的判决、裁定和调解书,被人民法院强制执行的;

（六）无法定事由未全面履行人民法院发生法律效力的判决、裁定和调解书的;

（七）不依法及时处理司法机关司法建议,不整改本部门、本单位存在的违法行政问题的;

（八）应当提起上诉、申请再审的案件,拖延或者怠于履行提起上诉、申请再审职责,导致国家蒙受重大损失的;

（九）败诉后新作出的行政行为因相同原因导致再次败诉的,以及推卸责任导致败诉的;

（十）其他违反本规定的行为。

第三十七条 应诉承办机构应当在行政诉讼活动全部结束后,将案件材料进行收集整理装订,依照档案管理的有关规定归档、移交。

第三十八条 自然资源主管部门参加行政赔偿诉讼活动,自然资源部办理国务院裁决案件的答复事项,参照本规定执行。

第三十九条 本规定自 2019 年 9 月 1 日起施行。原国土资源部 2017 年 5 月 8 日发布的《国土资源行政应诉规定》(国土资源部令第 71 号)同时废止。

最高人民法院关于审理涉及农村集体土地行政案件若干问题的规定

1. 2011 年 5 月 9 日最高人民法院审判委员会第 1522 次会议通过

2. 2011 年 8 月 7 日公布

3. 法释〔2011〕20 号

4. 自 2011 年 9 月 5 日起施行

为正确审理涉及农村集体土地的行政案件,根据《中华人民共和国物权法》、《中华人民共和国土地管理法》和《中华人民共和国行政诉讼法》等有关法律规定,结合行政审判实际,制定本规定。

第一条 农村集体土地的权利人或者利害关系人(以下简称土地权利人)认为行政机关作出的涉及农村集体土地的行政行为侵犯其合法权益,提起诉讼的,属于人民法院行政诉讼的受案范围。

第二条 土地登记机构根据人民法院生效裁判文书、协助执行通知书或者仲裁机构的法律文书办理的土地权属登记行为,土地权利人不服提起诉讼的,人民法院不予受理,但土地权利人认为登记内容与有关文书内容不一致的除外。

第三条 村民委员会或者农村集体经济组织对涉及农村集体土地的行政行为不起诉的,过半数的村民可以以集体经济组织名义提起诉讼。

农村集体经济组织成员全部转为城镇居民后,对涉及农村集体土地的行政行为不服的,过半数的原集体经济组织成员可以提起诉讼。

第四条 土地使用权人或者实际使用人对行政机关作出涉及其使用或实际使用的集体土地的行政行为不服的,可以以自己的名义提起诉讼。

第五条 土地权利人认为土地储备机构作出的行为侵犯其依法享有的农村集体土地所有权或使用权的,向人民法院提起诉讼的,应当以土地储备机构所隶属的土地管理部门为被告。

第六条 土地权利人认为乡级以上人民政府作出的土地确权决定侵犯其依法享有的农村集体土地所有权或者使用权,经复议后向人民法院提起诉讼的,人民法院应当依法受理。

法律、法规规定应当先申请行政复议的土地行政案件,复议机关作出不受理复议申请的决定或者以不符合受理条件为由驳回复议申请,复议申请人不服的,应当以复议机关为被告向人民法院提起诉讼。

第七条 土地权利人认为行政机关作出的行政处罚、行政强制措施等行政行为侵犯其依法享有的农村集体土地所有权或者使用权,直接向人民法院提起诉讼的,人民法院应当依法受理。

第八条　土地权属登记(包括土地权属证书)在生效裁判和仲裁裁决中作为定案证据,利害关系人对该登记行为提起诉讼的,人民法院应当依法受理。

第九条　涉及农村集体土地的行政决定以公告方式送达的,起诉期限自公告确定的期限届满之日起计算。

第十条　土地权利人对土地管理部门组织实施过程中确定的土地补偿有异议,直接向人民法院提起诉讼的,人民法院不予受理,但应当告知土地权利人先申请行政机关裁决。

第十一条　土地权利人以土地管理部门超过两年对非法占地行为进行处罚违法,向人民法院起诉的,人民法院应当按照行政处罚法第二十九条第二款的规定处理。

第十二条　征收农村集体土地时涉及被征收土地上的房屋及其他不动产,土地权利人可以请求依照物权法第四十二条第二款的规定给予补偿的。

征收农村集体土地时未就被征收土地上的房屋及其他不动产进行安置补偿,补偿安置时房屋所在地已纳入城市规划区,土地权利人请求参照执行国有土地上房屋征收补偿标准的,人民法院一般应予支持,但应当扣除已经取得的土地补偿费。

第十三条　在审理土地行政案件中,人民法院经当事人同意进行协调的期间,不计算在审理期限内。当事人不同意继续协商的,人民法院应当及时审理,并恢复计算审理期限。

第十四条　县级以上人民政府土地管理部门根据土地管理法实施条例第四十五条的规定,申请人民法院执行其作出的责令交出土地决定的,应当符合下列条件:

(一)征收土地方案已经有权机关依法批准;

(二)市、县人民政府和土地管理部门已经依照土地管理法和土地管理法实施条例规定的程序实施征地行为;

(三)被征收土地所有权人、使用人已经依法得到安置补偿或者无正当理由拒绝接受安置补偿，且拒不交出土地，已经影响到征收工作的正常进行；

（四）符合《最高人民法院关于执行〈中华人民共和国行政诉讼法〉若干问题的解释》第八十六条规定的条件。

人民法院对符合条件的申请，应当裁定予以受理，并通知申请人；对不符合条件的申请，应当裁定不予受理。

第十五条 最高人民法院以前所作的司法解释与本规定不一致的，以本规定为准。

最高人民法院研究室关于人民法院对农村集体经济所得收益分配纠纷是否受理问题的答复

1. 2001年7月9日发布
2. 法研〔2001〕51号

广东省高级人民法院：

你院粤高法〔2001〕25号《关于对农村集体经济所得收益分配的争议纠纷，人民法院是否受理的请示》收悉。经研究，答复如下：

农村集体经济组织与其成员之间因收益分配产生的纠纷，属平等民事主体之间的纠纷。当事人就该纠纷起诉到人民法院，只要符合《中华人民共和国民事诉讼法》第一百零八条的规定，人民法院应当受理。

最高人民法院研究室关于村民因土地补偿费、安置补助费问题与村民委员会发生纠纷人民法院应否受理问题的答复

1. 2001年12月31日发布
2. 法研〔2001〕116号

陕西省高级人民法院：

你院陕高法〔2001〕234号《关于村民因土地补偿费、安置补助费问题与村民委员会发生纠纷人民法院应否受理的请示》收悉。经研究，我们认为，此类问题可以参照我室给广东省高级人民法院法研〔2001〕51号《关于人民法院对农村集体经济所得收益分配纠纷是否受理问题的答复》(略)办理。